종교, 특히 기독교는 맹목적이고 소용없으며 심지어 사람들과 사회에 해롭다는 생각이 한국 사회에 확산되고 있다. 사랑과 정의를 외쳤던 예수와는 전혀 딴 판인 오늘의 한국 교회가 이런 상황에 대해 책임을 져야 하지만 하나의 이데올로기로 변질된 무신론의 영향도 크다. 거기에다 예수 세미나와 같이 예수와 기독교의 역사성과 신약성경의 진정성을 의심하게 만드는 근거 없는 주장들과 이론들도 사람들을 현혹시키고 있다. 바로 이 예수 세미나의 학문적 메카인 클레어몬트 대학교에서 박사학위를 받은 저자가 역사적 예수를 변호하는 데 결정적인 책을 썼다. 예수와 기독교에 대한 왜곡된 이해를 바로잡을 수 있는 책이므로 일독을 권한다.

손봉호 | KBS 시청자 위원회 위원장, 전 동덕여대 총장

본서의 저자 크레이그 에반스는 현재 왕성한 활동을 하고 있는 세계 최정상급의 탁월한 신약학자다. 동시에 그는 학문적 탁월성을 복음서의 역사적 진실을 변호하는 데 적극 사용하는 복음적 기독교인이기도 하다. 그 동안 복음서의 역사적 오류를 고소하는 검사들이 많았지만 신실하고 유능한 복음서 변호사는 많지 않았다. 그러나 이제 독자들은 신랄한 비평가들보다 더 뛰어난 변호사를 가지게 되었다. 크레이그 에반스의 『만들어진 예수』는 그 동안 기독교와 복음서를 향한 악의 가득한 비난으로 인해 흘린 기독교인들의 눈물을 닦아 줄 책이 될 것이다.

신현우 | 웨스트민스터 신학대학원대학교 교수, 세계성서학회 신약학 회원

예수는 역사적 실존 인물인가? 허구의 인물인가? 최근 급격하게 퍼지고 있는 안티 기독교 운동의 중심에는 기독교와 성경, 예수에 대한 오해가 자리 잡고 있다. 특히 최근 발굴된 유다복음, 도마복음 같은 성경 밖의 자료들을 극적으로 포장해 대중들에게 전달하고 있는 『다빈치 코드』, 『성경 왜곡의 역사』, 『예수 왜곡의 역사』 같은 원색적인 저서들은 그 운동의 전파자 역할을 하고 있다. 이런 상황에서 일반 학계에서 학문성을 인정받은 저자 에반스는 바트 어만 등의 비평적인 학자들과 대중 작가들이 제기하는 성경과 역사적 예수에 관한 도전을 철저하게 반박하며 역사에 철저하게 뿌리박고 있는 기독교를 추적한다. 이 책은 역사적 예수에 대해 논의에 종지부를 찍을 것이다.

전병선 | 국민일보 종교부 기자

저자는 기독교 신앙과 합리성을 버리지 않고도 복음서를 통해 역사적 예수를 발견하는 일이 가능하다는 것을 잘 보여준다. 이 책에서 독자는 기독교 신앙과 합리성의 개념과 역사적 예수 연구가 선순환 되는 것을 발견할 것이다. 균형 잡힌 합리성은 복음서를 통한 역사적 예수 연구를 가능하게 하고, 그러한 역사적 예수 연구는 기독교 신앙을 풍성하게 하며, 이러한 신앙은 다시 합리성의 개념에 영향을 미친다. 역사적 예수를 만나고 싶지만 기독교 신앙을 가졌던 자들이 쓴 복음서는 믿을 수 없다고 하는 사람들이나, 복음서는 신뢰하지만 역사적 예수와의 만남이 자신의 기독교 신앙에 어떤 의미를 주는지 모르는 사람들 모두가 읽어야 할 책이다.

김종철 | 공익법센터, 난민구호 전문변호사

『만들어진 예수』는 대중들을 혼란에 빠뜨렸던 터무니없는 주장들의 실체를 폭로한다. 저자 크레이그 에반스는 탁월한 언어학적 지식을 기반으로 고대 문서에 정통해 있으며 일반 학계에서 존경받아 온 신약학의 대가이다. 이 뛰어난 책에서 그는 역사적 예수를 연구하는 주요 학자들의 주장과 그 이론들의 배후에 있는 놓여 있는 오류들과 잘못된 자료 사용 등의 문제를 낱낱이 비판한다. 여기에 그치지 않고 역사적 문맥 가운데 예수의 본래 모습과 복음서의 올바른 사용 방법을 제시한다. 학자들과 예수와 기독교의 기원에 관심을 갖고 있는 모든 사람들에게 이 책을 열정적으로 추천한다.

제임스 H. 찰스워스 | 프린스턴 신학대학원 교수

크레이그 에반스는 학자들 사이에서 탁월한 책과 논문을 저술하는 훌륭한 학자로 정평이 나 있다. 이번에 출간된 『만들어진 예수』는 그의 저술 목록에 또 한 권의 뛰어난 책으로 추가될 것이다. 수십 년 동안 대중들은 선정적이고 소설 같은 역사적 예수에 관한 주장에 속아왔다. 특히 도마복음서는 기독교의 정체에 귀중한 자료로 오용되고 있다. 이런 비극적인 상황에서 저자는 정경 이외의 문서들의 오용과 남용에 관해 철저하고 설득력 있는 비판을 제기한다. 이 책은 잘못된 역사적 예수 탐구에 관한 건전한 해독제가 될 것이다.

존 P. 마이어 | 노트르담 대학교 교수

저자의 학문적 역량은 N. T. 라이트뿐 아니라 마커스 보그나 예수 세미나의 공동 설립자인 존 도미닉 크로산 같은 학자들로부터 두루 인정을 받고 있다. 강력하고 설득력 있는 본서는 최근에 인기 있는 예수와 복음서에 대한 악의적인 왜곡을 교정해주는 강력한 해독제 역할을 할 것이다. 학문적 권위를 갖고 있으면서도 읽기 쉬우며 훌륭한 논증으로 가득 채워져 있는 본서를 기독교인들과 영적인 구도자들에게 강력하게 추천한다.

리 스트로벨 | 전 시카고 트리뷴 지법률부 부장

유명 학자에 의한 것이든 대중적인 작가에 의한 것이든 최근의 예수에 관한 연구는 지금까지 알려져 있던 예수와는 전혀 다른 예수상을 제시하고 있다. 이런 상황에서 역사적 예수 연구에 관한 최고 전문가인 크레이그 에반스가 드디어 대중들 앞에 섰다. 반대자들의 비판적 연구를 무시하지 않으면서도 평이한 문체와 건전한 논증, 폭넓은 시각으로 독자를 거짓되고 과장된 예수상에서 벗어나게 해주는 필수 해설서를 제공한다. 이로써 탁월한 재능을 가진 저자는 우리 모두에게 훌륭한 기여를 한 것이다.

데럴 복 | 달라스 신학대학원 교수

크레이그 에반스는 학자들 사이에서 유대교와 초기 기독교 역사에 대한 전문가로 유명하다. 이번 책에서도 그는 신약의 진실성을 약화시키는 것으로 여겨졌던 최근의 고대 문서들을 학문적인 지식과 비평적 상식, 신선한 통찰을 통해 성경과 예수의 신빙성을 놀랍게 증명해냈다. 도마복음서와 베드로복음서 같은 고대 문서들은 역사적 예수에 대한 중대한 새로운 실마리를 제공하지 않으며, 검증되지 않은 이런 자료들을 기반으로 해서 자신의 상상력을 동원해 만든 대중 소설들이 얼마나 허구에 근거한 것인지를 폭로하는 일을 훌륭하게 해낸 것이다.

I. 하워드 마샬 | 애버딘 대학교 명예교수

이 책은 크레이그 에반스가 역사적 예수에 대해 이미 출판했던 탁월한 책 가운데 또 다른 책이 될 것이다. 저자는 시종일관 학문적이며 균형잡힌 방식을 사용해 역사적 예수에 대한 유력한 결론에 도달한다. 그저 단순한 가정이나 전제에 근거해 일부 선정적인 사람들이 만들어낸 예수와는 질적으로 다른 예수상을 제공한다. 그것만으로도 이 책은 기독교와 예수에 관한 최고의 변증서가 될 것이다.

제럴드 오콜린스, S.J. | 로마 그레고리오 대학교 명예교수

크레이그 에반스는 역사적 예수 연구에 절대적으로 필요한 책을 저술했다. 그가 지금까지 쓴 책들은 "보수적인 이해"의 좋은 본보기다. 이번 책에서 저자는 학술적 연구의 표준들에 이르지 못하는 현대 예수 연구의 선정적인 접근 방식들을 예리한 문제의식으로 철저하게 분석해냈다. 이 훌륭하고 명쾌한 책은 지금까지 모호했던 일부 가설들을 진부하게 만들며 예수 연구에 대한 흥미진진한 새로운 발견들을 독자들에게 전해줄 것이다. 학계에 정통해 있으면서도 예수 연구에 관여하고 있는 이들의 인간적인 면들도 헤아릴 줄 아는 저자의 학문성과 인간성이 잘 드러난 책이다.

게르트 타이센 | 하이델베르크 대학교 교수

최근의 역사적 예수에 대한 논의는 학문적이라기보다는 극단적이며 선동적인 주장들에 의해 심하게 왜곡되어 있다. 그래서 최근에 발간된 유다복음서와 같은 정경 밖의 문서들에 대한 폭발적인 관심을 갖고 있거나 『다빈치 코드』 같은 허구 소설에 매료된 사람들은 정경의 역사적·신학적 진실성에 의문을 제기하고 있는 것이다. 그런 이유로 나는 크레이그 에반스의 신중하면서도 해박한 지식, 균형잡힌 연구를 열렬하게 환영하는 바이다. 본서 『만들어진 예수』는 중심을 잡지 못하고 있는 현대의 학계에 대한 따끔한 일침이자 학문이란 어떻게 해야 하는지를 보여주는 대표작이다.

도널드 시니어 | 시카고 가톨릭 연합 신학대학교 학장

천박한 학문에 의해 역사적 예수에 대한 연구는 심각하게 호도되었고 잘못된 정보와 터무니없는 해석에 의해 도가 지나칠 정도로 왜곡되었다. 그러나 이제 성경 본문과 고대 문서들에 대한 진중하고 엄밀한 저자의 평가를 통해 독자들은 그런 주장들이 얼마나 근거 없으며 해괴망측한 가설과 이론으로 점철되어 있는지 깨닫게 될 것이다. 학문에 있어 최고조에 이른 숙련된 대가 크레이그 에반스의 성숙한 판단을 무시하거나 쉽게 부정할 사람은 아무도 없을 것이다. 본서는 진흙탕이 된 최근의 역사적 예수 연구라는 샘에서 길어 올린 생수 같은 책이다.

제임스 D. G. 던 | 더럼 대학교 명예교수

새로운 예수상을 제시하는 책들이 최근 서점가를 점령하고 있다. 그러나 예수와 잃어버린 기독교에 관해 크레이그 에반스만큼 박식하고 균형잡힌 학자는 많지 않다. 역사적 예수나 초기 기독교에 대한 최근의 억지스러운 주장과 황당한 이론들에 휩싸여 당황하는 독자들에게 본서는 분명 위로가 될 것이다. 본서는 말 그대로 초기 기독교 전승뿐 아니라 위경, 외경 등의 맥락에서 예수의 삶과 가르침을 살펴본 책들 가운데 최상의 학문성과 대중성을 갖춘 책이다. 예수상과 초기 기독교 역사에 대한 저자의 건전하고 온건한 결론을 통해 많은 독자들이 희망을 얻게 될 것이다. 찬사를 받을 가치가 충분한 책이다.

벤 위더링턴 3세 | 애즈베리 신학대학원 교수

우리는 본서 『만들어진 예수』에서 현대인들이 가장 큰 관심을 두고 있는 문제들 중 하나인 진정한 예수의 맨얼굴을 성경과 고대 문서의 대가인 저자를 통해 만나게 된다. 크레이그 에반스는 신문의 헤드라인을 장식하며 대중들을 혼란시키고 있는 선정적이고 자극적인 이론들을 철저하게 분해한다. 저자는 예수와 복음서의 신빙성을 역사적이고 신학적인 탐구와 명석한 분석을 동원해 증명한다. 일반 독자들뿐 아니라 학자들도 만족시킬 만한 책이다.

스코트 한 | 프란체스코회 대학교 교수

FABRICATING JESUS

How Modern Scholars Distort the Gospels

만들어진 예수
누가 예수를 왜곡하는가

Copyright ⓒ 새물결플러스 2011

Originally published by InterVarsity Press as *Fabricating Jesus* by Craig A. Evans.
Copyright ⓒ 2006 by Craig A. Evans.
Translated and Printed by permission of InterVarsity Press,
P.O. Box 1400, Downers Grove, IL 60515, USA through arrangement of rMaeng2, Seoul, Republic of Korea.
This Korean Edition Copyright ⓒ 2011 by HolyWave Plus, Seoul, Republic of Korea.
All rights reserved.

본서의 한국어판 저작권은 알맹2를 통하여 InterVarstity Press와 독점 계약한 새물결플러스에 있습니다. 신 저작권법에 의하여 한국 내에서 보호받는 저작물이므로 무단전재와 무단복제를 금합니다.

만들어진 예수
누가 예수를 왜곡하는가

크레이그 에반스 지음 | 성기문 옮김

차례

	역사적 사실	13
	서문	15
	서론	23
1.	잘못된 신앙과 엉뚱한 의심 구학파와 신학파 회의론자들	27
2.	출발과 접근 방법에서의 오류 진정성에 관한 문제	49
3.	기이한 문서들 I 도마복음	75
4.	기이한 문서들 II 베드로복음, 에거튼복음, 마리아복음, 마가의 비밀복음	109
5.	생경한 문맥 예수는 견유학자가 아니었다	135
6.	뼈대만 남은 어록 문맥 없는 금언들	165
7.	축소된 기적 행위 치유와 기적에 대한 새로운 관찰	187

8.	요세푸스를 오용함 고대 말기에 대한 이해	213
9.	시대착오적이며 과장된 주장들 잃어버린 기독교들	243
10.	날조된 역사와 거짓된 발견 행간의 예수	275
11.	진정한 예수의 초상 예수의 삶의 목적	299
부록 1.	아그라파 정경 밖의 예수의 말씀들	317
부록 2.	유다복음서를 어떻게 생각해야 하는가?	323

어휘 해설	330
약 어	332
주	334
추천 도서	366

일러두기

1. 본서에서 인용된 성경 본문은 개역개정판을 사용했으며 구약 외경의 경우에는 공동번역개정판을 참고했다.
2. 도마복음, 유다복음 등 위경 및 성경 이외의 문서(아그라파)들은 여러 번역본을 비교해 옮긴이가 편역했다.
3. 성경 각 권은 문맥과 내용, 상황에 따라 '~복음', '~복음서', '~서신', '~서신서' 등으로 혼용해 사용했다.
4. 인명과 지명은 대체로 외래어 표기법에 따랐으나 성경에 등장하는 용어일 경우에는 기독교에서 일반적으로 쓰는 용어를 사용했다.
5. 정경, 외경, 위경 등을 제외하고 고대 문헌에는 「 」, 현대 도서에는 『 』 기호를 사용했다.

역사적 사실

신약의 복음서와 비교해볼 때, 도마복음은 일부 학자들의 주장과 달리 초기 저작이 아닌 2세기 말경에 시리아어로 기록된 후대의 저작물이다.

'말하는 십자가'를 묘사하는 베드로복음은 후대의 것으로 신빙성이 떨어지는 문서다. 이 문서는 베드로의 것이 아니라 주후 4세기 또는 5세기경에 기록된 것으로 보인다.

마르 사바 수도원에서 발견되었다는 마가의 비밀복음서는 현대에 제작된 것으로, 필적 분석은 이 문서가 위조된 것임을 보여준다.

예수 세미나에서 내린 특이한 결론들은 북미를 비롯한 유럽 대부분의 학자들에게 거부당하고 있다.

예수에게 아내와 자녀가 있었다는 주장에는 신뢰할 만한 증거가 전혀 없다.

예수에 대한 연구에 신약의 복음서(마태복음, 마가복음, 누가복음, 요한복음)가 가장 신뢰할 만한 자료라는 증거는 압도적이다. 신약의 복음서는 1차 목격자들의 증언에 근거한 것으로 예수의 가르침과 생애, 죽음과 부활을 진실되고 정확하게 전달한다.

예수는 견유학파 철학자가 아니었으며 그의 시대에 견유학자를 만났을 가능성도 거의 없다.

오푸스 데이라는 단체의 회원들 가운데 살인을 목적으로 하는 사람(백색종)이나 집단은 없다.

본서에 등장하는 문서들과 문헌들 그리고 고고학에 대한 모든 묘사에 일체의 과장이나 거짓이 없다.

서문

법률가가 되고자 했던 나는 캘리포니아 남부에 위치한 유명한 인문학 대학교에 입학했고 그곳에서 로스쿨로 진학하기 위해 역사와 철학을 전공했다. 그러나 대학교 4학년 때 나는 기독교인이 되었고 그 이후에 로스쿨 대신에 신학교로 진학했다(어떤 이의 표현대로 "율법에서 은혜로" 전향한 것이다).

목회자 훈련을 받기 위해 신학대학원에 진학해서는 나사렛 예수에 매료되어 그의 삶과 가르침에 대해 많은 것을 배웠다. 처음에는 목회자가 될 생각이었지만 신학과 전문적인 성경 연구에 관심을 갖게 되었고 결국 그것들을 사랑하게 되었다. 그리스어와 히브리어는 생각보다 쉬웠고 특히 역사적 연구와 배경 연구에 기본이 되는 석의(Exegesis)에 흥미를 느꼈다. 다른 이들이 가급적 피하려고 했던 과목들에 나는 열정적으로 몰두했다.

신학교 2학년 한 학기 내내, 나는 마태복음, 마가복음, 누가복음을 독해하는 헬라어 상급 과정을 들었다. 이렇게 나는 예수의 생애와 가르침 그리고 그 세계에 사로잡혀 있었다. 복음서와 복음서의 원자료가 무엇인지, 각각의 복음서들이 어떻게 서로 연관되는지, 복음서의 어디까지가 역사적 사실이고 어디까지가 해석인지와 같은, 학자들이 씨름했던 문제들에 매료되었던 것이다. 그 주제로 박사학위를 받기로 할 만큼 말이다!

나는 성서학 분야에 있어 당대 최고의 교수진을 갖추고 있던 클레어몬트 대학원대학교에 입학하는 행운을 얻었다. 당시 클레어몬트 대학원대학교는 근처의 클레어몬트 신학대학원과 함께 신약학 분야에 있어 세계 최고의 교수진을 자랑하고 있었다. 그 교수진에는 한스 디터 베츠(Hans Dieter Betz), 윌리엄 브라운리(William Brownlee), 버튼 맥(Burton Mack), 제임스 로빈슨(James M. Robinson), 제임스 샌더스(James Sanders), 존 트레버(John Trever) 등이 있었다.

베츠 교수 같은 경우는 서던캘리포니아 대학교의 로널드 호크(Ronald Hock) 교수와 에드워드 오닐(Edward O'Neill) 교수가 참여할 정도로 인기가 있던 헬레니즘과 신약 세미나의 좌장으로 활동하고 있었다. 당시 세미나는 플루타르코스에 대한 연구를 거의 마쳐가고 있었고 그리스어 주술문(magical papyri)들에 대한 연구를 막 시작하려던 참이었다. 그의 탁월한 강의와 미세한 부분을 놓치는 법이 없는 예리함은 매우 인상적이었다. 헤르메네이아 주석 시리즈 가운데 그가 쓴 갈라디아서와 산상수훈 주석은 매우 뛰어난 것으로 주석 가운데 최고의 역작으로 손꼽힌다.

로빈슨 교수는 이집트의 나그함마디에서 발견된 콥트어로 된 영지주의 사본들의 출판과 연구에 집중하는 나그함마디 세미나를 주재했다. 새로운 연구와 탐구 그리고 출판에 대한 전염성 강한 그의 열정은 정말 대단했다. 클레어몬트 대학원대학교에 입학하는 것은 출판 공장에 들어가는 것과 같았고 나도 곧 그 엄청난 활동에 참여하게 되었다. 나그함마디 세미나에 참석하는 동안, 나는 찰스 헤드릭(Charles Hedrick) 교수와 현재 클레어몬트 대학원대학교의 콥트어 주술문 프로젝트의 연구소장이자 영지주의 문서 전문가인 마빈 메이어(Mavin Meyer) 소장과 깊은 교류를 하기도 했다.

맥 교수는 당시 필로와 유대 지혜 전통에 몰두해 있었다. 그는 마음이 따뜻한 기독교 학자였는데, 1977년에 근처에 있는 교회의 목회에 잠시 참여했던 경험이 자신에게 얼마나 소중했는지 학생들에게 말하곤 했다. "교회 사역은 정말 좋은 경험입니다. 우리는 교회를 섬기는 박사들을 더 많이 배출해야 합니다." 시간이 흘러 그의 바람대로 이제 그런 사람들이 생기고 있다.

브라운리 교수는 공동연구를 하는 데 매우 탁월한 분이었다. 차분하고 친절하며 겸손하기까지 했던 그는 사해 사본을 접했던 최초의 학자 가운데 한 명이었다. 그는 첫 번째 동굴에서 사해 사본이 발굴되었던 1947-1948년 동안, 박사 이후 과정을 예루살렘에서 보냈다. 브라운리 교수는 에스겔서와 고대 우가릿 언어에 대한 자신의 연구는 잠시 미뤄두고 1948년 가을 듀크 대학교에 그 사본들 가운데 하나를 가져다가 히브리어를 가르칠 때 사용했다. (물론, 그 이상의 작업은 허용되지 않았다.) 그는 규율 사본(The Rule Scroll, 1QS)의 초기 연구 성과를 책으로 출판했고 하박국의 쿰란 주석(페세르) 분석에 자신의 학문적 경력을 집중했다. 나는 자신과 공동연구를 했으면 하는 그의 뜻을 따라 그의 지도 아래 박사학위 과정을 밟았다. 그로부터 나는 사해 사본에 대해 많은 것을 배웠고 또 그와 함께 아람어와 시리아어를 공부했다. 그러던 중 1983년, 브라운리 교수는 나를 학문적 고아로 남겨둔 채 갑작스레 돌아가셨다. 공동으로 연구하기로 했던 이사야서와 다니엘서에 대한 우리의 계획은 성사되지 못했다.

나는 브라운리 교수의 오랜 친구인 존 트레버 교수와 교제하는 특권도 얻었다. 트레버 교수는 1947-1948년에 예루살렘에서 브라운리 교수와 사해 사본을 함께 연구했고, 거의 1차 사료라 할 수 있는 매우 탁월한 사해 사본 사진들을 소장하고 있었다. 브라운리 교수와 마찬가지로 트레버 교수는 나에게 사해 사본과 자신이 소유한 사진들과 유물들의 발견 장소, 그 중요성 등을 친절하게 전수해주었다.

브라운리 교수와 가깝긴 했지만, 클레어몬트 대학원대학교에서 나에게 가장 큰 영향을 주었던 사람은 내가 박사학위 과정을 시작한 해인 1977년에 교수진에 동참했던 샌더스 교수였다. 성경과 성경의 온전한 문맥을 이해하는 데 그가 내게 끼친 기여도와 중요성은 이루 말할 수 없다. 샌더스 교수는 나에게 옛 그리스어(70인역)와 아람어(타르굼)로 된 성경 번역본들에 대한 지식을 전달해주었다. 그는 또 나를 랍비 문학으로 인도했고, 랍비의 미드라시를 제대로 연구하는 방법도 알려주었으며 본문비평(Textual Criticism)—고대 사본들과 그것들의 다양한 독법들과 이문(異文)들에 대한 연구—의 지겨움을 즐거움으로 바꾸어주었다. 그의 가르침을 받으면서 성경에 대한 나의 생각은 긍정적인 방향으로 향했다. 수 년간 우리는 몇 권의 책을 함께 출판했으며, 1989-1996년에는 세계성서학회(Society of Biblical Literature)에서 기획한 프로그램의 공동 책임자로 일하기도 했다.

비록 클레어몬트 대학원대학교에서 신약으로 연구를 시작하기는 했지만 브라운리 교수와 샌더스 교수에게 큰 영향을 받았던 나는 결국 이사야서 연구로 박사학위 논문을 썼다. 박사 과정의 연구 막바지에 신약뿐만 아니라 구약에 더 많은 흥미를 갖게 되었기 때문이다. 그러나 그 즈음 내 인생에 전환점이 된 한 가지 사건이 일어났다. 그것은 지금부터 약 25년 전 아카디아 신학교에서 구약학 교수직 채용을 위해 했던 면접이었다. 당시 나는 아카디아에서 구약학 교수직을 얻지 못했고 결국 트리니티 웨스턴 대학교에서 신약학 교수직을 맡게 되었는데, 이 직책은 나로 하여금 다시 신약에 대한 관심을 갖게 했고 트리니티에서 21년을 지낸 후에 마침내 아카디아 신학교의 페이전트 신약학 석좌 교수가 되었다. 비록 구약이 아닌 신약이었지만 결국 나는 아카디아 신학교에 있을 운명이었던 것 같다.

트리니티에서 신약학을 가르칠 때, 나의 연구와 출판에 대한 초점은 당연히 이사야서와 구약에서 신약으로 이동했다. 나는 신학교 때부터 관심을 갖고 있던 예수와 복음서에 초점을 맞추었다. 한 가지 흥미로운 일은 이사야서와 구약의 헬라어와 아람어 역본들, 사해 사본 그리고 초기 랍비 문학에 대한 그간의 연구가 예수와 복음서 연구에 대단히 유용했다는 것이다. 나는 여러 신약학자들과 교제하면서(세계성서학회의 지역별, 국가별 모임에서) 신약학자들 중 상당수가 신약의 셈어적 배경에 대한 훈련을 제대로 받지 못했음을 알게 되었다. 그리스어에 능숙하고 그레코-로만 세계에 대한 지식은 있지만 히브리어와 아람어 능력이 빈약했던 신약학자들과 나는 자주 의견 충돌을 하게 되었다. 대부분의 신약학자들은 초기 랍비 문학과 아람어 성경 석의본(釋義本)에 대한 지식이 거의 없었기 때문이다.

적지 않은 신약학자들에게서 볼 수 있는 이런 학문적 역량의 부족은 1985년에 로버트 펑크(Robert Funk)가 설립한 예수 세미나가 보여준 기괴함의 원인이 어디에 있는지를 잘 설명해준다. 이 세미나의 회원 다수는 그리스 문학과 그레코-로만 문화와 관습에는 익숙하지만 예수의 셈적(유대적) 배경에 대해서는 이해가 턱없이 부족하다. 그들 중 소수만이 고고학을 진지하게 연구해 이스라엘 지리에 익숙해 있을 뿐 랍비 문학과 성경의 아람어 석의본에 대해서는 거의 알지 못했다. 이런 불완전한 학문을 바탕으로 진행된 예수 세미나가 그처럼 요상하고 의문스러운 결론에 이르게 된 것은 당연한 일이라 하겠다. 예를 들면, 이 세미나는 예수가 어떤 의미에서 "하나님 나라"를 사용했는지 완전히 오해하고 있다. 이 세미나의 참여자들은 종말론의 의미를 완전히 오해했고 예수가 선호하던 "인자"(人子)라는 칭호의 의미도 왜곡해왔다. 게다가, 이 세미나는 예수의 자기 이해와 그의 가르침에 나타난 이스라엘 성경(구약)의 중요성도 깨닫지 못하고 있다. 한마디로 이 세미나가 저지른 오류들은 어처구니없는 것들이다. 불행한 것은 이 세미나가 미디어로부터 주목을 크게 받아—신약에서와 신약 밖에서의—예수와 복음서에 대한 엉뚱하고 잘못된 관점들을 확대시키는 정보들을 엄청나게 양산하고 있다는 것이다. 본서에서 나는 이런 이슈들을 정면으로 다룰 것이다.

나는 기독교인이다. 나는 신학교와 대학원대학교를 가기 전에도 기독교인이었고 학업을 마치고 강의를 하고 책을 쓸 때에도 여전히 기독교인이었다. 신학교 시절, 내가 박사 과정을 공부하기 위해 클레어몬트에 입학할 거라는 이야기를 들은 동료들은 나에게 성경에 대한 비평적 연구가 내 신앙에 해를 끼칠 거라고 경고했다. 물론 나도 성경을 그런 식으로 연구하다가 신앙을 잃어버렸다는 사람들의 이야기를 들었다. 나는 이 문제를 1장에서 다룰 것이다.

결론적으로 말해, 나의 학문은 나의 신앙을 망가뜨리지 않았다. 물론 내 신앙의 여러 면들이 변했고 신학적으로 여전히 불분명하고 역사적으로도 불명확한 사항들이 있긴 하지만 틀에 박히고 흑백논리로 모든 것을 바라보던 것에서는 벗어나게 되었다. 무엇보다 나는 이것이 예수와 그를 따르던 이들에게도 마찬가지였다는 점을 발견했다. 신앙이란 그 특성상 모든 것에 대한 대답을 얻을 수 있는 것이 아니지 않은가!

성경 비평의 불안정한 면을 발견했다는 것을 먼저 말할 필요가 있겠다.

그러나 나는 성경 비평의 대상이 기독교의 핵심 메시지가 아니라는 점을 깨달았다. 물론 많은 사람들이 생각하는 성경 비평의 부담스러운 부분이 여전히 나에게도 존재한다. 그런 부담들로는 성경의 문학적 성격(복음서가 완전히 역사적이라는 신념)과 예수의 가르침의 본질(예수의 모든 말씀이 이전에는 들어본 적이 없는 전적으로 독특한 것이었다는 관점)에 대한 가정들뿐 아니라 성경의 저작권과 연대에 대한 의견(성경이 초기의 저작들이며 사도들이 그러한 주장을 직접하지는 않지만 성경이 반드시 사도들의 저술이어야 한다는 개념) 같은 것들을 들 수 있다. 그러나 머지않아 나는 그 메시지와 그 부담의 차이를 구분할 수 있게 되었고 실제로 성경 비평은 (그 부담들로부터) 그 메시지를 구출해냈으며 오히려 메시지를 보다 충실하게 이해할 수 있게 만들었다.

나는 또 역사적 예수에 대한 신중하고 면밀한 연구가 충분히 가치 있는 일이라는 사실을 발견했다. 나는 강의와 설교를 좋아한다. 또 사람들에게 복음서 이야기들을 들려주는 것도 좋아한다. 나는 사람들이 예수의 가르침과 행위에서 그 의미―예수가 실제로 의미했던 바―가 무엇이었는지를 이해하게 되었을 때 나타나는 사람들의 표정의 변화를 즐기며 예수 이야기로 인해 그들의 삶이 어떻게 변화되었는지에 대해 이야기하는 것에 깊은 감동을 받는다. 죄를 지은 한 여인 이야기(누가복음 7장), 선한 사마리아인 이야기(누가복음 10장), 탕자 이야기(누가복음 15장) 등이 절묘한 상황에서 전달될 때 용서와 화해를 이끌어내는 것을 나는 수없이 목격했다. 예수가 당시에 발휘했던 능력이 세월의 흐름 속에서도 전혀 사라지지 않았던 것을 말이다.

나는 예수가 어떤 사람이었고, 무엇을 가르쳤으며, 동시대 사람들이 그를 어떻게 이해했는지를 알면 알수록 우리가 예수 그 자신과 그가 일으켰던 운동을 제대로 평가할 수 있게 된다는 점을 확신하게 되었다. 예수의 사역과 가르침을 제대로 이해하지 못할 때 문제가 발생한다. 나는 "예수는 그렇게 말하지 않았다"라는 주장(예수 세미나가 하는 것과 같은)의 대부분이 적절한 문맥과 상황 속에서 그 말을 제대로 이해하지 못한 것에서 비롯된 명백한 해석상의 실수라고 확신한다.

본서는 최근의 설익은 학문과 말도 안 되는 이론들 가운데 일부를 엄밀하게 살펴보는 것을 목적으로 한다. 그런 저작들의 대부분은 나를 놀라게 만들었고 솔직히 말해서 황당스럽기까지 했다.

본서는 일반 대중서 수준에서 기록된 것으로, 최근에 행해진 예수에 대한 이야기들에 대해 혼란스러워 하는 비전문가들을 주요 대상으로 한다. 전문적인 설명은 최대한 줄였으며, 해당 주제에 참고될 만한 자료들을 각 장 말미에 두었고, 설명이 꼭 필요한 부분들은 가독성을 위해 미주(尾註)로 처리했다. 또 성서학에서는 일반적이지만 일반 독자들에게는 익숙하지 않을 몇 가지 용어들은 그 의미를 설명하고자 책 뒷부분에 어휘를 해설해놓았다. 필자의 논증과 필자가 내린 결론 배후에 있는 학술적인 문헌에 관심이 있는 독자를 위해 추천도서 목록도 제공했다.

이 책을 쓰도록 제안해주고 여러 아이디어들과 통찰력을 제공해준 IVP의 짐 후버에게 감사를 전하고 싶다. 또 성심껏 원고를 읽고서 "이 문장의 정확한 뜻이 뭐죠?"와 같은 중요한 질문들을 제기해주었던 아내 지니에게 고마움을 전한다. 아내의 관심과 배려 덕분에 본서의 가독성이 훨씬 높아졌다. 끝으로 본서의 색인을 준비해준 대니 자카리아스에게도 감사를 전한다.

크레이그 A. 에반스

서론

예수는 막달라 마리아와 결혼했는가? 그리고 자녀가 있었는가? 예수는 견유학파 철학자였는가? 아니면 신비주의자 또는 영지주의자였는가? 예수는 자신의 죽음을 위장하고 무덤에서 몰래 빠져나와 이집트로 도망했는가? 예수는 유대 법정에 편지를 보내서 자신은 결코 하나님의 아들이라고 주장한 적이 없었다고 고백했는가? 예수는 십자가형을 당한 지 25년 후에 그의 제자들과 함께 최후의 만찬을 나눴는가? 예수의 무덤과 그의 부친의 무덤은 발견되었는가? 신약의 복음서는 믿을 만한가? 예수의 생애와 가르침에 대한 더 나은 자료들은 없는가? 사해 사본은 예수에 대해 무엇이라고 말하는가? 복음서 이야기는 진실인가 혹은 진리를 감추려는 음모가 있지는 않은가? 예수는 정말로 실재했던 인물인가?

30여 년 전 내가 처음으로 학문적으로 예수와 복음서 연구를 시작했을 때, 이런 질문을 제기하는 책들이 집필되리라고는 상상하지 못했다. 당시에는 그 누구도 이런 이론들을 제기하지 않았고 어떤 출판사도 그런 책을 출판하려고 들지 않았다. 그러나 이 모든 일이 실제로 벌어졌다.

당신은 현대 학자들(특히 대중적인 학자들)이 복음서의 증거를 매우 하찮게 여기고 그와 관련된 정보를 얻기 위해서 다른 자료들을 살펴보려고 하는 이유에 대해 생각해본 적이 있는가? 어떤 학자들은 1세기 신약 복음서를 믿을 수 없기 때문에 2, 3세기의 다른 자료들에 의존할 필요가 있다고 주장한다. 또 다른 사람은 그러한 증거를 억압하려는 음모가 있다고까지 주장한다. 도대체 그들은 어떤 증거로 그런 주장을 하는 것일까?

우리는 색다른 사고방식을 탐닉하며 심지어 격려하는 괴상한 시대에 살고 있다. 지금 이 시대는 진리란 그저 우리가 하고 싶어하는 것을 의미하는 시대이며, 이런 식의 특이한 탐구는 진리를 더욱 모호하게 만들고 있다. 몇 년 전에 출판된 한 책의 제목 『진리는 전보다 낯설어졌다』는 이런 상황을 잘 묘사하는 것 같다. 정말 그렇다.

이것이 큰 문젯거리라고 내가 생각하는 이유는 이와 관련된 말도 안되는 이야기들이 소위 학자라는 사람들에게서 나왔다는 점 때문이다. 나를 위시해 많은 사람들은 이런 허튼소리가 제대로 된 고등 교육 기관의 학자들에게서가 아니라 선정적인 사이비 학문을 전하는 사람에게서 기인한다고 생각한다.

무언가 새로운 것을 발견하고, 증거를 넘어서는 대담한 이론들을 발전시키며, 어떤 결론도 얻지 못할 연구를 수행하는 최근의 학자들과 작가들은 잘못된 예수상을 초래하는 왜곡된 복음서들을 갖고 있는데 이는 다음과 같은 원인에 기인한다. (1) 잘못된 신앙과 엉뚱한 의심들, (2) 난해한 출발점과 과도한 비평적 방법, (3) 후대에 만들어진 기이한 본문들, (4) 예수의 실제 환경과는 무관한 것에 대한 호소, (5) 문맥이 완전히 생략된 뼈대만 남은 말씀들, (6) 예수의 기적 행위를 고려하는 데 실패함, (7) 요세푸스와 고대 말기의 다른 자료들을 오용함, (8) 시대착오적이며 과장된 주장들, (9) 날조된 역사와 거짓된 발견들. 간단하게 말해, 상상할 수 있는 모든 오류가 이런 것들로 인해 그리고 몇몇 저자들이 의해 만들어진 것이다.

　　나는 다음 장들에서 이와 관련된 주장들과 각각의 이슈들을 차근차근 다룰 것이다. 그리고 마지막으로 역사적 예수 연구에 있어 진전된 주요 국면들에 대한 나의 평가를 제시할 것이다.

　　본서는 역사적 예수를 연구하는 학자들과 대중적인 작가들의 다음과 같은 사고방식과 방법들을 조사한다. 그들은 어떤 전제를 갖고 있으며 어떤 방법들을 사용하는가? 그들이 정당한 관찰에서 대담무쌍한 결론으로 비약한 이유는 무엇인가? 실제로 그들이 우리가 신약에서 발견한 것과는 전혀 다른 예수를 만들어내는 이유와 방법은 무엇인가? 이 학자들은 건전한 방법을 사용하고 있는가?

　　본서는 다양한 독자들을 대상으로 한다. 가장 먼저는 예수에 대한 조악한 이론들과 자극적인 기술, 즉 예수가 실제로 자신을 메시아나 하나님의 아들로 생각하지 않았다거나 신약 복음서가 믿을 만하지 못하다거나 성경 이외의 다른 자료들이 더 믿을 만하다거나 적어도 동일하다는 식의 주장들로 인해 혼란에 빠진 사람들을 돕기 위해서 저술되었다.

　　다음으로, 이 책은 예수와 신약 복음서에 흥미를 갖고 배우고 싶어하지만 최근에 등장한 이상한 정보들로 인해 당황해하고 있는 사람들을 위해 집필되었다. 나는 진실을 알고자 하는 그들의 노력이 포기되지 않기를 바란다.

　　또 회의론자들, 특히 이제는 거의 지지하지 않는 일부 19세기 사변적인 주장에 미혹되어 있는 사람들을 위해서 그리고 우리의 학문적 표준이 아니라 정말로 중요한 표준(이것은 회의주의가 학문의 동의어라고 추정하지 않는다)에 호소할 것을 기대하며 특정 부류, 즉 복음서와 예수의 생애와 가르침을 연구하는 것을 직업으로 한 학자들을 위해서 저술했다.

　마지막으로, 나는 예수의 생애, 죽음, 부활에 대한 원래 증거들을 옹호하기 위해 이 책을 썼다. 지금까지 비평적인 조사와 시험을 잘 견뎌냈지만 최근 들어 좋지 않은 평판을 듣고 조롱을 당하고 심지어 왜곡되는 상황에 있는 원래의 문서들에, 본서는 공정한 판단을 받는 시험대를 제공할 것이다.

잘못된 신앙과 엉뚱한 의심

구학파와 신학파 회의론자들

한때 전통적이고 보수적인 기독교인으로 자처했다가 후에 예수에 대한 전통적 이해와 복음서에 대한 역사적 신뢰성을 저버리고 스스로를 진보적인 기독교인 또는 노골적인 불가지론자로 규정한 학자들이 저술한 책들이 최근에 소개되고 있다.

기독교인으로서 학문의 여정을 출발했던 많은 성서학자, 고고학자, 역사학자들이 기독교 신앙을 유지하지 못하고 있는 것 같다. 이런저런 이슈에 대한 학자들의 관점은 연구를 하면서 바뀔 수도 있고, 신학이라는 세상에 들어선 사람들 가운데 많은 사람들은 새로운 입장에 대해 엄격해지기도 하고 개방적이 되기도 한다. 그러나 어떤 학자들이 신앙을 저버리고 심지어 기독교에 적대적이 되는 이유는 무엇인가? 대중매체는 이런 종류의 "커밍 아웃하는" 이야기들을 과장하고 선정적으로 사용하곤 한다.

이 문제는 보수적인 개신교, 특히 서구 개신교에서부터 기인한다. 19세기 말과 20세기 초에 근대주의자와 근본주의자 사이에서 논쟁이 일어나

서로의 입장을 구분하려는 시도들이 있었고, 이 일로 각자 신앙의 세부적인 주장들을 정리하기 시작했다. 이 주장들은 자기편이 누구인지 반대편이 누구인지에 관한 시금석 역할을 하기도 했지만, 어떤 주장들은 성경보다도 우선시되어 실제로 자신들의 주장에 동의하는지 그렇지 않은지에 따라 아군과 적군으로 나뉘는 극단적인 대립을 초래하기도 했다.

이런 경직성에 대한 반동이 있었다는 것은 그리 놀라운 일이 아니다. 즉 성경의 저자가 누구이며 어떤 배경에서 성경이 기록되었는지, 어떤 목적으로 기록했으며 역사적으로 얼마나 정확한지 같은 중요한 질문들을 제기하는 진지한 성경 연구는 어떤 의미에서 꽉 막힌 보수주의에 대한 반동이기도 했던 것이다. 여기에서 나는 이 복잡하고 방대한 문제를 자세히 살피는 것이 아니다. 다만 이 문제가 일부 학자들과 성직자들의 신앙의 위기를 초래하고 심지어 그들이 변절하게 만든 중요한 원인 중 하나였기 때문에 이 문제를 조금 살펴보고자 한다.

예수를 평가할 때 대중적인 기독교 변증가들은 반세기 전, 영문학자 C. S. 루이스가 제안했던 세 가지 선택, 즉 예수는 거짓말쟁이거나, 미치광이거나, 하나님이거나 하는 세 가지 논리적 결론 중 하나를 선택할 수밖에 없다는 유명한 논증에 호소하곤 한다. 이 논리가 기독교인들에게는 설득력이 있을지 모르겠지만 그렇지 않은 사람들에게 이 논리는 불완전하다. 이 논증은 세 가지 선택 외에 선택 가능한 다른 대안―성경을 어떻게 이해하는가와 연관되어 있으며 본서가 비판하는 책들에 적용되는 최소한 두 가지 대안―이 있음을 배제하는 오류를 범하고 있기 때문이다.

다른 대안들 가운데 하나는 예수가 거짓말쟁이도 미치광이도 하나님도 아닐 수 있다는 것이다. 그는 또 다른 무언가일 수 있다. 예수는 이스라엘의 메시아, 주의 종, 가장 위대한 예언자였을 수도 있다. 심지어 예수는 하나님의 아들이라고 불릴 수도 있고, 정통적인 삼위일체와는 다른 의미에서 온전한 하나님이자 온전한 인간일 수도 있다. 이는 에비온파, 곧 2세기에 등장했다가 5세기에 사라져버린 한 유대 기독교의 주장과 유사한 것으로 에비온파는 율법의 지위를 높이고 예수의 신적 본질을 최소화하는 경향이 있는 하나 혹은 그 이상의 마태복음 편집본들을 소유하고 있었다. 에비온파는 예수가 이스라엘의 메시아이자 예언의 성취라고 믿었으며 다윗 왕이 하나님의 "아들"이라고 불렸다는 의미에서(시편 2:7) 예수도 인자(人子)라고 부를 수 있다고 믿었다. 이렇듯 에비온파는 학자들이 "높은 그리스도론"(high Christology)이라고 부르는 것, 즉 예수가 신이라는 믿음을 견지하지 않았다. 에비온파의 예수 이해는 이 장의 후반부에서 살펴볼 학자들 가운데 두 사람의 관점과 상당히 유사하다.

또 다른 대안은 우리에게 있는 신약 복음서와 다른 자료들이 믿을 만하지 않기 때문에 우리는 실제로 예수가 누구였으며, 그가 실제로 말했던 것과 행했던 것, 그가 자신에 대해서 생각했던 것, 그와 함께했던 자들이 그에 대해 가졌던 생각들을 알 수 없다는 것이다. 신약 복음서는 예수를 이스라엘의 메시아와 하나님의 아들로 제시하지만 이런 개념은 1세기 말의 기독교인들, 즉 예수를 직접 본 적이 없고 예수의 말씀을 직접 들어본 적이 없는 기독교인들이 만든 신학일 뿐이라는 것이다. 이런 형태의 회의주의는 복음서가 비역사적이며 신뢰할 수 없을 뿐 아니라 현존하는 사본들이 원래의 복음서를 정확하게 반영하고 있는지 확신할 수 없다고 주장한다. 이런 식의 논증은 지금도 계속되고 있다. 우리는 이와 비슷한 주장을 하는 또 다른 학자들을 나중에 살펴보게 될 것이다.

예수에 대한 더 급진적 책들을 읽으면서 나는 그런 책들이 신약 복음서의 역사성에 대해 신뢰하지 못하는 '잘못된 신앙'과 '엉뚱한 의심'에 의해 비롯된 것임을 알았다. 여기서 '잘못된 신앙'이란, 경직되고 특이한 기준들에 의해 성경 사본이 절대적으로 무오해야 하며 신약의 네 복음서는 완벽하게 조화를 이룬다는 신념을 신앙의 근거로 삼는 것을 뜻한다. 우리의 신앙이 이런 개념들에 의존해 있다면 그 신앙은 곧 붕괴되고 말 것이다.

또 '엉뚱한 의심'이란, 예수의 동시대인(그 운동의 첫 세대)이 예수가 말한 것과 행한 것을 정확하게 기억할 능력이 없었거나 그것을 전달하는 데 관심이 없었다고 쉽게 단정하는 불합리성을 의미한다. 이것은 학계에 편만해 있는 것으로 비평과 회의주의의 혼동—더 회의적일수록 더 비평적이라는 생각—에서 비롯된 과도하게 비평적인 태도의 한 형태다. 그러나 급진적인 회의가 덮어놓고 믿는 것보다 더 비평적인 것은 아니다.

우리는 한때 보수적이고 복음적이었던 네 명의 학자들을 간략하게 살펴봄으로써 이 문제가 그들에게 어떻게 작용했는지를 알 수 있다. 나는 먼저 언급할 두 학자를 "구학파 회의론자들", 나중에 언급할 두 학자를 "신학파 회의론자들"이라고 부르겠다. 앞의 두 명은 앞서 언급했던 첫 번째 대안에 가깝고 나머지 두 명은 두 번째 대안과 유사한 주장을 펼친다.

이들을 선택한 이유는 그들이 자신들의 신학적 관심과 신앙 이력, 특히 예수와 복음서에 대해 논의를 집중적으로 해왔기 때문이다. 다른 학자들을 논의할 수도 있지만 그들의 관점이 아직 대중적이지 않기 때문에 논의에서 제외했다.

이들과의 신학적 입장이 다르다는 것 때문에 내가 이들을 비판하는 것이 아니라는 점을 먼저 확실히 해두자. 그들의 신앙 이력에 의해 형성된 입장은 그들의 일이다. 나는 그저 이 장에서 논의되고 있는 이슈들을 그들이 잘 보여주고 있다고 생각하기 때문에 그들의 주장 가운데 일부만을 인용, 논의할 것이다. 그것은 내가 이 책의 다른 장들에서 고려할 문제들과 토론들의 배후에 놓여 있다고 생각하는 이슈들이다. 그럼에도 불구하고 나는 그들이 도달한 결론들의 일부에 대해서 비판적이다.

구학파 회의론자들: 축소된 예수

간략하게 논의하려는 두 명의 구학파 회의론자들은 로버트 펑크와 제임스 로빈슨이다. 신약 복음서에 대한 이들의 회의주의는 어떤 이들이 생각하듯이 그렇게 급진적이지 않다. 그들은 어떤 복음서의 말씀과 행위들이 가짜, 즉 예수가 아니라 초대교회가 만든 것이라고 주장한다. 나는 복음서의 형성과 연대, 전승에 대한 그들의 이해에 동의하지 않는다. 또한 그들이 신약 밖의 복음서들에 부여한 가치와 다른 연대 추정에도 동의하지 않는다. 그렇지만 펑크와 로빈슨은 유용하고 믿을 만한 상당수의 자료들이 신약 복음서에 있다고 믿으며 예수에 대한 일관되고 심지어 교훈적인 평가를 내린다. 두 학자의 글에는 예수에 대한 존중과 그를 영적인 지표로 간주하려는 모습이 들어 있다. 그들의 비판은 사회 정의는 외면하고 교리에만 몰두하는 기독교에 맞춰져 있고 실제로 이들의 비판을 통해 큰 자극을 받은 교회들이 있다.

로버트 펑크

자신의 책 『예수에게 솔직히』(한국기독연구소 역간)에서 펑크는 자신의 청년기에 대해서 다음과 같이 말한다.

> 나는 주일학교에서 배웠던 창세기 1, 2장의 문자적 해석을 떨쳐버리지 못했다. 우리 목사님은 나를 동부 테네시에 위치한 성경학교로 보냈고 나는 십대 전도자가 되었다. 그리고 나는 내가 가진 언변을 총동원해 청중들을 웃고 울게 만들었다.
>
> 그러나 나는 불안했다. 그 학교에서의 공부는 대부분 암송과 반복에 의한 것이었고 진리는 학교가 만든 단조로운 신조로 암호화되어 있었다. 이런 교리적 속박이 나를 힘들게 했다.[1]

펑크는 신약학 박사학위와 연구 경력으로 이어졌던 이후의 교육 과정에 대해 계속 언급한다. 펑크는 그 신학 기관에서의 교육이 갈수록 실망스러운 수준임을 깨닫고 몬태나 대학교로 옮기게 되었을 때 매우 즐거워했다. 그러나 그 기쁨은 오래가지 않았다. 펑크는 그 대학에 대해서도 곧 낙심했다. 결국 그는 캘리포니아에서 웨스타 연구소와 폴브리지 출판사를 세우고 예수 세미나를 시작했다.

"창세기 1, 2장의 문자적 해석"과 함께 시작하고 성경학교에 진학한 후 십대 전도자가 되어 암송과 반복 교육을 통해 형성된 펑크의 신앙 이력은 특히 인상적이다. 여기에 큰 의미를 부여하고 싶지 않지만, 분명한 것은 엄격한 근본주의적 성경 이해가 펑크의 신앙을 형성하는 기초가 되었다는 사실이다. 펑크는 공부가 절망적인 경험이었다고 말한다. 우리는 근본주의적 성경 이해가 얼마나 그를 정서적으로 피폐하게 만들 수 있는가 하는 점을 주목해볼 필요가 있다.

제임스 로빈슨

로빈슨은 내 스승 가운데 한 명이었다. 나는 로빈슨의 성품과 학문을 존경한다. 로빈슨은 평소에 자신이 받았던 교육과 초기 신학 과정에 대해 이야기하곤 했으며 최근에 자서전을 출간했다. 그 책에서 로빈슨은 자신의 신앙 이력을 기술하는 데는 많은 시간을 할애하지 않고 대신 나그함마디에서 나온 영지주의 사본들을 수집하고 출판하면서 경험했던 좌절과 부침(浮沈)에 대해서 장황하게 언급한다. 그러나 자서전 곳곳에서 우리는 로빈슨의 신앙 여정에 관련된 일들을 찾아볼 수 있다.

> 석사학위 과정을 시작하기 전, 나는 학교(데이비슨)에서 1년 동안…구약을 문자적으로 가르쳤다. 나를 엄청 고지식한 사람으로 생각했을 당시 내 학생들은 대부분 퇴역 군인들이었다. 내가 가르쳤던 것을 당시 학생들이 진짜로 믿었는지와 상관없이, 나는 그해 말부터 그것을 더 이상 믿지 않았다. 나는 나의 유년기 신학이 나에게 어떤 의미가 있었는지 이해해보려고 했지만 실패했다.
>
> 약 50년 동안, 나의 신학은 오른쪽에서 왼쪽으로 조금씩 이동했다.
>
> 나는 학자들이 아닌 기독교인들의 질문을 받곤 한다. 주된 질문 중 하나는 평생에 걸친 비평적 성경 연구가 내 신앙에 어떤 영향을 끼쳤는가 하는 것이다. 나는 그 질문에 "고등비평"은 나의 신앙을 확실히 파괴했다고 이야기했다.[2]

로빈슨은 데이비슨 대학교에서 "구약을 문자적으로" 가르쳤고 자신의 학생들이 자신을 "엄청 고지식한 사람"으로 여겼을 것이라고 말한다. 여기서 우리는 경직된 근본주의적 성경 이해를 가졌던 한 사람을 다시 한 번 발견한다. 구약을 가르치는 동안, 계속해서 학문적인 책들을 섭렵하고 학생들의 질문에 답하면서 로빈슨은 자신이 가르쳤던 것을 "더 이상" 믿지 않게 되었다. 그가 더 이상 믿지 않게 된 것은 무엇인가? 또 그는 "나의 유년기 신학이 나에게 어떤 의미가 있었는지 이해해보려고 했지만 실패했다"고 말한다. 그가 유년기 시절에 배웠던 신학이란 무엇일까? 그의 자서전을 바탕으로 추론해보면 우리는 그것이 칼빈주의 신학과 보수적인 성경관임을 알게 된다.

자신의 보수적인 신학의 의미를 이해할 수 없었던 로빈슨은 "오른쪽에서 왼쪽으로 조금씩" 이동하기 시작했고 결국 그의 자서전 마지막에 이르러 "고등비평"이 자신의 신앙을 파괴했다고 고백한다. 물론 로빈슨도 정의롭지 않은 것에 제대로 대처하지 못하는 전통적인 기독교의 실패가 고등비평과는 상관없이 자신의 보수적 기독교 신앙을 파괴한 요소였다고 말하기도 한다.

고등비평이 자신의 기독교 신앙을 파괴했다고 말할 때, 로빈슨이 말한 기독교 신앙이란 유년기의 기독교 신앙을 말한다. 로빈슨은 예수에 대한 분명한 관점을 견지하고 있는 것 같다. 회의적이긴 하지만 그는 대부분의 기독교인들처럼 예수를 긍정적으로 평가한다.[3] 그러나 나는 그의 주장이 현대판 에비온파 그리스도론이라고 생각한다.

신학파 회의론자들: 오해된 예수

내가 "신학파 회의론자들"이라고 일컫는 두 명은 펑크와 로빈슨 같은 사람들보다 훨씬 극단적이고 급진적이다. 실제로 그들의 주장을 보고 있으면 펑크와 로빈슨이 보수주의자 빌리 그레이엄 같다는 생각이 들 정도다. 로버트 프라이스(Robert Price)와 바트 어만(Bart Ehrman)이 그들이다.

로버트 프라이스

프라이스는 예수 세미나가 복음서에서 예수가 행한 것으로 여겨지는 말씀과 행위의 18% 정도만이 실제로 예수의 것이라고 보는 것은 너무 낙관적인 생각이라고 주장한다. 프라이스는 역사적 예수에 대한 증거가 너무 빈약하기 때문에 예수에 대한 확실하고 분명한 것을 발견할 수 없다고 한다. 심지어 프라이스는 예수가 전혀 존재하지 않았을 가능성까지 고려해야 한다고 말한다.[4] 그의 말대로 예수에 관한 증거는 거의 없는가? 대부분의 역사학자들은 프라이스의 부정적 결론들에 동의하지 않는다.

프라이스는 보수적 복음주의 교육 기관인 고든-콘웰 신학교 출신으로 근본주의적 침례교회에 소속되어 있었고 또 기독교학생회(IVF)의 리더였다. 성경 비평에 노출되었던 신학교를 졸업한 지 얼마 되지 않아 프라이스는 자신의 신앙을 재고하기 시작했다. 프라이스는 신학 공부를 새로 시작해서 드루 대학교에서 철학으로 박사학위를 받았다. 이후에 그의 신학은 목회지로 옮겨가면서 더 급진적이 되었다. 신약학 학위를 받기 위해 학교로 돌아가서 19세기 신약 비평가들의 영향을 받아 전보다 더 급진적이 되어 결국 불가지론적 입장을 취하게 되었다.

복음서에 대한 프라이스의 책들은 역사적 연구와 반목하는 철학적 태도에 압도당하고 있다. 프라이스는 전통적으로 예수의 것으로 간주되는 말씀과 행위는 실제로는 예수가 말할 수 없었거나 일어날 수 없었다고 주장한다. 나아가, 예수의 말씀과 이야기는 이후에 편집되고 각색되었기 때문에 어떤 것도 신뢰할 수 없다고 말한다. 프라이스는 예수 세미나의 모호한 방법들과 결과들을 무비판적으로 수용하며, 19세기의 (이미 폐기 처분된) 그리스도-신화 이론(예수가 결코 존재하지 않았다는)의 많은 부분을 차용한다. 프라이스의 행보는 지난 150년간의 비평적 연구의 학문적 성과를 철저하게 무시하는, 이전 시대로 돌아가는 퇴보를 떠올리게 만든다. 프라이스에게서 발견할 수 있는 것이라고는 우리가 앞서 살펴보았던 근본주의로부터의 도피뿐이다.

바트 어만

어만은 십대에 기독교인이 되었고 회심한 후에 보수적인 배경 속에서 교육받았다. 어만은 시카고에 있는 무디 성경학교에 입학했고, 휘튼 대학교와 휘튼 신학교로 진학해 신약학으로 학위들을 받았고 이후에 프린스턴 신학교에서 신약 본문비평의 최고 전문가인 브루스 메츠거(Bruce Metzger)의 지도하에 목회학석사와 철학박사학위를 받았다.

나는 어만의 책이 대중적인 주목을 받았고 이 장에서 다루어진 다른 학자들의 책들보다도 광범위한 영향을 주었다는 점에서 어만에 대한 논의에 조금 더 긴 시간을 할애하고자 한다. 어만에게 신앙에 회의를 갖도록 했던 것은 본문상의 이문들(고대와 중세의 필사본들에서 발견되는 많은 오류와 추가적 설명)에 대한 연구였다. 간단히 말하자면, 어만은 오류라고 여기는 것을 성경에서 발견했던 것이다. 어만에게 성경의 오류란 성경이 하나님의 말씀이 아니라 그저 인간의 책이라는 뜻이었다.

성경의 축자영감(성경의 단어 하나하나가 하나님의 영감을 받았다는 이론이다-옮긴이)과 무오성에 대한 엄밀한 개념들은 그의 책 머리말의 자전적 글에 나오듯이 어만의 문제 배후에 놓여 있었다.

> 나에게 있어서 이것(신약 원본의 상실)은 믿어야만 하는 문제였다. 성경은 하나님이 영감하셨던 말씀 자체였다. 우리가 하나님의 뜻을 알고자 한다면, 성경의 단어들이 하나님의 말씀이기 때문에 이 단어들의 의미를 정확히 알아야 하는데, 다른 말(필사자들이 부주의하게 혹은 의도적으로 만들어낸)이 성경 속에 있다는 사실은 우리가 하나님의 말씀을 알지 못할 수도 있다는 뜻이었다.
>
> 성경은 이제 내게 인간의 책처럼 보이기 시작했고…처음부터 끝까지 인간의 책이었다. 성경은 다른 사람들, 다른 시간 그리고 다른 장소에서 각자 다른 필요를 채우기 위해서 기록된 것이었다.
>
> 무디 성경학교에서 우리는 성경의 모든 단어는 절대적으로 오류가 없다고 배웠다.[5]

어만에게 성경은 인간의 책이거나 하나님의 말씀이거나 둘 중 하나여야 했다. 그래서 그는 성경에 대한 확신을 버렸다. 지금 어만은 자신을 불가지론자라고 여긴다.

이 대목은 나를 매우 당혹스럽게 만든다. 신학이 아니라 성경을 가르치는 무디 성경학교는 둘째 치고 사본학을 가르치는 휘튼 대학교에서만큼은 어만이 성경 사본상의 수많은 이문들과 익숙해졌어야 했다. 이것에 대해 제대로 알지 못한 채 신학학위를 받을 수는 없기 때문이다. 그러나 그렇지 않더라도 성경학교 학생들이 한꺼번에 신앙을 저버리지는 않는다.

어만의 이야기는 다시 한번 나를 당황하게 만든다. 충분한 논증을 위해, 성경의 사본상에 나타난 필사자의 오류가 성경의 축자영감과 무오성을 허물기 때문에 성경이 하나님의 말씀이 아니라 인간의 책이라고 여겨야 한다고 가정해보자. 그러면 우리는 모든 것을 잃어버리는가? 그렇지 않다. 이 관점은 온건한 자유주의 기독교인들이 지난 한 세기 동안 지지해왔던 주장으로 지금은 폐기된 이론이다. 문제는 하나님이 나사렛 예수 안에서 자신의 사역을 성취했느냐 하는 것에 있다.

다음과 같이 생각해보자. 베드로와 예수의 다른 제자들은 예수의 부활을 경험하고 무엇을 선포했는가? 기독교의 핵심 메시지는 베드로의 오순절 설교에 잘 요약되어 있다.

> 이스라엘 사람들아, 이 말을 들으라. 너희도 아는 바와 같이 하나님께서 나사렛 예수로 큰 권능과 기사와 표적을 너희 가운데서 베푸사 너희 앞에서 그를 증언하셨느니라. 그가 하나님께서 정하신 뜻과 미리 아신 대로 내준 바 되었거늘 너희가 법 없는 자들의 손을 빌려 못 박아 죽였으나 하나님께서 그를 사망의 고통에서 풀어 살리셨으니 이는 그가 사망에 매여 있을 수 없었음이라…이 예수를 하나님이 살리신지라. 우리가 다 이 일에 증인이로다(사도행전 2:22-24, 32).

베드로와 사도들은 예수의 부활을 선포했다. 그들에게는 이것이 복음이었고 하나님이 나사렛 예수의 사역과 인격 속에서 일하셨다는 결정적인 증거였다. 베드로는 "이스라엘 사람들이여, 내게 복음이 있소. 성경은 문자적으로 영감되어서 무오하고 복음서는 완벽히 조화될 수 있다오"라고 설교하지 않았다. 이것이 베드로의 메시지였다면 어만의 결론은 정당했을 것이다.

신약 문서들과 초기 기독교 공동체를 관통하는 핵심 메시지는 베드로와 많은 사람들이 증거하듯이, 하나님이 예수를 살리셨다는 것이었다. 새로운 운동을 진전시켰던 것은 "무오한" 성경이 아니라 부활 이야기와 신앙 속에서 반응했던 부활의 실체와 그 충격이었다.

구약성경의 증언은 초기 기독교에 매우 중요했다. 베드로는 자신의 설교를 줄곧 구약성경에 호소한다. 신약성경 저자 대부분도 그렇게 한다. 그러나 구약성경에서 인용한 증거들은 부활절의 기적적인 메시지에 비교하면 확실히 부차적이다. 우리는 교회가 존재하기 시작한 처음 10-15년 기간에는 신약성경이 존재하지도 않았다는 사실을 기억할 필요가 있다. 교회는 신약 혹은 복음서(무오하고 완벽한) 없이 맹렬하게 성장했던 것이다.

마지막으로, 어만이 성경을 믿을 수 없다는 증거로 제시한 "오류"의 사례들로 인해서 당황스럽다. 예수와 복음서에 초점을 맞추고 있는 본서의 특성상 나는 어만이 언급한 복음서 구절에만 논의를 제한해 살펴보고자 한다.

어만은 자신과 대부분의 사본학자들은 정확하게 후대 필사자의 첨가라고 생각되는 (진짜가 아닌) 구절들을 많이 찾아낸다. 어만은 누가복음 22:41-45, 즉 제자들에게 배신당하고 체포되던 날 밤의 예수의 기도에 주목한다.

원래 이 본문은 41-42, 45절로 이루어져 있었고, 예수의 땀을 큰 핏방울들로 묘사하는 43, 44절은 분명 나중에 첨가된 구절이다. 이 구절들이 현존하는 사본 가운데 가장 오래된 사본들에는 없을 뿐만 아니라 예수의 감정을 묘사함에 있어서도 감정을 최대한 절제해 묘사하는 누가의 문체와는 사뭇 다르기 때문이다.

간음하다 현장에서 잡힌 여인 이야기(요한복음 7:53-8:11)도 후대의 요한복음 사본들과 한참 후에 다른 지역에서 발견된 사본에만 나온다. 마가복음의 마지막 열두 구절(마가복음 16:9-20)도 원래 종결부에는 없는 부분으로 이 구절들은 마가복음이 처음으로 전해지기 시작한 지 적어도 200년 뒤에 첨가된 것으로 알려져 있다. 이 구절들—마가복음, 누가복음, 요한복음의 몇 구절—은 복음서에서의 본문비평의 문제들을 대표할 뿐 기독교의 본질을 지지하는 중요 구절들이 아니다.

어만은 자신이 복음서들 간의 중요한 신학적 이견을 입증하는 예를 마태복음에서 발견했다고 주장한다. 일부 사본들은 마태복음 24:36을 "그러나 그 날과 시간에 대해서 아무도 모르며 하늘의 천사도 모르고 아버지만 아신다"라는 구절로 기록하고 있다. 그러나 더 오래된 사본들은 이 구절을 "그러나 그 날과 시간에 대해서 아무도 모르며 하늘의 천사나 아들도 모르고 아버지만 아신다"라고 기록하고 있다. 여기서 특이한 것은 "아들도"라는 말인데, 어만은 원래 이 구절에 "아들도"라는 말이 포함되어 있었지만, 후대의 필사자들이 예수의 지식이 제한되었다는 인상을 회피하기 위해 의도적으로 이 말을 생략했다고 주장한다. 정확한 지적이다. 그러나 어떤 중대한 신약의 가르침—이 경우 그리스도론—이 필사자의 추가에 의존한다는 어만의 주장은 완전히 잘못된 것이다. 그것은 사실이 아니다. 예수의 지식의 한계는 병행구절인 마가복음 13:32의 "그러나 그 날과 그 때는 아무도 모르나니 하늘에 있는 천사들도 아들도 모르고 아버지만 아시느니라"에서 분명하게 나타나 있다. 따라서 마태복음 24:36에 "아들도"라는 말이 있든지 없든지 신학적으로 바뀌는 것은 아무것도 없다. 어만은 자신의 부당한 추론으로 인해 오해를 초래한 것이다.

그러나 어만에게 있어서 성경에 대한 확신을 포기하게 만들었던 가장 확실한 증거는 마가복음 2:25-26의 다음과 같은 예수의 주장이었다.

> 그리고 예수가 그들에게 말했다. 다윗이 자기와 및 함께한 자들이 먹을 것이 없어 시장할 때에 한 일을 읽지 못했느냐. 그가 아비아달 대제사장 때에 하나님의 전에 들어가서 제사장 외에는 먹어서는 안 되는 진설병을 먹고 함께 한 자들에게도 주지 아니했느냐.

예수는 지금 다윗이 제사장 아히멜렉에게서 거룩한 빵("진설병")을 받은 이야기(사무엘상 21:1-10)를 인용하고 있다. 다윗이 사울로부터 도망하고 있을 때, 사울은 아히멜렉이 다윗과 그의 추종자들을 도왔다는 말을 듣고는 아히멜렉과 그의 가족을 죽여버렸다. 아비아달은 겨우 도망쳐 목숨을 부지해 나중에 부친을 뒤이어 제사장이 된다(사무엘상 22:1-10).

다윗과 그의 추종자들이 거룩한 빵을 먹인 제사장은 아히멜렉―그의 아들 아비아달이 아니라―이었기 때문에, 이는 기술적인 면에서 예수 자신 혹은 마가(이 이야기를 전했던 누군가)에 의해서 행해진 결정적 실수라는 것이다. 어만은 이 구절이 성경 안에 오류가 있음을 정확히 보여주는 대목이라고 주장한다. "일단 내가 그 입장을 취하자, 문이 열렸다. 마가복음

2장에 한 가지 사소한 실수가 있다면, 그것은 다른 성경에도 실수가 있을 수 있다는 뜻이다." 이후 어만은 겨자씨를 세상에서 가장 작은 씨라고 말한 예수의 비유나 예수가 십자가에 달리던 날에 관한 공관복음(마태복음, 마가복음, 누가복음)과 요한복음 사이의 분명한 모순들을 나열한다.

그런 식으로 어만에게는 모든 것들이 풀리기 시작한다. 그러나 그의 추론 과정을 주목해보자. 여기에 우리는 불안한 근본주의의 전형적인 모습을 보게 된다. "성경이 잘못됐다는 한 가지만 보여주면 성경 전부를 버릴 것"이라고 말하는 근본주의자들이 있다. 이런 말을 무디 성경학교 시절 어만도 들었을 것이다.

그러나 다시 한번 말하지만, 기독교의 진리는 성경의 무오성이나 네 개의 복음서를 완벽하게 조화시킬 수 있는 우리의 능력이 아니라 예수의 부활에 근거해 있다. 또한 복음서의 역사적 신뢰성은 성경의 무오성 또는 복음서에는 어떤 오류도 없다는 교리에 의존해 있지 않다. 어만의 신앙적 갈등—충분히 이해한다—은 성경의 본질과 기능에 대한 잘못된 기대, 즉 한 근본주의적 기독교에서 기인한 잘못된 기대들에서 비롯된 것이다.[6]

첫 번째 기독교 증인들

부활이 핵심이라는 강조는 첫 번째 기독교 증인들의 중요성을 거론하게 만들며 로버트 펑크에게로 돌아가게 한다. 교회의 교리와 신조에 나오는 그리스도가 아니라 진정한 예수를 추구하려는 열정을 가지고 펑크는 "우리는 더 이상 베드로의 신앙이나 바울의 신앙을 우리 신앙의 근거로 삼을 필요가 없다"고 주장하기에 이른다.[7] 펑크가 무슨 말을 하려고 하는지 충분히 이해한다. 오늘날 기독교인들은 펑크처럼 예수가 원래 가르쳤고 예수 자신이 원래 믿었던 것을 추구해야 한다. 그러나 펑크는 심각한 오해를 하고 있다. 베드로와 바울은 교회를 존재하게 만든 사건(예수의 부활)에 대한 가장 기본적인 증인이었다. 그런 증인을 무시하는 것은 진정한 기독교와 예수, 그리고 그 모든 것을 철저하게 포기하는 것이다.

초기 기독교 공동체가 수집했던 문서들은 이 중대한 사건을 증거했고 해석하고 여러 상황 속에서 적용하려는 노력의 산물이다. 신약성경을 형성하는 책들은 초대교회의 체험과 생생한 증언들로 구성된 것들이다. 그들이 남겨놓은 이 증언들과 기록들은 중요한 자료로 심각하게 고려되어야 하며 신중하게 연구되어야 한다.[8] 그렇지 않으면 예수에 대한 왜곡된 묘사와 진정한 기독교 신앙과는 거리가 먼 엉뚱한 이해를 초래할 것이다.

가장 오래된 공관복음서 파피루스

그리스어 신약 사본들(원래 기록되었던 언어)의 가장 오랜 사본들은 이집트 나일 강을 따라 자라는 갈대로 만들어진 파피루스(p로 축약해 표기) 단편들에서 발견된다. 그리스어 신약 본문의 상당수는 파피루스 형태로 남아 있다. 그리스어 신약의 전부는 송아지 가죽 또는 다른 짐승 가죽으로 만들어진 양피지 코덱스들로 남아 있다. 공관복음서의 본문을 포함하고 있는 가장 오래된 그리스어 파피루스와 복음서 구절(들) 혹은 단편들은 다음과 같다.

파피루스 67(P.Barcelona 1) 주후 125-150년
마태복음 3:9, 15; 5:20-22, 25-28

파피루스 103(P.Oxy 4403) 주후 175-200년
마태복음 13:55-57; 14:3-5

파피루스 104(P.Oxy 4404) 주후 175-200년
마태복음 21:34-37, 43, 45(?)

파피루스 77(P.Oxy 2683+4405) 주후 175-200년
마태복음 23:30-39

파피루스 64(P.Magdalen 17) 주후 125-150년
마태복음 26:7-8, 10, 14-15, 22-23, 31-33

파피루스 4(P.Paris 1120) 주후 125-150년
누가복음 1:58-59; 1:62-2:1; 2:6-7; 3:8-4:2; 4:29-32, 34-35; 5:3-8

파피루스 75(존 보드머) 주후 175년경
누가복음 3:18-22; 3:33-4:2; 4:34-5:10; 5:37-6:4; 6:10-7:32; 7:35-39, 41-43; 7:46-9:2; 9:4-17:15; 17:19-18:18; 22:4-24:53

가장 오래된 그리스어 코덱스들

기독교의 등장과 동시에 현대적인 개념으로서의 책의 선구자인, 양면에 인쇄되고 장정(裝幀)이 된 코덱스의 발전이 있었다. 그리스어 성경의 몇 가지 초기 코덱스들은 지금도 남아 있다.

- 시내 사본(약어 ℵ): 4세기에 세 명의 필사자가 기록했다.
- 바티칸 사본(약어 B): 4세기에 두 명의 필사자가 기록했다.
- 알렉산드리아 사본(약어 A): 1627년에 영국의 찰스 1세에게 헌정된 5세기 사본으로 서구 학자들의 손에 처음으로 넘겨져 사본들에 대한 탐구를 주도했다.
- 베자 사본(약어 D): 4세기 말 사본으로, 수많은 독특한 독법을 포함한다.
- 에브라임 재기록 사본(약어 C): 12세기 수도승이 원래 쓰여진 글자를 지운 후 6세기 그리스어 사본 위에 시리아인 에브라임의 설교를 복사했기 때문에 "에브라임의 재기록 사본"이라고 불린다.
- 워싱턴 사본(약어 W): 마가복음 16:14-15에 대한 흥미로운 주해를 담고 있는 4세기 말, 5세기 초의 사본이다.

요한복음의 가장 오래된 그리스어 사본들

현존하는 그리스어 신약의 가장 오래된 단편들은 파피루스 기록에서 발견된다. 다음은 요한복음의 일부를 보존하고 있는 가장 오래된 파피루스들이다.

- p^5 파피루스 5(런던의 브리티시 도서관 소장)는 P.Oxy 208 + 1781이라고도 불린다. 3세기 초에 만들어진 것으로 요한복음 1:23-31, 33-40; 16:14-30; 20:11-17, 19-20, 22-25을 포함하고 있다.
- p^{22} 파피루스 22(글래스고 대학교 도서관 소장)는 P.Oxy 1228이라고도 불린다. 3세기 중반에 만들어진 것으로 요한복음 15:25-16:2, 21-32을 포함하고 있다.

p²⁸ 파피루스 28(캘리포니아 주 버클리에 있는 퍼시픽 종교대학원의 팔레스타인 연구소 박물관 소장)는 P.Oxy 1596이라고도 불린다. 3세기 말에 만들어진 것으로 요한복음 6:8-12, 17-22을 포함하고 있다.

p³⁹ 파피루스 39(로체스터 신학대학원의 앰브로즈스워지 도서관 소장)는 P.Oxy 1780이라고도 불리며 3세기 초에 만들어진 것으로 요한복음 8:14-22을 포함하고 있는 작은 단편이다.

p⁴⁵ 파피루스 45(더블린의 체스터 비티 소장)는 P. 체스터 비티 I라고도 불리며 2세기 말에 만들어졌다. 중요한 파피루스 가운데 하나로 사복음서와 사도행전의 큰 부분을 포함한다. 요한복음 중에서 4:51, 54; 5:21, 24; 10:7-25; 10:30-11:10, 18-36, 42-57을 포함한다. P46(P. 체스터 비티 II)은 바울 서신의 일부 중요한 부분을 포함하고 있다.

p⁵² 파피루스 52(맨체스터 존 라일랜드 대학교 도서관 소장)는 Gr. P. 457이라고도 불리며 2세기 초에 만들어진 것으로 그리스어 신약의 가장 오래된 단편이다(최근 일부 학자는 마태복음 단편들이 1세기 자체의 저작이라고 주장하고 있다). 파피루스 52는 요한복음 18:31-33(앞면), 37-38(뒷면)을 포함하고 있다.

p⁶⁶ 파피루스 66(비블리오테카 보드메리아나 소장)은 P. 보드머 II라고도 불리며 2세기 혹은 3세기 것으로 매우 중요한 파피루스다. 파피루스 66은 요한복음 1:1-6:11; 6:35-14:26, 29-30; 15:2-26; 16:2-4, 6-7; 16:10-20:20, 22-23; 20:25-21:9, 12, 17을 포함하고 있다.

p⁷⁵ 파피루스 75(비블리오테카 보드메리아나 소장)는 P. 보드머 XIV와 XV라고도 불리며 2세기 말에 만들어진 것이다. 누가복음의 일부와 요한복음 1:1-11:45, 48-57; 12:3-13:1, 8-9; 14:8-29; 15:7-8을 포함하고 있다.

p⁸⁰ 파피루스 80(바르셀로나의 푼다치온 산 루차스 에방겔리스타 소장)은 P. 바르셀로나 830이라고도 불리며 3세기 중반에 만들어진 것으로 한 구절만 남아 있다.

p⁹⁰ 파피루스 90(옥스퍼드의 애쉬몰린 박물관 소장)은 P.Oxy 3523이라고도 불리며 2세기 중반이나 후반에 제작된 것이다. 요한복음 18:36-19:7을 포함하고 있다.

p⁹⁵ 파피루스 95(피렌체의 비블리오테카 메디체아 라우렌지아나 소장)는 PL II/31라고도 불리며 3세기에 만들어진 것이며 요한복음 5:26-29, 36-38을 포함하고 있다.

0162 언셜(Uncial) 사본 0162(뉴욕의 메트로폴리탄 예술박물관 소장)는 P.Oxy 847이라고도 불리는데 파피루스가 아니라 가죽으로 만들어진 낱장이다. 3세기 말이나 4세기 초의 것으로 후대의 언셜 사본의 초기 예이다. 요한복음 2:11-22을 포함하고 있다.

◇ 언셜 사본은 3-10세기에 둥근 대문자로 양이나 송아지 가죽에 기록한 성경 코덱스를 의미하며 파피루스 이후의 사본들 가운데 두 번째로 가장 오래된 사본이다.
◇ P.Oxy. 옥시린쿠스 파피루스는 6개 혹은 그 이상의 언어로 된 이집트 옥시린쿠스에서 발견된 수천 개의 파피루스 단편들의 수집물이다.

출발과 접근 방법에서의 오류

진정성에 관한 문제

예수 세미나는 1993년에 신약 복음서에 있는 예수의 말씀 중 18% 정도만 예수가 실제로 했던 말이라는 결론을 내려 학계로부터 굉장한 악평을 받았다. 이 세미나는 예수의 사역과 관련해서도 유사한 결론을 내리기도 했다.[1] 이들은 어떻게 해서 그런 결과를 얻게 되었을까? 그 이유는 그들이 너무 편협한 출발점에서 시작하고 지나치게 엄격한 비평적 방법들을 사용했기 때문이다.

편협한 출발점

최근 일부 학자들은 다음과 같은 황당한 결론에 도달하거나 일부 당황스러운 주장을 했다. (1) 예수는 문맹이었다. (2) 예수는 성경에 관심이 없었다. (3) 예수는 종말론에도 관심이 없었다. (4) 예수는 자신을 이스라엘의 메시아나 신적인 존재라고 생각하지 않았다. 그러니까 신약이 전하는 것 대부분이 잘못됐다는 말이다.

문제는 예수 세미나 가운데서 일부 학자들이 이 결론들을 출발부터 내리고 있었다는 것이다. 그들은 다음과 같이 설명한다. "예수가 문맹이었고 성경에 관심이 없었다고 가정한다면…이 말씀은 그의 말이 아니다." 전제일 뿐 아직 입증되지 않은 결론을 갖고 출발한 이들이 신약 복음서의 원자료들이 대부분 조작되었으며 역사적 신빙성이 떨어진다는 결론을 얻는 것은 당연한 일이다. 이들의 네 가지 주장들은 모두 황당하고 완전히 잘못된 것이다. 이것을 하나씩 검토해보자.

예수는 문맹이었다?

최근 몇몇 학자들이 예수가 문맹이었을 것이라고 제안했다. 그들은 예수가 알파벳이나 단어 몇 개, 자기 이름 정도는 쓸 줄 알았지만 글을 읽거나 쓸 줄은 몰랐을 것이라고 한다.[2] 또 다른 학자들은 예수가 읽고 쓸 줄은 알았지만 서기관만큼 능숙하지는 않았을 것이라고 말한다.[3] 확실한 증거가 없기 때문에 이런 주장을 하는 학자들 사이에서도 의견이 분분하다.

기독교인들은 예수가 읽고 쓸 수 있었다고 주저하지 않고 주장한다. 예수는 하나님의 아들로서 모든 것을 할 수 있다고 믿는다. 2, 3세기 이후의 기독교인들은 이를 당연한 것으로 여기기 시작했다. 일부 사람들은 소년 예수가 선생님을 당황스럽게 만들 정도로 날 때부터 뛰어났을 것이라고 제안하기도 했다. 그러나 이것은 예수의 온전한 인성을 말하는 기독교 신앙과 일치하지 않는 주장이다. 어린아이 예수는 말하기를 배웠고 소년기에는 노는 법을, 청년기에는 가업을 이어받기 위해 기술을 배웠을 것이다. 히브리서 5:8에 따르면 예수는 "고난으로 순종함을 배웠다"라고 했고 초기 기독교의 고백문은 예수가 "자기를 비워 종의 형체를 가지사"라고 말한다(빌립보서 2:7). 이 구절들은 예수가 인간이었음을 분명히 보여준다.

그러므로 예수의 읽고 쓰는 능력에 의문을 제기하는 것은 적법한 질문이다. 신학적인 면에서 볼 때, 사역을 행하기 위해서 예수가 글을 읽고 쓸 능력을 가지고 있어야 할 필요는 없었다. 따라서 이 문제는 예수가 읽을(또는 수학, 천문학, 혹은 다른 학문을 할) 능력이 있었느냐가 아니라 예수가 실제로 그랬느냐는 것이다. 일반적으로나 성경의 문맥을 보면 예수가 읽고 쓰는 능력이 있었다는 입장을 증거한다.

우리는 몇 가지 조사를 통해 이 질문에 대한 다음과 같은 세 가지 유형의 증거를 얻는다. 첫째 증거의 유형은 소수의 특정 구절에 관한 것이다. 누가복음 4:16-30은 이사야서를 읽은 후 설교하는 예수를 묘사한다. 대부분의 학자들은 이 구절이 성경을 읽는 것에 대해서는 아무런 언급도 없는 마가복음 6:1-6을 확장한 것으로 보기 때문에 이 구절로부터 어떤 확고한 결론을 얻을 수 없다고 말한다. 요한복음 8:6은 예수가 손으로 땅에 무언가를 썼다고 말한다. 문제는 이 구절(요한복음 7:53-8:11)이 요한복음의 원본에는 없었을 수도 있다는 것이다.[4] 비록 이 구절이 예수가 했던 것에 대한 기억을 보존하고 있다 하더라도 예수가 읽고 쓰는 능력이 있었다는 확실한 증거가 되지는 않는다. 예수가 바닥에 썼던 것이 아무런 의미가 없는 말 그대로 낙서였을 수도 있기 때문이다. 요한복음 7:15은 예수가 읽고 쓰는 능력이 있었는지에 대해 또 다른 의문을 제기한다. 당시 예루살렘 사람들은 예수를 향해 이렇게 말했다. "이 사람은 배우지 아니했거늘 어떻게 글을 아느냐?" 사람들은 말 그대로 예수가 "공부도 하지 않았는데"(혹은 "배우지도 않고서") 글을 어떻게 아는지 묻고 있는 것이다. 그러나 이 구절은 예수가 어떤 교육도 받지 않았다는 것이 아니라 서기관이 되는 공식적인 훈련을 받지 않았다는 의미이다. 이 질문의 배후에는 예수가 정식으로 훈련을 받은 권위 있는 랍비나 지혜자의 제자가 아니라는 불만이 자리하고 있는 것이다. 그럼에도 불구하고, 이 구절은 예수가 랍비들을 놀라게 할 만큼 학식을 갖춘 인물로 인정받았다는 의미에서 예수가 문맹이었다는 주장을 반대한다.

이 특정한 복음서의 내러티브들은 예수가 적어도 읽고 쓸 줄 알았다는 초기 기독교의 증거를 지지한다. 하지만 예수가 어느 정도 읽고 쓸 수 있었는지에 대해서는 우리에게 알려주지 않는다. 일부 학자들은 이 복음서의 내러티브의 증거를 무시하고 이 구절들이 실제로 존재했던 역사적 예수가 아니라 2, 3세대가 지난 후 기독교인들이 생각했던 예수를 보여준다고 주장한다. 아무튼 이 구절들은 우리가 고찰하고 있는 질문에 어떤 답도 주지 못한다.

두 번째 증거의 유형은 정황적 증거로, 예수 시대에 로마제국에서 일반인들의 읽고 쓰는 능력과 특정한 집단으로서 유대인들의 읽고 쓰는 능력을 탐구함으로써 얻을 수 있다. 여기에도 의견이 다양하다. 어떤 사람은 당시는 읽고 쓸 줄 아는 사람들의 비율이 매우 낮았다(약 5%)고 하며, 다른 사람은 그 보다는 높은데 특히 유대 남자들이 그랬을 것이라고 한다.[5]

정황적 증거의 문제점은 일반적인 연구가 특정한 개인, 즉 이 경우 나사렛 예수에 해당되는지는 전혀 다른 문제라는 것이다. 우리가 유대 남자들이 다른 부류보다 읽고 쓰는 능력이 높았다는 결과를 지지하는 것과 예수가 정말 읽고 쓸 줄 알았다는 것은 전혀 다른 것이다. 따라서 이 증거 역시 우리에게 답을 주지 못한다.

세 번째 증거의 유형도 예수의 당시 활동과 사역에 초점을 맞춘다는 점에서 정황적 증거와 관련되어 있다. 즉 동시대인들—동료와 대적 모두—이 그를 어떻게 이해했으며 그의 활동이 어떤 결과를 초래했는가 하는 것이다. 나는 이 증거가 예수가 실제로 읽고 쓸 줄 알았을 것이라는 가능성에 관한 결정적인 증거를 우리에게 준다고 생각한다.

구약성경에 따르면, 유대의 부모들은 자녀에게 의무적으로 율법을 가르쳐야 했다(신명기 6:9; 11:20). 이것은 모든 부모가 율법을 읽고 쓸 수 있도록 하지는 못했겠지만, 최소한 율법 혹은 율법의 핵심을 가르치는 일이 구두(口頭)로라도 행해졌을 것이라는 뜻이다. 성경의 특별한 명령을 따르기 위해 읽고 쓰는 능력이 반드시 필요한 것은 아니다. 그러나 이 명령은 자녀들이 읽고 쓰는 능력을 키우도록 격려했을 것임은 분명하다.

예수와 비슷한 시기에 살았던 유대 저자들에 따르면, 유대 부모들은 실제로 자녀에게 율법과 읽고 쓰기를 가르쳤다. 예를 들어 주전 1세기의 저작물로 여겨지는 「레위의 유언」의 저자는 다음과 같이 전한다. "너희 자녀에게 문자를 가르쳐라. 그리하면 그들이 하나님의 율법을 읽을 때마다 이해력을 갖게 될 것이다"(13:2). 주후 1세기의 유대 역사가 요세푸스는 "무엇보다도 우리는 자녀 교육을 자랑스럽게 여기며 우리가 물려받은 것들에 근거한 우리의 율법과 경건한 자의 관습을 준수하는 것을 인생의 가장 본질적 과제로 여긴다"라고 썼다(「아피온 반박문」 1.60). 그는 후에 "[율법은] [자녀]가 읽는 법을 배워서 율법과 그들의 선조들의 행위 모두를 배우도록 명령한다"라고도 전한다(「아피온 반박문」 2.204).

　당시 유대 성인들의 사회적·교육적 상태와 기대를 반영하는 이 표현들은 유대 세계, 특히 모세의 율법을 심각하게 여긴 유대인들 사이에서 성경과 읽고 쓰는 능력이 큰 가치가 있는 일이었음을 보여준다. 이를 통해 우리는 예수에 관한 어떤 사실을 추측할 수 있다. 즉 예수는 성경을 진지하게 받아들였고 성경을 인용했으며 성경을 가르쳤고 이것에 대해 제사장과 서기관, 여러 종교인들과 논쟁했다. 이런 증거는 확실하지는 않지만 예수가 읽고 쓸 줄 알았다는 긍정적인 결론에 이르게 한다.

　통계와 일반론도 유명하기는 하다. 그러나 예수가 정말로 읽을 수 있었다는 결론을 내리게 하는 큰 그림으로 살펴보았을 때의 예수의 사역 중 일부분일 뿐이다. 예수는 여러 번 "교사"라고 불리는데(히브리어로는 랍비, 아람어로는 랍오니) 예수도 자신을 그렇게 지칭했으며 지지자들과 반대자들, 중립적인 사람들도 그를 그렇게 불렀다. 예수와 다른 사람들은 예수의 최측근들을 히브리어와 그리스어에서 문자적으로 "학습자"를 의미하는 "제자들"이라고 불렀다.[6] 교사와 학습자라는 용어는 예수가 읽고 쓸 줄 알았음을 강력히 지지하게 하는 여러 가능성 중 하나다. 유대 상황에서 볼 때, 제자들에 둘러싸여 있으며 다른 랍비들과 서기관과 함께 성경과 이에 관한 해석에 대해서 열띤 토론을 하는 선생이 문맹이라는 것은 상상하기 힘든 일이기 때문이다.

　예수는 자신이 성경을 읽는다고 말했다. 예수는 안식일에 곡식을 벤 제자들을 비난했던 바리새인들에게 질문한다. "너희는 다윗이 자기와 및 함께 한 자들이 먹을 것이 없어 시장할 때에 한 일을 읽지 못했느냐?"(마가복음 2:25; 마태복음 12:3). 마태는 이 구절에 "안식일에 제사장들이 성전 안에서 안식을 범하여도 죄가 없음을 너희가 율법에서 읽지 못했느냐?"라는 말을 추가한다(마태복음 12:5; 19:4). 다른 문맥에서 예수는 대제사장들과 장로들에게 "너희가 이 성경을 읽어 보지도 못했느냐?"라고 묻는다(마가복음 12:10). 나중에 예수는 부활에 대해 질문한 사두개인들에게 "죽은 자가 살아난다는 것을 말할진대 너희가 모세의 책 중 가시나무 떨기에 관한 글에 하나님께서 모세에게 이르시되 나는 아브라함의 하나님이요 이삭의 하나님이요 야곱의 하나님이로라 하신 말씀을 읽어보지 못했느냐?"라고 다시 되묻는다(마가복음 12:26). 또 예수는 무엇을 행해야 영생을 물려받을 수 있을지 물었던 율법사와의 대화에서 "율법에 무엇이라 기록되었으며 네가 어떻게 읽느냐?"라고 반문한다(누가복음 10:26). 여기서 예수의 "읽지 못했느냐?"와 같은 수사적인 질문은 그가 자주 사용하던 교수법의 특징 중 하나인데, 예수 자신이 읽을 능력이 없으면서 그런 질문을 했다는 것은 논리상 말이 되지 않는다. 복음서의 이야기들을 살펴보면 예수가 글을 읽고 쓸 줄 알았는지에 대해서 어떤 의문도 제기된 적이 없다는 것을 금방 알 수 있다. 예수의 읽고 쓰는 능력이 과장되었다는 증거는 없다. 예수가 읽을 수 있었다는 것은 전혀 논란의 여지가 없는, 당연한 것처럼 보인다. 따라서 우리는 예수 당시 사람들의 문맹률이 어떠했는지와 상관없이 예수 자신이 읽고 쓸 줄 알았을 것이라는 긍정적인 결론을 내릴 수 있다.

예수는 성경에 관심이 없었다?

예수가 성경에 관심이 있었는지에 관한 질문은 예수가 읽고 쓸 줄 알

앉느냐는 질문과 연관되어 있다. 예수 세미나는 성경이 초기 기독교인들에게는 관심거리였는지 모르지만 예수에게는 아니었다는 특이한 입장을 견지한다. 그렇기 때문에 예수가 성경을 인용하거나 암시한 것 같은 복음서의 구절들을 접할 때 예수 세미나는 그것이 예수가 아니라 초대교회에서 유래한 것이라고 말한다.

이 주장은 무척 특이하다. 예수는 누가 뭐래도 선생이었다. 그러면 예수는 무엇을 가르치는 교사였나? 예수가 가르쳤던 것—하나님의 다스림에서 도덕적 황금률까지—은 모두 성경에 근거한 것이었다. 제자들—"학습자들"—은 예수의 가르침을 배우고 전달했다. 예수는 원래 성경을 언급하지 않았는데 나중에 제자들이 그것을 추가했다는 주장은 사실인가? 여기에는 약간의 설명이 필요하다. 이 문제에 대한 적절하고 분명한 설명은, 특정 성경 구절들이 교회에 중요해졌으며 또 그것이 특별한 방식으로 이해되었던 이유는 그 구절이 예수가 가르쳤던 것이고 제자들이 배웠으며 다른 신자들에게 전달되었던 구절이기 때문이다. 즉 초기 기독교 배후에는 무명의 천재 몇 명이 존재한 게 아니라 예수 자신이 있었을 뿐이다.

공관복음서에 따르면, 예수는 히브리 성경의 서른여섯 권 중에 스물세 권을 인용 또는 암시했다(사무엘상하, 열왕기상하, 역대상하는 세 권으로 계산한다).[7] 예수는 모세오경, 세 권의 대 예언서(이사야서, 예레미야서, 에스겔서), 열두 권의 작은 예언서 가운데 여덟 권, 그리고 성문서 가운데 다섯 권을 직간접적으로 인용한다.[8] 다른 말로 하면, 예수는 율법서 전부와 예언서 대부분 그리고 성문서를 인용하거나 암시한 것이다.

공관복음에 따르면, 예수는 신명기를 열여섯 번, 이사야서를 마흔 번, 시편을 열세 번 인용한다. 비록 예수가 다니엘서와 스가랴서도 좋아했던 것 같지만 위 성경들이 예수가 가장 선호했던 성경들로 나타난다. 얼핏 보면 예수의 "정경"은, 쿰란의 두루마리를 포함해 예수 시대에[9] 가장 종교적으로 엄격했던 유대인들의 것과 거의 비슷한 것 같다.[10] 게다가 예수 시대의 마을과 회당에 성경 두루마리가 있었다는 증거도 있다[마카비1서 1:56-57; 요세푸스「유대 전쟁사」2.229(토라 두루마리를 찾아서 파괴하려는 안티오쿠스 4세의 노력들에 대한 언급);「플라비우스 요세푸스의 생애」134(로마에 대한 반역의 초기 단계에 갈릴리에 있었던 두루마리들에 대한 언급)].

이상의 데이터는 예수가 글을 읽을 수 있었음을 분명하고 명료하게 설명한다. 즉 예수는 성경을 읽을 수 있었고 성경을 아람어(그의 모국어)로 석의하고 해석할 수 있었으며 대중들(유대 회당에 모여 있던)과 전문가들, 특히 상류 지식층들(서기관, 대제사장, 장로와의 논쟁에서 보았듯이)의 당대 해석들에 익숙했던 것 같다. 게다가, 예수가 시작한 운동은 사복음서, 초대교회의 내러티브(사도행전), 서신서들을 포함해 많은 문학적 유산들을 만들어냈다. 글을 모르는 사람에게서 문학적인 유산이 만들어지는 것이 불가능한 것은 아니지만, 이는 예수가 글을 읽고 쓸 줄 알았을 것이라는 사실보다 납득되기 어려운 주장이다.

예수는 종말론에 관심이 없었다?

예수 세미나의 영향력 있는 회원들이 제기한 가장 당황스러운 주장 가운데 하나는 예수가 종말론에 관심이 없었다는 주장이다. 그러나 이 주장을 평가하기에 앞서 종말론에 대해 몇 가지 언급할 필요가 있다.

종말론이라는 말은 최종적인 혹은 마지막에 될 일에 대한 연구를 지칭하는 것으로 유대교와 기독교 신학에서 보통 하나님의 계획에 따른 최종적 목표, 즉 앞으로 세상이 어떻게 될 것인지에 관한 사상을 말한다.

예수 시대 이후로 하나님 나라가 도래할 것이라는 예수의 선언이 종말론과 어떤 관계가 있는지가 논쟁의 주제가 되었다. 오래전에 제자들이 부활한 예수에게 물었다. "주여, 당신이 이스라엘 나라를 회복하심이 이때니이까?"(사도행전 1:6). 수 세기 동안 많은 신앙인들이 종말에 관해 골몰했다. 그리고 여전히 제자들이 던졌던 그 질문을 많은 사람들이 다시 제기하고 있다.

불행하게도 목회자와 성경 교사를 포함해 많은 기독교인이 "하나님 나라"의 의미와 종말론에 대한 개념을 오해하고 있다. 일부 기독교인은 "하나님 나라"가 천국 또는 죽어서 가는 나라를 의미한다고 생각한다. 심지어 어떤 사람들은 하나님 나라와 하늘나라를 구분하려고도 한다. 더 심한 경우는 종말론이 "말세"를 의미한다고까지 생각한다. 불행하게도, 예수 세미나는 종말론과 예수가 전한 하나님 나라를 오해함으로써 종말론을 전적으로 거부하며 예수가 "나라"라는 표현을 통해 전하고자 했던 메시지도 오해하고 말았다.[11] 목욕물과 함께 아기를 함께 버린 것처럼 말이다.

예수 세미나의 주요 회원들은 예수의 하나님 나라를, 세상의 종말이 곧 올 것이라고 생각했던 열광적인 제자들이 예수의 가르침에 덧붙인 것이라는 이유로 거부했고 "자아에 대한 신비한 직관"(마커스 보그) 또는 "평등한 공동체"(존 도미닉 크로산) 등으로 다양하게 오해했다.[12] 예수 세미나는 여러 색들로 칠해진 자신들의 복음서에서 "하나님 나라"(그리스어로 "바실레이아 투 테우")를 "하나님의 제국적 통치"라고 번역했다. 이 특이한 번

역은 이 세미나가 그 말이 무엇을 의미하는지 전혀 알지 못한다는 것을 보여준다.[13]

　우리가 성경을 믿을 만한 자료로 생각한다면 "하나님 나라"라는 표현은 그리 어렵거나 복잡한 개념이 아님을 알게 된다. 한 시편 기자는 하나님이 왕—세상의 모든 민족의 왕뿐 아니라 하나님의 백성, 즉 이스라엘의 왕—이라는 사실을 알려준다. 하나님은 지금부터 영원까지 왕이다. 하나님은 하늘의 왕이기도 하지만 세상의 왕이기도 하다. 다른 말로 하면, 하나님의 왕권은 시간적 요소들(지금 다스리고 있으며 앞으로도 다스릴 것이라는)과 공간적 요소들(하늘에서만 아니라 이 땅도 다스린다는)을 포함한다. 하나님과 관련해 '나라'의 언어학적 의미를 고려하면, "통치"라는 단어가 가장 정확한 의미이다. 따라서, 예수는 하나님 나라를 선포하면서 하나님의 통치를 선언한 것이다. 예수는 하나님의 통치가 치유를 통해 그리고 축귀(逐鬼)를 통해 자신의 사역 속에서 나타나고 있다고 주장했다. "내가 하나님의 손을 힘입어 귀신을 쫓아낸다면 하나님의 나라[혹은 통치]가 이미 너희에게 임한 것이다"(누가복음 11:20).

　종말론은 바로 이 하나님의 통치에 관한 것임을 이해할 필요가 있다. 예수가 하나님의 통치에 대해 선포할 때 포함된 "마지막에 될 일"은 하나님의 통치가 예언자들이 약속했듯이 이 세상에서 이루어지고 있다는 것이다. 예수는 세상의 끝이 아니라 지금 세상의 갱신이 시작되고 있음을 선포했다. 예수는 사람들에게 회개하고 하나님의 통치를 받아들이도록 했다. 회개하고 하나님의 통치를 받아들인다면 인생이 바뀔 것이다.

　예수가 제자들에게 가르쳤던 기도문이 이를 정확히 말한다.

아버지여,

이름이 거룩히 여김을 받으시오며

나라가 임하시오며

우리에게 날마다 일용할 양식을 주시옵고

우리가 우리에게 죄 지은 모든 사람을 용서하오니

우리 죄도 사하여 주시옵고

우리를 시험에 들게 하지 마시옵소서(누가복음 11:2-4).

학자들은 누가복음의 짧고 단순한 형태의 기도문이 예수가 원래 가르쳤던 기도에 가까웠을 것이라고 생각한다. 그럴 수도 있다. 그러나 마태복음의 조금 더 긴 기도문도 예수의 생각을 정확히 그대로 반영하고 있다.

하늘에 계신 우리 아버지여,

이름이 거룩히 여김을 받으시오며

나라가 임하시오며

뜻이 하늘에서 이루어진 것 같이

땅에서도 이루어지이다.

오늘 우리에게 일용할 양식을 주시옵고

우리가 우리에게 죄 지은 자를 사하여 준 것 같이

우리 죄를 사하여 주시옵고

우리를 시험에 들게 하지 마시옵고

다만 악에서 구하시옵소서(마태복음 6:9-13).

예수가 제자들에게 가르쳤던 기도의 핵심에는 카디쉬(기도의 첫 번째 단어에서 취한 이름으로 "거룩하게 되기를"이라는 의미다)라고 불리는 다음과 같은 고대 아람어 유대인의 기도가 있다.

> 그의 위대한 이름이 영광스럽게 되며,
> 그가 그 뜻에 따라 세상을 창조한 세상 안에서
> 거룩하게 되기를 바랍니다.
> 그가 그의 나라를
> 당신의 생애와 당신의 날 동안에 건설하시기를 바랍니다.

현재 남아 있는 카디쉬 형태는 시간이 지나면서 확장된 것으로 보이지만, 원래의 두 가지 간구―하나님이 자신의 이름을 거룩하게 하고, 자신의 나라(통치)를 세우는 것―는 예수의 기도에 들어 있는 두 가지 간구와 명백하게 병행한다. 이것이 암시하는 바는 예수가 모든 경건한 유대인들의 기도와 유사한 기도를 자신의 제자들에게 가르쳤다는 것이다. 예수가 갱신한 것은 제자들의 행동을 이 두 가지 간구들과 연관시킨 것이다. 즉 하나님이 자신의 이름을 거룩하게 하시고 하나님의 통치가 곧 임하기를 기도해야 하며, 이 기도의 소망에 따라 그에 마땅하게 살도록 기도하라는 것이었다.

예수는 자신의 제자들에게 세상의 종말이 빨리 임하도록 기도하라고 가르치지 않았으며, 마태복음에 있는 기도의 형태 속에 정확하게 그리고 자세하게 설명되어 있듯이 하나님의 통치가 "하늘에서 이루어진 것처럼 땅에서도" 최종적으로 그리고 온전히 임하도록 기도하라고 가르쳤다.

예수의 하나님 나라 선포가 바르게 이해될 때 그리고 종말론에 대한 왜곡된 이해를 벗어날 때 우리는 예수의 메시지가 철저하게 종말론적이었음을 발견한다. 예수는 제자들에게 자신들의 내적이고 신비한 자아를 발견하거나 평등한 공동체를 형성하도록 요청한 적이 없다. 예수는 제자들에게 회개하고 하나님의 통치, 즉 개인과 사회를 변화시키며 결국 온 세상을 변화시킬 통치를 받아들이도록 요청한 것이다.

예수는 자신을 메시아라고 생각하지 않았다?

현대(특히 지난 200년 동안) 신학계에서 예수가 스스로 이스라엘의 메시아라고 생각한 적이 없다는 주장이 지속적으로 제기되었다. 어떤 사람들은 예수의 추종자들(유대인)이 예수가 부활했다고 전했기 때문에 사람들이 예수가 메시아였다는 고백을 하게 되었다고 주장한다.

이런 주장은 지난 20세기, 특히 독일에서 계속되었다. 이들은 기껏해야 예수의 가르침과 사역에서 나타나는 권위에서 예수가 메시아임이 드러났을 뿐이라고 주장한다. 그러나 이런 주장은 1990년대에 등장한 예수 시대의 메시아 사상에 대한 더 나은 이해와 사해 지역에서 나온 중요한 사본들 덕분에 최근 견해가 교정되었다.

여기서 잠깐 메시아 사상에 대해 정의를 내리는 것이 앞으로의 논의를 위해 유용할 것 같다. 메시아라는 말은 히브리어로 "기름부음을 받은 자"라는 뜻이다. 구약성경에서 이 단어는 세 가지 직책(제사장, 왕, 예언자)과 관련해 사용된다. 그러나 일반적으로 우리가 메시아 사상을 이야기할 때는 보통 다윗의 후손이라고 뜻에서 기름부음 받은 왕이라는 개념으로 사용한다. 예수 시대에 메시아 사상은 이스라엘을 회복시킬 다윗의 기름 부음 받은 자손이 도래하길 바라는 소망과 관련되어 있었다. 사해 사본은 메시아 사상에 대한 이와 같은 이해를 확증해준다.

메시아에 대한 예수의 자기 이해에 대한 가장 중요한 사본은 4Q521(쿰란의 제4동굴에서 출토된 521번째 사본)이다. 이 사본 중 한 부분은 메시아가 등장할 때 일어날 일들에 대해 다음과 같이 기록하고 있다.

괄호 안의 말은 추측에 의해 복원한 것이다.

[이는 하]늘과 땅이 그분의 메시아의 말을 들을 것이며 그 안에 있[는 모든 것](시편 146:6)들이 거룩하신 자의 계명에서 떠나지 않을 것이다. 예배 중에 주를 찾는 너희여, 스스로 강하게 하라. 마음속으로 소망하는 모든 자들이여, 그 속에서 주를 발견하라. 이는 주께서 경건한 자와 함께 하시며 의인의 이름을 부르시기 때문이다. 주는 겸손한 자들 위에 그의 신을 운행하시며(이사야 11:2) 자신의 능력으로 신실한 자를 소생시키신다. 이는 그가 자신의 영원한 나라의 보[좌]에서 경건한 자들의 이름을 높이실 것이며 죄수를 해방하시며[시편 146:7] 소경의 눈을 여시며 비[굴한] 자를 일으키실 것이다(시편 146:8). 그리고 영[원]히 나는 그 [소망하]는 자들[을] 확고히 붙들 것이며 그의 신실함에 […]할 것이며 선한 [행]위[의 열]매는 지체되지 않을 것이며 주께서 말씀하셨으므로 이전에 없던 영광스러운 일들을 행하실 것이다. 이는 그가 심한 상처를 받은 자들을 고치시며 죽은 자를 살리실 것이며(이사야 26:19) 학대받는 자들에게 기쁜 소식을 보내실 것이며(이사야 61:1) 가난한 자들을 배부르게 하실 것이며(시편 132:15) 쫓겨난 자들을 인도하실 것이며 굶주린 자들을 부유하게 하실 것이다(시편 107:9) (4Q521 단편 2, 2열 1-13행).

4Q521 사본의 단편은 주로 시편(특히 시편 146편)과 이사야서에서 취한 구절들로 구성되어 있다. 이 구절들은 모두 "그분의"(하나님의) "메시아"가 나타나 예언을 성취할 것이라고 말한다. 이 사본의 저자는 하나님의 메시아에 대해 높은 관심을 갖고 있던 것 같다. 하늘과 땅과 그 안에 있는 모든 것들은 메시아의 말을 "들을 것이다" 혹은 그의 말에 "순종할 것이다." 갇힌 자들은 해방될 것이며 눈먼 자의 눈은 열릴 것이며 비천해진 자는 일어나며 ("빛의 아들들"과 "어둠의 아들들" 사이의 큰 전쟁으로 인해) 다친 자는 치료되며 죽은 자는 살아나게 될 것이며 기쁜 소식이 가난한 자들에게 전달될 것이다. 이 놀라운 일들이 모두 메시아, 즉 주의 기름부음 받은 자가 나타날 때 일어날 것이다.

흥미로운 것은 투옥되어 낙심한 세례 요한의 질문에 대한 예수의 대답에 이와 비슷한 말이 거의 등장한다는 것이다. 세례 요한은 예수에게 묻는다. "오실 그이가 당신이오니이까 아니면 우리가 다른 이를 기다리오리이까?"(마태복음 11:3). 예수는 예언서를 인용해 답한다.

> 너희가 가서 듣고 보는 것을 요한에게 알리되 맹인이 보며 못 걷는 사람이 걸으며[이사야 35:5-6] 나병환자가 깨끗함을 받으며 못 듣는 자가 들으며[이사야 35:5] 죽은 자가 살아나며[이사야 26:19] 가난한 자에게 복음이 전파된다 하라[이사야 61:1]. 누구든지 나로 말미암아 실족하지 아니하는 자는 행복하다(마태복음 11:4-6).

예수는 4Q521 사본의 저자가 인용했던 동일한 구절과 표현을 자신에게 적용하고 있다. 예수는 눈먼 사람들의 눈이 떠지며 죽은 자들이 다시 살아나며 가난한 자들(학대받는 자들)이 기쁜 소식을 듣고 있다고 요한에게 답한다. 이것이 의미하는 바는 분명하다. 즉 예수는 자신이 이스라엘의 메시아라는 것을 확실히 이야기하고 있는 것이다. 메시아가 나타날 때 일어날 기이한 일들이 예수 자신의 사역 속에서 일어나고 있기 때문이다.

이 외에도 쿰란 사본은 예수 시대의 메시아상, 심지어 신약에서 표현된 특정한 메시아상을 더욱 정확하게 들려준다. 예를 들면, 예수 탄생 내러티브 중에 있는 천사의 선언에서 마리아는 자신이 낳을 아들이 "지극히 높으신 자의 아들"과 "인자"라고 불릴 것이라는 말을 듣는다(누가복음 1:32, 35). 한때 일부 비평가들은 메시아가 "인자"라고 불리는 것은 초대 기독교에 대한 그레코-로만 문화의 영향을 반영하는 것이라고 주장했다(당시 로마 황제가 "인자"로 불렸다). 그러나 주전 1세기의 한 아람어 본문인 4Q246 사본에서 예언된 구원자가 "지극히 높으신 자의 아들"과 "인자"라고 불린다. 즉 이 개념이 메시아를 의미한다는 것은 당시 팔레스틴에서는 매우 익숙한 것이었다.

예수는 세례를 받은 후에 하늘로부터 한 목소리를 듣는다. "너는 내 사랑하는 아들이라 내가 너를 기뻐하노라"(마가복음 1:11). 이 구절이 시편 2:7의 다음 구절을 떠올리게 한다는 것은 명확하다. "너는 나의 아들이며 오늘 내가 너를 낳았도다." 시편 2편에서 말하는 하나님의 메시아라는 주목할 만한 개념이 시기적으로 더 오래되었는데도 어떤 학자들은 이 시편이 예수 시대의 메시아 개념과 같은 의미로 이해될 수 있는지에 대해서 여전히 확신하지 못한다. 그러나 쿰란의 규율 사본들 가운데 하나인 1QSa 사본에 의하면, 메시아는 "하나님이 그를 낳으실 때" 임하실 것임을 말한다(2:11-12).

이것이 우리에게 증거하는 것은 예수의 메시아 사상이 당시의 일반적인 메시아 개념들에 근거해 있었다는 것이다. 4Q521 사본과 세례 요한의 질문에 대한 예수의 대답 사이에 존재하는 더 중요하고 주목할 만한 병행 구절들은 예수가 자신의 사역을 메시아 사역으로 분명히 이해했음을 보여준다.

부활 내러티브는 어떤 충격을 주는가라는 질문에서 보자면, 예수의 제자들이 예수를 부활한 자로 여기는 것은 분명 예수를 높이는 것이었을 것이다. 그러나 메시아가 죽었다가 다시 살아나는 것은 유대인이 가지고 있던 기존의 메시아 개념과는 전혀 다른 것이었다. 예수는 제자들로 하여금 자신을 메시아로 인식하도록 했으며 제자들이 비어 있는 예수의 무덤을 발견하고 이후에 그들에게 나타난 예수를 이스라엘의 메시아로 믿게 되었을 것이다. 부활 이전에는 예수의 가르침과 사역 속에 메시아적 의미가 없었는데 부활 이후에 메시아적인 무언가가 생겼다는 주장은 설득력이 떨어진다. 이런 자료에 대한 최상의 설명은 예수가 실제로 부활 이전에 메시아라고 이해되었으며 부활이 제자들의 생각과 신앙 속에서 그 이해를 확증했을 것이라는 설명이다.

마지막으로 예수가 자신을 자주 "인자"라고 언급한 것도 예수가 자신을 메시아로 이해했다는 또 다른 증거다. 예수 시대의 "인자"가 메시아를 이르는 호칭이었다는 명확한 증거는 없다. 그러나 예수는 자신을 "인자"라고 부름으로서 다니엘 7장에 등장하는 신비한 인물임을 암시한다.[14] 이 인물은 하나님("옛적부터 계신 이")에게 가서 나라와 (왕적인) 통치와 권세를 받는다. 예수가 자신을 바로 그 인물로 이해했다는 생각은 예수가 실제로 자신을 이스라엘의 메시아로 이해했음을 지지한다. 예수의 메시아적 이해는 부활절 이후에 기독교인이 발명한 것이 아니다.

진정성의 기준

연구의 출발점만 잘못된 것이 아니다. 그들이 사용한 연구 방법도 매우 경도되어 있으며 정당하지 않다. 일부 학자들은 회의적일수록 비평적이라고 생각한다. 그러나 과도하고 부당한 회의적인 태도가 꼭 비평적인 것은 아니다. 비평이라는 이름으로 실행된 작업들이 실제로는 대부분 전혀 학문적이지 않았으며 학문의 가면을 쓴 회의주의였을 뿐인 경우가 많았다. 이런 사고방식은 최근의 진보주의 진영에서 제시하는 예수와 복음서에 대한 왜곡된 묘사에 중요한 경종을 울린다.

지나치게 회의적인 사고는 예를 들면, 예수가 공적으로 또는 개인적으로 제자들에게 말한 것이 거의 잊혀졌거나 제대로 전수되지 않았기 때문에 복음서에 기록된 대부분의 주장은 예수 자신이 아니라 후대의 기독교인들에게서 비롯되었다는 결론을 내리게 한다. 그러나 이런 식의 접근은 무척 어리석은 짓이다. 왜냐하면 예수가 실제로 중요한 말을 반복하지 않았고 제자들에게 자신이 한 말이 정확하게 전수되도록 주의하지 않았다면, 기독교 운동이 어떻게 등장하게 되었는지에 대한 근본적인 이유부터 회의하도록 만들기 때문이다.

일부 회의주의들이 이런 결론으로 이어진 것은 어떤 문제의 진위를 결정하기 위해 그들이 사용한 기준들이 부적절했기 때문이다. 이 기준은 학계에서는 "진정성의 기준" 혹은 "진정성의 규범" 등으로 불린다. 이 용어가 매우 전문적이고 어렵게 들리지만 실은 고대 문서들이 신뢰할 만한 자료들인가를 결정하고자 할 때 적용하는 어떤 상식 같은 것을 말한다.

우리는 신약의 복음서(그리고 이와 관련된 정경 이외의 복음서)를 어떻게 이해하느냐 하는 선이해와는 별도의 기준을 가질 필요가 있는데 이 규범은 "판단" 혹은 "판단의 기초"를 의미한다.

인간은 누구나 어떤 판단규범 같은 것을 갖고 있다. "나는 이 주장이 맞다고 생각한다"는 당신의 말에 누군가 "무슨 이유로 그렇게 생각하는가"라고 물으면 당신은 자신이 판단을 내린 근거나 이유를 설명할 것이다. 이것이 바로 판단규범이다.

보수적 기독교인들은 "신약의 복음서가 증거하는 예수의 말씀과 사역이 역사적 사실이라고 믿는다"라고 말한다. 이는 성경의 신적 영감과 권위를 인정하는 사람들에게는 통한다. 그러나 복음서의 내러티브를 신뢰할 수 있게 만들 합당한 이유를 아직 찾고 있는 사람들에게는 통하지 않는 기준이다. 어떤 근거도 제공하지 않은 채 성경이 하나님의 영감을 받은 것이니 사실이고 진리라고 말하는 것은 답이 되지 못한다. 모르몬교 신자들도 동일하게 말하고 무슬림도 꾸란의 영감을 주장하지 않는가? 여러 종교의 경전들도 각각 이런 방식으로 그것들의 권위를 호소할 수 있다. 이것은 제대로 된 판단규범이 아니다.

신중한 사람이라면 어떤 주장들을 평가하는 데 자신의 규범을 정확하게 적용하려고 한다. 역사가들도 문서들의 역사적 가치를 평가하기 위해 다음과 같은 질문을 통해 규범을 적용한다. 이 문서는 언제 기록되었는가? 누가 이 문서를 기록했는가? 이 문서는 신뢰받는 다른 자료들과 일치하는가? 이 문서의 저자에게 무슨 일이 일어났고 그는 무슨 말을 하려고 하는가? 이 문서들의 주장은 고고학적 증거와 지리적·역사적 사실 등의 지지를 받는가?

그 동안 신학자들은 성경 문헌을 평가하기 위해 역사적이며 문학적인 규범들을 발전시켜왔다. 복음서 연구의 규범에 대한 논의들은 지금까지 많은 방법들이 제안될 정도로 활발하게 진행되었다. 조사해보니 대략 스물다섯 개 정도의 성경 문헌 평가를 위한 판단규범들이 있었고 그중 일부는 필요 이상으로 복잡해 보이기도 했고 또 어떤 규범들은 매우 이상했다. 그러나 일관되고 설득력 있는 규범들도 많았다.[15] 여기에 내가 보기에 가장 좋은 규범들에 대한 평가를 제시해보려고 한다. (나는 오용되고 잘못 적용되고 있는 규범도 하나 논의할 것이다.)

역사적 일관성

복음서가 예수와 그의 역사적 배경, 그의 삶과 사역의 특징들에 대해 우리가 알고 있는 지식과 일관된 것들을 말한다면 우리는 성경이 믿을 만하다고 확신할 수 있다. 예수는 지지자들을 모으며 지도자들의 관심을 이끌어내고 결국 처형당했지만 지금도 그는 이스라엘의 메시아와 하나님의 아들로 선언되고 있다. 복음서에서의 예수의 사역과 가르침은 이러한 사실들과 부합하며 그것들이 역사적인 사건임을 지지한다.

이 규범은 (우리가 마가복음 11-12장과 다른 복음서의 병행구절들에서 발견하듯이) 예수가 성전에서 대제사장들과 논쟁하고 그들을 비판하는 내러티브를 역사적인 사실로 받아들이는 근거를 제공한다. "유대인들의 왕"이라는 예수의 주장에 근거해 예수가 십자가에 달린 사건을 이해할 수 있도록 만든다는 점에서도(마가복음 15:26) 이 규범은 예수가 이스라엘의 메시아와 하나님의 아들이라는 성경의 주장이 예수에 대한 참된 확언임을 받아들이도록 한다(마가복음 14:61-63).

다중적 증명

이 규범은 (마태와 누가가 공통으로 사용한 자료인 마가복음과 Q 같은) 둘 혹은 그 이상의 독립된 자료들에 등장하는 예수의 말씀과 행위를 대상으로 한다. 두 개 혹은 그 이상의 독립적 자료들에 등장하는 예수의 말씀과 행동은 광범위하고 회람 시기가 빠르며 단일 저자에 의해 고안된 것이 아니었음을 보여준다. 다중적 증명을 보여주는 상당수의 자료가 존재한다는 것은 기독교의 자료들의 기원이 무척 오래되었고 그 자료도 풍부하다는 사실을 증거한다.

다중적 증명을 보여주는 몇 가지 사례들이 있다. 등잔에 대한 예수의 가르침은 마가복음 4:21과 말씀 자료(Q)에 등장한다(마태복음 5:15; 누가복음 11:33). 이 말씀은 마가복음 4:22의 말씀 자료에 등장하는 '드러난 것'에 관한 가르침에 이어 나온다(마태복음 10:26; 누가복음 12:2). 징조를 찾는 악한 세대에 대한 예수의 가르침은 마가복음 8:12과 말씀 자료에서도 발견된다(마태복음 12:39; 누가복음 11:29).

어색함

이 규범은 오해하기 쉽다. 이는 초대교회의 신앙을 당혹스럽게 하는 자료를 부활절 이후의 기독교인이 고안하지 않았을 것이라는 의미이기 때문이다. 복음서에 있는 예수의 "어색한" 가르침과 행동의 기원은 예수에게까지 거슬러 올라갈 수 있는데, 이는 기독교인들의 기호 여부와 상관없이 예수에 관한 여러 자료에서 제거할 수 없는 것들이다.

"어색한" 전승에 관한 고전적인 예는 예수가 세례를 받는 대목이다(마가복음 1:9-11). 예수가 세례를 받는 이 구절에서 어색한 부분은 어디인가? 기독교 신앙에 의하면 죄 없이 태어났다고 하는 예수가 왜 죄사함을 위해 베푸는 요한의 세례를 받아야 하는가? 이것이 바로 어색한 부분이다. 만약 기독교인이 복음서를 각색했다면 이 이야기를 빼버렸을 것이다. 왜냐하면 이 구절은 자신들의 신앙에 혼란을 주기 때문이다. 이 이야기가 복음서에 보존되어 있다는 것은 그것이 원자료라는 것을 역설적으로 보여주는 것이다. 복음서에서 이 구절이 제거되지 않고 보전되었다는 사실은 복음서의 저자들이 사실을 전하는 데 최선을 다하고 있었다는 점을 강력하게 보여준다.

또 다른 예는 투옥된 세례 요한이 예수에게 자신의 제자들을 보내어 "오실 그이가 당신이오니이까? 우리가 다른 이를 기다리오리이까?"라고 묻는 내러티브에서 발견된다(마태복음 11:2-6; 누가복음 7:18-23). 예수는 세례 요한의 질문에 간접적으로 "너희가 가서 듣고 보는 것을 요한에게 알리라"라고 대답한다. 이 대화도 우리를 당혹스럽게 만든다. 세례 요한이 예수의 정체와 사명에 관해 의심스러워했다는 이야기를 왜 복음서에 넣었을까? 그리고 왜 예수는 자신의 메시아적 정체성과 사명을 분명하게 말하지 않았을까? 왜 예수는 분명하게 "요한에게 가서 내가 올 그 사람이라고 말하라"고 주장하지 않았을까? 현재 마태복음과 누가복음에 보존된 이 이야기는 역사가들에게 그것이 세례 요한과 예수 사이의 대화를 신실하고 정확하게 보고하며 이후 사람들이 각색한 허구가 아니라고 확신케 한다.

비유사성

복음서의 진정성을 파악하기 위해 제시된 규범 중에서 비유사성의 규범만큼 많이 논의된 것은 없었다. 이 규범이 제대로 사용되면 우리에게 전수된 예수의 가르침과 행위가 사실이라는 결론을 내리는 데 큰 도움이 된다. 반면 이 규범이 부적절하게 적용되면 예수의 가르침과 행위의 대부분을 배제하게 만든다. 그리고 부적절한 적용은 예수의 가르침과 행위로 여겨지는 것들을 예수 당시의 유대교의 경향과 강조 그리고 초대교회의 신학과 같지 않거나 일관되지 않게 만든다.

이 규범은 초기 유대인이나 기독교인이 만들어냈을 예수의 말씀과 행위를 분별하려는 데 목표를 둔다. 어떤 말씀이 그 문맥과 다르지 않다면(이를 "이중 비유사성"이라고 부른다) 그 말씀(혹은 행위)은 예수에게서 비롯된 것이 아니라는 뜻이다. 이 규범의 문제점은 이것이 결국은 예수가 했다고 여겨지는 모든 것을 거의 배제시킨다는 것이다. 예수는 유대인이었으므로 그의 가르침의 많은 부분이 당시의 종교 교사들 사이에서 통용되던 주제와 개념(이스라엘의 성경을 언급하지 않더라도)을 반영했을 것이다. 그런데도 유대교 경향과 강조점이 예수의 실제 가르침 속에 나타나면 안 되는가? 그렇지 않다! 또 초대교회는 예수의 가르침에 의존했고 예수의 가르침에 일치하도록 교회의 사고와 관습을 형성했다. 그런데도 예수와 그가 시작한 운동 사이에 연속성이 있어서는 안 되는가?[16] 정말 그런가?

그럼에도 불구하고 이 기준은 적극적으로 사용되어야 한다. 신약의 복음서에는 초대교회가 자신들의 신학과 관습으로 받아들이기 힘든 이야기들이 포함되어 있다. 따라서 성경을 초대교회가 나중에 각색한 것이라고 결론 내리기 보다는 그것이 예수에게서 비롯된 것이라고 결론 내리는 것이 맞다. 어떨 때는 유대교적인 경향과 관련해 이와 동일한 경우가 진실일 수 있다. 예수가 죄인들과 자유롭게 어울렸던 일은 당시의 종교 교사들이라면 결코 생각하지 못했던 행동이었다(심지어 당시 기독교인들도 그랬던 것 같다). 그러므로 다시, 우리는 예수의 행위와 가르침이 동시대 유대인들의 행동 및 가르침과 차이가 있을 수 있다는 실례를 발견하게 된다.

셈어와 팔레스틴 배경

둘 또는 그 이상으로 나누어지는 이번 규범은 우리가 실제 자료에서 히브리어 혹은 아람어(셈어)를 반영하거나 1세기 팔레스틴(지리, 지형, 관습) 세계를 반영하는 말씀과 행위를 발견해야 함을 뜻한다. 이 규범의 지지를 받는 자료들이 예수가 아니라 초기 유대 기독교인들에게서 비롯된 것일 수도 있다. 하지만 그렇더라도 이 규범은 중요하다. 결국 복음서는 그리스어로 기록되었지만 아람어를 사용하던 예수의 말씀과 1세기 팔레스틴에서 사역하던 예수의 행위들을 보존하고 있기 때문이다. 그리스어로 쓰여진 복음서가 예수의 말씀과 행위를 충실하게 보존한다면, 이 복음서는 셈어 그리고 팔레스틴을 배경으로 하고 있다는 증거를 보여주어야 하는데 실제로 그렇다.

일관성

마지막으로 일관성(지속성)의 규범은 유용하기도 하고 어떤 경우에는 아무런 기능도 하지 않을 수도 있다. 이 규범에 따르면, 다른 기준에 의해 진정성이 있는 것으로 판단된 자료와 일관된 자료도 진정성이 없는 것으로 여겨질 수도 있다.

이상의 규범들은 역사적 예수에 대한 학술적 연구에 있어서 나름 유용한 역할과 기여를 하고 있다. 이 규범들은 역사가들에게 예수가 실제로 했던 말씀이나 행위로 판단할 수 있는 적절한 근거들을 제공한다. 그런데 많은 이들이 이 규범 중 하나 또는 그 이상의 지지를 받지 못하면 예수에게 부여된 모든 것을 가짜라고 여겨야 한다고 가정한다. 그러나 진정성 규범의 지지를 받지 못하는 말씀 혹은 행위가 예수의 것일 수도 있다는 것에 문제가 있다.

나는 지금 회의적인 여러 학자들, 특히 예수 세미나의 대표적인 회원들이 이 부분에 대해 잘못된 판단을 하고 있다고 생각한다. 그들은 규범의 일부(비유사성과 같은)를 잘못 적용하고, 다른 것들(셈어풍과 팔레스틴적 배경과 같은)을 무시하거나 오해할 뿐 아니라, 규범에 의해서 지지되지 않는 말씀과 행위는 모두 가짜라고 판단되어야 한다고 가정하는 오류를 범하고 있다. 이상의 엄격한 회의주의적인 방법은 한정된 결과들, 즉 출발점 자체가 완전히 잘못된 것이고 비뚤어진 것이기에 부정적으로 왜곡될 수밖에 없는 결과들을 낳을 뿐이다.

신약의 복음서에 대한 진정성 규범의 오남용으로 인해 예수상은 왜곡될 수 있다. 정경 이외의 복음서와 자료들이 혼합되고 그것들이 정경 복음서만큼 오래된 것이며 믿을 만한 것으로 취급된다면 왜곡의 문제는 새로운 단계로 접어든다. 나는 이 문제를 3, 4장에서 다룰 것이다.

기이한 문서들 I

도마복음

예수의 역사성에 대한 최근의 보고 중에서 우리를 가장 불편하게 만드는 것은 "복음서들"이라 불리는 신약 밖의 문서들에 대한 관심이다. 어떤 이들은 이 복음서들—정경 밖의 복음서라 불리는—이 예수에 대한 역사적 사실을 이해하는 데 중대한 기여를 한다고 주장한다. 심지어 어떤 이들은 이 문서들이 예수에 대해 신약의 복음서보다 더 믿을 만한 정보를 제공해 준다고 주장한다. 이런 주장이 사실인가? 정경 밖의 복음서들이 정말로 예수에 대한 신뢰할 만한 역사적 정보를 제공하는가? 우리는 이 정경 밖의 복음서가 제공하는 정보에 의해 예수를 이해해야 하는가?

    이 장과 다음 장에서 우리는 다섯 권의 정경 밖의 복음서(가장 주목을 끌며 신약이 말하는 예수와 가장 다른 사실을 주장하는 문서)를 자세하게 살펴볼 것이다. 일부 학자들은 이 문서들의 기원이 1세기나 1세기 중반까지 거슬러 올라가며 적어도 신약의 복음서만큼 믿을 만한 역사적 정보를 포함하고 있다고 주장한다. 하지만 우리는 이런 주장과는 정반대로 이 문서들이

2세기 중반 이전에 기록되지 않았으며 그중 두 개의 문서는 2세기 말 이후에나 기록되었을 가능성이 크다는 점을 보게 될 것이다. 이 정경 밖의 복음서들의 늦은 기록 시기로 인해서 그 문서들이 예수에 대한 새로운 역사적 정보를 우리에게 추가로 제공하고 있을 가능성은 적어진다. 예수에 관해 비(非)신약적인 정보를 갖고 있는 이 정경 밖의 문서들은 당연한 절차임에도 그 동안 받지 않았던 비평적 조사를 정밀하게 받을 때 힘없이 무너지는 것을 독자는 보게 될 것이다.

예수와 초대교회 역사를 재구성하는 문제나 신약성경을 해석하는 문제에 있어서 신약 밖의 문서들에 호소하는 것은 잘못된 것이 아니다. 이는 적절할 뿐 아니라 절대적으로 필요한 작업이다. 예를 들면, 사해 사본은 예수가 가르쳤던 가르침의 다양한 국면들, 바울 신학의 핵심 요소들, 야고보서와 히브리서 그리고 다른 성경에 나타난 가르침들을 해결하는 데 중요한 실마리를 제공한다. 신약 시대의 다른 저작들도 역사적·문화적 문맥을 구체화함으로써 해석하는 데 큰 도움을 준다.[1] 따라서 정경 밖의 문서들을 사용하는 것은 결코 문제가 되지 않는다.

정경 밖의 복음서들 중 일부를 아무런 비판 없이 수용하는 것이 문제다. 신약의 복음서를 신랄하게 비판하며 기록 연대를 1세기 말로 몰아가는 학자들이 정경 밖의 자료들에 대해서는 그토록 관대하고 또 그 자료들의 기록 연대를 2세기 초, 심지어 1세기로 주장하는 것은 균형을 잃은 행태다. 그로 인해 모든 복음서―신약의 복음서와 신약 밖의 복음서―가 마치 동일한 세대에 저술되었던 것처럼 사람들을 오해하도록 만들기 때문이다.[2] 회의론자들은 신약의 복음서에 "특권을 부여하지 말라"고 주장한다. 이는 정경 안이나 밖에 있는 모든 복음서가 동일한 시대에 기록되었기 때문에 동일한 역사적 가치를 갖고 있다는 의미다. 물론 우리는 객관성과 학문성을 위해 유용한 모든 자료들을 동일하게 다루어야 한다. 그러나 그들 가운데 일부는 오히려 정경 이외의 문서들에 특권을 부여하고 있으며 그렇게 해서 여러 문서들이 기록되었을 당시의 중요한 국면들을 모호하게 만들고 있다.[3]

복음서의 기록 연대

논의를 계속하기 전에, 일부 중요한 성경의 기록 연대를 정리해보자. 예수는 1세기 초 20-30년대에 활동했고 바울은 40년대 말에서 60년대 초 또는 중반에 서신서들을 기록했다. 비록 그 기록 연대를 놓고 여전히 논쟁 중이긴 하지만 마가복음은 60년대 중반에서 말기 사이에 기록된 것으로 알려져 있고, 마태복음과 누가복음은 마가복음이 기록된 이후 조금 지나서 기록되었을 가능성이 높으며(일부 학자들은 공관복음이 50년대와 60년대 사이에 기록되었다고 주장한다) 요한복음은 대략 90년대에 기록되었다고 여겨진다. 이는 신약 대부분 또는 전부가 1세기에 기록된 것임을 의미한다. 이는 마가복음이 예수가 죽임을 당한 이후 한 세대가 지나지 않아 기록되었다는 뜻인데, 이것은 복음서가 기록되고 유포되었을 당시 예수를 알았던 사람들이 여전히 생존해 있었을 것이라는 의미다. 일부 학자들은 마태와 누가가 사용했을 말씀 자료(Q)가 50년대 혹은 이보다 더 이른 시대에 기록되었을 것이고 생각한다. 따라서 1세기 중반(Q와 마가복음과 같은)에 기록된 문서들의 저자들이 예수가 당시에 했던 원래의 말씀과 그에 관한

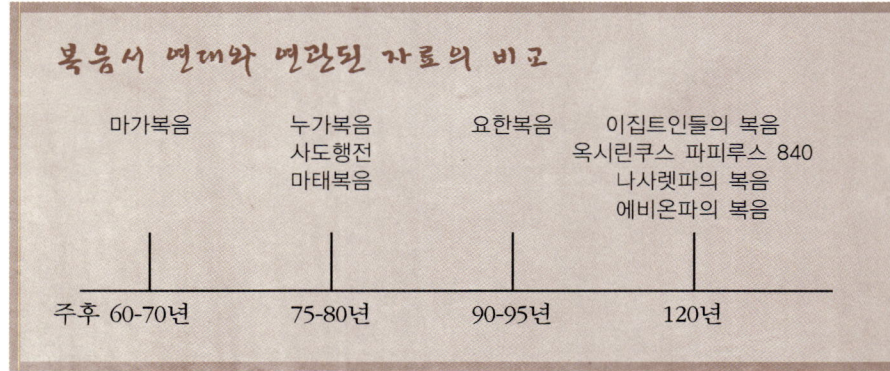

이야기들을 직접 듣거나 보았을 것이고 그 기록이 아직 생존해 있던 증인들에 의해서 읽혀졌(들려졌)을 가능성이 높다. 복음서의 경우, 예수의 제자들 가운데 많은 수가 여전히 살아 있어 사건을 왜곡하는 행위에 반박할 수 있었기에 예수의 삶과 가르침에 대한 잘못된 이야기들이 광범위하게 인정받기 어려웠을 것이다.

기록 연대가 1세기 중반으로 가장 이른 신약의 복음서 자료만 아니라 베드로와 예수의 형제 야고보 같은 원래 제자들과 사도들을 알고 있었고 30년 즈음에 기독교로 회심한 바울이 자신의 서신에서 예수의 가르침, 최후의 만찬 때 행하신 예수의 말씀, 그의 죽음과 매장, 부활을 언급했다는 것은 특히 중요하다. 이렇듯 신약의 저자들은 우리에게 예수에 대한 초기의 정보를 제공해주는데, 이것이 1세기 특히 1세기 중반에 기록된 저작들이 예수에 대한 최상의 역사적 정보들로 인정받는 이유다.

영지주의 복음서와 다른 정경 밖의 자료들은 언제 기록되었는가? 영지주의 복음서와 정경 밖의 자료들은 대체로 2세기나 그 이후, 다시 말해 140-160년 사이의 다양한 시기에 저술된 것으로 알려져 있다. 일부 학자들

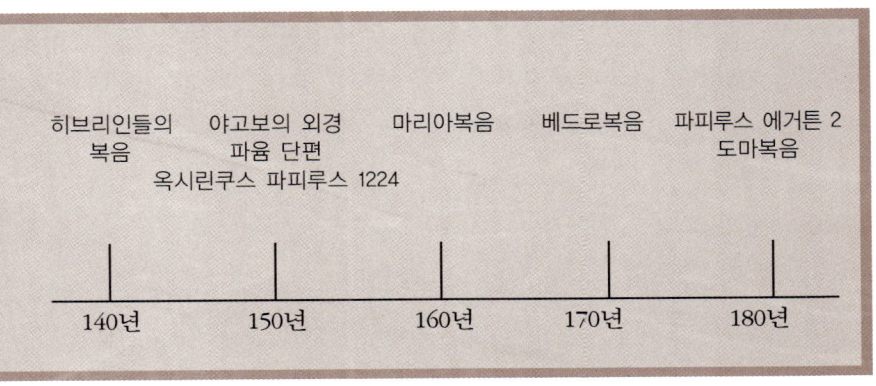

은 120-140년 같은(그중 어떤 학자들은 기록 연대를 훨씬 나중으로 추정하기도 한다) 조금 이른 연대를 주장하기도 한다. 비록 이론적으로는 신약 문서에서 발견되지 않는 예수에 대한 초기의 정보가 이 2세기 문서들에 보존되었을 수도 있지만 실제로는 그렇지 않다는 게 학계의 중론이다. 이것이 성서학자들이 그 동안 예수에 대한 새로운 정보를 얻기 위해서 후대에 쓰여진 도마복음, 베드로복음, 마리아복음과 같은 문서들에 호소하지 않았던 이유다. 이 저작들의 기록 연대는 예수가 죽은 지 100년이 지난 후나 신약의 복음서가 기록된 지 50-80년 후 정도로 여겨진다.

대중적인 출판물에서 가장 많이 언급되는 신약성경 밖의 복음서들은 도마복음, 베드로복음, 파피루스 에거튼 2(에거튼복음), 마가의 비밀복음, 마리아복음 등이다. 대부분의 사람들은 최근의 선풍적인 인기를 얻는 책이나 TV 다큐멘터리를 접하기 전까지는 이 저작물들에 대해서 들어보지도 못했던 것이다. 그러면 이 정경 밖의 복음서들이 신약의 복음서보다 훨씬 후대에 기록되었다면 일부 학자들이 그것들에 호소하는 이유는 무엇인가? 이 대목이 이번 논의에서 가장 흥미로운 부분이다.

일부 학자들은 도마복음과 베드로복음의 초기 편집본들의 기록 연대가 1세기 중반까지 거슬러 올라가며, 에거튼복음의 기록 연대가 마가복음과 요한복음보다 앞서며, 마가의 비밀복음이 정경인 마가복음의 초기 형

현존하는 문서들에서 추출한 가설 자료

학자들은 현존하는 후대의 문서들에서 초기 자료들을 추출할 수 있다. (현존하는 문서란 존재했으리라 예상하는 문서가 아니라 지금 존재하는 문서를 말한다.) 이것에 관한 명확한 예가 공관복음에서 발견된다. 마태복음과 누가복음은 마가복음에는 없는 상당한 분량의 말씀을 공유하고 있다. 학자들은 마태와 누가가 마가복음 이외의 자료를 접했을 것이라고 믿는다. 학자들은 이 자료를 Q라고 불렀다(독일어 Quelle는 "자료", "원천"을 의미한다). 나그함마디 도서관에서 발견된 두 개의 저작들 속에서 또 다른 유용한 예가 발견된다. 한 저작은 비기독교적인 종교,철학 문서인 '복자(福者) 유그노스토스'라고 불리며(NHC 3.3; 5.1), 다른 하나는 예수가 제시한 '예수 그리스도의 지혜'라고 불린다(NHC 3.4; 베를린 영지주의 사본 8502.3). 복자 유그노스토스는 그 본문의 원형과 유사하지만 예수 그리스도의 지혜는 그 속에 예수를 화자와 동일시하는 삽입과 같은 후대에 작업을 한 증거를 보여준다.

이런 예들은 후대의 본문에 초기 본문이 들어 있을 수 있다는 개연성을 보여준다. 신약 성경에서 유다서가 베드로후서에 들어 있는 것 같은 다른 예들도 있다. 그러나 도마복음과 베드로복음의 경우에 그러한 증거는 없다. 이 저작들은 모두 후대에 기록되었다는 증거들로 가득한데도 일부 학자들은 이 저작들의 기록 연대를 1세기로 결론지으려고 한다. 그들은 그러한 일을 현존하는 문서에서 본문의 초기, 가설적 형태를 추출하려는 시도를 통해 행한다. 그러나 그들의 주장을 뒷받침할 증거는 아무것도 없다.

태일 수도 있다고 주장한다. (이 저작들의 초기 연대와 가설적 초기 형태들이 적절하다면) 일부 학자들이 역사적 예수를 재구성하는 데 이 정경 밖의 자료들을 사용하는 것은 당연하다. 그리고 실제로 예수 세미나는 그 자료를 사용해 예수가 진짜로 했을 말씀을 『다섯 번째 복음서』라는 책에 담았다. 여기서 "다섯 번째 복음"이란 도마복음을 말한다.[4] 우리는 이 책으로부터 무엇을 얻을 수 있는가? 이 문서가 1세기에 기록되었으며, 기존의 정경들과 독립적이며, 마태복음, 마가복음, 누가복음, 요한복음에서 발견되는 것보다도 더 우월한 예수의 말씀과 이야기들을 포함하고 있다는 확실한 증거가 있는가?

논의를 진전시키기 전에, 생소한 말씀을 전해주는 이 정경 밖의 복음서 말고도 예수가 실제로 했다는 별도의 수십 개의 다른 말씀도 있음을 언급할 필요가 있을 것 같다. 이를 학자들은 정경 밖에서 발견된 예수의 말씀, 곧 아그라파(agrapha)라고 부르는데 아그라파 중 일부는 최근 학계에서 자주 사용되기 시작했다. 이에 관해서는 부록 1에서 간략하게 다루었다.

확연히 다른 최근의 두 가지 평가

1991년에 예수의 생애에 대한 매력적이며 훌륭한 연구서 두 권이 출간되었다. 한 권은 존 도미닉 크로산이 출간한 것이며 다른 한 권은 존 P. 마이어(John P. Meier)가 집필한 책이다.[5] 두 권의 책에서 주목할 것은 예수 연구에 있어 정경 밖의 복음서의 가치와 관련한 첨예한 견해차다. 크로산이 정경 밖의 복음서들을 중요한 자료로 사용하는 데 반해 마이어는 그 자료를 부차적인 것으로 치부한다. 이 두 학자들의 전혀 다른 접근방식과 결론은 여러 면에서 현대 신약학자들 사이에서 행해지고 있는 논쟁의 특징을 분명하게 보여주며 정경 밖의 복음서들을 어떻게 평가해야 하는지에 대한 좋은 출발점을 제공한다.

크로산은 역사적 예수를 재구성하면서 정경 이외의 자료들에 상당히 의존한다. 그는 많은 자료들의 기록 연대를 매우 이른 시기로 잡는다. 크로산이 정경 밖의 복음서에 포함되어 있는 전승들—신약의 복음서와 병행하는 전승들—이 더 근원적이며 역사적으로 우월하다고 결론 내리는 것은 놀라운 일이 아니다. 크로산은 정경 밖의 복음서에서 예수가 가르쳤던 가르침의 원형을 발견할 수 있다고 생각하며 이 복음서에서 초기 원판을 추출해내려고 한다. 예를 들어 크로산은 도마복음에 두 가지 형태의 초기판이 있다고 생각한다. 즉 기록 연대를 50년대로 잡을 수 있는 최초판과 기록 연대를 60년대나 70년대로 잡을 수 있는 후대판으로 말이다. 크로산은 2세기 중반에 저작된 외경 '구속자의 대화'에서 70년대로 기록 연대를 잡을 수 있는 초기 "대화 선집"을 확인할 수 있다고 믿는다. 또 다른 2세기 저작 '이집트인들의 복음'의 초기판의 기록 연대를 60년대 초로 잡으며 기록 연대가 50년대 정도가 되는 가설적 '십자가 복음'을 베드로복음(2세기 말이나 그 이후)에서 추출해낸다. 우리는 4장에서 베드로복음을 다시 살펴볼 것이다.

정경 이외의 자료들에 대한 분석은 크로산 자신에게 중요한 방법으로 역사적 예수에 대한 자신의 결론에 크게 기여한다. 그러나 이러한 분석은 너무 주관적이라는 점과 자신에게 유리한 주장만 제시한다는 점에서 많은 사람들에게 의심받고 있다.

반면에 마이어의 결론은 크로산과 큰 차이를 보인다. 마이어는 모든 정경 이외의 문서들이 역사적 예수를 재구성하는 데 어떤 기여도 하지 않는다고 결론내린다. 다음은 정경 밖의 복음서들에 대한 그의 평가다.

> 일부 학자들과는 반대로 나는…정경에 없는 예수 말씀, 위경 복음서…(특히 도마복음)이 신약과 무관한, 믿을 만한 새로운 정보나 진정한 어록을 제공한다고 생각하지 않는다. 우리가 이 후대의 문서들에서 발견하는 것은 오히려…통속적인 신앙과 전설을 반영해 상상의 나래를 펼치는 기독교인들과 마술적 사고체계를 발전시켰던 영지주의적 기독교인들이다.…학자들이—통속적인 저자는 말할 것도 없고—역사적 예수에 대해 더 많은 정보를 원하고 기존과 다른 접근 방식을 원하는 것은 자연스러운 것이다. 이는 충분히 이해할 수 있다. 그러나 이러한 욕구가 일부 사람들로 하여금 위경 복음서를 무비판적으로 높게 평가하도록 만들고 있다. 이것은 주관적인 바람이 객관적이어야 할 사실에 영향을 미치는 무익한 행위일 뿐이다. 어떠한 연유에서라도 역사적 예수를 탐구함에 있어서 우리의 연구는 정경 복음서에 한정되어야 한다. 진정한 "자료"는 그러한 제약에 격분하게 된다. 이는 역사가를 답답하게 만드는 제약 같은 것이다. 그러나 베드로복음이나 도마복음을 사용해 정경 복음서를 보충하려는 시도는 우리의 자료를 이해하기 어렵게 만든다는 차원에서 신뢰할 수 없는 태도다.[6]

"주관적 바람이 객관적이어야 할 사실에 영향을 미친다"는 마이어의 지적에 주목하라. 정경 이외의 자료들에 긍정적 평가를 내리도록 한 것은 그 자료들에 대한 역사적 증거라기보다는 다른 자료를 가지려는 욕구에 의한 것이라는 뜻이다.

　　마이어는 독립적이며 빠른 전승을 제시한다는 정경에 없는 예수 말씀(신약에 "기록되지 않은" 예수의 독립적인 말씀)과 정경 밖의 복음서보다는 신약의 복음서에 의존해야 한다고 주장한다. 즉 정경에 없는 예수 말씀과 정경 밖의 복음서는 신약 복음서의 전승과는 직접적인 관계가 없는 형편없는 지식을 반영한다는 것이다. 정경 밖의 복음서 저자들은 정경 복음서를 거의 인용하지 않는다. 정경 밖의 복음서 저자들이 알았던 것은 구두로 전승된 이야기였거나 신약의 복음서들에 의해 만들어진 전승, 즉 전달 과정에서 자체적으로 편집되고 차용되었던 구두 전승이었을 것이다. 이것은 마이어가 설명하듯이 정경 이외의 저작들은 두 개 이상의 신약 복음서에 있다는 요소들을 조합한 것처럼 보이는 말씀과 이야기를 포함하고 있는 것이다. 또한 마이어는 정경 밖의 복음서의 기록 연대가 2세기보다 더 빠를 수 없다고 주장한다. 따라서 이 신약 밖의 복음서들은 신약의 복음서를 보충하거나 교정하는 데 사용할 수 있는 신뢰할 만한 독립적인 정보를 연구자들에게 제공하지 못한다.

위기에 처한 예수 연구

　　이 논쟁의 중요성은 더없이 크다. 방대한 자료와 이것이 예수 연구에 줄 수 있는 기여가 위기에 처해 있기 때문이다. 크로산과 유사한 생각을 하는 학자들이 옳다면, 예수 연구는 정경 이외의 복음서를 신중하게 연구하지 않을 때 예수 연구에서 의미심장한 진전을 기대할 수 없게 된다. 반면에 마이어가 옳다면, 정경에 없는 예수 어록과 정경 이외의 복음서는 예수 연구에 특별한 의미를 갖지 못한다. 즉 정경 이외의 자료의 가치에 대한 지나친 긍정적인 평가는 결국 역사적 예수를 왜곡되게 묘사하는 것으로 결론날 것이며 학자들은 자신의 상상력으로 예스를 위조하게 만들 것이다. 하버드 대학교에서 오랫동안 신약학 교수로 있던 헬무트 쾨스터(Helmut Koester)의 질문처럼 초대 기독교에 대한 연구에 있어서 신약의 기록들만큼 이 문서들은 중요한가? 이 문서들은 "기독교가 탄생했던 시기까지 거슬러 올라가는 많은 전승들을 포함하고" 있는가?[7] 우리는 이 같은 질문들을 가장 많이 언급되는 몇 편의 정경 밖의 복음서를 통해 면밀하게 살펴보자.

정경 밖의 복음서들

말했듯이 최근까지 정경 이외의 복음서는 예수 연구를 위한 의미 있는 자료들로서 심각하게 다뤄지지 않았다. 75년 전에—보수적인 성경학자가 아니었던—루돌프 불트만(Rudolf Bultmann)은 신약의 복음서들과 관련된 이 문서들을 정경적 복음 전승의 "전설적인 번안과 확장" 정도로 여겼다. 당시 거의 모든 사람이 불트만의 이런 주장에 동의했지만 오늘날 그 상황은 완전히 변했다.

복음서나 복음서와 유사한 문서들로 분류되었던 30여 개의 문서들 가운데 다섯 개는 많은 사람들의 주목을 받고 있으며 그 문서들의 고대성, 독자성, 심지어 신약 복음서에 대한 우월성을 지지하는 사람들이 생겼다.

그 문서들은 도마복음, 베드로복음, 파피루스 에거튼 2(에거튼복음), 마리아복음, 마가의 비밀복음 등이다. 기록 연대를 결정하는 과정이 매우 어처구니가 없는데도 도마복음은 다른 저작들에 비해 역사적 예수 연구에 매우 많은 영향을 끼치고 있다. 대중의 관심을 얻으며 최근 출간된 또 다른 정경 밖의 문서는 필자가 고문으로 참여했던 유다복음서다.(유다복음서에 대한 간단한 설명은 부록 2를 보라.)

도마복음

콥트어로 기록되고 주후 350-380년경에 저술된 열세 개의 가죽끈으로 묶여진 코덱스들이 1945년 말 이집트(나그함마디)에서 발견되었다. 이 코덱스는 "이것은 살아 계신 예수의 은밀한 말씀을 유다 도마가 기록한 말씀이다"라는 말로 시작하며 "도마가 전해준 복음"이라는 말로 끝나는 한 문서를 포함하고 있다. 3, 4세기 교부들은 사도 도마의 이름으로 행해졌던 복음을 언급했는데[8] 그 문서가 이집트의 건조한 모래 속에서 발견되었던 것이다. 이는 엄청난 발견이었지만 그 이상의 의미를 갖고 있었다.

이 새로운 유물(예수의 말씀이라고 여겨지는 서문과 '말씀' 혹은 '로기아' 114를 포함하는)이 독해되어 번역되었을 때, 학자들은 도마복음의 일부가 이집트의 옥시린쿠스라고 불리는 장소에서 반세기 정도 빠른 1890년대에서도 발견된 적이 있었다는 것을 깨달았다. 19세기 말에 출판된 1654, 1655라는 번호가 붙은 세 개의 그리스어 파피루스 단편들[옥시린쿠스 파피루스(P.Oxy)라고 불린다]은 콥트어 역본과 비교해 볼 때 최소한 도마복음의 20% 정도의 내용을 포함하고 있었다. 그 단편들의 기록 연대는 200-300

> ### 그리스어와 콥트어 도마복음의 비교
>
> P.Oxy 654 = 도마복음의 서문, 말씀 1-7 그리고 말씀 30의 일부.
> P.Oxy 1 = 도마복음의 말씀 26-33.
> P.Oxy 655 = 도마복음의 말씀 24, 36-39, 77.
>
> 대부분의 학자들은 도마복음이 원래 그리스어로 저작되었으며 옥시린쿠스 파피루스가 전승의 원형에 더 가깝다고 가정한다. 그러나 나는 도마복음이 원래 시리아어로 작성되었으며 그리스어와 콥트어본 모두가 나중에 번역되었다는 주장을 지지한다.

년 사이로 다양하게 예상되었다.

도마복음은 예수의 비밀(숨겨진) 가르침, 즉 이 가르침을 들을 자격이 있는 자들을 위해서 보존된 가르침이라고 주장하는 비밀스러운 기록이다. 다음은 복원된 철자와 단어들을 첨가한 그리스어 역본에 따른 서문과 첫 일곱 마디 말씀에 대한 나의 번역이다(P.Oxy 654). (우리는 온전히 보존된 콥트어 번역 덕분에 상실되었던 그리스어 본문의 대부분을 회복할 수 있었다.)

서문 이것은 살아 계신 예수가 [말]했고 그[리고 유다] 도마가 [기록한] [비밀의] 말씀이다.

1 그는 말했다. [누구든지] 이 말씀의 [해석을 발견하는 자]는 [죽음]을 맛보지 않을 것이다.

2 [예수가 말한다.] 찾[는] 사람은 [발견할 때까지] 쉬지 않고 [찾도록] 하라. 그가 발견하게 되면 [번민하게 되고 번민하게] 되면 놀라게 되고 [놀라게] 되면

그는 다스리게 되고 [다스리게 되면] 안식을 [얻을 것이다].

3 예수가 말한다. [만일] 너희를 인도하는 자들이 [너희에게 말하기를, 보라] 그 나라가 하[늘]에 있다고 하[면] 하늘의 [새들이 너희보다 먼저 들어갈 것]이다. 만일 그들이 그 나라가 땅 아래 있다고 하면, 바[다의 물고기가 너희보다 먼저] 그곳에 들어갈 것이다. 그러나 [하나님의 나]라는 너희 안에 있으며 [너희 밖에 있다. 자신을 아는 자마다] 이것을 발견할 것이다. [그리고 너희는] 살아 [계신] 아버지의 [아들]이라는 것을 [자각할 것이다]. [그러나 너희가] 자각[하지 못하면] [너희는 궁핍 가운데] 있을 것이며 너희는 궁[핍] 자체가 될 것이다.

4 [예수가 말한다.] [나이 많은 노]인이라도 [생]명의 장소에 대해서 [난 지 칠일] 된 아이에게 묻기를 주저하지 않는다면 [너희는 살] 것이다. 이는 [먼저] 된 자들 가운데 많은 자들이 [나중]이 될 것이며 나중 된 자들이 먼저가 될 것이며 그들은 [하나가 되고 같게 될 것이다].

5 예수가 말한다. 너희의 눈앞에 있는 것을 알라. 그러면 너희에게서 [가리워진 것]이 [너희에게] 드러나게 될 것이다. 이는 감추어진 것 중에 [드러]나게 [되지] 않을 것이 [없으며] 매장된 것 중에 [다시 살아나게 되지 않을] 것도 없기 때문이다.

6 [제자들이] 그에게 물[어] [말]한다. [우리가] 어떻게 금식할까요. [그리고 우리가 어떻게 기]도할까요. 그리고 [우리가 어떻게 구제할까요.] [우리]가 어떤 [금식법]을 지켜야 하겠습니까? 예수가 말한다. [거짓말을 하지 말라. 너희가 싫어하는] 것을 행하지 말라. [이는 만물이] 진리의 [존재 속에 드러나 있기 때문이다]. [이는 감추어진 어떤 것]도 드러[나지 아니하는 것이 없을 것이기 때문이다].

7 [사람을 먹은 사자는] 행[복하리니] [사]자가 [사람이] 되기 때문이며 [사자에게 먹힌 사람은 불행하도다…].

도마복음의 예수는 신약 복음서의 예수와 다르다. 도마복음은 명백히 개인적이고 밀교적인 경향을 지향한다. 정경 복음서와는 달리, 이 문서는 세속적인 사람이 아니라 영적으로 깨어 있는 사람을 대상으로 한다. "이것은 살아 계신 예수가 말했고…비밀의 말씀이다"라는 서문은 예수의 가르침 전부가 비밀(감추어진 것)이었다고 암시하는 것으로 이해해서는 안 된다. 도마복음 같은 저작들은 예수의 공적인 가르침들을 전제한다(신약의 복음서 기록대로). 도마복음이 기록했다고 하는 비밀은 예수가 도마에게만 개인적으로 했던 비밀 혹은 감추어진 말씀을 의미한다. 물론 여기서 도마는 다른 제자들보다 더 깊이 예수를 이해하며 예수의 말씀을 기록한 사랑받는 제자로 묘사된다. 그리고 도마복음의 예수는 제자들에게 그들이 발견할 때까지 구하는 것을 멈추지 말라고 명령한다. 감추어진 것이 그들에게 계시될 때까지 말이다.

제자들에게 믿음을 가지도록 하는 신약 복음서의 예수와는 달리, 도마복음 말씀 1에서 예수는 제자들에게 "이 말씀들의 해석"을 발견하도록 요구한다. 그들이 그렇게 한다면 그들은 "죽음을 맛보지 않을 것이다." 도마복음의 밀교적 경향은 공관복음과 상응하는 말씀들 속에서도 발견된다. 예를 들면, 공관복음 안에서 신앙의 필요성을 언급하면서 예수는 제자들에게 구하고 찾고 두드리라고 격려한다. 그렇게 하면 하늘 아버지로부터 좋은 것들을 받게 될 것이다(마태복음 7:7-11). 그러나 도마복음에서 예수는 제자들에게 그들이 발견할 때까지 찾는다면 놀라게 될 것이며 다스릴 것이며 안식을 찾을 것이라고 약속한다.

도마복음에는 또 다른 점도 있다. 다른 영지주의 저작들처럼 도마복음은 지식과 아는 것을 강조했다. 여기서 "지식"을 의미하는 그리스어 "그노시스"라는 단어에서 영지주의라는 말이 나왔다. 2, 3, 4세기의 교부들은 비밀스러운 혹은 감추어진 지식을 소유했다고 주장했던 자들을 "영지주의자"("깨달은 자")라고 불렀다. 그러나 이들이 스스로를 영지주의자라고 불렀는지는 확실치 않다.

영지주의는 여러 형태를 취했지만 주도적인 신학자들에 의해 이단으로 정죄되었다. 영지주의는 지식과 신비한 것들에는 초점을 맞추고 신앙에는 덜 초점을 맞추는 운동 정도로 묘사될 수 있다. 영지주의는 특히 세상이 악한 신, 즉 유대인들의 하나님에 의해서 창조되었다고 극단적으로 믿으며 구약과 유대인들을 경시한다. 영지주의의 이런 극단적 행태는 물질적인 세상을 결함으로, 인간의 육체를 타락해 영혼을 포로로 잡아두는 감옥으로 여기는 것으로 나타났다. 따라서 구원의 목표는 죄로부터의 용서가 아니라 육체로부터 벗어나고 부패하고 타락한 물질세계에서 도피할 수 있는 지식의 습득이었다. 예수는 이 어둠의 세계에서 도피하여 천상에 있는 빛의 세상에서 그와 합류할 수 있는 방법을 그의 참 제자들에게 보여주러 온 것이지 죄인을 구속하기 위해 온 것이 아니다. 물론, 이 영지주의와 신비한 개념들에는 많은 변이들이 존재했다.

그러나 핵심은 영지주의가 일반적인 기독교 신앙의 변이가 아니라 그저 신약 복음서의 용어를 차용할 뿐 그 의미를 완전히 바꾼, 본질적으로 확연히 다른 종교였다는 것이다.

비록 이런 영지주의의 정확한 실례는 아니지만 도마복음에는 강력한 영지주의의 요소가 나타나는데, 옥시린쿠스 파피루스 1에 보존된 한 단락의 말씀 속에서 이를 발견할 수 있다.

36 [예수는 말한다]. [너]희 [음식]에 대해서도 무엇을 먹어야 할까, [너희 옷]에 대해서도 [무엇을 입을까]를 아침부터 [저녁까지] 그리고 저[녁부터 아]침까지 [염려하지 말라]. 너희는 빗[질]도 하지 않고 물[레]질도 하지 않는 백[합]화보다 훨씬 더 낫다. (만일) 너희가 걸칠 옷[이] 없다면 [너희는] 무엇을 [입을 것이냐]? 누가 너희 키를 크게 할 것이냐? 그[는 너희에게] 옷을 줄 분이다.

37 제자들이 그에게 말한다. 당신이 우리에게 드러내실 때가 언제이며 우리는 언제 당신을 보겠습니까? 그는 말한다. "너희가 옷을 벗고 부끄러워하지 않고 [두려워하지 않을] 때가 그때다.

38 [예수는 말]한다. 그러[므로] [너희는 나의 이 말 듣기를 갈망했으나 누구도 듣지 못할 것이다.] 너희가 [나를 찾으나 나를 찾지] 못할 날[이 올 것이다.]

39 [예수는 말한다. 바리새인들과 서기관들이] 지[식의 열쇠]를 취했다. 그들은 [그것들을] 감추었다. [그들은 들어가지도] 들어가[려고 하는 자들이] 들어가도록 [허락하지도 않는다.] 그러나 너희는 뱀처럼 [지혜롭고] 비[둘기처럼 순]진해라.

77 돌[을] 들[어라.] 그러면 거기서 나를 찾을 것이며 장작을 쪼개라. 그러면 내가 그곳에 있을 것이다.

말씀 36은 부끄러움 없이 옷을 벗을 준비가 되어 있는 영지주의적 개념을 진전시키기 위해(말씀 37) 신앙과 염려에 대한 공관복음서의 말씀을 사용한다(마태복음 6:25-34; 누가복음 12:22-31).[9] 영지주의를 지향하는 것은 말씀 39에서도 발견된다. 천국 문을 사람들 앞에서 닫고, 들어가려고 하는 자도 들어가지 못하게 하는 서기관과 바리새인에게 재앙을 선언하는 공관복음의 예수와는 대조적으로(마태복음 23:13), 도마복음의 예수는 바리새인들과 서기관들이 지식(그노시스)의 열쇠를 취하고 그것들을 감추었다고 말한다. 도마가 전하는 예수는 하늘나라를 지식이라는 측면에서 규정한다. 말씀 77은 예수의 신비적 현존을 말한다. 이 주제는 다른 영지주의 문서들에서 더 온전한 표현으로 나타난다. 이상의 말씀들은 도마복음이 영지주의 작품이라는 점을 강력하게 보여준다.

도마복음은 언제 기록되었나?

물론 이 문서들의 기록 연대가 빠르긴 하지만, 나그함마디 도서관을 구성하는 대부분의 코덱스는 기껏해야 4세기 후반에 기록된 것으로 추정된다. 도마복음을 포함하고 있는 사본은 4세기 전반에 제작되었을 수도 있고 도마복음 자체의 경우, 이집트의 옥시린쿠스에서 발견된 세 개의 그리스어 단편들은 3세기 초와 중반에 기록된 것으로 여겨진다. 비록 적지 않은 학자들은 도마복음이 2세기 중반의 이른 시기에 저작되었을 수 있음을 인정하지만, 실제로 문서들은 도마복음이 주후 175년이나 180년 이전에 저작되지 않았음을 강하게 증거한다.

소수의 학자들은 도마복음이 원시적이고 원래의 공관복음 전승을 담고 있다고 주장하고 있다.[10] 이는 이론적으로는 가능하지만, 이 말씀 선집

(외관상 완전한 콥트어본에 속한 114개의)에서 원시적이며 신약 복음서와는 무관한 것이거나 원래적인 것이라고 확실하게 판단할 수 있는 자료를 발견하기란 쉽지 않다.

도마복음이 초기 저작이 아니라 후대의 저작물이라고 결론을 내리게 만드는 설득력 있는 증거들은 다음과 같다. (1) 도마복음은 신약 저작들의 상당수를 알고 있다. (2) 도마복음은 학자들이 후대의 것이라고 여기는 복음서 자료를 포함하고 있다. (3) 도마복음은 복음서의 후대 편집을 반영하고 있다. (4) 도마복음은 동방, 시리아의 독특한 기독교의 전승들, 즉 2세기 중반 이후에 등장한 전승들과 유사하다. 그럼 이 네 가지 유형의 증거를 하나씩 검토해보자. 어떤 독자들에게는 이 문제가 기술적이며 복잡하게 보이겠지만 도마복음을 실제로 역사적 예수 연구를 위한 고대 자료로 여길 수 없다는 이유를 이해하는 것은 매우 중요하다.

1. 도마복음은 신약의 많은 저작을 알고 있다. 신약성경의 절반 이상을 인용하거나 암시하면서(마태복음, 마가복음, 누가복음, 요한복음, 사도행전, 로마서, 고린도전후서, 갈라디아서, 에베소서, 골로새서, 데살로니가전서, 디모데전서, 히브리서, 요한일서, 요한계시록)[11] 도마복음은 2세기 말 영지주의가 했던 알레고리적 방식으로 해석한 신약과 위경 자료들의 콜라주인 것처럼 보인다. 또한 도마복음에 포함된 전승들은 신약 저자들보다 시기적으로 앞선다는 어떠한 정황도 반영하지 않는다. 이것이 크로산과 다른 이들이 현존하고 있는 콥트어와 그리스어 사본들에서 도마복음의 가설적 초기판들을 발췌하려고 계속 시도하는 이유다. 이런 시도는 자신에게 유리한 주장만을 교묘히 사용하려는 행위로 그들은 근거 없는 이론을 허무는 실제적인 증거는 외면하고 자신들의 이론에 맞게 가설에 호소하고 있다.

여기서의 문제는 옥시린쿠스의 그리스어 단편과 나그함마디에서 나온 후대의 콥트어로 기록된 도마복음과 전혀 다른 도마복음의 존재 여부를 확신하는 사람이 아무도 없다는 데 있다. 후대의 이차적 특징들이 제거된 도마복음의 초기 형태가 있을 것이라는 가정은 말 그대로 가정일 뿐이다. 도마복음에 드러나 있는 많은 신약의 자료는 이 문서의 기록 시기가 2세기였음을 의미하는 것이다.

도마복음의 신약성경과의 친밀성은 우리에게 이 저작의 고대성과 독립성에 대한 주장을 수용할 수 없게 만든다.

2. 도마복음은 후대의 복음서 자료를 포함하고 있다. 도마복음을 정경 복음서와는 상관없는 것으로 간주하게 만드는 또 다른 이유는 상당히 많은 독자적 자료들이 마태복음(약어 M), 누가복음(약어 L), 요한복음에 존재하고 있다는 것이다. 일부 학자들이 M, L, 요한복음의 전승이 아니라 마가복음과 Q(마가복음에서 비롯되지 않은 마태복음과 누가복음의 공통 자료)를 고대 자료의 보고로 간주하고 있기 때문에 이는 특히 중요한 문제다. 물론 도마복음은 아래의 목록에서 살펴보듯이 후대의 전승들과 병행을 이루기도 한다.

"M"과 도마복음 사이의 병행구들

마태복음 5:10	—	도마복음 69a
마태복음 5:14	—	도마복음 32(=P.Oxy 1.7)
마태복음 6:2-4	—	도마복음 6, 14(=P.Oxy 654.6)
마태복음 6:3	—	도마복음 62
마태복음 7:6	—	도마복음 93
마태복음 10:16	—	도마복음 39

마태복음 11:30   —   도마복음 90

마태복음 13:24-30   —   도마복음 57

마태복음 13:44   —   도마복음 109

마태복음 13:45-46   —   도마복음 76

마태복음 13:47-50   —   도마복음 8

마태복음 15:13   —   도마복음 40

마태복음 18:20   —   도마복음 30(=P.Oxy 1.5)

마태복음 23:13   —   도마복음 39, 102(=P.Oxy 655.2)

"L"과 도마복음 사이의 병행구들

누가복음 11:27-28 + 23:29   —   도마복음 79

누가복음 12:13-14   —   도마복음 72

누가복음 12:16-21   —   도마복음 63

누가복음 12:49   —   도마복음 10

누가복음 17:20-21   —   도마복음 3(=P.Oxy 654.3), 113

요한복음과 도마복음 사이의 병행구들

요한복음 1:9   —   도마복음 24(=P.Oxy 655.24)

요한복음 1:14   —   도마복음 28(=P.Oxy 1.28)

요한복음 4:13-15   —   도마복음 13

요한복음 7:32-36   —   도마복음 38(=P.Oxy 655.38)

요한복음 8:12; 9:5   —   도마복음 77

도마복음이 그 지지자들의 주장처럼 실제로 초기의 독립적인 자료 선집이라면, 많은 M, L 그리고 요한복음의 자료가 그 안에 존재하다는 사실을 어떻게 설명할 수 있는가? 이 자료의 존재는 우리에게 도마복음이 신약 복음서보다 빠른 초기의 예수 전승이 아니라 신약 복음서의 영향을 받은 문서라는 것을 말해준다.

3. 도마복음은 복음서의 후대 편집을 반영한다. 도마복음이 초기의 독립적 전승을 제공한다고 성급하게 가정하지 못하게 하는 효과적인 요인은 마태복음과 누가복음이 행한 수정(편집)의 특징이 도마복음에서 발견되기 때문이다. M 목록의 구절들 가운데 두 개(마태복음 15:13; 13:24-30)는 마태의 편집을 포함한다. 삼중 전승(마태복음, 마가복음, 누가복음의 공통 자료)과 병행하는 도마복음의 다른 말씀들은 마가복음보다는 마태복음의 어투와 일치한다(예를 들면, 마태복음 15:11=도마복음 34b; 마태복음 12:50=도마복음 99). 마태복음의 구제, 기도, 금식의 독특한 조합(마태복음 6:1-18)이 도마복음 말씀 6(=P.Oxy. 654.6)과 14에서 사용되고 있다. 도마복음이 마태복음에서 파생되었음을 확실하게 보여주는 구제, 기도, 금식 구절을 도마복음은 유대교에 대한 영지주의적 반감을 반영이라도 하듯이 부정적 측면에서 논의한다. 이런 것들은 모두 도마복음이 마태복음의 자료를 취했다는 사실을 보여준다.

도마복음이 누가복음의 영향을 받았다는 증거도 있다. 복음서 저자 누가는 마가복음의 조금 거친 표현인 "나타내려 하지 않고는 감추인 것이 없느니라"라는 구절(마가복음 4:22)을 "장차 알려지고 나타나지 않을 것이 없느니라"(누가복음 8:17)로 매끄럽게 수정한다. 누가복음의 본문과 정확하게 어울리는 옥시린쿠스 파피루스 654.5에 보존되어 있는 그리스어 병행구와 함께 도마복음 말씀 5-6에서 발견되는 이 표현은 누가복음과 유사한 편집임이 분명하게 보여준다. 도마복음이 정말로 초기의 독립적 자료를 반영한다면 누가복음보다 먼저 쓰인 도마복음에 이런 요소들이 나타날 수는 없기 때문이다.

도마복음이 누가복음을 따랐음을 지적하는 구절은 또 있다(도마복음 10은 누가복음 12:49을, 도마복음 14는 누가복음 10:8-9을, 도마복음 16은 마태복음 10:34-39과 누가복음 12:51-53을, 도마복음 55와 101은 마태복음 10:37과 누가복음 14:26-27을, 도마복음 73-75는 누가복음 10:2의 영향을 받았다). 이런 증거들을 볼 때 유력한 학자들이 도마복음이 정경 복음서에서 자료를 취했다고 결론 내린 것을 충분히 이해할 것이다.[12]

도마복음이 정경 복음서와 무관함을 지지하는 학자들은 도마복음의 비유와 말씀에서 축약된 형태가 보인다고 지적한다. 가장 잘 알려진 예 가운데 하나가 악한 일꾼들 비유다(마태복음 21:33-41; 마가복음 12:1-9; 누가복음 20:9-16; 도마복음 65). 마가복음의 시작 절에서 대략 11개의 단어가 이 비유의 배경을 이루는 이사야 5:1-7에서 취해진다. 이 단어의 대부분은 도마복음에는 나타나지 않는다. 크로산은 이 비유의 원래 형태가 확장된 이차 본문인 마가복음이 아니라 도마복음에 보존되어 있기 때문이라고 생각한다.[13] 그러나 누가복음의 시작 절에는 이사야 5장의 두 단어("심겨진 포도원")만 남아 있는데 대부분의 학자들은 도마복음이 누가복음의 이 비유를 편집했거나 요약했을 것이라고 결론 내린다.[14] 이것은 버려진 모퉁잇돌에 대한 말씀에도 적용된다(마태복음 21:42; 마가복음 12:10-11; 누가복음 20:17; 도마복음 66). 이 본문을 다루는 마가복음의 더 긴 판은 시편 118:22-23을 인용하지만 누가복음은 시편 118:22만을 인용한다. 마가복음에 의존해 그 전승의 원래 형태에 약간의 변화를 주는 누가복음은 한 번 더 전승을 요약한 것이다. 더 짧은 형태의 도마복음도 마찬가지다. 그러므로 도마복음의 행태가 가장 짧은 것이며 요약된 것처럼 보인다는 데 근거해 도마복음이 더 원시적이라는 결론을 내리는 것은 무모한 일이다. 도마복음 말씀 65, 66은 별도의 로기아(logia)나 공관복음 이전의 전승에서 비롯된 것이 아니라 누가복음이 마가복음의 비유를 축소해 편집했다고 볼 수 있다.

4. 도마복음은 동방, 시리아 기독교 특유의 후대 전승들과의 유사성을 보여준다. 도마복음이 출간된 직후 사람들은 타티아누스가 네 개의 신약 복음서를 통합한 「디아테사론」을 포함하는 2세기 전승들에서 표현된 새 복음서(도마복음)가 동방 혹은 시리아 기독교와 몇 가지 점에서 유사하다는 점에 주목했다. 이 점은 「디아테사론」이 2세기 시리아 기독교에 알려진 신약 복음서 전승의 유일한 형태였다는 점에서 중요한 대목이다. 우리는 이 증거가 의미하는 바를 신중하게 고려해야 한다.

도마복음이 신약 복음서들과 무관하게 1세기에 만들어졌다는 가설을 지지하는 사람들은 이 저작이 시리아 기독교와 연관되어 있다고 주장한다. 크로산과 스티븐 패터슨(Stephen Patterson)은 도마복음의 원래 배경이 시리아 동부에 위치한 에데사라고 정확하게 지적한다. 그들은 도마복음 중에서 "유다 도마"라는 이름이 "나, 마타이아스가 기록한 유다 도마에게 말씀하셨던 구속자의 비밀 말씀"이라는 식으로 도마복음을 연상시키는 (138.1-3; 142.7: "유다-도마라고 불리는 자") 도마의 책(NHC 2.7)과 "디두모(라고도 불리는) 유다 도마"라고 불리는 사도를 다루는 도마행전(1; 11: "또한 도마인 유다")처럼 시리아에 기원을 두고 그곳에서 유통된 다른 저작들에서 발견된다고 한다. 도마행전에서의 긴 형태 이름은 그 사도의 이름이 "디두

모 유다 도마"라고 밝히는 도마복음의 서문과 일치한다. 요한복음 14:22의 시리아어 사본에서 "유다(가룟이 아닌)"는 "유다 도마"로 간주되는데 이 이름은 나중에 시리아 기독교 전승들에서도 계속된다.[15]

도마복음이 2세기에 등장한 독특한 특징을 지닌 시리아 전승과 유사함에도 불구하고 크로산과 패터슨(그리고 다른 사람들)은 도마복음이 매우 초기에 만들어졌다고 확신한다. 패터슨은 (비록 그가 후대의 편집 가능성을 허용하기는 하지만) 도마복음이 1세기 말 이전에 존재했을 것이라고 믿는다. 크로산은 도마복음의 초판이 50년대에 나타났고 후대판—현재 존재하는 본문—이 60년대나 70년대에 등장했다고 믿는다. 그러니까 초판 형태로의 도마복음이 그 어떤 신약 복음서보다 기록 연대가 빠르다는 것이다. 크로산은 후대의 도마복음조차도 신약 복음서보다는 기록 시기가 빠를 수 있다고 확신한다.[16]

이 문제에 대해 학자들은 두 편으로 나뉘어 있다. 어떤 이들은 도마복음이 2세기에 기록되었다고 주장하고 어떤 이들(예수 세미나의 일부 회원들)은 도마복음이 1세기에 기록되었다고 주장한다. 후자들 중에서도 어떤 이들은 도마복음의 기록 연대가 1세기 말이라고 주장하면서 공관복음서와 병행되는 도마복음의 독립적인 전승을 입증할 수 있다고 믿는다.

이 중요한 문제를 예수 세미나처럼 투표를 통해 해결할 수는 없는 노릇이다. 도마복음을 시리아 전승과 관련해 신중하게 관찰해볼 필요가 있다. 이 문서가 기록된 시기는 2세기 중반 이전일 수는 없는데, 도마복음이 2세기 말경에 기록되었을 확률이 높고 어떤 식으로든 1세기 이전으로는 기록 시기를 잡을 수 없기 때문이다. 이제 그 증거를 살펴보자.

크로산은 책과 강의를 통해 도마복음의 고대성과 독립성을 두 가지 측면에서 변호한다. (1) 크로산은 표제어로 연결된 몇 개의 말씀들과는 구분되는 어떤 "특별한 구성 원칙"이 도마복음에 존재하지 않는다는 것과, (2) 도마복음 저자의 편집이라고 하지 않고서는 설명할 수 없는 신약 복음서의 병행구와는 다른 몇 가지 차이점을 도마복음에서 발견한다. 이는 패터슨의 논증과 유사한 것으로[17] 시리아어판의 증거가 두 가지 요점을 언급한다.

시리아어에 능통한 학자들은 도마복음의 셈어적, 특히 시리아어적 문체를 초기에 발견했다. 이는 사도의 이름에 관해 이미 언급했던 바와 일관된 것이다(단순히 "도마"가 아니라 "유다 도마"). 학자들은 도마복음의 독특한 독법들이 신약의 시리아어판이나 조금 더 이른 시기에 타티아누스가 작성한 「디아테사론」과 일치한다는 점도 주목했다.[18] 게다가, 학자들은 현재 광범위하게 인정되고 있듯이 도마복음의 일부가 그리스어 대신에 시리아어로 기록되었을 수도 있다고 생각했다.

최근 연구에서 니콜라스 페린(Nicholas Perrin)은 이 문제를 면밀하게 조사해보았다. 페린은 콥트어판을 시리아어와 그리스어로 번역하면서 도마복음의 본문 전체를 분석했다. 조사 결과는 매우 인상적이었다. 도마복음이 그리스어 혹은 콥트어가 아니라 시리아어로 기록되었다는 가정에서 (시리아 기원이 미심쩍은 것이 아니다), 500개 이상의 표제어가 이 기록을 구성하는 114개의 말씀을 연결시키고 있었다. 페린은 단 세 쌍(56-57, 88-89, 104-105)의 연결 표제어를 발견하지 못했을 뿐인데 원래 시리아어 표제어가 콥트어로 전달되면서 혹은 번역되면서 사라져버릴 수 있다는 점에서 이 예외들은 큰 문제가 되지 않는 것들이다.[19]

게다가, 페린은 표제어들과 관련하여 도마복음의 순서 전체를 설명할 수 있을 뿐만 아니라 이 복음서가 어김없이 타티아누스의 「디아테사론」에 나타난 자료의 순서와 배열에 익숙해 있다는 점을 보여주었다. 이로써 도마복음을 구성하는 말씀의 순서에 대한 미스테리는 해결된 것 같다. 페린은 도마복음이 간접적으로 신약 복음서에 의존하고 있다고 결론을 내린다. 즉 도마복음은 시리아어로 된 「디아테사론」이 신약 복음서에 의존해 있는 방식과 동일하게 신약 복음서에 의존해 있다는 것이다.

도마복음이 문학적으로 신약 복음서와 무관하며 오히려 신약 복음서보다 우월하다는 크로산의 논증은 이로써 심각한 타격을 받았다. 도마복음이 특별한 구성 원칙 없이 기록되었다는 주장은 더 이상 정당화되지 않는다. 시리아에 기원을 두고 있다는 이 문서가 시리아어 차원에서 연구되자 그런 결론을 얻게 된 것이다.

도마복음과 다른 시리아 전승 사이에 나타나는 몇 가지 특정 접촉점들은 확실히 인상적이다. 여기서 도마복음이 신약 복음서와 다른 부분(도마복음이 시리아 전승과 일치하는 부분)이 나타난다. 이 점은 크로산과 그의 추종자들이 제대로 평가하지 못한 부분이다. 이와 관련해 조사해야 할 예들이 많지만 여기서는 지면 관계상 두 개만을 검토해보도록 하자.

평화와 분쟁에 대한 예수의 역설적인 가르침은 여기서 유익한 예를 제공한다. 이 말씀의 유사성을 그리스어 신약 본문과 도마복음의 병행구절, 마태복음의 말씀 형태의 시리아역본, 그리고 또 다른 시리아어 본문을 나열하면 다음과 같다.

> 그리스어 마태복음 10:34 "내가 세상에 화평을 주러 온 줄로 생각하지 말라 화평이 아니라 검을 주러 왔노라."

그리스어 누가복음 12:51 "내가 세상에 화평을 주려고 온 줄로 아느냐. 내가 너희에게 이르노니 아니라 도리어 분쟁하게 하려 함이로라."

도마복음 16a "그들은 내가 세상에 던지러 온 것이 분열이라는 것을 알지 못한다. 즉 불, 검 그리고 전쟁이다."

시리아어 마태복음 10:34b "나는 평화가 아니라 마음의 분열과 검을 주려고 왔다." (큐어튼식 시리아어)

시리아어 「클레멘트의 승인」 2.26.6 "나는 세상에 평화가 아니라 전쟁을 주려고 왔다."

도마복음의 말씀 형태는 마태복음과 누가복음을 잘 반영하고 있다. 도마복음의 "분열"은 누가복음에서, "검"은 마태복음에서 비롯된 것이다. 이 요소들 모두가 마태복음 시리아어판에 나타난다. "나는 평화가 아니라 마음의 분열과 검을 주려고 왔다." 게다가, 도마복음의 "전쟁"은 시리아어 「승인」에 언급된 예수의 말씀판을 반영한다. "나는 세상에 평화가 아니라 전쟁을 주려고 왔다."[20] 도마복음 말씀 16a에 보존되어 있는 말씀의 형태는 「클레멘트의 승인」의 시리아어판에 투영되어 있는 것과 마찬가지로 다른 시리아어 자료들을 조금 더 윤색한 마태복음 10:34의 시리아어 형태에서 비롯되었음을 강하게 증거한다. 이처럼 타티아누스의 「디아테사론」이나 후대의 시리아어 복음의 말씀 형태와 일치하는 마가복음의 말씀 형태들의 예는 많다.

두 번째 예는 가난한 자들에게 선언되는 예수의 팔복과 관련이 있다. 여기서도 그 유사성은 그리스어 신약 본문, 도마복음의 병행구, 그리고 시리아어 말씀 형태와 대조된다.

그리스어 마태복음 5:3 "심령이 가난한 자들은 행복하니 하늘나라가 그들의 것이기 때문이다."

그리스어 누가 6:20 "가난한 너희는 행복하니 하나님 나라가 너희의 것이기 때문이다."

도마복음 54 "가난한 자는 행복하니 하늘나라가 너희의 것이기 때문이다."

시리아어 마태복음 5:3 "심령이 가난한 자들은 행복하니 하늘나라가 너희의 것이기 때문이다."

「디아테사론」 "심령이 가난한 자들은 행복하다."

크로산은 도마복음 말씀 54가 신약 복음서의 전승과 독립되어 있다는 강력한 증거라고 생각한다. 크로산은 마태복음의 명확한 해석인 "심령이"란 말이 도마복음에는 빠져 있으며 두 구절의 형태가 첫 번째 구절의 3인칭(마태복음처럼)과 두 번째 구절의 2인칭(누가복음처럼)으로 혼합되었다는 점을 주목한다. 도마복음의 저자 또는 수집자가 이것을 어떻게 할 수 있었는지에 대한 해결책을 크로산은 제시하지 못한다. 도마가 (a) 마태복음에서 3인칭 "가난한 자들"을 취한 후에 (b) 누가복음에서 2인칭 "너희의"를 취하고서 (c) 다시 마태복음으로 돌아가 마지막으로 "하늘나라"라는 표현을 취했을 수도 있다. 아니면 도마가 정서적으로 불안정했다고 생각하는 것이 더 나은 해결책일 수도 있다.[21] 그러나 시리아 전승 안에서 도마복음을 검토하는 것이 가장 나은 해결책일 것이다.

도마복음 말씀 54는 마태복음의 시리아어 형태(대략 2세기 말에 시리아어 사용자들이 유일하게 구할 수 있었던 신약 복음 전승인 「디아테사론」에서 나온)를 따른다. 수식어 "심령이"의 생략은 그리 놀랄 일이 아니다. 이 수식어가 누가복음이나 도마복음에 나오지 않는 것은 도마복음의 세계관과 일치하기 때문이다. 이는 도마복음의 반물질주의적 관점, 즉 시리아 교회의 금욕주의적 관점들과 일관된 관점이다. 이로써 둘의 상관성이 충분히 설명이 된다(도마복음 27, 63, 64, 65, 95, 110). 도마복음에서 복을 받는 사람은 심령이 가난한 자가 아니라 (문자적으로) 가난한 사람이다. 따라서 크로산의 논증으로 돌아가 이 문제를 정리를 하자면 도마복음이 시리아어 역본에 존재하는 말씀 형태를 취하고("하늘나라"라는 표현뿐 아니라 2, 3인칭), "심령이"라는 한정적 표현을 제거했음을 알 수 있다.

도마복음의 논의를 마치기 전에, 한 가지 다른 문제를 더 논의할 필요가 있다. 스티븐 패터슨, 제임스 로빈슨 등은 도마복음의 문학 형태는 이 복음서가 빠른 시기에 기록되었음을 지지한다고 주장한다. 도마복음이 Q와 유사하기 때문이라는 것이 그 이유다. 그들에 따르면 Q는 마태와 누가가 취했던 자료로서 도마복음은 Q의 기록 시기와 비슷하다고 말한다.[22] 이 논증이 이론적으로는 그럴듯해 보이지만 실제로는 설득력이 떨어진다. 그 이유는 다음과 같다. 이 논증은 2세기 말 시리아 전승과의 방대한 일치 혹은 70년 이전의 유대 팔레스틴 배경과의 불일치를 설명하지 못할 뿐 아니라 다른 말씀 선집들(그 일부가 시리아에서 나온)이 2, 3세기에 등장했다는 사실을 설명하지 못하기 때문이다. 이 책들 가운데 「피르케 아보트」("선조들의 어록")와 「섹스투스의 문장」이라고 알려진 랍비의 선집 등이 있다. 특히 후자는 도마복음이 등장했던 시기와 장소였던 2세기 시리아에서 나왔다는 점에서 의미심장하다.

이는 도마복음이 시리아에서 등장한 또 다른 2세기의 선집이라는 증거다. 이상의 증거들을 고려해볼 때 우리는 도마복음이 1세기 중반이 아니라 2세기 말에 기록되었다는 결론을 피하기 어렵다는 것을 알게 된다.

이 증거들이 우리에게 주는 결론을 명확하게 정리해보면 다음과 같다. (1) 도마복음과 "유다 도마"와의 연관성, (2) 말씀들을 연결하는 수백 개의 시리아어 역본의 표제어들에 의해 설명되는 말씀의 배열과 순서, (3) 그리스어 신약 복음서와는 다르지만 「디아테사론」이나 그 시대의 다른 기독교 시리아어 저작들의 독법과 일치하는 도마복음의 독법들은 도마복음이 2세기 말 시리아에서 기원하고 있음을 보여준다. 간단하게 말하면, 이것은 도마복음이 시리아어를 사용하는 동방 교회, 즉 170년 이후에 저술된 타티아누스의 「디아테사론」을 통해 신약 복음서를 알고 있던 교회에서 유래했으며 복음서 연구자들에게 예수의 삶과 가르침에 대한 비평적인 자료로 사용할 수 있는 초기의 독립적인 자료를 제공하지 않는다는 뜻이다. 이 저작에 의존해 역사적 예수를 재구성하는 것은 결국 왜곡된 초상을 낳을 뿐이다.

정경 밖의 복음서와 단편들

일반적으로 진지하게 다루어지는 정경 밖의 복음서와 단편들은 다음과 같다.

야고보의 외경(NHC 1에 보존되어 있다)

구속자의 대화(NHC 3에 보존되어 있다)

에비온파의 복음서(에피파니우스의 인용에 보존되어 있다)

이집트인들의 복음서(알렉산드리아의 클레멘트의 인용에 보존되어 있다)

히브리인들의 복음서(여러 교부들의 인용에 보존되어 있다)

나사렛파의 복음서(여러 교부들의 인용에 보존되어 있다)

베드로복음(아크미른의 큰 단편, 작은 단편 P.Oxy. 2949, P.Oxy. 4009에 보존되어 있다고 전해진다)

도마복음(NHC 2와 P.Oxy. 1, 654, 그리고 655에 보존되어 있다)

야고보의 원복음서(수많은 그리스어 사본들에 보존되어 있다)

마가의 비밀복음서(알렉산드리아의 클레멘트의 편지에 보존되어 있다)

P.Oxy. 840

P.Oxy. 1224

파피루스 에거튼 2(+파피루스 쾰른 255), 에거튼복음

파윰 단편(=Papyrus Vindobonensis Greek 2325)

◇ NHC = 나그함마디 사본
◇ P.Oxy. = 옥시린쿠스 파피루스

크로산이 주장한 정경 밖 문서들의 기록 연대

존 도미닉 크로산은 대부분의 학자들이 수용하지 않는 정경 이외 문서들이 빠른 시기에 기록되었다고 주장한다. 심지어 이 저작들 중 일부는 더 이른 판본이 존재한다고 제안한다. 그가 제안한 정경 이외의 저작들과 기록 연대는 다음과 같다.

도마복음(최초의 편집본: 주후 50년대)

에거튼복음(파피루스 에거튼 2: 주후 50년대)

파윰 단편(주후 50년대)

옥시린쿠스 파피루스 122(주후 50년대)

히브리인들의 복음(주후 50년대)

십자가복음(=베드로복음의 축약판, 주후 50년대)

이집트인들의 복음(가장 빠른 판, 주후 60년대)

마가의 비밀복음(초기 주후 70년대)

옥시린쿠스 파피루스 840(주후 80년대)

도마복음(후대의 초고, 주후 60년대 혹은 70년대)

대화선집(=주후 70년대 말의 콥트어 영지주의 단편 구속자의 대화의 축약판)

야고보의 외경(2세기 전반에 기록되었지만, 50년대까지 거슬러 올라갈 수 있는 전승을 포함하고 있다)

나사렛파의 복음(주후 150년대)

에비온파의 복음(주후 150년대)

베드로복음(주후 150년대)

크로산은 도마복음, 에거튼복음, Papyrus Vindobonensis Greek 2325, 옥시린쿠스 파피루스 1224, 히브리인들의 복음, 이집트인들의 복음이 독립적인 전승을 포함하고 있는 구속자의 대화와 야고보 외경과 마찬가지로 신약 복음서와는 무관하다고 주장한다. 게다가 그는 현재 베드로복음에 내포되어 있는 '말하는 십자가 복음'이 네 신약 복음서에 근거한 수난 내러티브를 보존하고 있다고 결론 내린다. 문제는 그가 제안한 이 초기 연대와 자료들이 학자들에게 거의 받아들여지지 않는다는 데 있다.

The Historical Jesus: The Life of a Mediterranean Jewish Peasant (San Francisco: HarperCollms, 1991), pp. 427-34. 괄호에 언급된 연대는 실제 사본들의 연대가 아니라 그 사본들의 초창기 친필 원고(원작)에 대한 크로산의 추측 연대들을 말한다. 말하는 십자가 복음에 대해서는 다음 책을 보라. John Dominic Crossan, *The Cross That Spoke: The Origins of the Passion Narrative* (San Francisco: Harper &: Row, 1988).

학계의 인정을 받은 정경 이외의 문서에 대한 기록 연대

이집트인들의 복음(주후 120년)
옥시린쿠스 파피루스 840 (주후 120년)
나사렛파의 복음(주후 120년)
에비온파의 복음(주후 120년)
히브리인들의 복음(주후 140년)
야고보의 외경(주후 150년)
파윰 단편(주후 150년)
옥시린쿠스 파피루스 1224 (주후 150년)
마리아복음(주후 160년)
베드로복음(주후 170년)
에거튼복음(주후 180년)
도마복음(주후 180년)
마가의 비밀복음(주후 190년)

이 연대는 추측에 근거한 근사치이며 발견된 단편의 연대가 아니라 정경 밖의 복음서의 기록 연대를 지칭한다. 1세기의 저작으로 여겨질 수 있는 다른 가공 문서들은 제외했다.

더 자세한 정보에 대해서는 다음 책을 보라. J. K. Elliott, *The Apocryphal New Testament: A Collection of Apocryphal Christian Literature in an English translation based on M. R. James* (Oxford: Clarendon Press, 1993); Wilhelm Schneemelcher, 편집, *New Testament Apocrypha*, 1권, *Gospels and Related Writings*, 개정판 (Cambridge: James Clarke; Louisville: Westminster/John Knox Press, 1991).

기이한 문서들 II

베드로복음, 에거튼복음, 마리아복음, 마가의 비밀복음

3장에서 우리는 도마복음을 면밀하게 살펴보았다. 이 장에서는 다른 네 개의 정경 이외의 복음서에 대해 다루어보고자 한다.

베드로복음

역사가 유세비우스(주후 260-340년경)는 고대 장로들은 베드로전서를 정경으로 받아들였지만 베드로가 썼다고 주장하는 다른 저작들은 거부했다고 전해준다(「교회사」 3.3.1-4). 베드로의 저작이라고 주장되었지만 진정성이 거부된 저작들은 두 번째 서신(베드로후서), 묵시록(베드로의 묵시록), 복음서(베드로복음), 그리고 설교(베드로의 설교) 등이다. 나중에 유세비우스는 "이단들이 만들어낸 베드로, 도마, 맛디아, 그리고 사도들의 이름을 가진 복음서를 포함한 저작들"에 대해 언급한다(「교회사」 3.25.6). 후에 베드로가 저술한 것으로 알려진 복음서를 한 번 더 언급하는데 이번에는 안디옥 감독 세라피온과 관련해 언급한다. 유세비우스는 "베드로복음이라고 알려진 것에 관해"라는 제목이 붙은 세라피온의 편지 일부를 인용한다.

> 형제들이여, 우리는 베드로와 다른 사도들을 그리스도처럼 받아들이지만 사도들의 저작으로 잘못 알려진 책들이 우리에게 전해지지 않았다는 것을 알고 있기에 그 책들을 거부합니다. 내가 여러분을 방문했을 때 여러분 모두가 참 신앙을 견지했기에, 나는 그들이 베드로의 저작이라고 주장한 "복음서"를 철저하게 확인하지 않은 채 말했습니다. "이것이 여러분을 믿음으로 인도하는 유일한 것이라면 그것을 읽으십시오." 그러나 이제 내가 그들이 어떤 이단에 사로잡혀 있다는 것을 안 이후로, 나는 여러분을 다시 방문하려고 노력하고 있습니다. 형제들이여, 내가 속히 가기를 기대하십시오. 마르키아누스의 이단은 자신들이 말하고 있는 것을 알지 못한다는 면에서 스스로 모순되는 것이 명백합니다. 다른 사람들은 이 "복음서"를 연구했습니다. 그들은 그 복음서를 만들었던 자들의 후계자들로 우리가 가현설자들이라고 부르는 자들입니다. 이는 그 개념들이 그들의 가르침을 반영하기 때문입니다. 나는 이 책을 철저히 살펴보았습니다. 그 책의 많은 부분이 구세주의 참 가르침과 일치하기는 하지만 일부가 [거짓으로] 추가되었다는 결론을 내렸습니다(「교회사」 6.12.3-6).

세라피온의 증언은 베드로복음으로 알려진 저작의 존재를 우리에게 확인해주는데 이 저작은 2세기경에 등장한 것이다. 그러나 그가 우리에게 주는 정보의 가치는 베드로복음을 거의 언급하지 않으며 인용하지 않고 있다는 점에서 제한적이다. 여러 자료를 살펴보더라도 이 복음을 인용하는 교부는 존재하지 않는다. 이렇듯 특정 정보의 부재는 이와 관련되었을 여러 사본들에 대한 질문과 연관된다.

1886-1887년의 겨울에 이집트의 아크미른 지역을 발굴하던 중, 한 사본이 기독교 수도사의 관(棺)에서 발견되었다. 이 사본은 복음서의 단편, 그리스어 에녹서의 단편들, 베드로의 묵시록을 포함해 사본의 뒤표지 안에 성 율리우스의 순교에 대한 이야기를 기록하고 있었다. 이 복음서 단편은 도입 부분이나 결말 부분도 남아 있지 않았기 때문에 명칭에 관한 어떤 단서도 찾을 수 없었다. 본문이 1인칭("그러나 나, 시몬 베드로" [60절])으로 쓰여졌고 가현설적 성향(예수의 육체적 실체가 경시되는 성향)이 있는 것처럼 보였기 때문에, 그리고 이 복음서 단편이 베드로의 묵시록과 함께 있었기 때문에 그 단편이 유세비우스가 말한 베드로복음일 것이라는 주장이 광범위하게 받아들여졌다.[1]

일부 학자들은 새로 발굴된 이 복음서 단편을 여러 방면으로 평가했다. 퍼시벌 가드너-스미스(Percival Gardner-Smith)는 그 단편이 신약 복음서와는 무관하다고 주장했고, 헨리 바클리 스웨트(Henry Barclay Swete) 같은 학자는 이 단편이 신약 복음서에 의존해 있다고 주장했다.[2] 이 논쟁에서 아크미른 단편이 2세기의 베드로복음의 일부였다고 생각한 학자는 아무도 없었다. 그 단편이 베드로복음이라는 지금의 주장은 일개 가정일 뿐이다.

이후 1970, 80년대에 이집트에서 두 개의 그리스어 단편들이 더 발견되었는데(P.Oxy. 2949와 P.Oxy. 4009), 이것들은 여러 증거들을 통해 베드로복음에 속하는 것으로 확신되었다. 실제로 그 단편들 중 일부는 아크미른 단편(베드로복음?)의 일부와 일치했다. 이 단편들의 정체가 세라피온이 초기에 수용했다가 나중에 거부했던 2세기의 베드로복음이라고 여겨졌기 때문에 이 복음서에 대한 관심이 다시 일기 시작했다. 파윰 단편(P.Vindob. G 2325)이 베드로복음의 또 다른 초기 단편이라는 제안도 있었다.[3]

최근에 헬무트 쾨스터를 중심으로 일부 학자들은 가드너-스미스의 입장에 새로운 활력을 불어넣었다. 쾨스터는 베드로복음은 "정경 복음서와는 무관한 베드로의 권위 아래 오래전에 기록된 문서에 기초한다"라고 주장했다. 쾨스터의 제자 론 캐머론(Ron Cameron)은 이 복음서가 정경 복음서와 무관하다고 결론을 내리면서, 정경 복음서보다 더 이른 시기에 저술되었을 가능성이 있으며 "복음서 저자들에게 복음서 집필에 필요한 자료로서의 역할을 수행했을 것"이라는 데 동의한다.[4] 아크미른 단편과 세라피온의 베드로복음의 일치설을 수용한 크로산은 이 입장을 조금 더 세부적으로 다루었다. 1985년에 출간한 장황한 연구에서 크로산은 베드로복음이 비록 마지막 단계에서 신약 복음서 전승의 영향을 분명히 받긴 했지만 정경 복음서의 4개의 수난 이야기가 근거하고 있는 더 오래된 전승, 즉 십자가복음을 보존하고 있다고 주장했다.[5]

이런 도발적인 결론에 대한 평가를 위해 우리는 크로산이 더 이른 시기의 십자가복음을 반영하고 있다고 생각하는 아크미른 단편을 조금 살펴볼 필요가 있다.[6]

7.25 그때 유대인과 장로들과 제사장들은 자신들이 큰 악을 행했는지 깨닫고 (슬퍼 가슴을) 치며 말했다. 우리들의 죄 때문에 저주를 받아야 한다. 심판과 예루살렘의 종말이 가까웠다.

8.28 율법학자와 바리새인과 장로들은 서로 모였다. 그것은 민중이 모두 불평을 터뜨리고 가슴을 치면서 그의 죽음으로 이런 큰 표적이 일어났다면 그분이야말로 얼마나 의로운 사람이었는가 하는 말을 들었기 때문이다.

8.29 장로들은 겁이 나 빌라도에게로 가서 말했다.

8.30 제자들이 그를 감추고 민중이 그가 죽은 자 가운데서 부활했다고 생각해 우리들에게 악을 행하지 않도록 하기 위해 사흘 동안 무덤을 지킬 병사들을 주십시오.

8.31 그래서 빌라도는 무덤을 지키기 위해 백부장 페트로니우스를 병사들과 함께 그들에게 보냈다. 그들과 더불어 장로들과 율법학자들이 무덤으로 갔다.

8.32 그리고 거기에 있는 사람들은 모두 백부장과 병사들과 한 패가 되어 큰 돌을 굴려다가 무덤 입구를 막았다.

8.33 그들은 일곱 개의 봉인을 하고 그곳에 천막을 치고 경계를 했다.

9.34 이른 아침 안식일 새벽이 시작되었을 무렵 군중들이 봉인된 무덤을 보기 위해 예루살렘과 인근 지방에서 몰려왔다.

9.35 그런데 주의 날이 시작되는 밤 병사들이 짝을 지어 경계하고 있는데 하늘에서 큰 소리가 났다.

9.36 그리고 하늘이 열리더니 두 사람이 거기서 많은 빛을 띠고 내려와 무덤 가까이로 가는 것을 그들은 보았다.

9.37 그러자 입구에 놓여 있던 저 큰 돌이 저절로 굴러 옆으로 치워지고 무덤이 열리더니 두 젊은이가 그곳으로 들어갔다.

10.38 그리하여 그 병사들은 (이것을) 보고 백부장과 장로들을 깨웠다. 그들도 무덤을 지키기 위해 그곳에 있었기 때문이다.

10.39 그리고 그들이 본 것을 설명하고 있는데 또 무덤에서 세 사람이 나오는데 두 사람은 한 사람을 부축하고 십자가 하나가 그 뒤를 따르고 있었다.

10.40 두 사람의 머리는 하늘까지 닿았는데 그들의 부축을 받고 있는 사람의 머리는 하늘을 넘었다.

10.41 그리고 그들은 하늘에서 나는 소리를 들었다. 너희는 잠들어 있는 자들에게 알렸느냐.

10.42 그러자 십자가에서 예라는 대답이 들렸다.

11.43 그래서 그들은 이런 일을 빌라도에게 보고하자고 서로 의논했다.

11.44 그런데 그들이 곰곰이 생각하고 있을 때 다시 하늘이 열리더니 한 사람이 내려와 무덤으로 들어가는 것이 보였다.

11.45 이런 광경을 보고 백부장과 주위에 있던 사람들은 밤중에 경비를 하고 있던 무덤을 그대로 두고 빌라도에게 달려가 그들이 본 일을 모두 설명했다. 그들은 크게 근심하며 그는 정말로 하나님의 아들이었다라고 말했다.

11.46 빌라도가 대답했다. 나는 하나님의 아들의 피와는 아무런 관계가 없다. 이것은 너희들이 좋다고 생각한 일이다.

11.47 그러자 모두가 다가와서 백부장과 병사들에게 그들이 본 것을 누구에게도 말하지 말도록 명령해달라고 그에게 간청했다.

11.48 그들은 말했다. 유대인들의 수중에서 돌에 맞는 것보다 하나님 앞에서 큰 죄를 범하는 것이 더 낫습니다.

11.49 그래서 빌라도는 백부장과 병사들에게 아무것도 말하지 말라고 명령했다.

크로산이 세운 가설 문서인 십자가복음은 아크미른 단편이 공관복음, 특히 마태복음과 마가복음보다 연대가 앞서지 않음을 보여주는 여러 요소들을 갖고 있다. 현실성이 결여된 유대 지도자들의 죄의 고백 부분(7.25; 11.48)은 예루살렘에 대한 예수의 저주와 탄식 부분(누가복음 21:20-24; 23:48)과 가야바의 불길한 조언 부분(요한복음 11:49-50)에서 착안한 것 같다. "유대인들과 장로들"이 그들의 죄와 "심판과 예루살렘의 종말"의 급박함을 인정하고 비통해하는 아크미른 단편의 전승이 공관복음서와는 무관하고 그보다도 먼저 저술된 것처럼 보인다는 주장은 유대인들의 다양한 집단들과 하위 집단들이 두 가지 중요한 운동[힐렐파(샴마이파)와 예수의 제자들]으로 축소되었고, 70년의 예루살렘의 붕괴가 유대인들이 예수를 "메시아"로 인정하는 데 실패한 결과로 여겨졌던 주후 70년 이후의 "유대인들"과 "기독교인들"의 관계를 반영하는 것이다. 또 "유대인들의 수중에서 돌에 맞는 것보다 하나님 앞에서 큰 죄를 범하는 것이 더 낫다"라는 주장은 공관복음서 전승에서 발견한 것보다 더 이른 것이라는 주장에는 유대인의 종교성과 정서에 대한 실제적인 지식의 결여로 인한 과장스러움이 엿보일 뿐 아니라 반유대적 성향도 포함하고 있다.

이와 비슷하게, 아크미른 단편 8.28의 주장은 누가복음 23:47-48을 윤색한 것이 확실하다. "이제 백부장이 그 된 일을 보고 하나님께 영광을 돌려 이르되 이 사람은 정녕 의인이었도다 하고 이를 구경하러 모인 무리도 그 된 일을 보고 다 가슴을 치며 돌아가고."

아크미른복음 단편의 저자는 유대 관습과 세부적인 사항에 정통하지 못했음이 틀림없다. 8.31과 10.38은 유대 장로들과 서기관들이 예수의 무덤을 계속해서 지켜보며 공동묘지에서 야영했다고 묘사하는데, 저자는 시체를 부정하게 생각했던 유대인의 관습을 알지 못했던 것이다. 예수가 죽은 지 20년밖에 지나지 않은 상황에서 누가 그런 이야기를 쓸 수 있었겠는가? 그리고 누군가가 그 당시에 정말로 그렇게 했다면 유대인이었던 복음서 저자 마태가 그러한 엉터리 저작을 사용했겠는가?

더 심각한 문제들도 있다. 유대 지도자들이 유대인들로부터 해(害)를 당할까 봐 두려워하는 대목(아크미른 단편 8.30)은 기독교를 변호하기 위해 윤색한 것이 분명하다. "일곱 개의 봉인"(8.33)과 "봉인된 무덤을 보기 위해" "예루살렘과 인근 지방에서 온 군중"(9.34)도 기독교를 변호하려는 문맥으로 보인다. 즉 이들의 입을 통해 부활을 증거하려는 것이다. 이와 같은 세부사항들은 정경의 복음서에 새로운 이야기를 첨가하는 것이다. "주의 날"이라는 표현(9.35)도 이 본문의 기원이 오래된 것이 아니라 후대 것임을 보여주는 또 다른 증거다(요한계시록 1:10; 「마그네시아 사람들에게 보낸 이그나티우스의 편지」 9:1). 백부장의 고백(아크미른 단편 11.45)도 마태복음을 반영하고 있다(마태복음 27:54; 마가복음 15:39; 누가복음 23:47).[7]

마지막으로, 말하는 십자가와 머리가 하늘에 닿은 천사들에 대한 언급이 아크미른 단편의 부활 이야기가 가장 원시적인 이야기를 이룬 것이라는 크로산의 주장은 어떤가? 이것은 정경 복음서 저자들이 자료로 사용했던 최초의 이야기인가? 혹은 위경 저작이 이차적이며 가공한 것임을 증명하는 또 다른 증거인가?[8] 아니면 아크미른복음 단편이 네 개의 정경 복음서, 특히 마태복음에서 취한 세부사상들의 혼합 정도(경건한 상상의 윤색, 변증적 관심, 유대인 혐오 사상의 가필)일 뿐임을 보여주는 것인가?

얼마나 능숙하게 축약되었고 재구성되었는지(자기에게 유리한 주장만 하고 있지 않은지)와는 상관없이 이 자료가 신약 복음서의 수난 내러티브들이 의존하고 있는 최초의 전승들 중 하나일 수도 있다고 결론 내리기는 어렵다. 아크미른복음 단편에 그와 같은 독립적인 전승이 없다는 결론은 이미 한 세대 전에 내려졌다. 최근에 또 다른 학자들이 이와 유사한 결론을 제시하고 있다. 존 마이어는 그 단편을 2세기에 행해진 "여러 차례 설교되었던 복음서 내용을 직접 귀로 들었던 기독교인들의 증언과 생생한 기억을 통해 구성된 정경 복음 전승들의 혼합"이라고 묘사한다. 무디 스미스(Moody Smith)의 다음과 같은 질문은 크로산의 가설이 갖고 있는 의심스러운 면을 폭로한다. "전설적이고 신화적이며 반유대적인 전승이 역사적인 방향으로 진행되었다는 주장이 가능한 것인가?"[9]

가상의 추가된 문서들이 시기적으로 더 오래되었다는 근거를 발견하려고 하지만 아크미른복음 단편이 초기 저작물이 아님을 제안하는 강력한 증거는 또 있다. 그러나 우리에게 더 적실한 질문은 현존하는 9세기 아크미른복음 단편이 실제로 3세기 초에 세라피온 감독이 정죄한 2세기의 베드로복음의 단편인가 하는 것이다. 현존하는 아크미른복음 단편은 그 문서의 정체가 정확하지도 않으며 또 이것과 비교할 수 있는 베드로복음에 대한 교부의 인용문도 존재하지 않는다. 아크미른복음 단편은 많은 사람들이 그 문서가 발굴되어 책으로 출판된 직후에 주장하듯이 가현설적이지 않다. 이 단편이 가현설적이지 않다면 이 단편과 베드로복음이 동일한 것일 수 있다는 제안은 더욱 약화된다. 세라피온이 강조하려고 했던 것은 자신들의 교리들을 진전시키기 위해 가현설 옹호자들이 베드로복음을 사용했다는 것이기 때문이다.[10] 또한 폴 포스터(Paul Foster)가 보여주었듯이 아크미른복음 단편과 그 연대를 200-250년까지 잡을 수 있는 작은 파피루스 단편들 사이의 연관성도 결코 높지 않다.[11] 따라서 세라피온 감독 혹은 2세기 말의 일부 다른 저술이 베드로복음을 언급했는지와는 상관없이 현존하는 아크미른복음 단편을 2세기 문서와 연관지을 수 있는 확고한 증거는 아무것도 없다. 그 괴상한 특징들과 후대 전승들을 일치시키려는 의도로 이 복음서 단편을 역사적 예수를 연구하는 데 사용하는 것은 바람직하지 않다.

에거튼복음

파피루스 에거튼 2는 이집트에서 발견되어 1934년에 학자들의 손에 입수되었다. 이 사본은 4개의 단편으로 구성되어 있는데 네 번째 단편은 해독이 가능한 한 개의 철자만을 제공한다. 세 번째 단편은 흩어진 몇 개의 단어들을 제공할 뿐이고 첫 번째와 두 번째 단편은 요한복음과 공관복음에서 발견되는 이야기들과 병행하는 네 가지(또는 다섯 가지) 이야기들을 제공한다. 이후 발견된 파피루스 쾰른 255이 이 사본과 연관된 단편이다. 그 구절들은 아래의 에거튼복음 번역문의 적합한 곳에 이탤릭체로 삽입될 것이다.[12]

파피루스 에거튼 2

1.1 [예수]가 율법학자들에게 [말씀하셨다.] 내가 아니라 [부]정을 행하고 율법을 배반[하는 자]를 모두 [벌하여라.]…어떻게 행하는지.

1.2 그리고 백성의 지[도]자들을 [돌아]보고 [말]하셨다. 너희는 성경에서 생명을 찾아 얻겠다는 생[각으로] 성경을 연구[한다]. 바로 그 성경이 나를 위해 증[거]한다.

1.3 내가 [너희]를 내 아(버)지께 고소하러 온 것이라 여기[지] 마라. 너희를 고[소하는] 이는 [너희가] 소망을 걸어 온 모(세)이다.

1.4 그러자 그들이 말했다. 하나님이 모(세에게) 말씀[하셨다]는 것을 압니다. 그러나 당신이 [어디에서 왔는지] 알지 못합니다.

1.5 그러자 예(수)가 [그들]에게 말[씀하셨다].

1.6 이제 그 [증거]한 내용들을 [너희가] 믿지 [않은 것]이 고소당한다.

1.7 사실 너희가 [모세를] 믿었다면 [나]를 믿었을 것이다. 그가 나에 관[해] 너희 조상들에게 [기록해두었]기 때문이다.

1.8 [그들은] 백성들과 [모의하여] 다 같이 돌을 [들어] [그]에게 던[지려고] 했다. 그리고 [지]도자들은 그를 붙잡아 백성에게 넘[기려고] 그에게 손[을] 대었지만 그를 붙잡을 [수는 없었다]. 그분의 배반[의] 때가 아직 [오지] 않았기 때문이다.

1.9 주님은 (그들) 손[아귀에서 벗어나] 나가시며 [그들]에게서 물러나셨다.

2.1 어떤 나병환자가 [그분께] 다가[와] 말했다.

2.2 선생이신 예(수)여, 나병환[자들과 함께] 다니고 여관에서 [그들과] 함께 먹었더니 저도 나[병에 걸렸습니다].

2.3 [당신이 하고자 하시]면 제가 깨끗해질 것입니다.

2.4 그러자 주(님)이 [그에게 말씀하셨다]. [내가] 하고자 하니 깨끗하게 되어라.

2.5 [그러자 바로] 나병이 그에게서 [달]아났다.

2.6 그러자 예(수)가 그에게 [말씀하셨다]. [제사장]들에게 가서 네 몸을 보이고 [모(세)가] 명[한] 대로 [네가] 깨끗[해진 것에 대한] 예물을 바쳐라.

2.7 [그리고] 다시는 죄를 [짓]지 마라.…

3.1 그들은 그분께 [다]가와 떠보며 시험 삼아 그분께 물었다.

3.2 스승이신 예(수)여, 저희는 당신이 [하(나)님에게서] 오신 것을 알고 있습니다. 하시는 일들이 모든 예(언)자들보다 더 탁월하게 증[거]하기 때문입니다.

3.3 [그러니] 저희에게 [말씀해 주십시오]. 당국에 속하는 것들을 가이(사)들에게 [바]치는 것이 합당합니까. [그]들에게 바[쳐야 합니까] 바치지 말[아]야 합니까.

3.4 그러자 예(수)가 [그]들의 [마]음을 아시고 그[들을] 엄히 꾸짖으시며 말씀하셨다.

3.5 너희는 어찌하여 너[희] 입으로는 나를 [스]승이라고 부르면서 내가 [하]는 말은 [행]하지 않느냐.

3.6 이[(사야)가] 너[희를 두고] 옳게 예(언)하였다. 이 [백성이] 그[들] 입술로는 나를 [공경하지만] 그 [마음은] 내게서 [멀리] 떠나 있다. [그들은 나를] 헛[되이 섬긴다]….

4.1 […]

4.2 그[들이] [그분의] 이상한 질문에 당황해하고 있을 때 예(수)는 이리저리 거니시다가 요[르]단 [강] 입구에 서셔서는 오른손을 내밀어 […]하고 [강]에 씨를 뿌리셨다.

4.3 그때에 [강]물이 […]. …그리고 그분이 […]하시어 [그들] 앞에서 열매를 맺게 하셨다.

이 단편들은 여러 면에서 신약 복음서와 병행한다. 첫 번째 이야기는 요한복음과 유사한 표현들로 가득 차 있다. 1.2의 예수의 주장은 요한복음 5:39, 45에서 취한 것 같다. 1.4에 나오는 율법학자들의 반응은 요한복음 9:29에서 취해진 것처럼 보이고, 1.7에서의 예수의 대답은 요한복음 5:46을 반영하는 듯하다. 1.8a의 예수에게 돌을 던지려는 모습은 요한복음 10:31과 병행하며, 1.8b의 "그분의 때가 아직 오지 않았기" 때문에 그들이

어쩔 수 없었다는 선언은 요한복음 7:30과 8:20을 사용한다. 1.9에서 예수를 "주님"이라고 부른 것은 이차 연결고리다. 두 번째 이야기는 공관복음과 상당히 유사하다. "어떤 나병환자가 다가와 말했다"라는 2.1의 시작 문장은 마태복음 8:2a과 거의 일치한다(마가복음 1:40a과는 병행하지 않는다). 2.3의 나병환자의 요청은 완전히는 아니지만 마가복음 1:40b(과 병행)의 나병환자의 요청과 동일한 어휘를 사용한다. 2.4의 예수의 반응은 공관복음의 이야기와 정확하게 일치한다(마가복음 1:41b과 병행). "나병환자가 즉시 그를 떠났다"는 2.4-2.6의 주장은 마가복음 1:42(어순은 다르지만 누가복음 5:13과도)과 거의 일치한다. 파피루스 에거튼 2는 마가복음의 명령과는 분명 다르다(마가복음 1:43-44). 그러나 이 대부분은 마태복음에서도 생략되어 있었다(마태복음 8:4). 파피루스 에거튼 2에서 이 부분이 부재하는 것은 저자가 이 주제를 축약하거나 전부 없애기로 했던 마태복음과 누가복음 외에 마가복음의 비밀에 관한 주제에 관심을 두지 않았기 때문인 것 같다. "제사장들"에게 자신을 보이라고 그 남자에게 행하신 예수의 명령은 마가복음 1:44과 병행한다. 그러나 여기서의 복수 형태는 유대 율법과 관습에 대한 지식의 결여를 드러낸다. 복수 형태는 세 개의 모든 공관복음서에서 발견되지만 파피루스 에거튼 2와는 병행하지 않는 "그들에 대한 증인으로서"라고 예수가 했던 말씀의 마지막 부분의 영향을 받은 것 같다. 이 가르침의 마지막 부분(2.7)은 요한복음 5:14과 병행한다.

세 번째 이야기는 다시 요한복음과 공관복음의 여러 요소들을 혼합하고 있다. 3.2을 여는 주장("스승이신 예수여, 저희는 당신이 하나님에게서 오신 것을 알고 있습니다. 하시는 일들이 모든 예언자들보다 더 탁월하게 증거하기 때문입니다")은 요한복음 3:2과 요한복음 9:29에 근거한 것이다(요한복음 1:45;

사도행전 3:18). 에거튼복음에 나타나는 "스승"(디다스칼레)이라는 표현은 요한복음의 랍비에 대한 문자적 번역이며 마가복음 12:14a에 나타난 표현을 따른 것이다. 3.3의 예수에게 주어진 질문은 마가복음 12:14b(과 병행구들)에서 취해진 것이지만 원래 요점을 상실한 것처럼 보인다. 3.4에 나오는 예수의 감정은 마가복음 1:43을 상기시키지만, 3.5에 나오는 예수의 질문은 누가복음 6:46에서 발견되는 질문을 상기시킨다. 이사야 29:13의 해석인 예수의 나머지 말씀은 마가복음 7:6-7과 병행한다.

크로산은 이 단편들로부터 파피루스 에거튼 2가 정경 복음서보다 시기적으로 더 앞선다고 결론을 내린다. 크로산은 "마가는 파피루스 에거튼 2에 직접적으로 의존하며" 이것은 파피루스 에거튼 2가 "요한복음과 공관복음의 전승들로부터 영향받기 전 단계"라는 증거라고 말한다. 헬무트 쾨스터도 파피루스 에거튼 2의 "병행구에서 요한복음과 공관복음 이전의 특징들을 발견한다"고 말하며 크로산에 동의한다. 쾨스터는 이 파피루스의 저자가 정경 복음서에 익숙했으며 그것들로부터 "문장들을 선별해 의도적으로 [그것을] 저술했을 수도 있다"는 다른 학자들의 견해는 철저하게 무시한다.[13]

그러나 크로산과 쾨스터의 평가에 몇 가지 심각한 의문들이 제기된다. 첫 번째, 마태와 누가가 도입했던 편집 작업의 모습이 에거튼복음에 등장한다(에거튼복음 2.1을 마가복음 1:40; 마태복음 8:2; 누가복음 5:12과 비교해 보라. 또 에거튼복음 2.6을 마가복음 1:44; 마태복음 8:4; 누가복음 17:14과도 비교해 보라). 파피루스 에거튼 2가 정경 복음서보다 후대의 저술이라는 또 다른 증거들도 있다. "가이사들"이라는 복수형은 공관복음서(와 도마복음)에서 발견되는 단수 "가이사"보다는 이차적이다. "하시는 일들이 모든 예언자들보다 더 탁월하게 증거하기 때문입니다"라는 말은 요한복음 1:34, 45을 반영하는 것일 수 있으며 또 예수의 동시대인들이 그에게 보였던 존경을 과장하는 경향이 있는 후대의 기독교적 윤색을 떠올리게 한다(히브리인들의 복음과 요세푸스의 「유대 고대사」 18.64에 나타난 예들을 보라).

두 번째, 파피루스 에거튼 2의 저자가 정경 복음서의 "문장들을 선택하여 의도적으로 [그것을] 저술했을 수도 있다"는 주장은 설득력이 떨어진다는 쾨스터 주장이다. 이 문서가 순교자 유스티누스와 제자 타티아누스가 말했던 그 문서인가? 약 150년경에 순교자 유스티누스는 공관복음서를 조화시켜 보려는 작업을 시도했고 그 후에 타티아누스는 신약 복음서 전부를 그렇게 해보려고 했다. 순교자 유스티누스와 타티아누스가 2세기에 정경 복음서들로부터 문장과 표현을 선택해서 그들 나름대로 조화된 복음서를 저술할 수 있었다면, 파피루스 에거튼 2의 저자라고 왜 그런 일을 할 수 없었겠는가? 실제로 이것이 파피루스 에거튼 2의 저자가 했던 바로 그 작업이다.

세 번째 의문은 요한복음과 공관복음의 혼합이 원시적인 것이긴 하지만, 현존하는 복음서들의 정경적 형태들과의 차이는 이차적인 것이라는 쾨스터의 제안에 대한 것이다. 쾨스터의 주장이 맞다면 에거튼복음은 크로산이 주장하듯이 1세기 중반에 등장했을 것이고 공관복음서 저자들이 이 자료를 사용했다면 그 기록 연대는 동일하게 초기여야 한다. 에거튼복음이 바로 그 경우라면, 우리는 이 원시적인 복음서의 존재에 대한 다른 단편이나 증거가 왜 존재하지 않는지 의심해볼 필요가 있다. 우리에게 이 원시적인 공관복음 이전의, 요한복음 이전의 통일된 전승을 증거하는 다른 파피루스나 정경 밖의 복음서 혹은 교부들의 인용문들이 없는 이유는 무엇인가?

여러 사본을 조합하고 혼합한 구절들의 예는 순교자 유스티누스에게서 발견된다.

> 말하는 자들이 아니라 행하는 자들이 구원을 받을 것이다. 나더러 주여 주여 하는 자마다 다 천국에 들어갈 것이 아니요 다만 하늘에 계신 내 아버지의 뜻대로 행하는 자라야 들어가리라(마태복음 7:21). 그러므로 누구든지 나의 이 말을 듣고 행하는 자(마태복음 7:24; 누가복음 6:47)는 나 보내신 이의 말을 들어라(누가복음 10:16; 요한복음 5:23-24; 13:20; 12:44-45; 14:24; 유스티누스의 「변증」 1.63.5).
>
> 그때에 많은 사람들이 나에게 말하되 우리는 주의 이름으로 먹고 마셨으며 기적을 행하지 않았나이까. 내가 너희에게 말하리니, 행악하는 모든 자들아 나를 떠나가라(누가복음 13:26-27). 그때 악인들을 풀무 불에 던져 넣으리니 거기서 울며 이를 갈게 되리라 그 때에 의인들은 해와 같이 빛나리라(마태복음 13:42-43). 많은 사람이 내 이름으로 와서 (마태복음 24:5과 병행) 양의 옷을 입고 나아오나 그들이 속에는 노략질하는 이리라(마태복음 7:15). 너희는 그들의 열매로 그들을 알지니(마태복음 7:16, 20). 아름다운 열매를 맺지 아니하는 나무마다 찍혀 불에 던져지느니라(마태복음 7:19)(「변증」 16.9-13).

유스티누스는 자신의 기억과 여러 기록들을 취사선택해 예수 "어록"을 만들어냈는데, 공간복음의 자료를 조합해 만들었다는 점에서 요한복음의 영향을 반영한다. 비록 이 저술이 여러 문맥들로부터 조합된 자료이긴 하지만 주제에 있어서는 통일성을 갖추고 있다. 에거튼복음의 2.1, 3은 유스티누스의 예수 "어록"과 작성 방식에서 유사한 모습을 보인다.

파피루스 에거튼 2의 고대성과 우선성을 지지하지 않는 또 다른 요소는 4.1-4.3의 이야기와 연관되어 있다. 이 본문은 우리에게 후대에 가공된 위경 복음서에서 발견되는 이야기들을 떠올리게 한다. 예를 들면 도마의 유년기복음에서 우리는 한 줌의 씨앗을 뿌려서 엄청난 양을 추수한 유년기의 예수에 대한 이야기를 듣는다.

> 한편, 씨 뿌리는 철이 되어 아이는 아버지와 함께 밭에 씨를 뿌리러 나갔다. 아버지가 씨를 뿌리는 동안 어린 예수도 씨 한 항아리를 뿌렸다. 그가 곡식을 거둬들여 타작을 하자 백 항아리가 되었다. 그는 동네의 모든 가난한 이들을 타작마당으로 불러 모아 그들에게 씨를 나누어 주었다. 요셉은 남은 씨를 가지고 갔다[도마의 유년기복음, 10:1-2(라틴어); 도마의 유년기복음, 12:1-2(그리스어 사본 A); 위마태복음 34].[14]

이에 해당하는 파피루스 에거튼 2는 다음과 같다.

> 그[들이] [그분의] 이상한 질문에 당황해하고 있을 때 예(수)는 이리저리 거니시다가 요[르]단 [강] 입구에 서서는 오른손을 내밀어 [⋯]하고 [강]에 씨를 뿌리셨다. 그때에 [강]물이 [⋯]. 그리고 그분이 [⋯]하시어 [그들] 앞에서 열매를 맺게 하셨다(63-74행).

확신하긴 어렵지만 문맥을 볼 때 이 구절은 예수가 한 주먹의 씨앗을 쥐어 강에 뿌리고 풍성한 결실을 맺었다는 이야기일 가능성이 높다. 그리고 기쁨에 대한 언급은 도마의 유년기복음의 "가난한 자와 과부와 고아들"에 관한 이야기에서처럼 그 기적으로부터 사람들이 큰 유익을 얻었음을 전하는 것 같다. 이 두 이야기가 공통된 자료에 근거한 것인지의 여부는 여기서 중요한 것이 아니다. 여기서는 파피루스 에거튼 2에 보존된 구절들 중 가공한 이야기처럼 보이는 것이 존재하는지를 평가하는 것이 중요하다. 정경 밖의 복음서들에 나오는 많은 이야기들과 유사한 이 이야기는 에거튼 전승들이 원시적이며 공관복음이 존재하기 전에 있었다고 주장하는 사람들의 이론을 반박하는 부담스러운 증거다.

크로산, 쾨스터 그리고 다른 이들의 가설이 이론적으로는 가능할지 모르지만, 실제로는 파피루스 에거튼 2(에거튼복음)는 정경 복음서가 의존했던 1세기의 원자료보다 2세기의 공관복음과 요한복음의 요소들을 조합한 문서라는 사실을 증거한다.

마리아복음

마리아복음은 막달라 마리아가 예수에게 받은 계시를 제자들에게 전하는 이야기를 담고 있다. 안드레와 베드로는 마리아의 가르침이 자신들이 배웠던 가르침과 달라 그녀의 계시를 믿지 않았다. 마리아는 안드레와 베드로의 그런 태도 때문에 슬퍼했다. 그런 베드로를 레위가 꾸짖으며 마리아를 변호하고 제자들에게 "구주의 말씀대로 한계를 정하지 말고 율법을 포기하지도 말고" 복음을 전하자고 한다. 이후에 제자들이 나가는 것으로 마리아복음은 끝난다.

이 문서는 3개의 중복된 단편들이 발견되었을 뿐 원본의 절반만이 현존하고 있다.[15] 다음은 그리스어 파피루스 단편들의 번역이다.

나는 입법자처럼 율법을 규정하지도 [않았다]…이것들을 말씀하시고, 그는 떠났다. 그러나 그들은 많은 눈물을 흘리면서 우리가 어떻게 열방으로 가서 인자의 나라의 복음을 설교하랴? 그들이 그분도 살려두지 않았는데, 그들이 어찌 우리를 어떻게 살려두겠는가 라고 말하면서 애통했다.

그러자 마리아가 일어서서 그들을 맞으면서 모두에게 입맞추고 형제들이여, 울지 말라. 주의 은혜가 너희와 함께하여 너희를 보호하리니 애통하거나 고뇌하지 말라. 오히려, 그가 우리를 함께하게 하셨으며 우리로 인간이 되게 하셨으니 그의 위대하심을 감사드리자라고 말했다.

마리아가 이렇게 그들의 마음을 선하신 분으로 향하게 하자 그들은 구속자의 말씀에 대해서 물어보기 시작했다. 베드로가 마리아[에게] 말했다. 자매여, 우리는 당신이 다른 여인과 달리 구속자에게 많은 사랑을 받았다는 것을 알고 있습니다. 그러니 당신이 알고 있는 구속자의 말씀을, 우리가 듣지 못했던 말씀을 말해주시오.

마리아가 대답했다. 당신들에게 감추었던 것과 내가 기억하는 것을 알려주겠습니다. 그리고 그녀는 그들에게 말(하기) 시작했다. 어느 날 내가 환상 가운데 주님을 볼 때, 나는 주여, 제가 오늘 당신을 보았나이다라고 말했고 그분은 너는…행복하다 라고 답하셨습니다(4:10-7:2=P.Oxy. 3525).

…때의 나머지에 (나는) 침묵하며 쉴 (것이다). 구세주가 말했던 것이 이것이었으므로 이를 말하고 마리아는 침묵했다.

안드레가 말했다. 형제들아, 이 말씀에 관해 너희는 어떻게 생각하는가? 나는 구세주가 이것들을 말했다고 믿지 않는다. 왜냐하면 그분의 생각과는 다른 것처럼 보이기 때문이다.

이 문제를 생각하면서 (베드로가 말했다), 구세주가 우리 모두가 들을 수 있도록 공개적으로 (하지 않고) 비밀리에 여인에게 말하셨겠습니까? 그분은 그녀가 우리보다 더 가치가 있는 것을 말하지 않으실 것입니다.

[그때 마리아가 울었다.…] [당신은] 구세주에 대해 [내가 거짓말을 했다고 생각합니까]?

레위가 베드로에게 말한다. 베드로여, 당신 안에 아직까지 분노가 있구려. 이제 그녀를 대신해 당신에게 질문하고자 합니다. 구세주가 그녀를 귀중하게 여기시는데, 어째서 당신은 그녀를 경멸합니까? 이는 그녀를 아시는 그분이 그녀를 언제나 확실히 사랑하셨다는 것을 우리가 알기 때문입니다. 우리는 이 같은 일을 부끄러워하고 인간성을 회복해 우리가 받았던 명령을 행합시다. 구주의 말씀대로, 한계를 정하지 말고 율법을 포기하지 말고 복음을 전합시다. 이를 말한 후에 레위는 나가서 복음을 전하기 시작했다(마리아복음 9:29-10:14 = 파피루스 라일란즈 463).

마리아복음의 목적은 "한계를 정하고" "율법을 저버리려" 하는 자들을 반박하려는 것이다. 즉 기독교 공동체들이 잘 알고 있으며 광범위하게 유포되었던 문서에 의해 지지되는 더 권위 있는 사도들에게만 호소하려는 경향을 경계하려는 것이다. 마리아복음의 배경에는 기독교가 점차 제도화되는 것과 여인들의 역할이 제한되어 가는 것(아마도 목회서신에서처럼)에 반대하면서 여인들도 교사가 될 수 있다는 권리를 변호하려는 의도가 깔려 있다. 이런 긴장은 베드로가 "여자는 (영)생을 얻을 가치가 없으니 마리아가 우리를 떠나게 하라"는 도마복음에서도 발견된다. 여기서 예수는 그녀와 모든 다른 여인들이 하늘나라로 들어갈 수 있도록 마리아를 남자로 바꿀 수 있는 능력이 있다고 선언하면서 베드로를 꾸짖는다.[16]

댄 브라운의 대중적인 소설 『다빈치 코드』(문학수첩 역간)를 포함한 최근의 책에서 사람들은 예수와 마리아가 연인이었고 결혼했을 것이라고 추측한다. 이를 주장하는 사람들은 다음과 같은 마리아복음의 구절에 호소한다. "자매여, 우리는 당신이 다른 어떤 여인들보다도 구속자에게 더 큰 사랑을 받았다는 것을 아노라." 빌립복음도 다음과 같은 말한다. "그리고 [구세주]의 친구[는] 막달라 마리아[이다]. [그리스도는] [모든] 제자들보다 그녀를 더 [사랑했고] 그녀의 […]에 [입맞춤]하곤 했다"(NHC 2.3.63.32-36). 일부 번역들은 그 본문을 "예수가 그녀의 입술에 입맞춤하곤 했다"라고 번역하지만 그것은 순전히 추측일 뿐이다. 우리는 원래 본문이 무엇을 말했는지 알 수 없을 뿐 아니라 마리아복음과 빌립복음의 이 구절들로부터 예수와 마리아가 연인이었다고 가정할 만한 어떤 근거도 찾을 수 없다.

마리아복음은 교회 체제, 여성의 역할, 다른 형태의 율법주의, 사도적 권위의 한계 등에 대한 여러 갈등을 반영한다. 그러나 이 저작은 2세기 중반 이전의 정황을 전혀 반영하지 않고 있다. 우리는 이 저작에는 1세기의 역사적 예수와 막달라 마리아의 생애와 사역으로 거슬러 올라갈 만한 자료들이 없다고 확신한다.[17]

마가의 비밀복음

　　1960년 뉴욕에서 열린 세계성서학회에서 모튼 스미스(Morton Smith)는 1958년 안식년 기간에 유대 광야에 위치한 마르 사바 수도원에서 「이그나티우스의 편지」의 17세기 판 뒷면에 18세기 작품으로 알려진 그리스어로 쓰인, 알렉산드리아의 「클레멘트의 편지」의 첫 번째 부분(주후 150-215년경)을 발견했다고 주장했다. 1973년 스미스는 자신이 발굴한 자료에 관한 학술적인 책과 대중적인 책을 출간했다. 학자들은 처음부터 이 문서가 스미스가 만든 위조품이라고 생각했다. 그러나 일부 학자들—예수 세미나의 일부 회원들을 포함해—은 스미스와 그가 발견한 「클레멘트의 편지」의 진정성을 변호했다.

　　이 문서가 논쟁적이었던 이유는 정경 마가복음에서는 발견되지 않는 이야기를 말하기 때문이다. 예수는 한 죽은 청년을 살리고 하나님 나라의 비밀들을 숨김없이 그 젊은이에게 가르친다. 이 이야기는 동성애적 성향을 보인다. 이 문서는 이후에 마가의 비밀복음으로 알려지게 되었다.

　　스미스 말고는 이 문서에 대해 본격적으로 연구한 전문가들이 많지 않았으며 문서가 쓰여진 종이와 잉크에 대한 진지한 연구도 이루어지지 않았음에도 불구하고, 일부 학자들은 마가의 비밀복음을 담고 있는 「클레멘트의 편지」가 진본이라고 생각했다. 실제로, 어떤 학자들은 마가의 비밀복음이 마태복음, 마가복음, 누가복음이 어떻게 서로 연관되어 있는지(공관복음 문제)를 풀 수 있게 만들며, 정경 마가복음보다 더 오래되고 더 원시적이라는 주장을 계속해서 제기하고 있다.[18]

　　안타까운 것은 이 모든 수고가 쓸모없는 것, 즉 「클레멘트의 편지」

와 그 안에 있는 마가의 비밀복음 인용구들이 속임수라는 사실이다. 학자들이 이미 이를 의심해왔지만 문서에 대한 최근의 위조 탐지학 전문가들은 이 문서의 필적이 모튼 스미스의 친필과 동일하다는 사실을 확인해주었다.[19] 스티븐 칼슨(Stephen Carlson)은 다음과 같은 결론을 내렸다.

1. 필사된 본문을 조사해본 결과, 그 문서에는 "위조범의 떨림"이라고 부르는 위조의 흔적이 있다. 즉 이 문서는 고대에 쓰여진 것이 아니라 최근에 위조된 것이다. 이런 위조의 흔적들은 「클레멘트의 편지」 전체에 걸쳐 나타난다.

2. 필사된 본문의 그리스어 문체와 모튼 스미스의 그리스어 문체를 비교해본 결과, 스미스가 「클레멘트의 편지」를 쓴("그린") 당사자라는 것을 알게 된다. 예를 들어, 스미스는 그리스어 철자, 타우, 테타 그리고 람다를 특이하게 기록하는 버릇이 있는데, 이 형태가 문제의 문서에 나타난다.

3. 이 문서의 독특한 주제들 중 일부가 1958년 전에 출간한 스미스의 저작들에 이미 등장한다.

4. 이 문서의 마지막 쪽의 왼편 아래와 둘째 쪽의 왼편 아래에 있는 얼룩은 필사된 페이지가 「이그나티우스의 편지」의 원래 부분이었음을 증명한다. 사진에서 발견되는 다른 얼룩과 상당수의 변색은 곰팡이인데 이 곰팡이는 문제의 문서가 있던 건조한 기후에서는 나타날 수 없는 것으로 이 문서가 마르사바 도서관에 존재하지 않았음을 증거한다. 이그나티우스의 편지에 있는 곰팡이는 「클레멘트의 편지」가 유럽에서 오랫동안 있었음을 말한다. 이는 이 문서의 종이가 유럽이나 북미에서 구입되었고 빈 면지에 그려졌을 것이라는 추측을 가능하게 한다.

5. 스미스가 목록으로 만든 마르 사바 문서 가운데 하나가 「클레멘

트의 편지」를 썼던 동일인의 작품이다. 스미스는 그 문서의 연대를 20세기로 잡았는데(「클레멘트의 편지」와는 달리) 그 문서에 씌어 있는 "M. Madiotes"라는 그리스어는 "구"(球) 혹은 "대머리"를 의미한다. 이는 심한 대머리였던 스미스가 익살스럽게 스스로를 암시하고 있는 것이다.

6. 마르 사바 수도원에서 기독교에 폐해를 끼칠 고대 문서를 찾는 일은 제임스 헌터의 책 『마르 사바의 비밀』이라는 책에 이미 등장한다. 묘하게도 이 책에서 범인들의 정체를 벗기고 사기를 드러내는 데 결정적인 역할을 하는 이가 영국 경시청의 모튼 경위이다. 모튼 스미스의 마르 사바의 발견과 헌터의 『마르 사바의 비밀』 사이의 기묘한 연결은 의미심장하다. 스미스가 자신의 「클레멘트의 편지」에 관한 책 서문에서 마르 사바 수도원으로부터 초청을 받은 날짜가 헌터가 소설을 출간했던 1941년이었다는 점도 그렇다.

7. 칼슨은 이외에도 스미스의 우스꽝스러운 속임수의 동기들에 대한 증거를 제시한다. 여기서 그 세부사항을 다 다룰 필요는 없다. 그러나 그가 제시한 증거들은 굉장히 설득력이 있다.

이런 것을 종합해볼 때 스미스가 마르 사바 수도원에서 발견했다는 「클레멘트의 편지」는 그가 꾸며낸 속임수임이 분명하다는 사실을 알 수 있다. 복음서와 역사적 예수에 대한 그 어떤 연구도 스미스의 문서를 심각하게 여기지 말아야 했다. 그러나 일부 학자들은 아직까지도 이 위작에 근거해 신약 복음서의 기원과 연대, 의미를 알아내려는 작업들을 해오고 있다.[20]

결론

역사적 예수에 대한 많은 학구적 연구와 재구성들은 후대의 모호한 역사적 가치를 가진 문서를 통해 왜곡되고 있다. 역설적인 것은 이들이 전승과 신학적인 주장들 아래에 감추어진 진리를 찾으며 신약 복음서의 배후를 캐내기 위해 신약 복음서가 기록된 지 60-100년이 지난 후에 만들어진 문서들에 의존한다는 것이다. 이것은 논리적으로 맞지 않은 방식이다.

3, 4장에서 검토한 다섯 개의 정경 밖의 복음서 가운데 셋은 2세기 후반에 기록된 것이다. 도마복음, 에거튼복음, 마리아복음이 그것이다. 네 번째 저작, 즉 아크미른복음 단편도 이 문서가 3세기 초에 세라피온 감독이 언급한 베드로복음이라면, 집필 연대를 2세기 중반 이전으로는 잡을 수 없다. 그러나 이 문서가 정말 베드로복음인지조차 의심스럽다. 아니, 아크미른복음 단편은 후대에 무명의 작가가 쓴 저술일 가능성이 높다. 아크미른복음 단편이 1세기의 신약 복음서가 의존하는 1세기 중반에 쓰여졌을 수난과 부활 내러티브를 담고 있을 가능성은 거의 없다.

남아 있는 문서―알렉산드리아의 「클레멘트의 편지」속에 기록된 마가의 비밀복음―는 현대의 속임수이기 때문에 기독교의 기원과 예수와 복음 전승과 관련해서는 어떤 정보도 제공하지 않는다. 그런데도 다른 문서들과 함께 이 저작이 역사적 예수 연구에서 사용되고 있다. 이런 검증되지 못한 정경 밖의 복음서들을 학문적으로 사용하는 학자를 대하면 솔직히 당혹스럽다. 정경 복음서를 신랄하게 비판하는 자세와는 대조적으로 일부 학자들이 보여주는 정경 이외의 복음서를 너그럽게 대하는 무비판적 태도는 놀라울 따름이다. 권위적인 것에 도전하려는 인간의 일반적인 욕구는 차치하더라도, 주후 70년 이전의 유대 팔레스틴과 전혀 무관한 정황을 반영하는 한참 후의 문서들에 큰 의미를 부여하는 그와 같은 태도는 도무지 납득하기 어렵다.

이 학자들 중 일부는 심지어 신약 정경에 도마복음 같은 저작이 포함되어야 한다고 주장한다. 이에 대해 역사가이자 역사적 예수 연구에 있어 외부자인 필립 젠킨스(Philip Jenkins)조차 다음과 같이 비판한다.

> 신약 정경에 새로운 문서를 넣자는 제안을 들을 때, 우리는 후보작 대부분의 허약성으로 인해 충격을 받는다.…우리는 정경을 형성하는 데 초대교회가 했던 선택을 더욱 존중할 필요가 있다.[21]

특정 문서가 신약 정경에서 탈락한 이유와 정경 이외의 문서를 정경으로 포함해야 하는지를 묻는 질문에 나는 복음서들을 직접 읽어보라고 답한다. 복음서들을 읽어보면 그 복음서가 직접 답을 줄 것이라고 말이다.

이번 장과 앞 장에서 우리는 역사적 예수를 이해하는 데 중요한 자료들, 즉 신약의 복음서들을 보충하거나 심지어 교정하는 자료들이라는 정경 밖의 복음서에 대해 검토했다. 이를 통해 우리는 이 정경 밖의 복음서들이 신약 복음서가 제공하는 초기의 믿을 만한 전승을 전해주지 않는다는 사실을 발견했다. 정경 밖의 복음서는 후대의 저작이며 1세기 팔레스틴 배경과는 무관한 정황을 반영하고 있다. 1세기 팔레스틴과는 무관한 배경에 대한 학술적 편견에 관해서는 5장에서 다룰 예정이다.

생경한 문맥

예수는 견유학자가 아니었다

신학자들은 예수를 바리새인, 에세네파, 예언자, 위대한 윤리교사, 철학자, 카리스마 지도자, 마술사 등으로 묘사했다. 16세기 르네상스 종교 예술품에나 등장할 것 같은, 예수와 제자들에 대한 이런 묘사들은 1세기의 나사렛 혹은 예루살렘의 예수가 아니라 학자들이 어떤 시각으로 예수를 보는지를 말해준다. 어떤 학자는 예수가 지중해의 견유학자였다고 묘사하기도 한다.

예수는 주후 1세기 초 30년 동안 갈릴리에서 자랐고 활동했다. 예수가 자란 환경은 철저히 유대적이었다. 그의 고향인 나사렛은 매우 작았지만 (200-400명 사이의 주민들이 살았던 것으로 추정된다) 유대인들의 회당이 있었다. 나사렛에 이교도 성전이나 학교 같은 것은 없었으며 비유대인이라고는 살지도 않았다.

나사렛과 그 주변에서 행해진 최근의 발굴은 예수 시대에 그 마을이 (많은 이들이 상상하듯이) 고립된 장소가 아니었음을 보여준다. 포도원과 포

예수 시대의 이스라엘

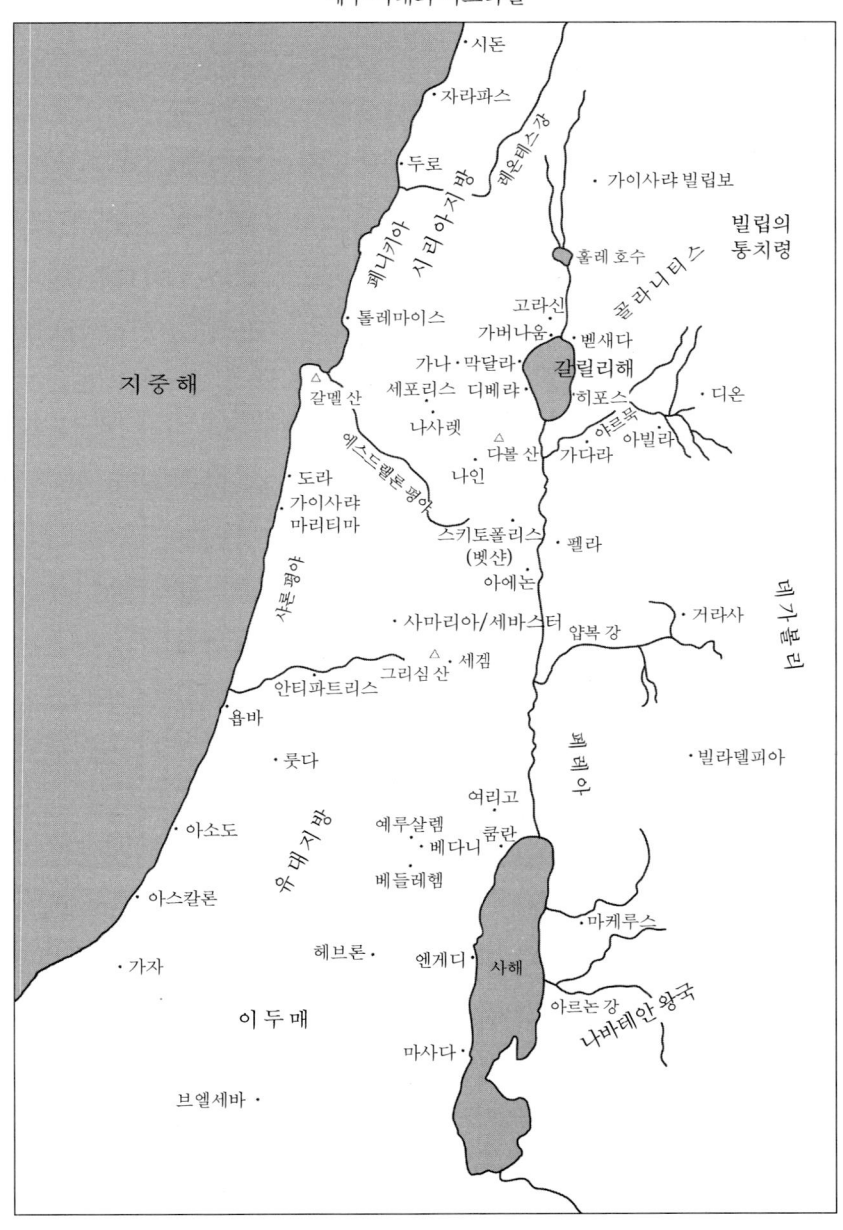

도주틀, 계단식 농업, 올리브유 제작, 그리고 심지어 석공일 등과 같은 다양한 발굴품들은 이를 증거한다. 이는 나사렛 주민들이 근처 마을과 도시들에서 일거리를 찾았을 것이라는 검증되지 않은 추측이 완전히 잘못된 것임을 말한다. 발굴에 따르면 나사렛의 경제 규모는 충분한 고용이 이루어질 정도로 컸다는 것을 보여준다.

나사렛이 갈릴리의 다른 지역과 격리되어 있던 것도 아니었다. 이것은 일부 사람들이 아직까지 주장하고 있는 인기 있는 신화일 뿐이다. 나사렛은 중요한 도시였던 세포리스에서 얼마 떨어져 있지 않았으며, 가이사랴 해안(남서쪽 지중해에 가까이에 위치한)을 디베랴(북동쪽의 갈릴리 바다에 위치한)로 연결해주는 중요한 대로 근처에 위치해 있었다. 세포리스, 디베랴는 갈릴리에서 가장 크고 영향력 있는 도시들이었으며 예수는 그 도시들을 서로 연결시켜 주는 대로(大路) 근처에서 성장했던 것이다.

그러나 예수의 성장과 활동의 유대적 배경은 최근에 출판된 일부 책들에서 좋게 평가되고 있지 않다. 최근의 학자들은 예수가 유대인이었음을 인정하지만, 자신들이 바라본 예수를 생경한 문맥과 정황 안에 집어넣어 해석하려고 한다. "생경한"이라는 말을 사용한 이유는 그들이 제안한 문맥과 정황이 예수 시대의 갈릴리에 존재하지 않았던 것이기 때문이다. 이런 식의 접근은 최근의 경향만은 아니다. 이것은 이미 오래전부터 있어왔다. 주후 2, 3세기의 이교도들, 유대인들 그리고 영지주의자들은 예수가 누구였으며 그가 어떤 일을 했는가에 대한 상이한 견해들을 보여주었다.

예수에 대한 고대의 해석들

비기독교인들은 기독교 운동을 매우 의심스럽게 보았다. 기독교인들은 모세의 율법에 순종하지 않았고 로마의 왕과 신들을 예배하지도 않았기 때문에 무법한 자들로 간주되었다. 심지어 기독교인들의 성찬이나 주의 만찬은 잔인한 식인(食人) 의식으로 오해되어 고발되기도 했으며, 과대망상증환자였던 네로 황제한테는 심한 핍박을 겪기도 했다.

로마인들은 예수를 미치광이 정도로 생각했던 것 같다. 역사가 타키투스는 주후 2세기 초의 저작에서 예수("크리스투스")를 "무시무시하고 고약한 것들이 모여 실행되는" 유대에서 발생해 결국 로마를 사로잡은 "치명적인 미신"의 창시자라고 묘사했다. 그보다 덜 하기는 했지만 타키투스와 동시대인이었던 수에토니우스는 예수("크레스투스")를 1세기 중반 로마에서 유대인들을 추방했던 클라우디우스 황제 때에 사회를 선동했던 인물로 보았다. 2세기 초 비투니아의 총독인 소(小) 플리니우스는 기독교인들이 "크리스투스를 신이라고 부르는 교창(交唱)"을 낭송한다고 트라야누스 황제에게 편지를 썼는데, 그는 그 편지에서 이들이 "어떤 범죄도 범하지 않으며 도둑질, 강도, 간음, 배도, 재산 횡령을 금하는 맹세로 스스로를 구속했다"고 말한다. 플리니우스가 말한 기독교인은 그가 심문했던 노예였던 것 같다.

그리스어를 사용하는 다른 저자들도 이와 비슷한 관점을 갖고 있었다. 켈수스는 예수의 유대적 기원을 인정했지만 예수가 이집트에서 마술사로 훈련을 받았다고 말한다. 사모사타의 루키아노스는 기독교인들이 "팔레스틴에서 십자가형을 받았던 남자" 예수를 신으로 숭배한다고 말한다. 시리아인 마라 바르 세라피온은 매우 관대한 어조로 자신의 아들에게 보낸 편지에서, 예수를 피타고라스와 소크라테스와 같은 철학자들과 비견될 만한 유대인들의 "현명한 왕"으로 간주한다.

동시대의 유대 랍비들의 견해는 부정적이긴 하지만 일관된다. 예수는 마술을 행하고 그것으로 이스라엘을 호도했던 거짓 예언자로 여겨져 유월절 전날에 교수형 당한 사람이었다. 그들은 예수의 부활이 마술과 연관되어 있다고 믿었다. 그러나 그들은 예수의 이름으로 행해졌던 기적들은 인정하지 않았다. 랍비는 아니었지만, 1세기의 유대 역사가였던 요세푸스는 예수를 "놀라운 행위의 수행자, 진리를 기쁘게 받아들인 사람들의 교사"라고 묘사하기도 했다. 우리는 8장에서 요세푸스에 대해서 자세히 논의할 것이다.

기독교 가르침 중 일부를 흡수한 영지주의자들은 예수를 깨우친 자—구세주가 아니라—로 보았다. 그들은 다양한 방식으로 예수를 묘사하기도 했는데, 이들은 예수를 천사 혹은 현명한 철학자와 비교했지만 그가 누구인지에 대해 확신하지 못했다. 그들은 예수의 가르침은 제자들도 깨달을 수 없을 정도로 비밀스러운 것으로 여겼다.[1]

예수에 대한 현대의 해석들

현대적 해석들도 다양한 예수상을 그려낸다. 지난 세기에 예수는 바리새인, 에세네파, 예언자 혹은 위대한 윤리 교사로 제시되었고 최근에는 철학자, 랍비, 지혜자, 카리스마 지도자, 마술사 등으로 해석되었다. 이런 묘사들 중 일부는 이 범주들 가운데 두 가지 혹은 그 이상과 결합되기도 했고[2] 부처의 가르침과 비교되기도 했다.[3]

최근의 학자들로부터 제시된 가장 특이한 제안 중 하나는 예수가 견유학자였다는 것이다. 이런 해석이 예수 세미나 회원들 사이에서 일부 수용되었다. 존 도미닉 크로산은 역사적 예수에 대한 그의 대중적인 책에서 예수가 "소작농 유대 견유학자"였으며, 예수와 제자들이 "아우구스투스적 여피들의 세상에 사는 히피들"이었을 것이라고 주장했다.[4] 크로산의 저작에는 유용하고 명철한 면이 있기는 하지만 예수가 견유학자였다는 주장은 터무니 없는 주장이다. 크로산의 책과 다른 소수 학자들이 예수가 견유학자였다는 가설을 지지하는 것과 관련해 그 증거를 면밀하게 살펴보도록 하자.

고대의 견유학자들은 누구였으며 그들은 무엇을 믿었고 어떻게 살았는가? 견유철학은 디오게네스가 창설한 것으로 견유학자라는 말은 "개 같은" 혹은 "개와 유사한"이라는 의미의 그리스어에서 비롯되었다. 견유학자들은 누더기를 걸친 남루한 모습 때문에 이런 별명을 얻었는데 이들은 복장과 차림새에 관심이 없었다.

견유학자는 망토, 가방, 지팡이를 갖고 다녔으며 보통 맨발로 생활했다. 디오게네스는 부친에게 보낸 편지에서 말하길 "아버지, 제가 개라고 불리고, 조잡한 망토를 입고 가방을 어깨에 짊어지고 지팡이를 들고 살더라도 놀라지 마십시오"라고 썼다.

이와 같은 특이한 복장은 예수와 견유학자들 사이의 유사점을 찾도록 학자들을 자극했는데, 예수가 자신의 제자들에게 다음과 같은 유사한 가르침을 주었기 때문이다.

- 예수가 제자들에게 명하시되 여행을 위하여 지팡이 외에는 양식이나 배낭이나 전대의 돈이나 아무것도 가지지 말며 신만 신고 두 벌 옷도 입지 말라 하시고(마가복음 6:8-9).
- 너희 전대에 금이나 은이나 동을 가지지 말고 여행을 위하여 배낭이나 두 벌 옷이나 신이나 지팡이를 가지지 말라 이는 일꾼이 자기의 먹을 것 받는 것이 마땅함이라(마태복음 10:9-10).
- 너희의 여행을 위하여 아무것도 가지지 말라 지팡이나 배낭이나 양식이나 돈이나 두 벌 옷을 가지지 말며(누가복음 9:3).
- 전대나 배낭이나 신발을 가지지 말며 길에서 아무에게도 문안하지 말며(누가복음 10:4).

예수의 가르침이 견유학자들이 말하는 복장 규정과 일치하는가? 그런 것 같지 않다. 예수의 가르침은 견유학자의 복장과 행위와 일치하는 부분은 거의 없으며 심지어 예수의 가르침은 견유학자의 가르침과 대치되기도 한다.

고대 말기의 한 관찰자가 전해주듯이 예수가 자기 제자들에게 가지고 다니지 말라고 한 것들(마태복음과 누가복음에 의하면 가방이나 겉옷이나 지팡이)은 분명 견유학자의 특징적인 것들이었다. "견유학자들은 가방과 지팡이와 장황한 말솜씨를 특징으로 한다."[5] 그러나 자신의 제자들에 대한 예수의 가르침에서 견유학자와 유사한 것은 전혀 없다.

예수와 견유학자가 가지는 유일한 유사점은 여행할 때 무엇을 입고 무엇을 가져갈 것인지에 대한 가르침뿐이다. 그중에서도 지팡이를 가지고 가는 것이 특히 유사한데(우리가 마가복음을 따른다면 그렇지만, 그렇지 않다면 일치하는 게 전혀 없다) 그렇다고 지팡이가 견유학자들만의 전유물은 아니다. 오히려 유대 배경에서 지팡이는 야곱과 유다(창세기 32:10; 38:18), 위대한 율법 수여자 모세와 그의 형제 아론(출애굽기 4:4; 7:9) 같은 족장들과 깊은 관련이 있다. 게다가, 후대에 지팡이는 메시아의 종말론적 중요성을 말하는 본문들에서 왕적 권위의 상징으로 묘사되기도 한다(창세기 49:10; 이사야 11:4; 에스겔 19:14).

복장 문제 이외에도 일부 학자들은 예수의 세계관이 견유학파적이라고 주장한다. 물질주의와 허영에 사로잡혀 사는 대신에, 견유학자는 신 앞에서 단순하고 정직한 인생을 살라고 한다. 고대의 한 저자에 따르면, "견유학자들은 본질적인 행복을 목표로 산다. 그리고 자연을 따라 모든 인간을 동일한 존재로 여기며 사는 것을 목적으로 한다."[6] 어떤 학자들은 이 부분이 예수의 가르침과 일맥상통한다고 생각한다. 그러나 정말 그런가? 이에 대한 답을 우리는 다음과 같은 구절에서 들을 수 있다.

> 너희가 어찌 의복을 위하여 염려하느냐. 들의 백합화가 어떻게 자라는가 생각하여 보라. 수고도 아니하고 길쌈도 아니하느니라. 그러나 내가 너희에게 말하노니 솔로몬의 모든 영광으로도 입은 것이 이 꽃 하나만 같지 못했느니라. 오늘 있다가 내일 아궁이에 던져지는 들풀도 하나님이 이렇게 입히시거든 하물며 너희일까 보냐. 믿음이 작은 자들아. 그러므로 염려하여 이르기를 무엇을 먹을까 무엇을 마실까 무엇을 입을까 하지 말라. 이는 다 이방인들이 구하는 것이라. 너희 하늘 아버지께서 이 모든 것이 너희에게 있어야 할 줄을 아시느니라. 그런즉 너희는 먼저 그의 나라와 그의 의를 구하라. 그리하면 이 모든 것을 너희에게 더하시리라(마태복음 6:28-33).

네 이웃을 네 자신과 같이 사랑하라(마가복음 12:31; 레위기 19:18).

너희가 사람의 잘못을 용서하면 너희 하늘 아버지께서도 너희 잘못을 용서하시려니와 너희가 사람의 잘못을 용서하지 아니하면 너희 아버지께서도 너희 잘못을 용서하지 아니하시리라(마태복음 6:14-15).

예수의 가르침은 여러 면에서 견유학자의 가르침과 비교될 수 있다. 그러나 예수의 가르침은 이들과 중대한 차이점이 있다. 예를 들어, 예수는 제자들에게 행복을 추구하고 자연을 따라 살라고 가르치지 않았다. 그의 가르침은 본질적으로 하나님에 대한 것들, 즉 하나님은 애정이 있으시며, 선하시며 관대하시다는 것에 집중되어 있었다. 예수는 제자들에게 하나님의 선하심과 돌보심을 믿으며 살도록 요청했다. 무엇보다 하나님 나라(통치)와 의를 추구하며 살라고 했다. 이런 핵심 가치들의 차이는 예수와 견유학자들 사이의 차이를 쉽게 간과할 수 없게 만든다.

견유학자들은 길거리에서 방뇨를 하고 배변을 하고 성행위를 하는 등 사회적 관습과 예의를 경멸한 것으로 알려져 있다.[7] 견유학자들은 거칠고 무례했으며 사람들에게 관심을 두지 않았다. 어떤 사람은 "그들이 만드는 소음이 나와 무슨 관계가 있는가?"라고 할 정도였다.[8] 그런 의미에서 예수와 제자들의 가르침과 생활방식은 견유학파의 것과는 차이가 있었다.

예수는 동시대인들의 종교성과 위선 그리고 가난한 자들과 소외된 자들을 업신여기는 행태를 신랄하게 비판했다.

그러므로 너희가 구제할 때에 외식하는 자가 사람에게서 영광을 받으려고

견유학자 예수?

예수가 제자들에게
> 너희 전대에 금이나 은이나 동을 가지지 말고 여행을 위하여 배낭이나 두 벌 옷이나 신이나 지팡이를 가지지 말라(마태복음 10:9-10).

크라테스가 제자들에게
> 견유학자 철학은 디오게네스적이다. 견유학자란 이 철학을 따라서 수고하는 자이며, 견유학자가 되려면 철학을 행할 때 지름길을 취해야 한다. 따라서 그 이름[견유학자]을 두려워하지 말아라. 이런 이유로 신들의 무기인 망토와 가방을 두려워하지 말아야 한다. 이는 그들의 특징으로 인해서 존경받는 자들이 그것들을 빨리 드러내기 때문이다(「견유학자 편지」 16).

디오게네스가 히케타스에게
> 아버지, 내가 개["견유학자"]라고 불리는 것과 두 겹의 거친 망토를 입고 있는 것과 가방을 어깨에 메고 다니는 것과 지팡이를 지니는 것에 대해서 놀라지지 마십시오(「견유학자 편지」 7).

디오게네스가 안티파테르에게
> 나는 네가 내가 두 겹의 누더기 망토를 입고 가방을 가지고 다니는 등 전혀 이상한 행동을 하지 않는다고 말하는 것을 들었다(「견유학자 편지」 15).

디오게네스가 아낙실라우스에게
> 나는 홀(笏) 대신에 지팡이를 지니고 겉옷 대신에 두 겹의 누더기 망토를 입으며 나의 가죽 지갑은 교환의 수단으로서 방패다(「견유학자 편지」 19).

이 편지들의 전문은 다음을 보라. Abraham J. Malherbe, *The Cynic Epistles*, SBLSBS 12 (Missoula, Mont.: Scholars Press, 1977).

회당과 거리에서 하는 것 같이 너희 앞에 나팔을 불지 말라(마태복음 6:2).

너희는 기도할 때에 외식하는 자와 같이 하지 말라. 그들은 사람에게 보이려고 회당과 큰 거리 어귀에 서서 기도하기를 좋아하느니라(마태복음 6:5).

금식할 때에 너희는 외식하는 자들과 같이 슬픈 기색을 보이지 말라. 그들은 금식하는 것을 사람에게 보이려고 얼굴을 흉하게 하느니라(마태복음 6:16).

화 있을진저 외식하는 서기관들과 바리새인들이여, 너희가 박하와 회향과 근채의 십일조는 드리되 율법의 더 중한 바 정의와 긍휼과 믿음은 버렸도다. 그러나 이것들도 행하고 저것들도 버리지 말아야 할지니라(마태복음 23:23).

화 있을진저 외식하는 서기관들과 바리새인들이여, 너희는 예언자들의 무덤을 만들고 의인들의 비석을 꾸미며 이르되, 만일 우리가 조상 때에 있었더라면 우리는 그들이 예언자의 피를 흘리는 데 참여하지 아니했으리라 하니(마태복음 23:29-30).

너희가 하나님의 계명은 버리고 사람의 전통을 지키느니라(마가복음 7:8).

물론 이와 같은 가르침을 전했던 견유학자가 있을 수도 있다. 그러나 이것은 예수가 가르쳤던 여러 국면 중 한 부분일 뿐이다. 오히려 전체적인 면에서 보자면 예수의 세계관과 견유학자들의 세계관은 차이가 컸다. 견유학자들은 신들이 이 세상과 아무런 상관이 없기 때문에 종교를 비난했지만 예수는 제자들에게 하나님이 주목해 보고 계시니 성실하게 하나님을 믿으며 그 뜻대로 살라고 요청했다. 실제로, 위에서 보았던 예수의 주장 중 일부는 계속해서 "은밀한 중에 보시는 네 아버지께서 갚으시리라"(마태복음 6:6, 18)고 말한다. 또 예수는 제자들에게 기도하라고 당부했는데, 그 이유를 "구하기 전에 너희에게 있어야 할 것을 너희 아버지께서 아시기" 때문이라고 말한다(마태복음 6:8). 이것은 견유학자들의 가르침이 아니다.

게다가, 예수는 하나님의 통치를 선포했고 제자들에게 구원을 위해 하나님을 바라보라고 촉구했다. 예수는 자신을 따르는 사람들이 구원받기를 갈망했고, 이스라엘의 하나님이 예전에 했던 예언들과 약속들을 성취하실 것이라 확실하게 믿었다. 이런 소망과 신념은 견유학파의 신념과는 전혀 일치하지 않는다.

따라서 우리는 예수가 견유학자라는 논지에 설득력이 없다고 결론 내릴 수 있다. 이는 역사적 예수에 관심이 있는 대부분의 학자들이 내린 결론과 다르지 않다.[9] 위의 증거들을 살펴볼 때, 이런 결론은 결코 놀라운 것이 아니다. 그런데 일부 학자들이 여전히 예수와 견유학자들을 비교하고 있다.

고고학적 증거

견유학자와 예수의 사상을 비교했을 때 몇 가지 점에서 유사한 점이 발견된다. 고대 말 지중해 동부의 지혜와 사회비평을 반영하는 부분에서 그렇다.[10] 역사적 예수 연구에 있어서 견유학자에 대한 관심을 불러일으킨 계기는 1970년대와 80년대에 이루어진 고고학적 발견들에 있었다. 이 발견들은 다음과 같은 두 가지 결론을 도출해냈다. 첫째, 고고학은 그리스어가 예수 시대에 얼마나 광범위한 지역에 퍼져 있었는지를 보여준다. 둘째, 이것은 예수가 활동했던 갈릴리가 그레코-로만 형태로 예수 시대에 어느 정도 도시화되었는지를 보여준다. 갈릴리는 생각했던 것 이상으로 로마 제국의 영향을 많이 받고 있었다. 갈릴리, 사마리아 그리고 유대 땅은 결코 낙후된 지역이 아니었다.

이 두 가지 발견에 근거해 일부 학자들은 갈릴리에 그레코-로만 철학이 존재했을 것이라고 추론한다. 그리고 이 논리는 다음과 같이 진행된다. 그레코-로만 문화의 영향을 받은 도시가 있었고 그리스어가 통용되었다면, 그레코-로만 철학자들과 그 철학들이 있었을 것이다. 그리고 이것은 견유학자들이 당시에 존재했음을 의미한다. 나사렛에서 북쪽으로 46킬로미터 정도에 위치한 세포리스의 발굴과 그레코-로만 식으로 포장된 큰 도로와 대형 건물의 발견은 견유학자들이 이 도시에 있었을 것이라는 결론을 내릴 수 있으며, 견유학자들이 세포리스에 있었다면 나사렛과 같이 근처 마을들에 살았던 예수 같은 유대의 젊은이들은 이 순회 철학자들의 영향을 받았을 것이다. 그럴듯하지 않은가? 하지만 여기에는 중요한 것이 빠져 있다.

견유학자들이 세포리스 주변 지역에 있었을 것이라고 섣불리 결론을 내리지 말아야 할 근거는 무엇인가? 갈릴리, 특히 세포리스에서의 인상적인 발견들은 학자들에게 몇 가지 중요한 사항을 재평가하도록 만들었다. 그 한 가지는 예수가 시골 변두리의 고립된 지역에서 자랐을 것이라는 추측이 더 이상 지지받을 수 없다는 것이다(오랫동안 이런 주장이 유행했다). 예수는 큰 도시를 눈으로 볼 수 있는 근처 언덕에 위치한 마을에서 자랐다. 예수 자신도 이를 떠오르게 하는 말을 하기도 했다. "산 위에 있는 도시가 숨겨지지 못할 것이요"(마태복음 5:14).

게다가, 그리스어 문서만이 아니라 상당한 수의 그리스어 비문들이 사해 지역에서 발견되었다는 사실은 많은 학자들로 하여금 많은 유대인들이 그리스어를 사용했을 것이라는 결론을 내리게 했다. 그러나 이것은 그리스어가 그들의 제1언어였음을 의미하지는 않는다. 아람어가 그들의 제1언어였을 것이다. 하지만 그리스어가 예수 시대에 통용되고 있었다는 사실은 분명했다. (일부 학자들은 예수 자신도 그리스어를 사용했을 것이라고 생각한다.)

그러나 많은 유대 갈릴리 사람들이 그리스어를 말했고, 갈릴리의 가버나움에서 남서쪽으로 얼마 떨어져 있지 않은 나사렛 근처에 세포리스와 갈릴리의 디베랴 같은 도시들이 존재했다는 사실이 유대인들이 그들의 역사적 신앙에 대해서 유연하게 행동했을 뿐 아니라 견유철학이나 다른 그리스 철학의 영향 아래 있었음을 의미하는 것은 아니다. 최근 유대 역사 연구는 이에 대해 정반대의 증거를 보여주고 있다.

우리는 예수보다 약 150년 전의 유대인들이 하스몬 가문(유다 마카비와 그의 형제들)의 지도를 받아 유대 신앙과 전통을 보존하기 위해서 안티오쿠스 4세와 로마인들을 대항해 혹독한 전쟁을 벌였다는 점을 기억해야 한다. 예수 시대의 갈릴리 유대인들은 그리스 사상과 관습에 어느 정도는 영향을 받았겠지만 유대 신앙과 갈등을 일으킬 정도로 그리스인들의 이데올로기들을 포용하지는 않았다.

이것은 최근의 고고학이 분명하게 증명하고 있는 사실이다. 그렇다면 예수 시대에 나사렛 근처의 세포리스는 어느 정도까지 그리스화되었을까? 이것은 매우 중요한 질문이다. 1970년대와 80년대의 상당수의 고고학적 작업은 당시 건물들의 모습을 보여주었다. 포장되고 가로수가 심겨진 거리와 큰 건물들 외에도 대중을 위한 극장도 발굴되었다. 논란의 여지가 있기는 하지만 그 극장은 주후 20년대에 건축되었다가 주후 100년 정도에 보수 및 확장되었던 것 같다. 그러나 도시 유적들의 발견을 포함한 1990년대의 후속적인 고고학적 작업은 세포리스가 예수 시대에 철저한 유대 도시였다는 결론을 내리게 만들었다.

고고학자들은 보통 고대 도시들의 다양한 지층들의 연대를 측정하는데, 맨 위의 지층은 가장 최근의 것이며 맨 아래 지층은 가장 오래된 지층을 뜻한다. 더 아래로 깊이 내려갈수록 더 오래된 자료들을 발견하게 되는 것이다.

고고학자들과 학자들은 보통 주후 70년 이전의 지층과 자료들이 예수가 살았던 시대를 이해하는 데 적절하다고 말한다. 따라서 이 도시가 예수와 그의 시대에 무엇을 말해주는가에 대한 결론을 내리기 전에 주후 70년 이전에 존재했던 세포리스 유적의 연대를 결정하는 것이 먼저 해야 할 일이다.

고고학자들은 로마에 대한 유대의 반역으로 인해 폐허가 된(주후 66-70년) 발굴 현장의 지층에서 대략 주후 70년대에 많은 도시들과 마을들이 한꺼번에 완전히 파괴된 지층을 발견했다. 세포리스의 고고학자들은 주후 70년대의 지층과 도시 유적들을 발견했다. 유적들은 특히 당시 유대인들이 율법과 관습에 따라서 어떻게 생활했는지에 대해 많은 것을 알려준다는 점에서 굉장한 발견이었다.

신앙을 위한 유대인의 투쟁

주전 2세기에 이스라엘을 통치했던 헬라 제국의 황제 안티오쿠스 4세는 여러 이유로 유대교를 금지시키려고 했다. 그는 할례, 모세 율법의 소유와 제작을 금지시켰고 유대인들이 돼지고기를 먹고 로마 신들에게 경배하도록 강제했다. 안티오쿠스는 자신을 신의 현시를 뜻하는 "에피파네스"라 칭했다.

안티오쿠스의 칙령에 저항했던 유대인들은 큰 고통을 당했다. 구약 외경들 가운데 하나인 마카비2서는 경건한 유대 장로 엘리에셀과 유대인 어머니와 그녀의 일곱 명의 아들에게 행해진 고문을 다음과 같이 생생하게 전해준다.

> 그때에 뛰어난 율법학자 중에 엘리에셀이라는 사람이 있었는데 그는 이미 나이도 많았고 풍채도 당당한 사람이었다. 박해자들은 강제로 그의 입을 열어 돼지고기를 먹이려 했다. 그러나 그는 자신을 더럽히느니 명예롭게 죽는 것이 낫다고 하며 태형대로 자진해 가면서 돼지고기를 뱉었다. 참된 생명을 사랑하는 사람이라면 먹어서는 안 될 것을 물리칠 용기를 가져야 하는데 엘리에셀이 바로 그런 사람이었던 것이다 (마카비2서 6:18-20).

> 그때에 일곱 형제를 둔 어머니가 있었는데 모두 왕에게 체포되어 채찍과 가죽끈으로 고문을 당하며 율법에 금지되어 있는 돼지고기를 먹으라는 강요를 받았다. 그들 중의 하나가 대변자로 나서서 말했다. "우리를 심문해서 무엇을 하겠다는 것이냐? 조상의 법을 어기느니 차라리 죽고 말겠다"(마카비2서 7:1-2).

예수와 제자들의 시대에 마카비 순교자들이라고 불리는 이 사람들은 신앙의 영웅들이라고 여겨졌다. 그들은 모든 경건한 유대인들이 기꺼이 따라야 했던 모델이었다.

고고학자들은 주후 70년 이전의 연대로 측정되는 동물의 뼈 가운데 세포리스에 있던 비유대적 문화의 일면을 보여줄 돼지 뼈를 일체 발견하지 못했다.[11] 이와는 반대로 주후 70년 이후(로마의 군대에 의해 예루살렘 파괴되고 이스라엘 전체에 걸쳐 재건축이 시작된 이후)의 지층에서는 비유대적 문화가 크게 증가했음을 보여주는 돼지 뼈가 상당수 발굴되었다. 이것은 주후 70년 이전 세포리스에 거주했던 유대인들이 유대의 율법과 전통을 철저하게 지켰음을 증거하는 것이다. 즉 율법에 대한 신앙이 무너지기 시작한 것은 주후 70년 이후인 것이다. 이것은 예수 시대에(반역이 일어나기 한 세대나 그 이전에) 세포리스에 비유대적인 생활방식이 거의 또는 전혀 없었으며 견유학자들도 없었다는 뜻이다.

이 결론을 지지하는 증거들이 더 있다. 의식적 정결과 관련하여 세포리스의 유대인이 사용했을 주후 70년 이전의 돌집기(도자기류와는 달리 쉽게 부정해질 수 없는[요한복음 2:6])의 파편이 지금까지 백여 개 이상 발굴되었다. 비유대인들은 비싸고 무겁고 사용하기 어려운 돌집기들을 꺼렸고 쉽게 조리하고 사용할 수 있는 도자기류 집기들을 환영했다. 세포리스에서 발견된 많은 돌집기들은 돼지 뼈가 없었다는 점과 일맥상통한다. 즉 주후 70년 이전에 세포리스에 살았던 사람들은 유대인들이었으며 유대 율법과 관습을 준수했을 것이라는 뜻이다. 개인적 정결에 대한 이와 같은 일관성은 세포리스에 있는 많은 미크보트(정결 연못, 혹은 의식용 욕조)들의 존재에서도 확인된다. 게다가, 세포리스에서는 메노라(일곱 가지를 지닌 촛대)의 형상이 있는 히브리 도자기 조각과 초기의 등잔 조각들도 다량 발견되었다.

증거는 또 있다. 세포리스에서 주조된 주후 70년 이전의 동전들은 로마 황제 혹은 이교도 신들의 형상(당시의 동전들에서 공통적으로 발견되었을)을 담고 있지 않다. 이와는 반대로 주후 2세기에는(유대 반역이 종결되고 거주민에 변화가 시작된 한참 후) 트라야누스 황제(주후 98-117년)와 안토니우스 피우스 황제(주후 138-161년) 그리고 티케와 카피톨 신전의 세 신들의 형상이 새겨진 동전이 세포리스에서 주조되었다. 실제로, 안토니우스 피우스의 통치 기간에 그 도시는 제우스(디오)와 로마의 황제(가이사)를 기리기 위해서 디오-가이사라라는 이름으로 바뀌었다.

주후 70년 이전의 세포리스에서 발견되지 않았던 것은 발견되었던 것만큼 중요하다. 발굴 과정에서 그레코-로만 도시에 전형적으로 존재하는

세포리스에서 발견된 물건들의 대조

주후 70년 이전

발견된 것
- 미크보트(정결 연못이나 욕조)
- 메노라(유대식 촛대)
- 돌그릇 조각

발견되지 않은 것
- 돼지 뼈
- 로마 황제 형상이 있는 동전
- 이교도의 우상과 형상
- 이교도의 건물들(극장, 신당, 검투장, 성상들)

주후 70년 이후

발견된 것
- 돼지 뼈
- 로마 황제 형상이 있는 동전
- 이교도의 우상들과 형상
- 이교도적 주제들의 모자이크

(유대인들이 종교적으로 민감했던 모욕적이고 이교도적인 성전, 검투장, 영화관, 신당이나 조각상 등) 그 어떤 구조들도 발견하지 못했다. 이는 경건한 유대인들이 이교 문화의 열렬한 옹호자들이 결코 아니었음을 뜻한다. 이교적인 예술과 건축(저택에서 발견된 이교적 주제들을 묘사하고 있는 모자이크 같은)이 등장하기 시작한 것은 주후 70년 이후다. 이 모든 증거는 예수 시대의 세포리스가 철저하게 유대 도시였다는 확고한 결론으로 인도한다.[12] 즉 근처 나사렛 출신의 유대 젊은이들을 유혹하기 위해서 세포리스의 거리에 견유학자들이 어슬렁거리고 있었을 것이라는 어떤 근거도 없다는 뜻이다.

유대인들의 율법과 전통에 대한 헌신은 세포리스 한 곳에 국한하지 않고 갈릴리 전체에서 발견된다. 갈릴리 전체에 나타난 도자기류의 분포가 이 결론을 지지한다. 비유대인들은 유대의 도자기를 구매했지만 갈릴리의 유대인들은 이방인들이 만든 도자기를 구입하거나 사용하지 않았다. 이것은 이방인들이 그릇과 도자기를 사용하는 데는 종교적인 정결상의 문제가 없었기 때문에 가능한 것으로 그들은 유대인, 비유대인 제품에 구애받지 않았다. 그러나 유대인들은 그렇지 않았다. 유대교 관점에서 유대인들은 이방인이 만든 그릇을 자유롭게 사용할 수 없었다. 그런 이유로 유대인들은 자신들과 같은 유대인에게만 도자기를 구입했다. 그렇기 때문에 주후 70년 이전에 만들어진 유대식 도자기가 갈릴리와 그 주위의 유대인과 비유대인 구역들에서는 발견되지만, 비유대식 도자기는 비유대적 구역들에서만 발굴되는 것이다. 이는 갈릴리의 유대인들이 유대교의 정결법을 성실하게 준수했음을 강력하게 보여주는 증거다.

게다가, 이 지역 유대인들의 행동들도 견유학자나 그레코-로만 해석을 지지하지 않는다. 헤롯 왕이 죽은 후 발생한 반역(주전 4년), 아겔라오의 숙청과 로마의 인구조사(주후 6년), 대규모 반역을 촉발했던 예루살렘에서의 폭동(주후 66-70년)은 갈릴리 지역뿐 아니라 이스라엘 전체에서 이교도에 대한 유대인들의 분노가 얼마나 뿌리 깊었는지를 잘 보여준다.[13] 이런 반로마 운동을 주도했던 탁월한 지도자들 중 일부는 갈릴리 출신이었다. 이러한 증거(고고학적, 문학적, 역사적)들은 그 지역에 그레코-로만 문화가 존재했을 수도 있지만, 갈릴리 유대인들이 의식적으로 그리고 격렬하게 자신들의 종교적 정체성과 영토를 지키기 위해 분투했었음을 보여준다. 물론 주후 1세기 초 갈릴리 지역에 견유학자가 있었다는 고고학적·문헌적 증거는 어디에도 존재하지 않는다.

유대인들이 수행했던 특정 행동은 이스라엘의 종교적 유산과 구원에 대한 헌신의 정도를 잘 보여준다. 우리는 이런 유대인들의 종교적 태도를 "요단" 강에서 세례를 주었던(마가복음 1:2-8) 세례 요한에게서 발견한다(주후 28년경). 요한의 "돌"들에 대한 언급뿐만 아니라 활동(마태복음 3:9; 누가복음 3:8)은 약속의 땅을 정복하는 내용을 담은 구약성경 여호수아를 떠올리게 한다(여호수아 4:3, 20-21). 이와 비슷한 이야기로는 드다(주후 45년경)라는 예언자의 활동을 들 수 있는데, 그는 가난한 자들에게 자신들의 소유를 가지고 요단 강가(드다의 명령으로 갈라졌던)에 있는 자신에게 합류하도록 호소했던 지도자였다(요세푸스, 「유대 고대사」 20.97-98; 사도행전 5:36). 이 외에도 예루살렘 성벽의 붕괴를 지켜볼 신실한 자들을 감람산에 불러 모았다는 이집트에서 온 무명의 유대 남자에 대한 이야기도 있다(요세푸스, 「유대 고대사」 20. 169-70; 사도행전 21:38). 솔로몬의 시편 같은 중간기에 저작된 문서처럼(특히 17-18장), 로마인들의 팔레스틴 통치 이후에 만들어진 문서들은 그 땅에서 이방인들이 추방되고 그 땅이 다시 정화되길 바라는 소망을 담고 있다. 예수 또한 이처럼 철저하게 유대 환경 속에서 자신의 사역을 발전시켰고 이를 그대로 수행했다.

예수 시대의 갈릴리에 살았던 유대인들이 자신들의 종교적 유산에 헌신했다는 증거와 근교에 있던 세포리스나 갈릴리의 다른 어떤 지역에서도 견유학자가 없었다는 증거를 미뤄볼 때, 예수가 순회 견유학자였다는 주장은 수용하기 어렵다. 오히려 예수의 가르침은 유대 랍비와 쿰란 공동체의 가르침과 유사했다.

예수와 모세의 율법

모세의 율법에 대한 예수의 존중은 가장 큰 계명(신명기 6:4-5)과 그와 유사한 계명(레위기 19:18)에 대한 그의 요약에서 발견된다.

> 예수께서 대답하시되, 첫째는 이것이니 이스라엘아 들으라. 주 곧 우리 하나님은 유일한 주시라. 네 마음을 다하고 목숨을 다하고 뜻을 다하고 힘을 다하여 주 너의 하나님을 사랑하라 하신 것이오. 둘째는 이것이니 네 이웃을 네 자신과 같이 사랑하라 하신 것이라. 이보다 더 큰 계명이 없느니라(마가복음 12:29-31).

예수는 "다윗이 행한 일"에 호소해 안식일에 대한 자신의 주장을 정당화한다(마가복음 2:23-28). "안식일이 사람을 위하여 있는 것이오. 사람이 안식일을 위하여 있는 것이 아니니라"라는 예수의 선언(마가복음 2:27)은 초대 랍비 해석과 굉장히 유사하다.

> 너희는 안식일을 지킬지니 이는 너희에게 거룩한 날이 됨이니라(출애굽기 31:14). 이 구절은 다음과 같은 의미다. 너희에게 안식일이 주어진 것이며 너희가 안식일에 주어진 것이 아니다(출애굽기 31:12-17에 대한 메킬타 [샤바트 1]).[14]

예수는 성전과 제단에 대해서도 보수적인 관점을 갖고 있었다.

> 그러므로 예물을 제단에 드리려다가 거기서 네 형제에게 원망들을 만한 일이 있는 것이 생각나거든 예물을 제단 앞에 두고 먼저 가서 형제와 화목하고 그 후에 와서 예물을 드리라(마태복음 5:23-24).

여기에서 예수의 가르침은 이스라엘의 위대한 예언자들의 사상(예를 들면, 예레미야 7:21-26; 호세아 6:6; 아모스 5:21-24; 미가 6:68)과 온전히 일치한다. 그보다 조금 더 이른 시기의 유대인 필로도 이와 유사한 말을 했다. "예배자에게 긍휼한 마음이나 정의가 없다면 희생제물은 희생제물이 아니며 헌물은 더럽혀진 것이다.…그러나 그의 마음이 순전하다면 그 희생제물은 바르게 설 것이다"(「모세의 인생」 2.107-108). 주전 2세기 유대의 지혜자 예슈아 벤 시라도 이와 유사한 충고를 준다. "받지 않으실 것이므로 [하나님께] 뇌물을 바치지 말라. 주는 재판장이시며 불편부당하시니 불의한 제물에 의지하지 말라"(시락서 35:12).

우리는 여기서 예수의 가르침이 모세의 율법이 옳다는 것을 전제하고 유대 교사들이 제시한 율법에 대한 최상의 견해들에 동의하고 있다는 것을 알게 된다. 예수는 율법의 가치를 인정하고 자신의 주장을 뒷받침하기 위해 구약성경에 호소하며 성전을 존중하는 마음에서 대제사장들을 맹렬히 비난했던 것이다(마가복음 11:15-18).

예수의 가르침과 에세네파, 즉 유대교 신앙과 전통을 열광적으로 주장했던 집단에 의해 수집되고 저술되었던 사해 사본 사이에 의미심장한 유사성들이 존재한다는 사실은 매우 인상적이다. 결혼과 이혼에 대한 예수의 단호한 주장은 에세네파의 주장과 굉장히 유사하다. 예수가 투옥된 세례 요한의 질문에 이사야서의 말씀과 표현을 인용해 답했다는 사실(마태복음 11:2-6; 누가복음 7:18-23)은 쿰란의 메시아 사본과 주목할 만한 유사성을 보인다(4Q521). 예수의 팔복 설교도 이들 사본들 중 일부와 형식 면에서 굉장히 유사하다(4Q525). 또 예수의 악한 포도원 일꾼 비유(마가복음 12:1-12)와 이사야서에 나오는 포도원 노래(이사야 5:1-7)도 상당한 유사성을 보여준다(4Q500). 물론 이와 반대되는 예수의 가르침 중 일부(가난한 자들, 병자들이 죄나 하나님의 심판 때문이 아니라는 가르침)가 이들 사본에 포함되어 있기도 하다.

또한 우리는 이스라엘의 신앙을 위해 목숨을 바친 마카비 가문의 순교자들에 대한 엄중한 암시도 듣는다. 예수는 자신의 제자들에게 형제와 자매에게 죄를 범해 실족하지 않도록 경고하면서 다음과 같은 극단적인 예를 제시한다.

> 만일 네 손이 너를 범죄하게 하거든 찍어버리라. 장애인으로 영생에 들어가는 것이 두 손을 가지고 지옥 곧 꺼지지 않는 불에 들어가는 것보다 나으니라. 만일 네 발이 너를 범죄하게 하거든 찍어버리라. 다리 저는 자로 영생에

들어가는 것이 두 발을 가지고 지옥에 던져지는 것보다 나으니라. 만일 네 눈이 너를 범죄하게 하거든 빼버리라. 한 눈으로 하나님의 나라에 들어가는 것이 두 눈을 가지고 지옥에 던져지는 것보다 나으니라(마가복음 9:43-47).

대부분의 성경 주석가들은 예수가 이 구절에서 돼지고기를 먹어 모세의 율법을 위반하느니 차라리 목숨을 버렸던 마카비 가문의 순교자들이 당했던 무시무시한 죽음을 암시하고 있다고 말한다(왕의 무관은 "그들의 대변자로 나섰던 사람의 혀를 자르고 머리카락을 밀고 사지를 찢으라고 명령했다" [마카비2서 7:4]; "너희가 나의 양쪽 눈을 파내더라도" [마카비4서 5:30]). 제자가 되려는 자는 "십자가를 져야"한다는 예수의 요구(마가복음 8:34)는 당시 로마 치하의 관행에서 자신의 종교에 헌신한 자들이 당하게 될 어려움들과 맞닿아 있다.

이런 구절들은 예수가 구약성경의 가르침과 이야기들을 심각하게 여긴 유대 문화에 익숙했음을 보여주는 명백한 증거들이다. 예수의 가르침을 견유학자의 관점에서 이해하도록 하는 자료는 어디에도 없다. 주전 1세기 초에 갈릴리에 견유학자는 없었다. 예수는 조그만 회당이 있던 작은 마을 나사렛에서 성장했다. 예수의 삶과 신앙을 제대로 이해할 수 있는 것은 세포리스 근처에 살던 상상 속의 견유학파 교사가 아니라 나사렛 회당과 그의 가족, 마을의 장로들이라는 맥락 속에서만 가능하다.

맥락을 바르게 찾는 것은 예수를 이해하는 데 절대적으로 중요하다. 잘못된 맥락 속에 예수를 집어넣는 것은 결국 왜곡된 예수상으로 인도할 뿐이다. 그러나 여전히 일부 학자들은 이와 같은 분명한 맥락을 무시하고 있다. 우리는 이 문제를 다음 장에서 다룰 것이다.

그레코-로만 저자들이 말하는 예수

코르넬리우스 타키투스는 아시아 총독(주후 112-113년)이었고 소 플리니우스의 친구이자 현재 일부만 전해지는 「연대기」와 「역사」의 저자였다. 「연대기」 15.44에서 그는 예수를 다음과 같이 언급한다.

로마의 화재가 황제의 명령에 의해서 행해졌다는 소문을 막기 위해서 네로는 로마의 시민들에게 미움을 받았던 "기독교인들"이라고 불리던 자들을 로마 화재의 용의자들로 제공하고 가장 처참한 방식으로 그들에게 벌을 가했다. 그들의 이름의 기원자인 크리스투스는 디베랴의 통치 기간에 행정장관 본디오 빌라도의 판결에 따라 사형을 당했다. 이 치명적인 미신은 한동안 중단되었지만 악의 근원지인 유대만 아니라 무섭고 수치스러운 모든 것들이 모이고 실행되는 수도 예루살렘에서 다시 일어났다.

로마의 역사가 수에토니우스는 자신의 책 「가이사들의 일생에 대하여」 제5권(주후 120년경)에서 클라우디우스의 통치 기간인 주후 49년에 로마에서 행해진 유대인들의 추방 사건을 언급한다(「신神 클라우디우스」 25.4; 사도행전 18:2). 그의 묘사 속에서 그는 "크레스투스"라는 어떤 인물을 지적한다.

클라우디우스는 크레스투스의 선동을 받아 불안을 야기시킨 죄로 유대인들을 로마에서 추방했다.

주후 111-113년에 소아시아의 비튀니아 총독이었던 소 플리니우스(가이우스 플리니우스 카에실리우스 세쿤두스, 61년경-113년경)는 트라야누스 황제에게 기독교인들을 어떻게 다루어야 하는지에 대해 편지를 썼다. 흥미로운 이 구절은 그의 편지들 10, 96에서 발견된다.

기독교인들에 관한 오해는 그들이 특정한 날 새벽에 정기적으로 모였기 때문이라고 저는 확신합니다. 그들은 그곳에서 크리스투스를 신으로 모시는 찬양을 반복했고 그 어떤 범죄도 범하지 않으며 도둑질, 강도, 간음, 배도, 자신들에게 맡겨진 재산 횡령을 금하는 맹세로 스스로를 구속했습니다. 이 일이 마치면 헤어졌다가 음식을 나누기 위해서 다시 모이는 것이 그들의 관습이었고 이는 일상적이며 무해한 것이었습니다.

초대 기독교의 비판자(오리게네스가 인용했듯이)였던 켈수스(주후 2세기)는 「켈수스를 반박함」 2.6과 1.38에서 각각 다음과 같이 말한 것으로 전해진다.

예수는 모든 유대 관습을 지켰고 그들의 희생제사에도 참여했다.

그는 비밀리에 자랐고 이집트에서 장인으로 일했고 마술을 익힌 후에 그곳에서 돌아와 그러한 능력으로 자신을 하나님이라고 칭했다.

사모사타의 루키아노스(주후 115년경-200년경)도 예수를 언급한다. 그는 자신의 「페레그리누스의 실수」 11에서 다음과 같이 말한다.

기독교인들은…그를 신으로 존경했고 그를 입법자로 여겼으며 그(이후에 세상에 이 새로운 제의를 소개했다는 이유로 팔레스틴에서 십자가형을 받았던 사람)를 보호자로 삼았다.

주후 72년에 로마가 코마게나와 수도 사모사타를 정복한 이후에, 마라 바르 세라피온은 감옥에 있으면서 그의 아들 스크라피온에게 다음과 같은 편지를 썼다.

소크라테스를 죽인 아테네 사람들이 어떠한 유익을 얻었는가? 그들이 기근과 역병으로 보상을 받지 않았던가. 또 피타고라스를 화형시킨 사모스 사람들은 한 시간 안에 모래로 완전히 덮혀 죽지 않았던가. 또 그들의 현명한 왕을 죽인 유대인들은 결국 나라를 빼앗기지 않았던가. 하나님은 이 세 명의 현자들의 죽음을 정당하게 보상하셨다. 아테네 사람들은 굶주림으로 죽었으며 사모스 사람들은 바닷물에 멸망당했으며 유대인들은 자신들의 땅에서 완전히 쫓겨나 흩어져 살게 되었다. 그러나 소크라테스는 영원히 죽지 않았고 플라톤의 가르침 속에 살아 있었으며, 피타고라스도 영원히 죽지 않았고 헤라의 상 가운데 살아 있었으며, 지혜로운 왕도 영원히 죽지 않았고 그가 베푼 가르침 속에 살아 있었다.

고대 유대 저자들이 말하는 예수

예수의 사역에 대해

예수는 다섯 명의 제자를 데리고 있었다. 그들은 마타이, 나카이, 네제르, 부니, 그리고 토다였다(b. Sanhedrin 107b).

예수는 마술을 행했고 이스라엘을 어지럽혔다(b. Sanhedrin 43a).

예수의 가르침에 대해

재판장은 그들에게 말했다. 나는 모세의 율법을 제거하려고 온 것이 아니며 나는 모세의 율법에 추가하려고 온 것이 아니며[마태복음 5:17] 아들이 있으면 딸은 유산을 받지 못한다라고 기록된 책의 마지막 부분을 보았다.

그녀는 그에게 말했다. 너희의 빛이 등처럼 빛나게 하라[마태복음 5:16]. 랍비 가말리엘이 그녀에게 말했다. 당나귀가 와서 등을 걷어찼다(b. Shabbat 116b).

예수의 십자가형에 대해

유월절 전날 밤에 그들은 나사렛 사람 예수를 매달았다. 한 사자(使者)가 그보다 앞서 40일 동안 "그는 마술을 행하고 이스라엘을 선동했기 때문에 돌에 맞게 될 것이다. 그를 옹호할 만한 어떤 것을 알고 있는 자는 나와서 탄원하라"라고 말했다. 그러나 그를 옹호할 만한 것을 발견하지 못하자 그들은 유월절 전날 밤에 그를 매달았다(b. Sanhedrin 43a).

예수의 부활에 대해

그러자 그는 가서 주문으로 예수를 살려냈다(b. Gittin 57a, ms. M).

예수의 이름으로 행해지는 치유에 대해

랍비 이스마엘의 누이의 아들, 벤 다마가 뱀에 물리는 일이 벌어졌고 케파르 세카니야 출신 야곱(야고보?)이 예수 벤 판테라의 이름으로 그에게 왔다. 그러나 랍비 이스마엘은 그를 허용하지 않았다(t. Hullin 2.22).

◇ t.=토세프타 b.=바빌론 탈무드

영지주의 저자들이 말하는 예수

예수의 선언에 대해

예수는 은밀히 그들 모두를 데려갔다. 그가 자신의 방식대로 자신을 드러내지 않으면서 [사람들이] 그를 볼 수 있는 방식으로 자신을 드러냈다. 그는 [그들 모두에게] 자신을 보이셨다. [그는] 위대한 자들에게는 위대한 자로 [자신을 드러냈다]. 작은 자들에게는 작은 자로 [자신을 드러냈다]. 그는 천사들[에게는] 천사로, 사람들에게는 사람으로 [자신을 계시했다](빌립복음 57.28-58.2 [NHC 2.3]).

[그리고 나는 놀랐다. 보라, 나는] 빛 가운데 내 옆에 [서 있는 한 청년]을 보았다. 내가 [그를] 보는 동안 그는 노인처럼 [되었다]. 그리고 그는 [자신의] 형태를 (다시) [바꾸어] 종처럼 되었다(요한의 비밀 2.1-5 [NHC 2.1]).

그는 제자들에게 자신을 드러내지 않았지만 그들 가운데 어린아이의 모습으로 나타났다(유다복음 33.19-21).

예수는 제자들에게 말했다. 나를 다른 사람과 비교해 내가 누구와 같은지 말해다오. 시몬 베드로는 말했다. 당신은 의로운 천사와 같습니다. 마태가 말했다. "당신은 현명한 철학자와 같습니다. 도마는 말했다. 주여, 나의 입은 당신이 누구와 같은지를 말할 능력이 없습니다(도마복음 13, 34.30-35.4 [NHC 2.2]).

예수의 비밀스런 가르침에 대해

그리고 그는 (도마를) 데리고 떠나 그에게 세 가지를 말씀하셨다. 도마가 그의 동반자들에게 돌아갔을 때 그들이 도마에게 물었다. 예수께서 당신에게 무슨 말씀을 하셨는가? 도마가 그들에게 말했다. 내가 들은 것들 중 하나를 너희에게 말하면 너희는 돌을 들어서 나를 칠 것이다. [그러면] 그 돌에서 불이 나와 너희를 불태울 것이다(도마복음 13, 35.7-14 [NHC 2.2]).

(제자들의) 영혼은 가룟 유다를 제외하고 [그] 앞에 감히 설 수 없었다. 유다는 그 앞에 설 수 없었으나 예수를 눈으로 볼 수 없어서 자기 얼굴을 돌렸다(유다복음 35.7-13).

James M. Robinson ed, *The Nag Hammadi Library* (Leiden: Brill, 1977); Rodolphe Kasser, Marvin Meyer, and Gregor Wurst, *The Gospel of Judas* (Washington, D.C.: National Geographic Society, 2006).

유대 관습들과 그것들에 대한 민감함

예수 시대에 그레코-로만 세계에서의 생활방식은 유대법과 관습을 따라 살려고 했던 유대인들에게는 쉬운 일이 아니었다. 많은 사람들, 특히 팔레스틴 지역 밖에서 살았던 사람들이 비유대적 관습에 타협하고 적응하며 살았다는 것은 충분히 이해할 만한 일이다. 그러나 대부분의 유대인들은 그렇게 살지 않았다.

자신들의 민족적·종교적 정체성을 유지하고자 했던 유대인들에게는 음식, 안식일과 절기들과 관련된 율법, 관습들과 개인적인 정결 의식과 관련된 일들을 지키는 것이 여전히 중요했다. 이것은 돼지고기 같은 율법에서 금하는 고기에 대한 거부, 안식일에 노동을 피하는 것 그리고 윤리적으로나 의식적으로 의심스러운 활동과 장소를 회피하는 것 등이었다. 경건한 유대인들은 공중 목욕탕, 매춘굴, 격투기장, 이교도의 성전, 그리고 성전에 있던 매춘부들을 의식적으로 피했다. 유대 도시들은 그러한 건물들을 건축하지 않았고 그런 활동들을 허용하지도 않았다. 물론, 유대 인구의 비율이 적을수록 이와 같은 유대적 영향은 적었을 것이다. 그러나 이런 건물들은 특정 도시에만 있었을 가능성이 높다.

이스라엘 영토 안에서 이것들에 대한 민감함은 더 심했다. 유대 도시들과 마을들은 그런 건물들(의 건축)과 활동들(에 대한 참여)을 결코 허용하지 않았을 뿐 아니라 가이사의 형상을 새긴 동전들이 유통되는 것과 가이사를 "신"이나 "신의 아들"로 묘사하는 신화들, 그레코-로만 신들의 주상과 우상을 포함한 모든 이교적 상징들을 회피하거나 제한하려고 했다.

경건한 유대인들은 개인적인 불결을 피하려고 했을 뿐 아니라 거룩한 땅의 정결에 대해 지대한 관심을 갖고 있었다. 그러한 이교적인 물건들이 존재한다는 사실은 땅을 오염시키는 것을 의미했기 때문이다. 물론, 이스라엘 땅과 요단 강 동편에서는 이와 같은 유대 관습들이 준수되지 않은 비유대 도시들(데가볼리라고 불리는 지역의 일부인, 거라사와 스키토폴리스처럼)도 있었다.

예수 시대의 갈릴리에 견유학자들이 있었나?

예수 시대의 갈릴리에 견유학자가 살았다는 어떤 문학적·고고학적 증거는 없다. 갈릴리를 떠난 후에 견유철학을 수용한 갈릴리 출생의 사람이 있었을 수는 있겠지만 최소한 예수 시대에 갈릴리에 거주하는 견유학자는 없었다. 견유철학은 이보다 이른 시기에 번창했으며 이스라엘에서 중요하게 다뤄진 적은 한 번도 없었다.

견유학자가 살았던 당시의 자료들은 거의 적다. 견유학자와 관련해 현재 우리가 접하는 대부분의 자료는 그들의 가르침과 행동에 대한 간접적이고 이상화된 묘사뿐이다. 이런 묘사는 대부분 에픽테투스와 같은 후대의 스토아학자들에 의해 전해진 것으로 이 스토아학자들은 견유학파의 거칠고 이해할 수 없는 생활방식을 거부했지만 견유학자의 가르침은 높이 평가했다.

견유학자에 대한 우리의 정보 대부분이 간접적이고 이상화된 묘사들에 기인한 것이기 때문에 이 철학과 나사렛 예수의 가르침을 세밀하고 정확하게 비교할 입장이 못 된다. 그럼에도 불구하고 일부 학자들은 이 둘을 억지로 비교해(견유학파의 사상이 아니라 스토아 사상을 반영하는) 둘 사이에 존재하는 유사성을 과장하거나 심각한 차이들은 무시하려고 한다.

뼈대만 남은 어록

문맥 없는 금언들

신약 복음서 저자들이 제공한 내러티브 문맥들에서 예수의 말씀을 떼어 내려는 경향은 일부 학자들이 보여주는 이해하기 힘든 또 다른 행태다. 어떤 학자는 예수에 대해 복음서가 제공하는 문맥은 실제로 있었던 역사적 문맥이 아니라 초기 기독교 추종자들의 믿음과 관심이 반영된 것이라고 주장한다. 이것은 무슨 뜻인가?

복음서의 진정성을 평가하는 문제에서(예수가 실제로 이것을 말했는지, 혹은 다른 사람이 했는지?) 어떤 학자들은 부활절 이전의 예수의 가르침과 부활절 이후의 제자들의 가르침을 구분하려 한다. 즉 예수의 말씀과 그의 추종자들의 말이나 주장이 복음서 안에 섞여 있다는 것이다. (이들은 기독교인이 예수의 부활절과 오순절 사건 이전이 아니라 그 이후부터 존재한다고 말한다.)

이들은 예수의 가르침이라고 여겨진 말씀과 초대교회가 믿고 전하는 가르침 사이에 내용적으로 연속성이 존재한다면 그 말씀은 예수가 아니라 초대교회에서 비롯된 것이라고 가정한다. 이런 생각의 배후에는 소위 "비유사성의 기준"이라는 것이 자리 잡고 있는데, 이것은 초대교회의 믿음이 반영된 신약 복음서의 내러티브의 큰 골격과 문맥에서 예수의 원래 말씀을 찾는 것을 말한다. 2장에서 나는 이 기준의 오용에 대해 비판을 가했다. 이번 장에서 나는 그 불행한 결과들 가운데 하나—신약 복음서에서 발견되는 예수의 말씀이 갖는 역사적이고 해석적인 문맥들을 무시하는 경향—를 비판해보고자 한다.

일반적인 문제

이 접근 방식의 문제는 쉽게 말하자면, 신약 복음서의 예수를 "TV 화면에 가끔 등장하는 해설자" 같은 역할을 한다고 축소하는 것이다. 즉 예수는 복음서 중간 중간에 등장해 필요한 말을 하는 "진중한 현자" 같은 역할을 한다는 것이다. 결정적인 순간에 진리와 금언을 말하는 진중한 철학자처럼 말이다. 이런 주장을 하는 학자들은 복음서에 있는 예수의 말씀이 문맥상 가공되었으며 이차적이고 원래의 의미에서 벗어났다고 말한다. 우리는 원래 문맥이 어떤 것이었는지 알 수 없고 기껏해야 추측 정도를 할 수 있을 뿐이라는 것이 그들의 주장이다.

그런데 묘하게도 회의적인 학자들은 이런 추측들을 하는 데 정통해 있다. 2,000년의 간격은 쉽게 무시하고 이들은 가공된 문맥을 제자리에 위치시킴으로써 자신들의 이론에 맞는 예수를 만들어낸다. 그리고 그 예수를 대중에게 소개한다.[1] 이들이 소개하는 예수상은 원래의 문맥이 제거된 뼈대만 남은 말씀, 즉 조작이 가능해 어떤 예수상이라도 걸어둘 수 있게 된 말씀에 근거한 것으로 해석자가 그 말씀에 무엇을 부여하고 싶은가에 따라 얼마든지 달라질 수 있는 예수상이다.[2]

신약 복음서 안에서 예수가 원래 했을 것으로 여겨지는 말씀 가운데 상당수가 특정 문맥과 분리된 채 존재한다는 점은 인정해야 한다. 즉, 우리는 예수가 정확히 어디에서 혹은 언제 그런 말을 했으며 행했는지 알지 못한다. 게다가 전혀 다른 문맥에서 똑같은 말씀이 등장하기도 한다. 예를 들면, 잃어버린 양 비유는 마태복음 18:12-14과 누가복음 15:3-7에 등장하는데 이 비유에 대한 복음서들의 내용이 서로 다르며 문맥도 상이하다. 그러나 그 형태와 문맥이 완전히 다른 것은 아니다. 마태복음의 문맥에서 이 비유는 모든 개인이, 심지어 죄인들도 중요하다는 예수의 가르침을 분명히 한다. 누가복음의 문맥에서도 이 비유는 마태복음과 본질적으로 동일한 것을 가르친다. 다만 마태복음의 이 비유가 열두 제자들에게 한 것인데 반해, 누가복음의 문맥에서 이 비유는 서기관과 바리새인들에게 한 것이다. 그러나 기본적으로 하나님은 잃어버린 자들이 돌아오길 원하신다는 메시지에서는 두 복음서가 어떤 차이도 없다.

이와 같은 차이는 주기도문의 배치에서도 발견된다(마태복음 6:9-13; 누가복음 11:2-4). 마태복음에서 주기도문은 산상설교의 맥락에 위치해 있지만(마태복음 5-7장), 누가복음에서 주기도문은 산상설교가 아니라(누가복음 6:20-49) 누가복음의 중심 단락의 시작 부분에 위치해 있다(누가복음 10-18장). 기도의 내용에서도 서로 차이가 나는데, 마태복음이 보다 긴 기도문의 형태를 갖고 있다. 그러나 두 복음서에서 주기도문이 제자들을 위한 것이며 하나님 나라와 하나님의 뜻을 강조한다는 면에서 동일한 진리를 가르치고 있다.

누가복음의 중심 단락 자체는 매우 교훈적이다. 10장부터 18장까지로 구성된 이 단락을 한 구절씩 따라가면 우리는 마태복음과 병행하는 (많은) 사건들과 마가복음과 병행하는 (드문) 사건들이 각각의 내러티브 안에서 다른 순서로 등장한다는 사실을 알게 된다. 이것은 복음서 저자인 마태와 누가(그리고 마가)가 자신들이 보고 들었으며 전해받은 예수의 이야기와 가르침을 자신들의 문맥과 순서에 따라 재배치했음을 의미한다. 그러나 이것은 마태와 누가가 예수의 이야기와 가르침을 자신들의 상황에 맞게 수정했다는 의미는 아니다. 예수에게 직접 가르침을 받았고 다른 사람들에게 이를 가르쳤던 제자들은 오늘날의 학자보다 예수의 말씀이 있던 원래 문맥과 원래 의미를 더 정확히 이해하고 있었을 것이다. 예수의 가르침과 말씀이 고정된 문맥에서 발견되지는 않지만 그 말씀들은 전체적으로 같은 문맥과 내러티브 안에서 발견된다. 이것은 일부 학자들이 충분히 그리고 제대로 평가하지 않은 중요한 부분이다.

E. P. 샌더스는 역사적 예수에 대한 중요하고 영향력 있는 책에서, 예수의 생애와 활동의 기본적인 사실과 결과들은 간과한 채 예수의 말씀에만 초점을 맞추고 있는 학자들을 정확하게 비판한다. 샌더스는 자신이 생각하기에 "거의 확실한 사실"들을 다음과 같이 기술한다.

1. 예수는 세례 요한에게 세례를 받았다.
2. 예수는 설교하고 병든 자들을 고치던 갈릴리 사람이었다.
3. 예수는 열두 명의 제자들을 불러 가르쳤다.
4. 예수의 활동은 이스라엘에 한정되었다.
5. 예수는 성전에 대한 논쟁에 관여했다.

6. 예수는 로마 당국자에 의해 예루살렘 밖에서 십자가에서 처형당했다.
7. 예수가 죽은 후에도 그의 제자들은 그의 운동을 계승했다.
8. 유대인들은 이 새로운 운동을 바울을 통해 핍박했다.[3]

여기에 덧붙여 우리는 역사적 사실일 가능성이 높은 다음 사항들을 더 추가할 수도 있다. 사람들은 예수를 예언자로 여겼다(마가복음 6:4; 누가복음 7:16, 39). 예수는 하나님 나라에 대해 말했다(마가복음 1:15; 누가복음 6:20). 예수의 성전 논쟁이 대제사장들의 반발을 초래했다(마가복음 11:15-12:12). 로마인들은 예수를 "유대인의 왕"이라는 명패와 함께 십자가에 못 박았다(마가복음 15:26).

예수의 대다수 말씀들은 대체로 이러한 역사적 사건들과 일치한다. 예수가 한 말씀이 사건을 설명하기도 하고 사건이 말씀을 설명하기도 한다. 이는 예수의 가르침을 어떻게 해석해야 하는지에 관한 일반적인—그러나 중요한—문맥을 제공한다. 예수는 말만 한 것이 아니라 행하기도 했다. 이러한 상황을 보여주는 사건들이 없다면 말씀은 얼마든지 잘못 해석될 수 있다. 그러나 어떤 학자들은 이와 같은 사실과 복음서의 문맥들을 전적으로 무시한다.

복음서에 있는 예수의 말씀이 원래의 문맥과는 다르게 사용되었을 뿐 아니라 그 말씀이 정확하게 기억되지도 못했다는 주장은 복음서의 내용이 전달 게임(몇 사람들이 일렬로 줄을 서 앞 사람이 다음 사람에게 말을 전달해 제일 마지막 사람이 원래 말을 맞히는 놀이)처럼 예수가 했던 가르침이 나중에 기록으로 남게 되었을 때 분명히 달라졌을 것이라는 전제에서 발전한 것이다.

그러나 이들이 전제가 옳다는 증거가 있는가? 예수 시대의 유대교 교육 방법에 대해 연구했던 학자들은 이와는 정반대의 결론에 도달한다. 예수와 복음서 연구에 있어서 최고의 학자로 공인되고 있는 스웨덴의 비거 게르하르드손(Birger Gerhardsson)은 초기 랍비들에게 구전 전승이 얼마나 중요한 교수법이었으며 전수된 성과가 매우 높았다는 사실을 알려준다. 게르하르드손은 이 방법이 예수와 그의 제자들에게도 해당된다고 확신한다. 예수가 제자들을 가르치면 그 제자들이 다른 이들에게 원래의 가르침을 그대로 전수했고 배웠던 내용은 차용되거나 확장되기도 했지만 결코 왜곡되지는 않았다는 것이다. 따라서 게르하르드손은 예수가 입으로 전해주었던 가르침과 제자들에 의해 후대에 기록된 복음서 사이에는 중대한 연속성이 존재한다고 결론 내린다.

유대의 고고학자 쉐마르야후 탈몬(Shemaryahu Talmon)도 쿰란 공동체를 세운 교사와 그의 가르침을 후대 문자화한 기록들(사해 사본)과 관련해 동일한 결론에 도달했다. 탈몬은 "쿰란 문서는 구전된 말과 기록된 말이 서로 '모순되고 배타적'이라는 구전 전승 이론에 회의적인 [신약] 학자들의 주장을 지지하지 않는다"는 점을 증거한다고 말한다.[4] 탈몬의 이런 주장은 유대 교사들과 그들의 교수법에 대해 알려져 있는 사실들과 일치한다.

특정 사례

예수의 말씀 가운데 특히 어떤 것들은 그 의미를 정확히 이해하기 위해 특정 문맥을 제대로 이해할 필요가 있다. 이것의 고전적인 예는 악한 포도원 일꾼들 비유다. 일부 학자들은 이 비유는 기존의 복음서 내의 문맥 안에서는 이해하기 어렵다고 주장한다. 이들은 이 비유를 복음서의 문맥에서 끄집어내 가상의 문맥 속에 집어넣어 원래 의미를 찾아내려고 한다.

자신의 일꾼들에 의해 아들이 거부당하고 결국 살해당한다는 이야기를 담고 있는 악한 포도원 일꾼들 비유는 예수가 이 이야기를 통해 자신에 대해서 말하고 있는 것인지, 그렇다면 예수가 자신을 어떻게 이해하고 있었는지, 자신이 포도원 주인의 아들, 즉 인자라고 암시하고 있는 것인지 등을 다루고 있기 때문에 매우 중요하다.

이 비유가 원래의 복음서 문맥 안에서 해석된다면, 이 질문에 대한 답들은 대체로 긍정적이다. 예수는 이 비유를 통해 자신이 일꾼들에 의해 거부되고 살해될 포도원 주인의 아들이라고 암시하고 있다. 비유의 여러 상징들―이스라엘은 포도원이며 하나님은 포도원 주인이며 종교 지도자들은 일꾼들―을 통해 예수는 자신을 이스라엘에 보냄을 받은 하나님의 또 다른 사자(使者)가 아니라 하나님의 그 아들이라고 주장하는 것이다.

원래의 복음서 문맥에서 이 비유를 해석하려고 하지 않는 일부 학자들이 제기했던 여러 주장들을 살펴보면 우리는 그들의 시도가 실패했다는 사실을 금방 알게 된다. 오히려 신약 복음서가 제공한 문맥에서 이 비유를 해석하는 것이 가장 정당하다는 증거들이 많다.

악한 포도원 일꾼들 비유는 다음과 같다.

예수께서 비유로 그들에게 말씀하시되, 한 사람이 포도원을 만들어 산울타리로 두르고 즙 짜는 틀을 만들고 망대를 지어서 농부들에게 세로 주고 타국에 갔더니 때가 이르매 농부들에게 포도원 소출 얼마를 받으려고 한 종을 보내니, 그들이 종을 잡아 심히 때리고 거저 보내었거늘. 다시 다른 종을 보내니 그의 머리에 상처를 내고 능욕했거늘 또 다른 종을 보내니 그들이 그를 죽이고 또 그 외 많은 종들도 더러는 때리고 더러는 죽인지라. 이제 한 사람이 남았으니 곧 그가 사랑하는 아들이라. 최후로 이를 보내며 이르되 내 아들은 존대하리라 했더니, 그 농부들이 서로 말하되 이는 상속자니 자 죽이자 그러면 그 유산이 우리 것이 되리라 하고 이에 잡아 죽여 포도원 밖에 내던졌느니라. 포도원 주인이 어떻게 하겠느냐. 와서 그 농부들을 진멸하고 포도원을 다른 사람들에게 주리라. 너희가 성경에 건축자들이 버린 돌이 모퉁이의 머릿돌이 되었나니 이것은 주로 말미암아 된 것이요 우리 눈에 놀랍도다함을 읽어 보지도 못했느냐. 그들이 예수의 이 비유가 자기들을 가리켜 말씀하심인 줄 알고 잡고자 하되 무리를 두려워하여 예수를 두고 가니라(마가복음 12:1-12).

비유의 결론 부분에 인용된 시편 118:22-23과 이사야 5:1-2에서 가져온 "머릿돌"이란 단어와 구절들을 복음서의 문맥에서 떼내어 해석하는 학자들에게 이 악한 포도원 일꾼들 비유의 원래의 의미는 매우 찾기 어려운 것으로 다가온다.

마태복음, 마가복음, 누가복음의 비유에 관한 연구에서 찰스 칼스턴(Charles Carlston)이 제시한 제안들을 생각해보자. 칼스턴은 악한 포도원 일꾼들 비유를 예수가 직접 이야기하지 않았다고 말하며 마가복음에 나타난 이 비유의 문맥이 비유의 원래 의도와 맞지 않는다고 주장한다. 칼스턴은 이 비유의 진정성과 신약 복음서에 있는 이 비유의 문맥을 거절함으로써 이 비유가 원래 의미했던 바를 확신하지 못하고 세 가지 제안을 추측해 제시한다.[5]

칼스턴은 맨 처음 다음과 같은 제안을 한다. "먼저 이 비유는 하나님이 자신의 아들과 상속자를 죽인 유대인에게서 돌아서서…자신의 포도원을 더 잘 관리할 수 있는 사람, 즉 복음을 믿는 자들에게 향하실 것이라는 의미일 수 있다." 그러면 이 해석은 정당한 것인가? 이것이 이 비유의 원래 뜻이라면, 비유 속에 있는 "포도원"은 초기 기독교인들에게 어떤 의미였는가? 이스라엘 백성? 이스라엘 땅? 칼스턴은 "자신의 아들과 상속자를 죽인 유대인에게서" 돌아선 하나님에 대해 이야기한다. 그런데 유대인(이스라엘) 자신들이 그 "포도원"이라면 하나님이 어떻게 유대인에게서 돌아서 유대인(포도원) 관리를 더 잘 할 수 있는 다른 사람들에게 줄 수 있겠는가? 복음서의 문맥 안에서 이 비유를 해석하면, 이 질문에 대한 답을 쉽게 얻을 수 있다. 아들을 살해한 자들은 포도원 일꾼들, 즉 이스라엘의 종교 지도자들이었다. 하나님은 이 악한 일꾼들에게서 포도원(이스라엘)을 빼앗아 다른 이들에게(예수의 제자들과 이스라엘의 의인들 같은 이들에게) 주실 것이다.

칼스턴이 제안한 두 번째 해석은 이렇다. "이 비유는 하나님이 유대인들로부터 돌이켜 이방인들에게 향할 것임을 암시하는 것일 수도 있다." 그러나 이 해석에도 문제가 있다. 이방인들(비유대인들)이 왜 이 비유에 등장하는가? 악한 일꾼들은 멸망당할 것이며 포도원은 다른 일꾼들, 즉 다른 유대 종교 지도자들에게 주어질 것이다. 이 비유에 대한 최상의 설명은 역시 이 비유를 복음서의 문맥 안에서 해석할 때 가능하다. 예수는 제사장들에게, 그들이 마땅히 잘 관리했어야 할 포도원(이스라엘)이 다른 (유대) 종교 지도자들에게 대체될 위험에 처해 있다고 경고하고 있는 것이다.

칼스턴은 마지막으로 세 번째 해석을 제안한다. "이 비유는 하나님의 계획이 어떻게 돌아가는지를 반영한 것으로 이해될 수 있다. 즉 하나님이 유대인에게서 돌이켜 이방인에게 향하셨듯이 하나님은 '열매'를 맺지 못하는 자들에게서 돌이켜 열매를 맺을 수 있는 자들에게로 향하실 것이다." 세 번째 해석은 앞의 두 해석보다 조금 낫지만 여전히 반쪽짜리 진리일 뿐이다. 하나님은 분명 "열매"를 맺지 못하는 사람들에게서 돌이키실 것이다. 신약 복음서의 문맥에 의하면, 하나님은 "건축자들", 즉 유대의 종교 지도자들로부터 돌아서실 것이고 포도원을 돌보는 자리에 "다른" (유대 종교) 지도자들을 임명하실 것이다. 그러나 세 번째 해석은 앞부분에서 틀렸다. 하나님은 포도원이 아니라 포도원을 돌보는 자들에게서 돌아서실 것이기 때문이다.

그가 제안한 세 가지 해석들의 가장 큰 문제는 초기 기독교인들이 비유를 만드는 데 숙련되어 있기는 했지만 그 의미를 명확히 하는 데는 신통하지 않았다고 잘못 전제한 것에 있다. 예언자의 증거를 적절하게 선택해 (이사야 5:1-7) "포도원"의 정체를 확인시키고 이스라엘 역사에 나타난 하나님의 구원사역의 흐름―언제나 예언자들을 거부하고 결국 하나님의 아들도 거부한 이스라엘의 과거 역사―을 절묘하게 요약하는 알레고리를 창조할 정도로 성경을 잘 알고 있었던 초대교회가 포도원의 의미를 몰랐다고 가정하는 것이 정당한가? 초기 기독교인들이 하나님의 신성한 계획에서 교회의 위치를 명확히 하려는 시도로 비유를 고안해냈으며(예언자들과 하나님의 아들에 대한 지속적인 거부로 인해 하나님이 이스라엘을 거부하셨다고 제안하는 것 같이), 누가 포도원을 돌보는지 불분명하도록 이 비유를 잘못 전달한다는 것이 말이 되는가?

이 비유를 예수의 비유가 아니라 교회의 창작이라고 해석하려는 시도는 비유의 가장 기초적인 줄거리에 의해 허물어진다. 즉 이 비유의 초점은 포도원이 무엇이냐 하는 것이 아니라—포도원이 이스라엘이라는 것은 너무나 자명하다—포도원 일꾼들과 그들이 존중하지도 복종하지도 않는 포도원 주인과의 갈등이다. 이것이 이 비유에 대한 가장 개연성 높은 해석일 뿐 아니라 신약 복음서의 문맥 자체와도 가장 일관된 해석이다.

다행히 최근 대부분의 해석자들은 이 비유가 원래 복음서 문맥 안에 있었다는 점을 수용하고 있다. 어떤 이들은 이사야 5:1-7의 암시와 시편 118:22-23의 인용을 포함해 이 비유가 위치하고 있는 복음서의 문맥을 여전히 거절하고 있지만 그들은 칼스턴의 해석을 거부하게 만들었던 동일한 난점들에 직면해 있다. 이 시도들 가운데 일부를 간단히 살펴보자.

버나드 브랜든 스코트(Bernard Brandon Scott)는 "이 비유는 비유에 등장하는 인물들의 정체를 알 수 있는 어떤 정보도 제공하지 않기 때문에 독자는 비유를 이해하는 데 난감한 입장에 처하게 된다"라고 말한다.[6] 이런 주장은 문맥 그리고 내용과도 모순된다. 스코트는 "정체를 알 수 있게 해 주는 어떤 정보도 제공하지 않는다"라고 말하지만 실제로는 이 비유를 해석하는 데 도움을 주는 정보들이 문맥 안에 존재한다. 성경 전승(예언자들을 핍박하는 이스라엘의 완악함 등의 역사)과 특히 이사야 5:1-7을 암시하는 단어나 구절들(하나님은 포도원의 주인이시고 이스라엘은 포도원이라는) 등이 그것이다. 또 그는 "그 나라와 유산이 무엇을 의미하는지 의심스럽다"는 이유로 그 비유를 청중이 이해하기 어렵다고 주장한다. 그러나 비유의 결론 부분에 나오는 "건축자의 버린 돌"이라는 표현이 시편 118:22-23을 인용한 것임을 인정한다면 그 나라와 유산이 무엇을 의미하는지에 대해서는 의심의 여지가 있을 수 없다. 물론 이 부분은 이 비유의 본질적인 부분이다.

또 다른 의혹을 제기하는 학자들도 있다. 예수 시대를 사회과학적으로 접근한 주석에서, 브루스 말리나(Bruce Malina)와 리처드 로어바(Richard Rohrbaugh)는 이 비유가 원래 "토지를 빼앗아 재산으로 비축하는 지주들에 대한 경고"였을 것이라는 해석을 제안한다.[7] 그러나 이 비유가 예수의 사역이라는 문맥에서 어떤 의미를 가졌는지 명확하게 설명하지 않은 채 이런 해석을 하는 것은 어리석은 판단이다.

여러 가지 색으로 예수의 말씀의 진위를 구분하려고 했던 예수 세미나의 책 『다섯 개의 복음서』 편집자인 로버트 펑크와 로이 후버는 악한 포도원 일꾼들 비유를 복음서보다 더 이르고 더 믿을 만한 도마복음의 문맥에서 읽어야 한다고 주장한다. 그들은 "예수 버전은 혼란스럽고 비극적인 이야기로 특정한 적용 없이 전해진 것"이라고 말한다.[8] 정말 그런가? "특정한 적용 없이"? 그렇지 않다. 이 비유는 신약 복음서 문맥에서 읽을 때 적용이 매우 명확하게 드러난다. 이 비유는 신약 복음서의 원래 문맥에서 제거되면 적용점을 잃어버리게 된다. 게다가 도마복음은 주후 175년 이전에는 기록되지도 않았다. 따라서 도마복음이 복음서 비유보다 더 이르고 더 원시적인 형태였을 가능성은 거의 없다. 예수 세미나는 자신에게 유리한 주장만 보려고 한다.

예수 세미나의 해석에는 크로산의 이전 저작의 흔적이 고스란히 배어있다. 크로산은 이 비유가 "성공적인 살인에 관해 경고를 하려는 이야기"라고 말하지만[9] 무엇을 위해 그랬는지에 대해서는 본인도 확신하지 못한다. 크로산은 다른 연구에서 또 다른 해석을 제공하지만 원래의 신약 복음서 문맥에서 악한 포도원 일꾼들 비유를 제거함으로써 크로산과 예수 세미나, 다른 해석자들은 그 비유가 본래 무엇을 의미했는지에 대해서 어떤 결론도 내리지 못한다.

신약 복음서 문맥을 제거한 채, 또는 그 진정성을 부인하고 악한 포도원 일꾼들 비유의 의미를 찾으려는 노력은 무의미할 뿐이다.

후대의 자료나 현대 학자들의 상상과 추론에 근거한 문맥보다는 현재 우리에게 있는 가장 확실한 문맥—신약 복음서에서 발견되는 문맥—을 더 진지하게 다루는 편이 낫다.

아직 다루지 않은 한 가지 요소가 더 있다. 이 요소는 예수가 실제로 이 비유를 말했는가 하는 여부와 관련된 문제다. 일부 학자들은 악한 포도원 일꾼들 비유가 너무 극단적이기 때문에 그 진정성이 의심스럽다고 말한다. 그들은 이 비유에 등장하는 인물들의 불합리한 행동에 대해 불평한다. 포도원 주인에 대해 특히 그렇다. 그는 왜 일꾼들을 계속해서 보내는가? 또 사랑하는 그의 아들을 그렇게 위험한 곳에 보낸 이유는 무엇인가? 어떤 해석자는 포도원 주인이 "아무것도 모르는 바보"처럼 행동한다고 말하기도 한다. 물론 일꾼들의 행동도 납득할 수 없다. 일꾼들은 정말로 계약을 위반하고 폭력과 살인으로 포도원을 얻을 수 있을 거라고 생각했을까?

상식적으로는 납득하기 힘든 이런 이유들로 인해 어떤 사람들은 이 비유가 예수 시대 이후에 덧붙여졌거나 원래는 예수(혹은 다른 누군가)가 더 단순하고 실제적인 비유를 말했는데 나중에 윤색되었다고 생각하기도 한다. 또한 이 비유의 현재 모습은 예수가 살았던 1세기의 팔레스틴의 일상을 전혀 반영하지 못하는 알레고리가 되었다고 주장하기도 한다. 반면에 칼스턴은 이 비유를 "행복한 바보 같은 행동"이라는 기독교적 버전이라고 부른다.[10] 그러나 이런 생각은 등장인물들이 부조리하게 행동하고 정상적인 사람들이라면 하지 않을 일들을 행하는 것으로 주로 묘사하는 유대인 특유의 비유를 이해하는 데 실패한 것이다.

악한 포도원 일꾼들 비유는 기독교 첫 세대에 이사야서의 포도원 노래(이사야 5:1-7)에 근거해 이스라엘을 포도원에 비유했던 랍비들을 떠오르게 한다. 그 랍비들이 호소했던 구절은 예수가 그의 비유에서 인용했던 바로 그 구절이다. 랍비의 비유에 나타나는 "목자들"이 어떻게 예수의 비유에 등장하는지 주목할 필요가 있다. 게다가 예수는 "건축자"에 대한 구절을 추가해(시편 118:22-23) 일꾼들과 건축자들의 은유를 혼합시킨다. 예수의 비유처럼 포도원의 부재(不在) 지주들에 대해서 이야기하는 랍비의 비유도 있으며, 예수의 비유의 결론처럼 자신의 포도원을 모독했던 자들에게 복수하는 분노한 왕에 대한 랍비의 비유도 있다.

한 랍비는 자격 없는 일꾼들이라는 비유에서 난폭하고 거역하는 일꾼들 이미지를 사용한다. 이 자격 없는 일꾼들은 포도원을 훔치지만 나중에 포도원 주인의 아들에 의해 쫓겨난다. 다른 비유들처럼 이 비유에서 포도원 주인은 하나님을 의미한다. 어떤 비유―갈릴리 사람 요세가 만든 것으로 여겨지는 어리석은 왕에 대한 비유(주후 2세기)―는 자기 아들을 악당에게 맡기는 어리석고 경솔한 왕에 대해 이야기하는데, 비유의 몇 가지 요소들이 예수의 비유의 진정성에 관련되어 있는 중요한 사실을 보여준다. 이 요세의 비유에는 상식이 없어 보이는 사람이 등장한다. 친구들과 장로들의 충고에도 불구하고 그는 아들을 이유를 전혀 알 수 없는 "악한 일꾼들"에게 맡긴다. 일꾼들은 아무런 이유없이 왕의 도시를 파괴하고 왕궁을 불태우고 아들을 살해한다. 왜 왕은 그 악한 일꾼들에게 아들을 맡겼는가? 그 일꾼들은 무슨 이유로 그런 악행들을 행하는가? 왜 왕은 악한 일꾼들을 가만두는가?

랍비들의 포도원 비유

주인의 부재에 관해

이것을 무엇과 비교할 수 있을까? 갈릴리에 살면서 유대에 포도원을 소유한 한 사람과 유대 땅에 살면서 갈릴리에 포도원을 소유한 또 다른 사람과 비교할 수 있다(랍비 시므온 벤 할라프타의 것으로 여겨진 「미드라쉬 탄후마」 B, 「케도쉰」 6).

포도원처럼 재배됨에 관해

랍비 시므온 벤 요하이가 말했다. 이스라엘이 어째서 포도원과 같은가? 시작할 때 포도밭의 흙을 고르고 잡초를 뽑고 포도송이가 [맺히는 것]을 보면 받침을 세워야 한다. 그리고 포도주를 얻기 위해 포도를 추수하러 돌아와야 한다. 그러므로 이스라엘(포도원을 돌보는 사람과 모든 목자)도 그것들을 [그가 포도원을 재배하듯이] 재배해야 한다. [성경] 어느 곳에서 이스라엘이 포도원이라고 불리는가? "대저 만군의 여호와의 포도원은 이스라엘 족속이요. 그가 기뻐하시는 나무는 유다 사람이라"[사 5:7]라는 구절에서 그렇게 불린다(잠언 19:21에 대한 「미드라쉬 미슐레」).

포도원의 파괴자들에 관해

그들은 왕의 포도원에 침입해 포도나무를 망쳤던 강도들과 같았다. 왕이 그의 포도원이 파괴되었음을 발견했을 때, 왕은 분노로 가득차서 누구의 도움도 없이 강도들에게 내려가 그들이 그의 포도원에 했던 것처럼 그들을 죽이고 제거했다(출애굽기 21:18에 관한 「출애굽기 랍바」 30.17).

Burton L. Visotzky, *The Midrash on Proverbs*, YJS 27 (New Haven: Yale University Press, 1992), p. 89.

Simon M. Lehrman, "Exodus," in *Midrash Rabbah*, ed. Harry Freedman and Maurice Simon (New York: Soncino, 1983), 3:367.

> ### 자격 없는 일꾼들 비유
>
> 한 왕이 자신이 일꾼들에게 밭을 임대했다. 일꾼이 밭에서 곡식을 훔치기 시작하자 그 왕은 밭을 그들에게서 빼앗아 그의 자녀들에게 맡겼다. 자녀들이 일꾼들보다 더 악하게 행동하자 그 왕은 그 밭을 빼앗아 손주들에게 주었다. 이들도 그들의 조상보다 더 악하게 행할 때, 왕에게 한 아들이 태어났다. 그리고 그 왕은 손주들에게 말했다."나의 재산을 내놓아라. 너희는 그것을 가질 수 없다. 내가 다시 소유할 수 있도록 나의 재산을 내놓아라"(신명기 32:9에 대한 해석, 「시프레 신명기」 312).
>
> R. Hammer, *Sifre: A Tannaitic Commentary on the Book of Deuteronomy*, YJS 24 (New Haven, Conn.: Yale University Press, 1986), p. 318에 근거한 번역.

이런 질문들은 비평가들이 마가복음 12장과 그 병행구절의 악한 포도원 일꾼들 비유의 진정성을 의심하며 제기했던 질문들이기도 하다.[11] 포도원 주인은 왜 그 일꾼들과 특히 그의 아들에 대해 그렇게 어리석은 행동을 했는가? 일꾼들은 무슨 생각으로 그런 짓을 했는가? 그 일꾼들은 주인이 돌아와 자신들을 심판할 것이라고 생각하지 못했는가? 그 일꾼들은 정말로 포도원을 소유할 수 있을 거라고 생각했는가?

이런 질문들은 예수의 비유든 랍비들의 비유든 비유의 진정성과는 아무런 상관이 없는 것이다. 요세의 비유에 나오는 이해할 수 없는 왕의 행동은 그 비유의 진정성에 대해 어떤 의혹도 주지 않는다. 포도원 주인과 포도원 일꾼들의 말도 안 되는 행태도 비유의 진정성에 어떤 의혹도 주지 않는다. 이 비유들이 현대인뿐 아니라 고대의 청중들에게 이런 식의 질문을 불러일으키는 것은 당연하다. 오히려 비유에 나오는 이와 같은 충격적인 행태나 그에 따른 질문들은 청중들이 가르침을 정확한 이해하고 적용할 수 있도록 의도된 것이다. 하나님을 상징하는 땅이나 왕, 주인, 백성이나 이스라엘을 상징하는 밭이나 포도원, 그리고 이방인 혹은 다른 자격 없는 사람들을 상징하는 일꾼들, 그리고 이스라엘 혹은 아브라함, 이삭, 야곱 등 족장들을 상징하는 왕이나 주인의 아들과 같은 알레고리적 요소들은 유대

어리석은 왕의 비유

갈릴리 사람 랍비 요세가 말했다. 이 비유는 바다 너머의 도시로 떠난 한 왕에 관한 이야기다. 그 왕이 자신의 아들을 악한 일꾼의 손에 맡기려고 하자 그의 동료들과 신하들이 왕에게 말했다. 왕이시여, 아들을 그 악한 일꾼에게 맡기지 마소서. 그러나 동료들과 신하의 조언을 무시하고 왕은 그의 아들을 악한 일꾼에게 맡겼다.

그 일꾼이 어떻게 행했는가? 그 일꾼은 왕의 도시를 파괴하였고 왕궁을 불태웠고 왕자를 칼로 죽였다. 얼마 후에 돌아온 왕은 파괴되고 황폐화된 자신의 도시와 불에 탄 왕궁과 살해된 아들을 보고서 자신의 머리와 턱수염을 뽑으며 대성통곡하며 말했다. 나에게 재앙이 임하였도다! 내가 얼마나 어리석었는가! 내 아들을 악한 일꾼에게 맡기는 어리석은 행동을 범하였도다!(「세데르 엘리야 랍바」 28에서)

어리석은 왕의 비유는 하나님(어리석은 왕)이 그의 아들(이스라엘), 도시(예루살렘) 그리고 왕궁(성전)을 악한 일꾼(예루살렘을 파괴하고 성전을 불태우고 많은 이스라엘 사람들을 죽였던 바벨론 왕 느부갓네살)에게 맡긴 이유에 대해 설명한다.

William G. Braude와 Israel Kapstein, *Tanna Debe Eliyyahu: The Lore of the School of Elijah* (Philadelphia: Jewish Publication Society, 1981), p. 369.

의 언어와 소재들의 보고(寶庫)에서 취해진 자연스러운 이미지들이다.

따라서 악한 포도원 일꾼들 비유의 내용과 줄거리는 그 시대 유대교에서 발견되는 전형적인 비유적 문체와 주제 그리고 형식과 정확히 일치한다. 예수의 비유 속에 새로운 해석과 의미를 부여하려는 후대의 기독교 알레고리 작가들의 흔적은 여기서 발견되지 않는다. 오히려 이 비유가 예수가 아니라 이후 교회에 의해 만들어진 것이 아니라는 요소들이 있다. 예를 들어, 예수가 아니라 초대교회가 이 비유를 만들었다면 포도원 주인이 비유의 중심에 있을 이유가 무엇이었겠는가? 또 예수의 부활은 왜 언급하지 않는가? 포도원 주인의 아들이 살해당한 것을 보복하겠다는 주인의 다짐은 시편 118:22-23을 인용하는데 여기에는 부활에 대해 아무런 말도 하지 않는다. 즉, 이 비유는 예수의 명예가 회복될 것이라는 암시는 하지만 부활에 대해서는 아무런 암시도 주지 않는다.

악한 포도원 일꾼들 비유에는 다른 것들도 있다. 즉 이 비유는 현대인들이 생각하는 것처럼 비현실적인 것만은 아니다. 100년 전 이집트의 한 사막에서 발굴된 파피루스에는 이 비유와 비슷한 실제 사건이 있었다고

고대의 계약

이 포도원에서 자라는 첫 해의 모든 열매와 산물의 2/3, 즉 포도로 만든 모든 상품의 일정량, 일꾼들의 급여, 포도주틀의 임대료 그리고 조합에 기부하는 카도스의 절반을 공제한 후에, 남은 과즙액은 니코마쿠스가 두 몫, 아폴로니우스가 한 몫으로 나눈다. 각자는 자신이 계약한 할당량에 따라 자신의 몫을 담기 위한 항아리들을 준비해야 하며 포도주틀에 그 항아리들을 가져다 놓아야 한다(P.Rylands 582 [주전 42년경]).

기록하고 있다. 포도원의 주인이 일꾼들과 체결한 계약은 발굴된 고대의 계약들과 내용이 일치하며, 채무를 수금하려는 주인이 일꾼들의 횡포를 보고 그들을 추방했다고 기록하고 있다.

살라미스의 시민들에게 세금을 거두기 위해 군대를 동원해 많은 사람들을 죽인 사건에 대한 로마 정치인 키케로의 이야기는 이와 유사한 역사적 사건(주전 50년경)이 실제했음을 보여준다. "아피우스는 살라미스 사람들을 압박하기 위해 중대 병력 규모의 군인들을 파병했고…사람들에게…세금을 내라고 명령했다"(「아티쿠스에게 보내는 서신」 5.21). 키케로는 계속 아티쿠스에게 그 군인들이 "살라미스의 원로원을 그들의 방에 가두어 그

학대를 당한 수금원들

나는 제논이 제두스에게 쓴 편지의 복사본이 첨부된 당신의 편지를 받았습니다. 그 편지에는 그가 제논의 사람 스트라톤에게 돈을 주기 전까지, 우리가 그의 저당물을 그[스트라톤]에게 주어야 했다고 기록되어 있었습니다. 나는 몸 상태가 안좋아 나의 젊은 종을 스트라톤에게 보냈고 제두스에게 편지를 썼습니다. 종이 돌아와 그들이 내 편지에는 관심도 두지 않고 자신들을 때리고 마을 밖으로 쫓아냈다고 전해주었습니다. 그래서 나는 당신에게 지금 편지를 쓰고 있는 것입니다(P.CairoZenon 59.018 [주전 258년]).

의 다섯 식구를 굶어 죽게 했다"고 전한다(「아티쿠스에게 보내는 서신」 6.1).

이 실화들은 예수의 악한 일꾼들 비유가 현실과 그리 먼 얘기가 아님을 보여준다. 그렇다고 비유가 있는 그대로의 현실을 정확히 묘사해야 하는 것도 아니다. 비유는 과장법을 사용해 등장인물들(심지어 하나님도)의 성

격을 극적으로 부각시키곤 한다. 악한 포도원 일꾼들 비유처럼 말이다.

    작은 에피소드 정도가 일어나지 말라는 법은 없지만 이야기 전체로 보자면 비유는 분명 과장된 면이 있다. 악한 포도원 일꾼들 비유는 일꾼들의 범죄를 강조하고 비유를 듣는 청중이 모욕감을 크게 느끼도록 하기 위해 과장법을 적극 사용한 경우다.

    살펴보아야 할 또 다른 요소들도 있다. 이 비유의 도입 부분에서 사용된 이사야 5장은 화자가 예수 시대에 통용되었던 아람어로 기록된 이사야서와 회당 문화에 익숙해 있었음을 보여준다. 이는 이 비유의 결론 부분에서 인용되고 예수의 예루살렘 입성 당시에 인용되었던 시편 118편의 경우에도 마찬가지다(마가복음 11:1-11). 어떤 학자들은 이 부분에서 환영받을 만한 정교한 해석을 제시한다. 아람어를 근거로 한 이 해석은 복음서의 문맥에서 이해하면, 악한 포도원 일꾼들 비유에서의 시편 118편의 인용은 초대교회의 해석이 아니라 예수 자신의 것일 가능성이 매우 높음을 알 수 있다.

    지금까지 악한 포도원 일꾼들 비유를 장황하게 다룬 이유는 이 비유가 예수의 비유 중 매우 중요한 비유일 뿐 아니라 일부 학자들이 복음서 문맥에서 제거해 자신들의 상상과 추론으로 비유의 의미들을 해석해내려고 하는 대표적인 비유이기 때문이다. 이제 이와 관련해 더 이상 이야기할 것들은 없는 것 같다. 따라서 마지막으로 나는 학자들과 비전문가들에게 더 이상 자신들의 가설과 상상력이라는 문맥에서 예수의 비유와 말씀을 읽지 말고 신약 복음서의 문맥, 즉 예수 자신과 제자들의 문맥들(더 이른 것이 아니라면) 속에서 예수의 비유와 말씀을 읽으라고 충고하고 싶다.

    다음 7장은 또 다른 중요한 이슈, 예수의 기적 행위를 다룬다. 이 행위를 심각하게 그리고 예수의 공적 활동의 문맥에서 다루지 않는다면 예수의 메시지는 바르게 이해될 수 없기 때문이다.

축소된 기적 행위

치유와 기적에 대한 새로운 관찰

역사적 예수에 대한 연구에서 흥미로운 것 중 하나는 학자들이 보통 기적을 행하는 예수에 대해 관심을 두지 않는다는 것이다. 최근에 이런 흐름에 변화가 있어 다행이지만 말이다. 예수를 연구하는 데 있어 가장 탁월한 요소—그의 기적—를 고려하지 않고서 예수가 어떤 인물이었으며 그의 행적이 어떠했는지를 제대로 이해할 수는 없다.

최근 학자들은 예수의 기적들을 연구하는 데 개방적이 되었다. 역사가의 과제가 사실을 최대한 객관적으로 보고하고 기록하는 것이라는 점을 새삼 깨닫게 되었기 때문이다. 순수과학이나 형이상학 같은 문제는 역사가의 과제가 아니다. 다른 말로 하면, 예수의 행적에서 사람들이 그의 기적을 목격했다면 그것을 그저 객관적으로 기술하는 것뿐이지 예수가 어떻게, 어떤 방법으로 기적을 행했는지에 관해 평가하는 것은 역사가의 역할이 아니라는 뜻이다. 이런 인식의 전환이 최근 학계에서 일어나고 있다.[1]

그럼에도 불구하고, 예수의 이 공적 활동의 중요한 면은 아직까지 충분한 평가를 받지 못했으며—특히 예수 세미나에서—예수의 가르침과 관련해 제대로 이해되지 못했다. 예수 세미나에서 출간된 책들 속에서 예수는 여전히 이적 행위자가 아니라 철학자와 지혜자 정도로만 다루어지고 있다.[2]

반면에 E. P. 샌더스는 예수가 위대한 교사여서보다는 강력한 치료자라는 평판 때문에 군중들이 그를 따랐다고 분명하게 말한다.[3] 열렬한 지지자들이 예수의 뒤를 따랐다는 것은 예수에 관한 이 소문이 분명한 근거가 있었음을 간접적으로 증거하는 것이다. 예수의 말씀의 진정성을 판단하기 위해서 사용된 기준들이 예수의 기적 행위의 진정성을 판단하는 데 다시 적용된다.

- **다중적 증거** : 예수의 기적 행위는 Q를 포함한 신약 복음서 전부에서 발견된다. Q에 있는 기적 본문은 그 자료에서 기적이 그렇게 중요하게 취급되고 있지 않다는 점에서 더 중요하다. 이 Q는 기적 이야기뿐 아니라(마태복음 8:5-13 = 누가복음 7:1-10; 요한복음 4:46-54) 학자들 입장에서 볼 때 예수의 기적을 전제로 하는 말씀도 포함한다.[4] 기적 이야기는 다른 모습으로 마가복음에서도 등장해(마태복음 12:27 = 누가복음 11:19; 마가복음 3:23) 다중적 증거에 대한 예들을 제시한다.

- **비유사성** : 예수 시대의 유대인과 한두 세대 이후의 기독교인과 비유대인들 모두에게서 발견되는 동시대의 퇴마사와 치료자와는 전혀 다른 특징이 예수의 기적 행위에서 나타난다. 즉 신약 복음서 이야기가 후대에 고안된 이야기를 반영한 것이라면, 사람들이 경험했던 것들이 그 이야기에 분명

반영되었을 것임을 말한다.[5] 그러나 복음서의 경우에는 그렇지 않았다. 예를 들면, 당대의 유명한 퇴마사나 치료자들과는 달리 예수는 치유를 위해서 특별한 기도문을 사용하거나 부정한 영을 쫓아내는 데 필요한 어떤 도구 같은 것을 사용하지도 않았다.

- **어색함** : 이 기준은 말 그대로 일반적으로는 납득하기 어려운 말씀이나 당혹스러운 행위들의 존재가 오히려 초대교회의 가공물이 아니라는 뜻이다. 예수의 생애에서 당혹스러운 한 가지 사건은 이스라엘에게 회개하고 세례를 받으라고 요구했던 세례 요한에게 예수가 세례를 받았던 사건이다. 이것은 예수가 회개할 필요가 있었다는 뜻인가? 기독교 교리에 따르면 예수는 죄가 없었으므로 회개할 필요가 없다. 따라서 예수가 세례 받은 이야기는 일반적인 이해와 맞지 않는 당혹스러운 대목이다. 이것이 역사적인 사실이 아니었다면 초대교회는 이 본문을 복음서에 남겨두지 않았을 것이다. 비평적인 학자도 예수의 세례 이야기가 역사적 사실이라고 인정하는 이유가 그 때문이다. 기적 이야기 중 일부에 이와 같은 논증이 적용된다. 퇴마에 대한 부정적인 반응 때문에 가족들이 예수를 제지하려고 했다는 언급(마가복음 3:20-35)이 있는가 하면, 나사렛 사람들의 믿음 없음 때문에 예수가 "그곳에서 놀라운 일을 행할 수 없었다"는 언급도 있다(마가복음 6:5). 비유대인 여인이 예수와의 논쟁에서 이긴 것처럼 보이는 대목(마가복음 7:24-30)이 있고 치료하기 위해서 두 번 이상 노력했던 것처럼 보이는 이야기도(마가복음 8:22-26) 있다. 이 이야기들은 상상의 산물이 아니다. 이 이야기들은 인위적으로 짜맞추려 하기보다는 자발적이고도 개방적인 것을 특징으로 하는 예수의 행적을 솔직하게 보여주는 것이다.[6]

예수의 기적 행위에 대해 몇 가지 중요한 요소가 있다. 첫째, 예수의 치유와 축귀는 하나님 나라(혹은 통치)에 대한 예수의 선포와 본질적으로 관련되어 있다. 기적 행위와 가르침은 함께 행해져야 하며, 둘 중 하나만 취해서는 아무것도 이해할 수 없다. 둘째, 예수와 그의 제자들은 기적을 예언의 성취로 간주했다. 예수의 기적은 하나님이 보내신 메시아가 행할 사역이었다. 셋째, 예수의 기적 행위는 일종의 계시로 예수 자신과 그의 행적의 의미를 설명하는 것이었다. 이는 기적 행위를 간과하는 것은 예수와 그의 행적의 중요한 측면을 잃어버리는 것임을 확인하게 해준다. 넷째, 예수의 기적 행위는 당대의 기적 행위자와는 구별되었고 더 인상적이었다. 예수의 치유는 당시의 전문 퇴마사와 치료자와는 완전히 달랐다. 다섯째, 치료자와 퇴마사라는 예수의 평판은 그의 사역이 마무리된 이후로도 오랫동안 기독교인과 비기독교인들 모두에게 예수의 존재를 각인시켰으며 그에 대해 증언하게 했다. 우리는 이것들을 차례로 살펴볼 것이다.

예수의 축귀와 치유

하나님 나라(통치)가 예수가 전했던 메시지의 중심이었다는 것에 대해 대부분의 학자들이 동의한다. 예수에 의하면 하나님 나라의 시작은 사탄의 나라의 붕괴를 의미했고 사탄의 나라(통치)의 붕괴는 귀신이 쫓겨나고 병든 자가 치유되는 것으로 확인되었다. 하나님 나라(통치)가 가까이 왔으니 지금 회개하고 그 나라를 받아들이라는 예수의 선포가 갖는 중요성과 그 의미를 충분히 이해한다면 그의 행적에서 귀신 축출과 치유는 무시해서는 안 될 중요한 요소다.

신약 복음서는 하나님 나라의 선포와 귀신 축출과 치유를 분명하게 연관시킨다.

> 예수께서 그의 열두 제자를 부르사 더러운 귀신을 쫓아내며 모든 병과 모든 약한 것을 고치는 권능을 주시니라(마태복음 10:1).

> 예수께서 이 열둘을 내보내시며 명하여 이르시되, 이방인의 길로도 가지 말고 사마리아인의 고을에도 들어가지 말고 오히려 이스라엘 집의 잃어버린 양에게로 가라. 가면서 전파하여 말하되 천국이 가까이 왔다 하고 병든 자를 고치며 죽은 자를 살리며 나병환자를 깨끗하게 하며 귀신을 쫓아내되(마태복음 10:5-8).

예수가 그의 제자들에게 기적 행위를 위임한 내용은 마가복음 3:13-15; 6:7; 누가복음 6:12-19; 9:1-6 등에서 발견된다.

예수가 하나님 나라(통치)의 복음을 선포하고 사탄 나라(통치)를 공격해 하나님 나라가 임하고 있음을 입증했듯이 제자들도 나가서(사도, 즉 "보냄을 받은" 자들로서) 동일한 일을 한다. 하나님의 통치와 사탄의 통치는 결코 공존할 수 없다. 하나가 등장하면 다른 하나는 사라져야 한다.

귀신 축출에 대한 예수의 이해는 복음서 여러 곳에서 살펴볼 수 있다. 귀신을 쫓으려는 자신을 향해 사탄의 힘을 빌려 그 일을 한다는 비판에 예수는 다음과 같이 응수했다.

사탄이 어찌 사탄을 쫓아낼 수 있느냐. 만일 나라가 스스로 분쟁하면 그 나라가 설 수 없고 집안이 스스로 분쟁하면 그 집안이 설 수 없고 사탄이 자기를 거슬러 일어나 분쟁하면 설 수 없고 망하느니라. 사람이 먼저 강한 자를 결박하지 않고는 그 강한 자의 집에 들어가 세간을 강탈하지 못하리니 결박한 후에야 그 집을 강탈하리라(마가복음 3:23-27).

그러나 내가 하나님의 손을 힘입어 귀신을 쫓아낸다면 하나님의 나라가 이미 너희에게 임했느니라(누가복음 11:20).

두 가지 요소가 두드러진다. 첫째, 예수가 사탄이 "망한다"(마가복음 3:26)라고 말할 때, 이는 예수가 자신의 사역이 주후 30년경에 팔레스틴에서 기록된 모세의 유언과 문자적으로 정확하게 병행되는 일을 하고 있음을 말하는 것이다. 제사장의 부패와 하나님 나라가 가까웠음을 이 문서는 다음과 같이 말한다.

그러면 [하나님] 나라는 온 피조물에게 나타날 것이다.
그러면 악마는 망할 것이며
그리고 슬픔은 사탄과 함께 망할 것이다(모세의 유언 10:1).

이것은 예수의 하나님 나라 이해와 굉장히 유사하다. 즉, 하나님 나라가 임하면 악마는 망한다. 모세의 유언에서 미래적 용어로 간절히 열망되었던 것이 예수의 기적 행위 속에서 일어나기 시작한 것이다. 모세의 유언에서 미래에 "망할" 것이 예수의 선포와 행위 속에서 지금 "망하고" 있는 것이다.

하나님 나라에 대한 선포와 사탄의 멸망을 연관시켜 전하고자 했던 예수의 메시지는 그 시대 사람들에게는 어렵지 않게 이해되었을 것이다.

귀신 축출과 치유를 연결시킨 예수의 주장과 관련해 두 번째로 중요한 특징은 "하나님의 손가락"에 대한 언급이다(누가복음 11:20). 이는 모세와 파라오의 마술사들과의 대결을 암시하는 표현이다(출애굽기 7-8장). 파라오의 마술사들은 처음에는 모세의 기적을 흉내냈지만 곧 범접할 수 없는 상대를 만났음을 알게 된다.

> 요술사들도 자기 요술로 그같이 행하여 이를 생기게 하려 했으나 못 했고 이가 사람과 가축에게 생긴지라. 요술사가 바로에게 말하되 이는 하나님의 손가락이니이다(출애굽기 8:18-19).

이 문맥에서 "하나님의 손가락"이라는 표현은 모세와 아론이 속임수에 능숙한 파라오의 마술사 같지 않았다는 의미다. 마술의 본고장이었던 이집트에서 훈련을 받은 마술사의 눈에는 모세가 행했던 기적은 인간의 능력으로는 할 수 있는 것이 아니었기에 그 기적이 신에 의해 행해졌다는 뜻으로 "하나님의 손가락"이라고 표현했던 것이다.

이것이 바로 예수가 축귀와 관련해 했던 말의 의미이기도 하다. 마귀를 쫓아내는 그의 능력은 마술이나 속임수가 아니라 모세를 통하여 행해졌던 것과 동일하게 "하나님의 손가락으로" 행해지는 것이었다. 예수는 자신의 일을 마술과 구분할 뿐만 아니라 하나님이 인간을 통해 일하셨던 가장 큰 능력을 자신을 통해 행하고 있다는 놀라운 주장을 하고 있는 것이다. 예수를 반대했던 사람들은 그의 주장을 거짓이라고 비판하고 싶었지만 자신들의 눈앞에서 일어난 일을 부인하기는 어려웠다. 그래서 예수가 사탄(바알세불)과 결탁해 그런 일을 벌이고 있다는 논리를 폈던 것이다.

당시 어떤 이들은 귀신 축출을 통한 예수의 치유를 최대한 평가절하하려고 했다. 그러나 복음서 저자는 어떤 질병들이 악령들과는 전혀 상관이 없었지만, 어떤 질병은 악령들과 연관되어 있었음을 분명히 한다. 누가복음에서 이와 관련한 실례를 찾을 수 있다.

> 열여덟 해 동안이나 귀신 들려 앓으며 꼬부라져 조금도 펴지 못하는 한 여자가 있더라. 예수께서 보시고 불러 이르시되 여자여 네가 네 병에서 놓였다 하시고 안수하시니 여자가 곧 펴고 하나님께 영광을 돌리는지라. 회당장이 예수께서 안식일에 병 고치시는 것을 분 내어 무리에게 이르되, 일할 날이 엿새가 있으니 그 동안에 와서 고침을 받을 것이요 안식일에는 하지 말 것이니라 하거늘. 주께서 대답하여 이르시되, 외식하는 자들아 너희가 각각 안식일에 자기의 소나 나귀를 외양간에서 풀어내어 이끌고 가서 물을 먹이지 아니하느냐. 그러면 열여덟 해 동안 사탄에게 매인 바 된 이 아브라함의 딸을 안식일에 이 매임에서 푸는 것이 합당하지 아니하냐. 예수께서 이 말씀을 하시매 모든 반대하는 자들은 부끄러워하고 온 무리는 그가 하시는 모든 영광스러운 일을 기뻐하니라(누가복음 13:11-17).

이 치유 이야기의 촛점은 안식일에 병을 치유하는 것이 합법적인가이다. 안식일(전통적인 휴일)에 병을 고치는 것이 예수나 다른 사람에게 허용되었는가? 전통적인 유대교의 관습과는 달리 예수는 그것이 허용된다고 말한다. 이 이야기의 핵심은 기적 자체가 아니라 여인의 질병이 사탄의 굴레에 의해 일어났다는 것이었다. 사탄의 속박으로부터 자유(안식)를 주고자 하는데 안식일 말고 더 좋은 날이 있겠는가? 여인을 치유하는 것은 모든 악으로부터의 해방을 의미하는 하나님의 통치가 임하고 있다는 분명한 예인 것이다. 더러운 영들을 몰아내는 것, 육체의 질병을 치유하는 것은 사탄의 통치에서 해방시킨다는 뜻이다.[7]

예수의 치유 기적

역사적 예수를 연구함에 있어서 예수의 기적 행위를 충분히 고려해야 할 두 번째 중요한 이유는 기적이 예수와 동시대인들에게 예수의 일이 하나님의 일이며 예언의 성취라는 증거를 제공하기 때문이다. 군중을 감동시키고 비판자들을 침묵시켰던 예수의 기적은 그의 활동에서 부수적인 문제가 아니었다. 그가 행했던 기적들은 하나님의 통치가 지금 임하고 있다는 선포("예수의 귀신 축출과 치유"의 요점)일 뿐 아니라 예수의 사역이 예언의 성취라는 점을 입증하는 데도 필수적이었다.

앞에서 우리는 예수와 감옥에 투옥되어 낙심했던 세례 요한 사이에서 오갔던 대화를 살펴보았다. 그러나 그 둘 사이의 대화를 조금 더 살펴보자.

요한이 옥에서 그리스도께서 하신 일을 듣고 제자들을 보내어 예수께 여짜오되, 오실 그이가 당신이오니이까 우리가 다른 이를 기다리오리이까. 예수께서 대답하여 이르시되, 너희가 가서 듣고 보는 것을 요한에게 알리되, 맹인이 보며 못 걷는 사람이 걸으며 나병환자가 깨끗함을 받으며 못 듣는 자가 들으며 죽은 자가 살아나며 가난한 자에게 복음이 전파된다 하라. 누구든지 나로 말미암아 실족하지 아니하는 자는 복이 있도다 하시니라(마태복음 11:2-6; 누가복음 7:18-23).

어색함의 기준은 이 대화의 진정성을 강력하게 지지한다. 초기 기독교인이 예수를 의심하는 세례 요한에 대한 이야기를 지어냈을 리가 없기 때문이다. "오실 그이가 당신이오니이까?"라는 세례 요한의 질문은 예수가 이스라엘의 구원을 위해 하나님이 보낸 사람임을 확신할 수 없다는 의미다.

이 질문에 대한 예수의 대답은 굉장히 중요한 것으로 그것의 대부분은 이사야의 예언을 인용한 것이다. "맹인이 보며"라는 예수의 선언은 이사야 35:5과 이사야 61:1을, "못 걷는 사람이 걸으며"라는 선언은 이사야 35:6을, "못 듣는 자가 들으며"라는 표현은 이사야 35:5을, "죽은 자가 살아나며"라는 말은 이사야 26:19을 암시한다. 마지막으로 "가난한 자들에게 복음이 전파된다"라는 표현은 이사야 61:1의 예언적 구절을 암시한다("여호와께서 내게 기름을 부으사 가난한 자에게 아름다운 소식을 전하게 하려 하심이라"). 그리고 선지자의 이 말씀은 예수의 유명한 팔복 설교의 기저를 이뤘을 것이다. "가난한 자는 복이 있나니 하나님의 나라가 너희 것임이요"(누가복음 6:20; 마태복음 5:3).

이사야서를 암시하는 이 구절들은 자신의 기적 행위가 예언자들이 기대했던 것의 성취라고 예수가 주장하고 있음을 말한다. 이는 예수가 자신의 기적 행위를 어떻게 이해했었는지를 보여주는 중요한 대목이다.

예수는 자신의 정체성에 대한 세례 요한의 의심에 대해 이사야 61장을 암시하는 이 구절을 인용했다. 이사야 61:1에 따르면, 주의 기름부음 받은 자(메시아)는 "마음이 상한 자를 고치며 포로된 자에게 자유를, 갇힌 자에게 놓임을 선포"한다. 예수는 세례 요한이 던진 질문의 핵심에 있는 자신에 대한 의심을 이사야가 예언했던 일들이 지금 이루어지고 있음으로 말했던 것이다.

쿰란의 제4동굴에서 발견한 두루마리(4Q521)는 예수가 이사야서에서 인용한 말과 표현들이 자신을 메시아라고 말하고 있음을 증거한다. 메시아의 묵시록이라고 부르는 이 코덱스는 "하늘과 땅이 순종할" 하나님의 "메시아"를 이사야서와 동일한 단어로 표현하고 있기 때문이다.[8]

따라서 우리는 예수의 기적 행위가 예언의 성취로 여겨졌을 뿐 아니라 메시아의 정체성을 입증하기 위해 사용되었다는 결론을 내릴 수 있다.[9] 이것은 예수와 제자들만의 생각이 아니었다.

예수의 기적 행위

예수의 기적 행위를 목격함으로 제자들은 자신들의 선생의 정체와 그 능력의 본질에 관한 중요한 통찰을 얻었다. 이처럼 예수의 기적 행위를 무시하는 것은 바른 예수상을 이해하는 데 걸림돌이 된다.

자신의 정체성을 의심하는 사람들에게 치유의 능력을 보여주면서 예수는 또한 죄를 용서할 권위가 자신에게 있음을 선언한다.

> 사람들이 한 중풍병자를 네 사람에게 메워 가지고 예수께로 올새, 무리들 때문에 예수께 데려갈 수 없으므로 그 계신 곳의 지붕을 뜯어 구멍을 내고

중풍병자가 누운 상을 달아내리니. 예수께서 그들의 믿음을 보시고 중풍병자에게 이르시되, 작은 자야 네 죄 사함을 받았느니라 하시니. 어떤 서기관들이 거기 앉아서 마음에 생각하기를 이 사람이 어찌 이렇게 말하는가. 신성 모독이로다. 오직 하나님 한 분 외에는 누가 능히 죄를 사하겠느냐. 그들이 속으로 이렇게 생각하는 줄을 예수께서 곧 중심에 아시고 이르시되, 어찌하여 이것을 마음에 생각하느냐. 중풍병자에게 네 죄 사함을 받았느니라 하는 말과 일어나 네 상을 가지고 걸어가라 하는 말 중에서 어느 것이 쉽겠느냐. 그러나 인자가 땅에서 죄를 사하는 권세가 있는 줄을 너희로 알게 하려 하노라 하시고 중풍병자에게 말씀하시되, 내가 네게 이르노니 일어나 네 상을 가지고 집으로 가라 하시니, 그가 일어나 곧 상을 가지고 모든 사람 앞에서 나가거늘 그들이 다 놀라 하나님께 영광을 돌리며 이르되, 우리가 이런 일을 도무지 보지 못했다 하더라(마가복음 2:3-12).

    이 구절은 예수가 자신을 지칭할 때 가장 선호했던 "인자"(The Son of Man, 그 사람의 아들)라는 호칭을 해석하는 데 결정적인 실마리를 제공한다는 점에서 중요하다. 소수의 학자들이 여전히 반대하고 있지만, "인자"라는 아람어 표현은 다니엘 7장에서 차용한 단어라고 대부분의 학자가 인정하고 있다. 예수가 자신을 지칭하는 데 일관되게 사용했던 "인자", 즉 "그 사람의 아들"이란 단어에서 정관사(the)는 특정인(그저 한 인간이 아닌)을 의미한다. 자신을 "인자"라고 언급하는 몇 구절(마가복음 10:45; 14:62)에서 예수는 "그 인자"가 다니엘 7장의 환상에 등장하는 인물임을 암시한다.
    다니엘 7장의 환상에 등장하는 인자라는 인물은 하늘로부터 권위와 나라(통치)를 위임받는다. 그런데 예수는 중풍병자를 치료함으로 자신이 세상에서 죄를 용서할 권위가 있는 "그 인자"라고 선언한다. 예수가 사용한 "세상에서"라는 표현은 다니엘 7장의 천상의 장면에 상응하는 것이다.

이 천상의 권위야말로 예수를 치유와 귀신 축출을 행했던 다른 이들과 다르게 만드는 지점이다. 예수의 이 기적들은 제자들과 군중들에게 경외심을 갖고 그가 누구이며 어떤 사람인지에 관해 질문하게 만들었다.

> 예수께서 한 배에 오르시니 그 배는 시몬의 배라. 육지에서 조금 떼기를 청하시고 앉으사 배에서 무리를 가르치시더니, 말씀을 마치시고 시몬에게 이르시되 깊은 데로 가서 그물을 내려 고기를 잡으라. 시몬이 대답하여 이르되, 선생님 우리들이 밤이 새도록 수고했으되 잡은 것이 없지마는 말씀에 의지하여 내가 그물을 내리리이다 하고 그렇게 하니 고기를 잡은 것이 심히 많아 그물이 찢어지는지라. 이에 다른 배에 있는 동무들에게 손짓하여 와서 도와 달라 하니 그들이 와서 두 배에 채우매 잠기게 되었더라. 시몬 베드로가 이를 보고 예수의 무릎 아래에 엎드려 이르되, 주여 나를 떠나소서. 나는 죄인이로소이다 하니, 이는 자기 및 자기와 함께 있는 모든 사람이 고기 잡힌 것으로 말미암아 놀라고 세베대의 아들로서 시몬의 동업자인 야고보와 요한도 놀랐음이라. 예수께서 시몬에게 이르시되 무서워하지 말라. 이제 후로는 네가 사람을 취하리라 하시니(누가복음 5:3-10).

베드로가 자신이 죄인됨과 예수가 쉽게 범접할 수 없는 사람임을 깨닫는 이 구절은 구약의 예언자들이 하나님의 현존 가운데서 자신을 발견할 때에 나타나는 반응을 연상시킨다(이사야 6:5-7).

큰 광풍이 일어나며 물결이 배에 부딪쳐 들어와 배에 가득하게 되었더라. 예수께서는 고물에서 베개를 베고 주무시더니 제자들이 깨우며 이르되, 선생님이여 우리가 죽게 된 것을 돌보지 아니하시나이까 하니, 예수께서 깨어 바람을 꾸짖으시며 바다더러 이르시되 잠잠하라. 고요하라 하시니 바람이 그치고 아주 잔잔하여지더라. 이에 제자들에게 이르시되 어찌하여 이렇게 무서워하느냐. 너희가 어찌 믿음이 없느냐 하시니 그들이 심히 두려워하여 서로 말하되 그가 누구이기에 바람과 바다도 순종하는가 했더라(마가복음 4:37-41).

"그가 누구이기에 심지어 바람과 바다도 그에게 순종하는가"라는 제자들의 질문은 그 일이 신적 권능에 의해 행해졌음을 암시한다.

> 배들을 바다에 띄우며 큰물에서 일을 하는 자는
> 여호와께서 행하신 일들과 그의 기이한 일들을 깊은 바다에서 보나니,
> 여호와께서 명령하신즉
> 광풍이 일어나 바다 물결을 일으키는도다.
> 그들이 하늘로 솟구쳤다가 깊은 곳으로 내려가나니
> 그 위험 때문에 그들의 영혼이 녹는도다.
> 그들이 이리저리 구르며 취한 자 같이 비틀거리니
> 그들의 모든 지각이 혼돈 속에 빠지는도다.
> 이에 그들이 그들의 고통 때문에 여호와께 부르짖으매
> 그가 그들의 고통에서 그들을 인도하여 내시고
> 광풍을 고요하게 하사 물결도 잔잔하게 하시는도다(시편 107:23-29).

마가복음 4장에 나오는 예수의 기적 행위를 보고 놀라는 제자들에 관한 이야기는 시편 107편에서 하나님의 권능에 놀라 두려워하는 사람들의 이미지를 떠오르게 한다. 이렇듯 예수는 오직 하나님에게만 사용되었던 단어와 표현들을 자신에게 적용함으로써 자신의 제자들에게 자신의 신적 정체성을 주장했던 것이다.

예수의 기적

학자들은 예수를 다른 유대 퇴마사들이나 성인들과 비교하려고 한다. 이런 연구를 하는 데 비교 연구는 필수적이며 매우 적절한 접근방식이다. 이를 통해 우리는 예수 같은 인물이 그 시대 사람들에게 어떻게 이해되었는지를 더욱 명확하게 알 수 있기 때문이다. 그렇다면 예수는 다른 사람들에게 어떤 인물로 이해되었는가? 예언자? 성인? 또는 전혀 다른 인물?

1세기 유대 역사가 요세푸스는 "마귀에 사로잡힌 사람들을 구해준" 퇴마사 엘리에셀에 대해 말한다. 엘리에셀은 연기를 내는 나무 뿌리, 특이한 문장(紋章) 고리, 지혜의 왕 솔로몬으로부터 전수받았다는 주문 등의 도구를 사용해 그런 일을 했다고 전해진다. 예수 자신도 당대의 유대 퇴마사를 언급한다(누가복음 11:19). 그 퇴마사들은 아마도 엘리에셀과 비슷한 주술을 했을 것이다.

우리는 예수와 거의 동시대인이었던 다른 치유자들에 대한 이야기도 듣는다. "원을 그리는 호니"라고 알려진 주전 1세기의 한 인물은 특이한 행태로 비가 내리기를 기도해서 이런 별명을 얻었는데, 땅에 원을 그리고

> **퇴마사 엘리에셀에 대한 요세푸스의 증언**
>
> 나는 나의 동족인 엘리에셀이라는 사람이 베스파시아누스, 그의 아들들, 호민관들 그리고 병사들 앞에서 귀신들린 사람들을 고치는 것을 본 적이 있다. 엘리에셀이 행했던 치유방식은 다음과 같았다. 엘리에셀은 솔로몬이 처방했던 식물 뿌리가 담겨 있는 봉지를 매단 둥근 고리를 귀신들린 자의 코에 갖다 대고 귀신들린 사람이 그 냄새를 맡게 해서 마귀를 몰아냈다. 그 사람이 쓰러지자 엘리에셀은 솔로몬의 이름으로 자신이 만든 주문을 반복하면서 다시는 그에게 들어가지 않도록 귀신에게 명령했다.
>
> 그 후에, 엘리에셀은 물이 가득 찬 컵이나 발을 씻는 대야를 조금 멀리 놓고서 그 사람에게서 나온 마귀에게 명령해 그 컵이나 대야를 엎어 마귀가 그 사람에게서 떠났다는 것을 청중에게 증명했다. 그 일을 통해 우리는 솔로몬의 지혜가 확실히 드러났으며 솔로몬과 하나님의 은혜의 위대함을 깨닫고 솔로몬의 훌륭한 덕을 기억하게 되었다(「유대 고대사」 8.46-49).

들어가서는 하나님께 비가 내릴 때까지 그 원에서 떠나지 않겠다고 했다. 하니나 벤 도사라는 또 다른 사람은 예수보다 10-20년 후에 활동했던 치유자로 흥미로운 이야기를 남겼다. 그는 자신의 머리를 무릎 사이에 파묻고 기도했는데 기도가 유창하게 나오면 기도의 대상자가 살게 될 것이고 기도가 유창하게 나오지 않으면 그 사람이 죽을 것이라고 말했다고 전해진다.

이런 예들은 초기 랍비와 비슷한 어떤 신성한 인물이 경이로운 방식으로 병을 고치는 일이 예수 시대에 일반적으로 행해졌다는 정보를 제공한다는 점에서 유익하다. 그러나 예수는 이런 사람들과 큰 차이가 있었다. 예수는 치유의 기적을 행하기 위해 특이한 기도문을 드리거나 하나님과

흥정 같은 것을 하지 않았다. 또 퇴마사 엘리에셀과는 대조적으로 예수는 어떤 도구도 사용하지 않았다. 예수는 그저 병자를 만지고 말함으로써 치유와 축귀 현상이 일어나게 했다. 그래서 군중들은 "이는 어찜이냐. 권위 있는 새 가르침이로다. 더러운 귀신들에게 명한즉 순종하는도다"라고 놀라 외쳤던 것이다(마가복음 1:21, 27; 마태복음 7:29; 9:8; 누가복음 4:32, 36).

예수의 제자가 아닌 사람이 예수의 이름을 사용해 귀신을 내쫓았다는 이야기는 예수가 동시대인들에게 다른 퇴마사나 치유자들과 달리 특별한 능력을 가진 인물로 여겨졌음을 강력하게 증거한다.

원을 그리는 호니에 대한 증언

기근이 오랫동안 계속되고 있을 때, 의인이자 하나님의 사랑을 받은 호니라는 사람이 기근이 끝나기를 기도하자 하나님이 그 기도를 들으시고 비를 보내셨다(「유대 고대사」 14.22).

어느 날, 사람들이 원을 그리는 호니에게 말했다. 비가 오도록 기도해주시오.… 그러자 그는 원을 그리고 그 안에 들어가 말했다. 우주의 주여, 당신의 아들들이 당신의 집의 아들인 나에게 요청합니다. 나는 당신이 당신의 아들들에게 자비를 베풀어주시기 전까지 여기서 움직이지 않을 것을 당신의 위대한 이름으로 맹세합니다. 그러자 비가 떨어지기 시작했다. 그가 말했다. 이 정도가 아니라 수조와 구덩이, 강을 [가득 채우도록] 비가 더 내리기를 기도합니다. 그러자 비가 마구 쏟아지기 시작했다. 그는 말했다. 내가 기도한 것은 이것이 아니라, 선함과 축복, 풍성함을 위한 비를 내려주시길 기도한 것입니다. 이스라엘이 비로 인해서 예루살렘에서 성전 언덕에까지 올라갈 때까지 내렸다(「미쉬나 타아니트」 3:8).

요한이 예수께 여짜오되, 선생님 우리를 따르지 않는 어떤 자가 주의 이름으로 귀신을 내쫓는 것을 우리가 보고 우리를 따르지 아니하므로 금했나이다. 예수께서 이르시되, 금하지 말라. 내 이름을 의탁하여 능한 일을 행하고 즉시로 나를 비방할 자가 없느니라. 우리를 반대하지 않는 자는 우리를 위하는 자니라(마가복음 9:38-40).

하니나 벤 도사(도사의 아들 하니나)에 대한 증언

사람들은 하니나 벤 도사가 병자를 위해서 기도하면서 "이 사람은 살 것이다" 혹은 "그 사람은 살 것이다"라고 말하곤 했다고 전했다. 사람들이 그에게 "당신이 그걸 어떻게 압니까?"라고 물으면 그는 "나의 기도가 나의 입에서 유창하게 나오면 기도 응답을 받은 것이며, 그렇지 않으면 그 사람은 치유 받는 것을 거절당한 것이다"라고 사람들에게 말했다(「미쉬나 베라코트」 5:5).

랍비 하니나 벤 도사가 랍비 요하난 벤 자카이와 함께 토라를 연구하던 중, 랍비 요하난 벤 자카이의 아들이 아프게 되었을 때 그 일이 일어났다. 그는 하니나에게 말했다, "나의 아들, 하니나야, 그 아들이 살 수 있도록 그를 위해서 기도해라." 하니나가 자신의 양쪽 무릎 사이에 머리를 넣고 그를 위하여 기도하자 그가 살아났다. 랍비 요하난 벤 자카이는 말했다 "벤 자카이가 하루 종일 양쪽 무릎 사이에 머리를 넣고 있었다면, 그에 관한 아무런 말씀도 받지 못했을 것이다." 그의 아내는 그에게 말했다, "하니나가 당신보다 더 위대한가요?" 그는 그녀에게 말했다. "그렇소. 나는 왕 앞에서 종과 같지만 그는 왕 앞에서 귀족과 같소"(「바빌론 탈무드 베라코트」 34b).

이 일화를 초대교회의 창작물로 설명하는 것은 쉽지 않다. 이 이야기는 사도행전 19장에서 언급된 전문 퇴마사들의 이야기와 유사하다. 예수의 권능이 널리 알려지자 한 전문 퇴마사가 이전에 솔로몬의 이름으로 주술을 행했던 것처럼, 이제는 예수의 이름을 사용해 주술을 행하기 시작했다. 어떤 의미에서 예수는 최고의 치료자와 퇴마사의 대표가 된 것이다.[10] 실제로 예수 자신은 아무런 거리낌 없이 이렇게 말하기도 했다. "보라, 솔로몬보다 더 위대한 것이 여기에 있다"(마태복음 12:42; 누가복음 11:31).

한적한 곳에 머물거나 홀로 있는 시간을 갖기 어려웠을 정도로, 병을 치료하고 귀신을 내쫓는 예수의 능력은 사람들에게 잘 알려져 있었다(마가복음 1:28, 32-33, 45; 5:21; 6:53-56; 7:24). 예수가 해변 가까이에 있는 배 위에서 군중들을 가르쳐야 했다는 복음서의 보고는 예수가 그런 식으로 가르침을 전할 수밖에 없었음을 보여주는 단적인 예다(마가복음 4:1). 또 복음서는 예수 주위에 그의 가르침을 듣고 병을 고침 받고자 했던 사람들이 너무 많아 그의 옷자락이라도 만져 치유되기를 바랐던 혈루병을 앓는 여인에 대한 이야기도 전해준다(마가복음 5:24-34).

부활절 이후의 예수에 대한 평판

유대 퇴마사가 귀신을 쫓아내기 위해 예수의 이름을 사용했을 정도로 치료자와 퇴마사로서의 예수에 대한 평판은 대단했다. 이러한 평판은 예수 자신의 사역이 종료된 이후에도 사라지지 않았다. 아니 오히려 확대되었다. 바라던 것들을 항상 얻은 것은 아니었지만, 기독교인이 아니면서도 유대인들과 이교도들 중에는 예수의 이름으로 그런 일을 행하려고 하는 사람들이 생겼다. 이것의 직접적인 예를 사도행전에서 발견할 수 있다.

> 하나님이 바울의 손으로 놀라운 능력을 행하게 하시니, 심지어 사람들이 바울의 몸에서 손수건이나 앞치마를 가져다가 병든 사람에게 얹으면 그 병이 떠나고 악귀도 나가더라. 이에 돌아다니며 마술하는 어떤 유대인들이 시험 삼아 악귀 들린 자들에게 주 예수의 이름을 불러 말하되, 내가 바울이 전파하는 예수를 의지하여 너희에게 명하노라 하더라. 유대의 한 제사장 스게와의 일곱 아들도 이 일을 행하더니. 악귀가 대답하여 이르되, 내가 예수도 알고 바울도 알거니와 너희는 누구냐 하며 악귀 들린 사람이 그들에게 뛰어올라 눌러 이기니 그들이 상하여 벗은 몸으로 그 집에서 도망하는지라. 에베소에 사는 유대인과 헬라인들이 다 이 일을 알고 두려워하며 주 예수의 이름을 높이고 믿은 사람들이 많이 와서 자복하여 행한 일을 알리며, 또 마술을 행하던 많은 사람이 그 책을 모아 가지고 와서 모든 사람 앞에서 불사르니 그 책값을 계산한즉 은 오만이나 되더라. 이와 같이 주의 말씀이 힘이 있어 흥왕하여 세력을 얻으니라(사도행전 19:11-20).

이 이야기는 앞서 살펴보았던 이야기들과 비슷한 양상을 보인다. 기독교인들이 아니었음에도 불구하고 전문 퇴마사들(치유자들)이 순전히 자신들의 실용적이고 상업적인 목적을 위해 예수의 이름을 사용할 정도로 그의 권능은 매우 강력했다. 예수의 이름은 결코 하찮게 여길 만한 것이 아니었다. 신약 복음서 이야기에 등장하는 것처럼, 우리는 여기서도 예수와 예수의 사도인 바울의 이름을 알고 있는 강력한 악령을 발견한다. 그러나 악한 영은 예수와 바울은 두려워하지만, 스게와의 일곱 아들들은 전혀 무서워하지 않는다. 오히려 마귀는 예수의 이름을 이용하는 사람들을 완전히 압도한다.

이교도 전승에서도 예수는 강력한 권능을 가진 인물로 증거된다. 그리스어로 기록된 주술 파피루스 중 한 유명한 퇴마 공식의 일부를 살펴보자.

> 이는 귀신에 사로잡힌 자들에 대한 피베키스(이집트 출신 전설적인 마술사)의 검증된 주문이다. 유향과 수련 열매, 그리고 덜 익은 올리브기름을 취해 그것들을 무색의 마저럼(허브의 일종-옮긴이)과 함께 끓이면서 "이오엘 오스 사르티오미…○○○(환자 이름)에게서 나오너라"라고 말하라. 부적 박판(薄板)에는 "이아에오 아브라오트…"라고 쓰고 그것을 환자의 목에 걸어놓으라. 그것은 모든 마귀를 두렵게 할 것이다. 당신 앞에 환자를 두고 다음과 같이 주문을 외워라. "나는 불 가운데 나타나고, 땅, 눈, 그리고 안개 가운데 있는 히브리인들의 하나님 예수, 이아바 이아에 아브라오트를 통해 너를 내쫓을 것이다.…바로에게서 그분의 백성들을 구원하시고 바로의 불순종으로 인해서 바로에게 열 가지 재앙들을 임하게 하신 거룩한 하나님께 기도하오니, 당신의 천사, 즉 무자비한 자가 내려오게 하시며 그가 마귀에게 하나님이 그의 거룩한 낙원에서 빚으신 이 사람 주위에서 날아다니도록 명령하소서.…나는 솔로몬이 예레미야의 혀에 두었던 문장(紋章)을 통해 너를 불러낼 것이다"(3007-3041행).[11]

여기서 우리는 예수의 이름이 여러 주문과 신들의 이름들과 함께 사용되고 있는 것을 발견한다. 솔로몬과 연관된 "주문"에 대한 언급과 함께 말이다. 그러나 여기서 놀라운 것은 예수가 "히브리인들의 하나님"이라고 지칭된다는 사실이다. 여러 유대 전승에 익숙한 이 이교 퇴마사는 예수의 이름에 놀라운 힘이 있다는 사실을 인식했고, 예수가 유대인이었다는 것과 초기 기독교인들이 그를 하나님의 아들이라고 고백했다는 것을 알았을 것이다. 그런 의미에서 이 이교 퇴마사는 예수를 히브리인들의 하나님으로 묘사할 수 있었던 것이다.

마지막으로, 탈무드의 랍비 전승에서도 예수의 이름으로 치료를 받는 것에 대한 논의가 발견된다. 어떤 랍비들은 예수의 이름으로 치료를 받느니 죽는 것이 더 낫다고 믿었다. 이런 논의는 예수가 그 시대에 특별한 치료자이자 퇴마사였다는 평판을 받았음을 증명하는 것들이다.

결론적으로 앞의 증거들은 예수가 활동하는 동안과 그 이후에도 치료자와 퇴마사로 널리 알려졌으며, 그 신적 권능의 행위가 하나님 나라와 예수 자신의 정체성과 관련해 매우 중요했음을 말한다. 우리가 역사적 예수를 온전히 그리고 정확하게 이해하기를 바란다면, 예수의 신적 권능의 행위에 대해 적절한 평가를 해야 한다. 그렇지 않고 예수의 기적 행위를 축소하는 것은 왜곡된 예수를 만들 뿐이다.

공관복음에 등장하는 예수의 기적들

피부병 환자의 치유	마 8:1-4; 막 1:40-45; 눅 5:12-16
백부장 종의 치유	마 8:5-13; 눅 7:1-10
베드로 장모의 치유	마 8:14-15; 막 1:29-31; 눅 4:38-39
폭풍을 잠잠케 함	마 8:23-27; 막 4:35-41; 눅 8:22-25
무덤 근처 귀신들린 자의 치유	마 8:28-34; 막 5:1-20; 눅 8:26-39
지붕에서 내려진 마비환자의 치유	마 9:1-8; 막 2:1-12; 눅 5:17-26
야이로의 딸을 살리심	마 9:18-19, 23-26; 막 5:21-24, 35-43; 눅 8:40-42, 49-56
혈루병 여인의 치유	마 9:20-22; 막 5:25-34; 눅 8:43-48
두 맹인의 치유	마 9:27-31
벙어리 귀신들린 남자	마 9:32-34
마른 손 가진 남자의 치유	마 12:9-14; 막 3:1-6; 눅 6:6-11
맹인과 벙어리 귀신들린 자의 치유	마 12:22-37; 막 3:20-30; 눅 11:14-23
오천 명을 먹이심	마 14:13-21; 막 6:30-44; 눅 9:10-17
물 위를 걸으심	마 14:22-33; 막 6:45-51
귀신들린 가나안 여인의 딸	마 15:21-28; 막 7:24-30
사천 명을 먹이심	마 15:32-39; 막 8:1-10
베데스다의 맹인의 치유	막 8:22-26
귀신들린 소년	마 17:14-20; 막 9:14-29; 눅 9:37-43
여리고에서 맹인의 치유	마 20:29-34; 막 10:46-52; 눅 18:35-43
무화과나무를 저주함	마 21:18-22; 막 11:12-14, 20-24
회당 안에 있는 귀신들린 자	막 1:21-28; 눅 4:31-37
청각장애인의 치유	막 7:31-37
그물 가득한 물고기	눅 5:1-11
나인 성의 과부의 아들을 일으킴	눅 7:11-17
안식일에 장애여인의 치유	눅 13:10-17

피부병 환자의 치유	눅 14:1-6
열 명의 피부병 환자의 치유	눅 17:11-19
말고 귀의 치유	눅 22:49-51

◇ 본 자료는 렉스 코이비스토(Rex Koivisto)의 분석을 근거로 각색한 것이다.
◇ 마=마태복음, 막=마가복음, 눅=누가복음

메시아의 도래

쿰란의 중요 두루마리 단편은 하나님이 보내실 메시아의 등장을 다음과 같이 묘사한다.

[이는 하]늘과 땅이 그의 메시아의 말씀에 순종할 것이며 [그 안에 있는 모든 것들]이 거룩한 자의 계명에서 떠나지 않을 것이기 때문이다. 주를 섬기며 주를 찾는 너희여, 스스로 강하게 하라. 마음에 소망을 가진 사람들, 그대들은 그 안에서 주를 찾으라. 이는 주가 경건한 자를 찾으며 의인의 이름을 부르시기 때문이다. 그의 영이 겸손한 자 위에 머무르며 자신의 능력으로 신실한 자들을 새롭게 하신다. 이는 그가 영원한 나라의 보[좌]에서 경건한 자들의 명예를 높이실 것이며 죄수들을 석방하시며 눈먼자들의 눈을 여시고 비참[한] 자들을 일으켜 세우실 것이기 때문이다. 그리고 내가(?) 영[원]한(?) [소]망을 가지고 경건한 자들[을] 단단히 붙들 것이며 […], […]는 지연되지 않을 것이며 […] 그리고 주께서 말씀하셨듯이, 지금껏 없었던 영광스러운 일들을 주께서 행하실 것이다. 이는 그가 상한 자들을 치유하실 것이며 죽은 자를 살리실 것이며 억압받은 자들에게 복음을 선포할 것이며 […] 하실 것이며 […]를 인도하실 것이며 굶주린 자들을 배부르게 하실 것이기 때문이다(4Q521 단편들. 2+4, ii열 1-13행).

다니엘의 환상과 예수의 인자 사용

내가 또 밤 환상 중에 보니, 인자 같은 이가 하늘 구름을 타고 와서 옛적부터 항상 계신 이에게 나아가 그 앞으로 인도되매 그에게 권세와 영광과 나라를 주고 모든 백성과 나라들과 다른 언어를 말하는 모든 자들이 그를 섬기게 했으니, 그의 권세는 소멸되지 아니하는 영원한 권세요 그의 나라는 멸망하지 아니할 것이니라(다니엘 7:13-14).

침묵하고 아무 대답도 아니하시거늘 대제사장이 다시 물어 이르되, 네가 찬송 받을 이의 아들 그리스도냐. 예수께서 이르시되 내가 그니라. 인자가 권능자의 우편에 앉은 것과 하늘 구름을 타고 오는 것을 너희가 보리라 하시니(마가복음 14:61-62).

요세푸스를 오용함

고대 말기에 대한 이해

현대 신학자들이 신약 복음서의 예수를 왜곡하는 또 다른 방식은 유대 역사가 요세푸스의 자료들을 교묘하게 이용하는 것이다. 일부 학자들은 신약 복음서가 1세기 역사가이자 변증가인 요세푸스가 언급한 사건들과 일치하지 않는다는 점을 들어 신약 복음서의 역사성을 의심한다. 하지만 복음서와 요세푸스 사이에 존재하는 차이들은 대개 과장되어 있으며, 이보다 더 큰 문제는 그들이 요세푸스의 편견을 간과하고 있다는 것이다. 이 문제들을 살펴보기에 앞서 요세푸스와 그의 저작들에 대해서 먼저 몇 가지 언급할 필요가 있다.

요세푸스와 그의 저작들

원래 이름이 요셉 바르 마티아스였던 요세푸스는 본디오 빌라도가 유다와 사마리아의 총독에서 물러났던 주후 37년에 유력한 제사장 가문에서 태어났다. 로마에서 교육을 받고 주후 60년경 예루살렘으로 돌아온 요세푸스는 유대의 불안한 정치적 상황을 정확히 인식했다. 로마의 막강한 힘을 경험했던 요세푸스는 자기 동포들이 로마를 대항해 반역하지 않기를 바랐다. 그러나 결국 반란이 일어나자, 정작 요세푸스는 갈릴리 지역의 유대인 저항군들의 지휘를 맡았다. 전쟁을 반대하는 사람에게 지휘권이 주어진다는 것은 놀라운 일이다. 이것은 요세푸스의 기회주의적인 측면을 보여주는 한 가지 예다.[1]

반란에서 패배한 요세푸스는 숨어 지내다가 베스파시아누스가 황제로 등극할 것을 예언함으로써 목숨을 구한다. 이것은 요세푸스 입장에서는 매우 현명한 예견이었는데, 주후 67년 후계자를 세우지 못한 네로가 종말을 맺게 될 것이고 시민들은 전쟁에서 승리한 장군들에게 관심을 갖게 될 것을 그는 예측하고 있었다. 그리고 실제로 상황은 베스파시아누스 장군에게 유리해졌다. 곧 네로 황제는 죽고(주후 68년), 스스로를 네로의 후계자들이라고 칭했던 세 명의 인물들(갈바, 오토, 비텔리우스)은 정권을 획득하는 데 실패해 베스파시아누스는 로마 제국의 황제로 등극(69년)하게 되었다. 이렇게 요세푸스의 예언은 성취되었다. 그 직후, 그는 풀려나와 베스파시아누스의 아들 티투스를 도와 유대 반란을 종결시키는 일을 맡았다. 성공적으로 임무를 처리한 요세푸스는 티투스와 함께 로마로 돌아와 플라비우스라는 황실의 양자로 입양되었고 이때부터 자신의 성을 요세푸스라는 라틴식으로 바꾸고 로마귀족과 결혼해 로마에 거주했다. 이후 그는 반역의 민족이라는 비난을 들었던 유대 민족과 역사의 격변기에 자신이 맡은 역할에 대해 변호하기도 하고 로마 사람들, 특히 그의 후원자들인 플라비우스 집안의 공덕을 칭송하는 역사서를 집필했다.

 요세푸스는 여러 책을 썼는데 지금은 그 가운데 네 권만이 남아 있다. 「유대 전쟁사」(7권), 「유대 고대사」(20권), 「아피온 반박문」(2권), 「플라비우스 요세푸스의 생애」 등이 그것이다. 주후 70년대 중반에 저술된 「유대 전쟁사」는 주후 66년부터 70년까지의 예루살렘의 파괴와 73, 4년경 마사다 요새를 점령해 로마에 저항했던 유대의 반란을 기술한다. 「유대 고대사」는 90년경에 출판되었고 두세 번의 편집 과정을 거쳐 완성되었다. 이 저작에서 요세푸스는 창세기부터 자신의 시대까지 유대인의 역사를 논한다. 「아피온 반박문」은 유대인이 역사적 기원이 오래되지도 않았으며 탁월하지 않다고 주장했던 반셈족주의자인 아피온을 대항해 논쟁적으로 유대인들을 변호하는 책이다. 「플라비우스 요세푸스의 생애」는 요세푸스 자신의 자서전으로 「아피온 반박문」과 함께 90년대에 출판되었다.

 이 저작들 속에는 바리새인과 사두개인, 서기관과 제사장(안나스와 가야바 대제사장들을 포함해), 헤롯 대왕과 그의 아들들인 아겔라오, 안디바 그리고 빌립 같은 통치자들과 정치인들, 그의 손자 아그립바, 본디오 빌라도, 벨릭스, 베스도 같은 여러 로마 지도자들이 언급되어 있다. 신약에서 언급되었던 갈릴리, 가이사랴, 여리고, 감람산, 예루살렘 등 많은 지역들도 이 저작들 가운데서 발견된다. 요세푸스는 유대 성전, 성경, 역사뿐 아니라 그리스인, 로마인, 나바테아인, 사마리아인 같은 다양한 민족들에 대해서도 상당 부분 언급한다. 또 기독교를 확산시키는 데 중요한 역할을 했던 예수, 그의 형제 야고보, 세례 요한 같은 인물들의 실명을 거론하며 언급하기도 한다.

 일부 학자들은 세례 요한의 가르침, 투옥, 죽음에 대한 요세푸스의 언급이 신약 복음서의 이야기들과 굉장히 다르다고 주장한다. 또한 신약 복음서의 본디오 빌라도에 대한 묘사가 요세푸스(와 동시대 유대 철학자 필로)가 언급하는 것과 차이가 크다고도 한다. 이들은 신약 복음서의 이야기들이 신학적인 의도를 갖고 집필되었기 때문에 역사적으로 신뢰할 수 없다고 말한다. 정말 그런가? 요세푸스와 필로가 전하는 이야기와 복음서가 말하는 것에는 극복할 수 없는 커다란 차이가 있는가?

세례 요한에 대한 요세푸스의 증언

예수와 그의 형제 야고보에 대해 이야기하는 요세푸스 기록의 진정성을 의심하는 학자들이 있기는 하지만, 세례 요한의 설교와 죽음에 대한 요세푸스의 언급은 대체로 사실에 가깝다고 받아들여진다. 세례 요한에 대한 요세푸스의 언급은 우리에게 신약의 이야기와는 또 다른 독립적인 관점을 제공할 뿐만 아니라 세례 요한을 정치적·역사적 문맥 속에서 군중들의 인기를 얻어 기성 정치인들과 갈등 관계에 있었던 자로 다룬다는 점에서 중요하다.

물론 세례 요한은 신약 복음서의 독자들에게는 익숙한 존재다. 예수의 공적 활동은 유대인에게 회개하고 요단 강에서 세례를 받으라고 선언하며(마가복음 1:4-5), 사람들에게 정직하고 자비로워 질 것을 요구했던(누가복음 3:10-14) 이 인물과 함께 시작한다. 복음서에서 세례 요한의 메시지는 매우 종말론적이다. 즉, 그의 메시지는 하나님이 이스라엘과 세상에서 시작하려는 큰 변화를 미리 준비하라는 것인데, "여호와의 길을 예비

> **나사렛의 예수에 대한 요세푸스의 언급**
>
> 이때에, 어쩔 수 없이 사람으로 불러야 한다면, 현자 예수가 나타났다. 그는 놀라운 일을 행하는 자였으며, 진리를 기쁘게 받아들이는 사람들의 선생이었다. 그는 유대인들과 그리스인들에게 인기가 많았다. 그는 메시아였다. 빌라도가 그에게 십자가형을 언도했을 때, 지도적인 입장에 있던 사람들은 그를 비난했고, 그를 사랑했던 자들은 그에 대한 사랑을 멈추지 않았다. 그가 삼 일 만에 다시 살아나서 그들에게 나타났으며, 거룩한 예언자들이 이것을 이미 예언했으며, 그와 관련된 놀라운 일들이 많이 생겼기 때문이다. 지금까지 이 사람을 따라 생긴 그리스도파들은 여전히 활동하고 있다(「유대 고대사」 18.63-64).

하라"는 이사야 40:3의 예언이 그의 사역과 연관되어 있다. 요한은 다가올 심판을 경고하며 자신보다 "더 강력한" 어떤 인물의 도래를 예고한다. 그 인물은 성령과 불세례를 줄 것이다(마가복음 1:7-8).

신약 복음서는 세례 요한이 본부인(동쪽의 나바테아 왕 아레타스 4세의 딸)과 이혼하고 이복형제인 헤롯 빌립의 아내 헤로디아스와 결혼한 갈릴리 분봉왕 헤롯 안디바(주전 4년-주후 39년)를 신랄하게 비난했다고 말한다(마가복음 6:18). 이에 격노한 헤롯은 세례 요한을 투옥시키고(마가복음 6:17), 그의 목을 잘랐다(마가복음 6:16, 27-28).[2]

이 이야기의 일부가 요세푸스의 이야기에 등장하지만 문맥이 다르다. 요세푸스는 나바테아 왕이 자신의 딸을 욕보인 헤롯을 공격해 패배시켜 생긴 갈릴리와 나바테아 왕국 사이의 긴장에 초점을 맞춘다. 유대인들은 헤롯의 패배가 세례 요한을 죽인 것에 대한 하나님의 심판이었다고 여겼다.

> ## 요세푸스가 본 예수의 형제 야고보
>
> 그[아나누스]는 재판을 주재하여 예수 "그리스도"라는 자의 형제 야고보와 다른 형제들을 재판정 앞에 세웠다. 그는 그들이 율법을 위반했다고 정죄하면서 그들을 돌로 쳐 죽이라고 판결했다. 그러나 가장 공평하고 율법에 대하여 엄격하다고 여겨졌던 그 도시 사람들은 이 일을 불쾌하게 여겼으며, 비밀리에 왕에게 사람을 보내어 아나누스가 그러한 행동을 더 이상 하지 못하도록 촉구했다(「유대 고대사」 20.200-201).

일부 유대인들은 헤롯의 패배를 세례자라고 불리는 요한에게 그가 행했던 일과 관련해 하나님이 행하신 심판으로 여겼다. 세례 요한이 유대인들에게 사람에게는 의를 행하고 하나님께는 경건하도록 촉구하고 세례를 베풀어 존경을 받았는데 헤롯이 그를 처형했기 때문이다. 자신이 저질렀을 어떤 죄에 대한 용서를 위해서뿐 아니라 영혼이 이미 의로 정결케 되듯이 몸을 정화한다는 차원에서 세례는 그[하나님]가 기뻐하시는 것이라고 사람들은 생각했다.

　헤롯은 세례 요한이 많은 사람들에게 영향력을 행사하고 있었기 때문에 반란을 일으킬지도 모른다는 두려움에 폭동을 일으키기 전에 그를 처리하는 게 낫겠다고 결심하고 마케루스 요새로 보내 처형시켰다. 그렇기 때문에 유대인들은 하나님이 헤롯에게 재앙을 내려 세례 요한의 명예를 회복하게 하셨다고 생각했다(「유대 고대사」 18.116-19).

　일부 비평가들은 세례 요한의 설교와 활동에 대한 요세푸스의 이야기가 신약 복음서의 세례 요한 이야기와 모순된다고 생각한다. 그러나 그렇지 않다. 요세푸스의 종말론과 메시아 사상에 대한 부정적인 태도, 유대교의 여러 당파들을 철학적 외양으로 묘사하는 그의 편협한 시각을 고려하면 그가 세례 요한에 대해 한 말은 신약이 전해주는 바와 일관된다고 볼 수 있다.

요세푸스가 세례 요한의 말로 언급한 "사람에게는 의를 행하고 하나님께는 경건하도록 촉구"했다는 말은 신약 복음서에서 세례 요한이 했던 주장의 정확한 요약이다. 또 그의 세례를 "자신이 저질렀던 어떤 죄에 대한 용서를 위해서뿐 아니라 영혼이 이미 의로 정결케 되듯이 몸을 정화한다는 차원에서 하나님이 기뻐하시는 것"이라는 언급 또한 신약 복음서와 일치한다. 신약 복음서에 따르면 "세례 요한이 광야에 이르러 죄 사함을 받게 하는 회개의 세례를 전파"(마가복음 1:4; 마태복음 3:1, 6; 누가복음 3:3)했다고 말하는데, 회개와 행동의 변화가 없는 세례는 신약 복음서의 세례 요한에게는 받아들일 수 없는 것이었다. 그래서 세례 요한은 자신에게 나온 사람들에게 다음과 같이 경고한다. "회개에 합당한 열매를 맺고 속으로 아브라함이 우리 조상이라고 생각하지 말라. 내가 너희에게 이르노니 하나님이 능히 이 돌들로도 아브라함의 자손이 되게 하시리라"(마태복음 3:8-9; 누가복음 3:8-9). 요세푸스는 요한이 "사람에게는 의를 행하고 하나님께는 경건하라"고 촉구했다고 표현한다(여기서 우리는 예수의 명령의 다른 형태 —하나님을 사랑하고 이웃을 사랑하라—를 본다). 신약 복음서에서 세례 요한은 이와 동일한 것을 주장한다. "옷 두 벌 있는 자는 옷 없는 자에게 나눠 줄 것이요, 먹을 것이 있는 자도 그렇게 할 것이니라"(누가복음 3:11).

요세푸스가 관심을 두지 않았던 것과 신약 복음서 저자들이 강조했던 것을 신중하게 비교해보면, 요세푸스의 이야기와 신약 복음서 이야기는 서로를 보충한다는 결론을 얻을 수 있다.

그러나 여전히 일부 학자들은 둘 사이에 중대한 차이가 있다고 생각한다. 신약 복음서는 세례 요한의 죽음이 헤롯 안디바가 자기 아내와 이혼하고 그의 형수와 결혼한 것을 비판했기 때문이라고 하고, 요세푸스는 군중들에 대한 미치는 세례 요한의 막강한 영향력으로 인해 사형당했다고 말한다. 여기에 어떤 차이가 있는가? 그런 것은 없다.

마가는 세례 요한의 투옥을 그의 죽음과 연결시킨다(마가복음 6:14-29). 그리고 세례 요한의 죽음은 옳지 않은 헤롯의 결혼을 비판했기 때문이라고 말한다.

> 전에 헤롯이 자기가 동생 빌립의 아내 헤로디아에게 장가 든 고로 이 여자를 위하여 사람을 보내어 요한을 잡아 옥에 가두었으니 이는 요한이 헤롯에게 말하되 동생의 아내를 취한 것이 옳지 않다 했음이라. 헤로디아가 요한을 원수로 여겨 죽이고자 했으되(마가복음 6:17-19).

마가는 이어서 세례 요한의 머리를 접시에 가져오라는 헤롯의 명령에 대해 말한다.

일부 학자들은 "많은 사람들에게 영향력을 행사하고 있었기 때문에 반란을 일으킬" 것 같아 헤롯이 세례 요한을 체포했다고 말하는 요세푸스의 설명이 복음서와 모순된다고 지적한다. 그러나 요세푸스의 기록에는 헤롯에 대해서는 어떤 설명도 제공하지 않고 그저 헤롯이 군중들의 인기를 얻고 있는 세례 요한의 영향력을 두려워했다는 사실만을 제공할 뿐이다. 이 갈릴리의 분봉왕에 대한 세례 요한의 비판은 당시 유포되던 통념

(통치자는 한 아내와 결혼해야 하며 백성에게 윤리적 모델이 되어야 한다는)을 반영하는데, 사해 사본에 이와 관련된 중요한 가르침이 일부 남아 있다. 사해 사본 중 성전 두루마리는 다음과 같이 기록하고 있다. "아버지나 어머니를 한 부모로 하고 있는 형제는 어떤 경우에도 자기 형제의 아내와 결혼할 수 없다. 이는 그 형제의 권리를 위반하는 것으로 부정한 일이기 때문이다"(11QTemple 66:12-13).[3]

헤롯은 자신이 난처한 입장에 처해 있다는 것을 발견했다. 그의 첫 번째 아내는 헤롯의 의도를 알고 아버지 아레타스 왕에게 도망갔다. 이와 같은 헤롯의 행동은 가뜩이나 부실했던 갈릴리와 나바테아 왕국 사이의 휴전 관계를 깨뜨리는 것이었다. 헤롯의 비도덕적인 행동에 대한 세례 요한의 정죄는 당연한 것이었고 아레타스가 헤롯을 공격

헤롯 가의 왕과 왕자들
이두매인 안티파테르(주전 63-43년)
헤롯 대왕(주전 37-4년)
헤롯 아켈라오(주전 4년-주후 6년)
헤롯 빌립(주전 4년-주후 34년)
헤롯 안디바(주전 4년-주후 39년)
헤롯 아그립바 1세(주후 41-44년)
헤롯 아그립바 2세(주후 49-93년)

해 패배시킨 것은 세례 요한의 주장이 정당했음을 입증하는 것이었다.[4]

반대로 신약 복음서는 헤롯의 정치적 문제들에 대해서는 아무런 말도 하지 않는다. 신약의 네 복음서는 분봉왕에 대한 세례 요한의 비판과 그로 인해서 세례 요한이 체포되어 처형당한 것에 관심을 두는데, 이는 결론적으로 요세푸스와 동일한 이야기이다. 즉, 요세푸스는 헤로디아스가 자기 남편을 떠나—유대 관습을 위반하면서—그의 이복형제 헤롯과 결혼한 것에 대해 언급한다. 요세푸스의 말을 들어보자.

> 그들의 누이 헤로디아스는 헤롯 대왕의 아들 헤롯(빌립), 즉 대제사장 시몬의 딸 미리암의 아들과 결혼했고 그들은 살로메를 낳았다. 살로메가 태어난 후 조상의 길을 버리기로 결심한 헤로디아스는 살아 있는 남편을 버리고 같은 아버지에게서 난, 그녀의 남편의 형제인 헤롯(안디바)—헤롯은 갈릴리의 분봉왕이었다—과 결혼했다(「유대 고대사」 18.136).

요세푸스의 이런 언급만 놓고 보면 세례 요한이 전한 메시지와 약간 다른 것 같다. 신약 복음서는 심판이 다가오고 있으니 회개하라는 세례 요한의 경고의 메시지를 강조하는 반면, 요세푸스는 그것에 대해 전혀 말하지 않는다. 대신에 의롭게 살기로 헌신한 자들을 향한 세례 요한의 정화 사역을 강조한다. 세례 요한에게 관심을 갖는 사람들이 늘어나자, 헤롯은 불안을 느끼고 그를 투옥시켰다. 그러나 요세푸스는 헤롯이 세례 요한이 침묵했으면 했던 이유에 대해서는 직접 거론하지 않는다. 갈릴리 사람들에게 도덕적이며 정의롭게 살 것을 촉구한 것 자체가 불안의 원인일 수는 없다. 그러나 덕과 정의를 실행하지 않고 있는 분봉왕의 입장에서 보면, 세례 요한의 그런 가르침은 헤롯을 신랄하게 비난한 것과 진배없으며 따라서 헤롯의 행동은 전혀 놀랄 만한 일이 아니었다.

세례 요한을 도덕군자나 교화자(敎化者) 정도로 묘사하는 요세푸스의 비종말론적 기술은 그런 인물을 그레코-로만 문화의 교사로 묘사하려는 저자의 의도를 반영하고 있는 것이다. 그러나 누가복음 3:10-14에서 보듯이 세례 요한이 사람들에게 정의롭게 살도록 요구했다는 점에서 보면 요세푸스의 묘사가 완전히 틀렸다고 할 수도 없다. 어찌되었든 이런 요세푸스의 생각은 헤롯에게 임한 재앙(결과적으로 로마가 헤롯을 제거한 이유가 된)이 헤롯이 세례 요한을 처형했기 때문에 비롯된 것이라는 당시 유대인들 사이에서 광범위하게 퍼져있었던 견해와 일치하는 것이다. 그렇기 때문에 요세푸스는 세례 요한을 의로운 유대인들로 하여금 그의 세례에 동참하도록 촉구하는 "도덕군자"로 묘사했던 것이다. 그러나 요세푸스는 세례 요한의 메시지를 기술할 때 조금 더 신중했어야 했다. 왜냐하면 요한의 활동을 묘사함에 있어서 반란 혹은 폭동에 대한 어떤 암시를 줌으로써 헤롯의 행동이 적절해 보였을 수 있다는 동정심을 로마 사람들로부터 야기할 수 있었기 때문이다.

요세푸스가 세례 요한의 설교에 대해서 잘 알고 있었는데 그것을 은폐했는가의 여부—그가 로마인에게 종말론과 메시아 사상에 대한 유대인들의 관심이 노출되는 것을 꺼려했던 것에서 비롯된 것—에 대해서는 무어라 말하기 어렵다. 그러나 요세푸스의 언급은 특히 당시의 다른 사람들이 행한 활동들과 약속들의 문맥에서 볼 때 신약 복음서의 묘사를 보완하는 것은 분명하다.

신약 복음서와 요세푸스 각각의 이야기들을 전체 문맥에서 읽고 각각의 신학적·변증적 관점들을 고려한다면, 둘 사이에 있는 것처럼 보이는 모순은 사라진다. 요세푸스와 신약 복음서는 서로 다른 강조점을 갖고 동일한 이야기를 말하고 있는 것이다.

요세푸스가 본 본디오 빌라도

최근에 비평가들은 예수에게서 죄를 발견하지 못해 예수를 석방시켜 주려고 했던 우유부단한 빌라도에 대한 신약 복음서의 묘사가 거짓이라고 주장한다. 초기 기독교가 위협적인 로마 정권과 기독교에 적대적이었던 유대의 도전에 대항해 기독교를 변호하려는 목적으로 그렇게 했다는 것이다. 그들의 주장에 따르면 빌라도는 정의에 대해서는 관심이 없었으며 유대인들을 잔인하게 대했기 때문에 예수를 무죄하다고 선언하지도, 놓아주려고 하지도 않았을 것이라고 말한다. 즉, 신약 복음서는 우리에게 있는 그대로의 역사가 아니라 기독교에 대한 변호와 선전을 위해 각색된 역사를 보여준다고 주장한다.[5] 그것은 사실인가? 그들이 이렇게 생각하는 이유는 무엇인가?

학자들은 빌라도를 악질적인 정치가로 평가할 충분한 근거가 있다고 생각한다. 동시대 유대인 두 명이 이에 대한 확실한 증거를 제시해주기 때문이다. 알렉산드리아의 필로(주전 20년경-주후 50년경)와 요세푸스(주후 37-100년경)가 그들이다. 로마황제 가이오 갈리굴라에 대한 독설 가운데, 필로는 빌라도 유대 총독의 정치를 "뇌물, 강탈, 폭정, 무법, 극악무도함" 등으로 평가하며 "완고하고, 삐뚤어지고, 잔인한 인물"로 묘사한다(「가이우스에게 보낸 편지」 301-2). 필로의 이런 평가는 빌라도가 예루살렘에 있는 헤롯 궁전에 두었던 황제의 깃발 사건과 관련된 것으로, 정치적인 목적을 가지고 의도적으로 과장해 그를 폄하한다.[6] 필로가 책을 기록할 당시에 (주후 39 혹은 40년), 빌라도는 이미 권좌에서 물러나 있었고 황제의 총애를 잃었기 때문에 중상모략의 대상으로 삼을 수 있었다.

빌라도를 비판적으로 평가하는 요세푸스는 로마황제의 형상이 그려져 있는 깃발을 예루살렘에 갖다 놓아 발생했던 사건에 대해 말한다(필로가 언급했던 동일한 사건). "많은 유대인이 총독이 있는 가이사랴에 모여 황제의 형상이 그려져 있는 군기들을 예루살렘에서 치워달라고 요구했다.

죽기를 각오한 이들의 요구는 빌라도로 하여금 군기들을 가이사랴로 다시 가져오게 만들었다"(「유대 전쟁사」 2.171-74; 「유대 고대사」 18.55-59).

요세푸스는 빌라도가 시정(市政) 계획에 따른 추가 예산을 확보하기 위해 "'코르보나스'라는 신성한 금고"에 손을 대었던 또 다른 사건에 대해서도 이야기한다(「유대 전쟁사」 2.175; 「유대 고대사」 18.60-62). 요세푸스는 여기서 "고르반", 즉 하나님께 드려진 헌물을 언급한다("'고르반', 즉 '선물'"[마가복음 7:11]; "성전 금고(코르보나스)에 그것들[은 몇 닢]을 넣어두는 것이 옳지 않다"[마태복음 27:6]). 하나님께 드려진 신성한 헌물을 세속적으로 사용하는 것은 유대인들을 욕되게 하는 것이었다. 유대인들이 다시 항의하자, 빌라도는 병사들을 민간인 복장을 입혀 군중들 사이로 보냈다. 변장한 병사들은 신호에 맞춰 몽둥이로 사람들을 때려 군중을 해산시켰다. 그런 와중에 많은 사람들이 죽었다.

요세푸스가 연관시킨 이 사건에서, 빌라도가 성전 금고(코르바나스)의 돈을 취하려는 것은 신성모독에 가까운 일인데도 대제사장들이 아무런 말도 하지 않고 있다. 아니 이런 일은 그들의 허락이나 도움 없이는 일어날 수 없었다는 측면에서 그리 놀라운 일이 아니었다. 분명히, 대제사장 가야바와 총독 빌라도는 이 일을 공모했을 것이다. 따라서 주후 37년 초 빌라도가 사마리아 사람들을 잔인하게 억압한 직후 파직당한 일은 당연한 일이었다(「유대 고대사」 18.88-89, 95).

복음서 저자인 누가도 어떤 이들이 예수에게 "빌라도가 어떤 갈릴리 사람들의 피를 그들의 제물에 섞은" 경악스러운 사건에 대해 이야기하는 사건을 전하는데(누가복음 13:1), 이는 빌라도가 그 백성들을 폭력적으로 통치했다는 사실을 보여주는 대표적인 예 중 하나다.[7]

이와 같은 일화들과 필로와 요세푸스의 부정적인 묘사들을 통해 많은 학자들은 빌라도가 유대인을 함부로 대했으며, 이로 인해 생긴 소요나 저항에 극단적으로 반응했을 것이라고 생각한다. 따라서 학자들은 신약 복음서가 빌라도를 예수에게 사형선고를 내리는 데 신중하고 주저하는 모습으로 묘사한다는 이유로 복음서의 증언이 믿을 수 없다고 주장한다. 그러나 빌라도와 복음서에 대한 이런 해석은 재고할 필요가 있다.

빌라도의 기록을 객관적으로 보면 그가 특별히 잔혹했다는 결론을 내리기는 쉽지 않다. 오히려 빌라도는 신하들과 골치 아픈 문제에 직면할 때마다 당시 유대 지도자들과 충분히 상의했던 것으로 보인다. 빌라도는 성급하지도 특별히 폭력적이지도 않았다. 빌라도가 종교적·정치적으로 민감했으며 유대인들을 무시했다는 주장은 필로와 요세푸스의 주장을 무비판적으로 수용한 순진한 생각에 기인한 것이다. 필로와 요세푸스는 누구 못지않게 정치적인 의도를 갖고 있었다. 그러면 그들이 어떤 면에 그랬는지에 대해 검토해보도록 하자.

빌라도에 관한 기록

역사는 빌라도를 잔인한 인물로 기록하고 있는가? 일부 사람들은 그렇다고 생각한다. 한 대중적인 작가는 빌라도의 군중통제 방식을 "학살"이라는 말로 표현한다. 이는 그에 대한 기록들을 무비판적으로 받아들이고 과장되게 이해한 것이다. 예루살렘 깃발 사건에서 빌라도는 정치적으로 양보를 하는 선택을 했다. 그는 누구도 죽이지 않았고, 유대인들의 평화로운 항의에 자신의 결정을 굽혔다. 도시 건축을 위해 성전의 헌금에 손을 댔을 때에도, 대제사장의 허락이나 묵인 없이 성전의 금고에 손을 댈 수 없었을 당시 상황을 고려하면 분명 빌라도는 이들의 암묵적인 동의 아래 그런 행동을 취했을 것이다. 이에 대한 대중들의 저항은 로마의 총독에 대한 것만큼이나 이를 허용한 대제사장들, 특히 헌금 담당자에 대한 항의였을 가능성이 높다. 병사들을 사복으로 변장시켜 유대인들에게 폭동을 일으키게 만들었던 교활한 계략은 나사렛 예수와 관련된 심문과 판결 중에 빌라도가 보인 무책임하고 교활한 정치적 수법과 매우 유사하다. 성전의 헌금에 손을 댄 것에 항의하는 군중을 폭력으로 제압했던 사건은 누가복음 13장에서 언급된 폭동일 가능성이 높다. 그렇다면 빌라도와 그의 식민지 백성 사이에서 직접 촉발된 극렬한 대립은 한 번뿐이었다고 할 수 있다. 사마리아인들과의 갈등 같은 다른 대립은 이와 같은 빌라도의 실패의 원인이 무엇이었는지를 서술하는 또 다른 표현일 뿐이다.

그런 의미에서 주후 36년에 행해진 사마리아인들의 저항을 빌라도가 폭력적으로 제압한 직후 빌라도 자신과 대제사장 가야바가 축출되었다는 것은 시사하는 바가 크다. 잃어버렸던 성전 집기들이 있는 곳을 하나님이 자신에게 보여주셨다는 한 사마리아 예언자의 주장에 혹한 많은 사람들이 사마리아의 성전이 있던 그리심 산 자락의 예언자에게 모여 들었다. 빌라도는 성전 집기에 관심을 가졌던 그 사마리아 예언자를 주목했다. 그 이유는 무엇이었을까? 요세푸스는 이 사마리아 예언자의 의도가 국민들을 결집시켜 독립운동을 하려는 것이었다라고 정치적인 측면에서 이 사건을 기술한다. 이 예언자가 실제로 정치적인 의도를 가지고 있었던 것일까? 그의 설교가 실제로 폭동의 전주곡으로 이해될 수 있는가? 그렇다면 이 폭동을 분쇄한 빌라도가 왜 총독직에서 물러나야 했던 것인가? 또 이로 인해 왜 대제사장 가야바마저 축출되어야 했던 것인가?

요세푸스가 핵심적인 정보를 감추고 있기는 하지만 이 질문들에 대한 대답을 얻는 것은 그리 어렵지 않다. 그 사마리아 예언자가 의도했던 것은 로마에 대한 항거가 아니라, 하스몬 가(유대인 대제사장 계열의 통치자)가 주전 2세기에 파괴했던 사마리아 성전을 재건하기 위한 발판으로써 소실되었던 성전 집기를 발견하려는 것이었다. 유대 대제사장들은 이스라엘 전역을 유대화하기 위해 사마리아 성전을 파괴했다. 피를 나눈 형제들에 의한 이런 만행을 사마리아인들은 용서하지 않았고 유대 성전에 몰래 잠입해 거룩한 곳에 죽은 시체의 부정한 뼈를 뿌려 보복했다. 요세푸스는 이와 같은 유대인과 사마리아인 사이에 생긴 깊은 적대감을 전제로 이 사마리아 예언자 사건을 기술한다. 예수의 가르침에도 두 민족 사이의 적대적인 감정을 전제로 한 이야기가 등장한다(선한 사마리아인의 비유, 감사를 표한 사마리아 피부병 환자 이야기 등).

사마리아의 예언자가 단지 성전 재건축에 대한 사마리아인들의 관심을 촉구하기 위해 성전 집기들을 발견하고자 했다면, 빌라도는 왜 그들을 그토록 폭력적으로 제압하려고 했는가? 그 이유는 당시 총독의 정치적 파트너였던 대제사장 가야바가 빌라도를 부추겼기 때문일 것이다. 그렇다면 대제사장 가야바는 왜 빌라도에게 그 사마리아 예언자와 그의 추종자들을 제압하도록 했는가? 대제사장 가야바는 자신의 선임자들이 150년 전 파괴했던 사마리아 성전이 자신의 시대에 재건축되는 것을 결코 원하지 않았기 때문이다. 그래서 가야바는 한 예언자를 중심으로 일고 있는 이 움직임이 종교적 목적이 아닌 로마 전복이라는 정치적인 목적을 갖고 있다고 빌라도를 속여 그가 군사행동을 하도록 부추겼던 것이다. 그리고 빌라도는 가야바의 말대로 사마리아인들을 잔인하게 처리했다. 이에 대해 사마리아인들은 로마에 격렬하게 항의했고 이로 인해 빌라도는 공직에서 물러나야 했다. 그리고 나중에 이 사건의 배후에 대제사장 가야바의 존재가 밝혀져 결국 그도 축출되었던 것이다.

로마총독들이 대제사장들의 정보와 충고에 따라 행동했다는 증거는 많다. 요세푸스는 쿠스피우스 파두스 통치 기간(주후 44-46년)에 자신들의 재산을 갖고 요단 강으로 모이라고 설교했던 튜다스라는 이름의 남자(그는 요단 강을 둘로 가른다)에 대해서 말한다(「유대 고대사」 20.9798). 로마총독은 기병대를 급파해 튜다스의 추종자들을 해산시키고 튜다스의 목을 잘라 예루살렘에 효수(梟首)했다. 요단 강에서의 튜다스의 활동은 구약성경 여호수아서에 나오는 약속의 땅 정복을 위한 요단 강 도하를 재연하려는 시도였던 것 같다(여호수아 4장). 그런 의미에서 튜다스의 민중에 대한 호소는 실제로 이스라엘 땅의 재정복과 현재 통치자들의 전복에 대한 전주곡이었다. 이스라엘의 성경 이야기에 익숙한 사람들에게나 분명했을 이 사건을 이교도 로마총독은 어떻게 알았던 것일까? 정치적인 자문과 협력 관계에 있던 대제사장들이 가르쳐줬을 것이라는 게 가장 그럴듯한 답이다.

또 다른 예를 보자. 로마총독 안토니우스 펠릭스의 통치 기간에(주후 52-60년), 이집트에서 온 한 유대인이 예루살렘에 나타났다(「유대 전쟁사」 2.259-63; 「유대 고대사」 20.169-70). 그 유대인은 성전이 내려다 보이는 감람산에 머물면서 자신이 명령하면 성벽들이 허물어져서 그와 그의 추종자들이 그 도시에 들어가 예루살렘을 통치할 것이라고 주장하면서 사람들을 모았다. 펠릭스 총독이 그 추종자들을 해산시키기 위해 기병대를 급파하자, 수 세기 전 유대인을 이끌었던 지도자 여호수아가 여리고 성을 무너뜨렸던 것처럼 예루살렘 성벽이 무너질 것을 소망하며 똑같은 행동을 보였던 그 이집트인은 도망쳤다. 여기서도 대제사장들은 이 유대 남자의 활동과 주장이 무엇을 의미하는지 로마총독에게 밀고했을 것이다.

요점은 당시 로마총독들은 당시의 종교 지도자들과 밀약해 정치적인 행동을 하는 것이 일반적이었다는 것이다. 따라서 성전의 헌금에 손을 대려는 것에 항의하는 유대인들과 사마리아인들을 폭력적으로 다스리려고 했던 본디오 빌라도 역시 가야바를 위시한 종교 지도자들과 협의해서 그랬을 가능성이 높다.

빌라도의 통치 기간

고려해야 할 또 다른 사항이 있다. 빌라도는 대략 주후 25년이나 26년에 총독직을 시작해 37년 초까지 약 11년 정도 총독직을 수행한 것으로 여겨진다. 하지만 빌라도가 이보다 빠른 19년이나 20년경부터 총독직을 시작했다는(동전과 요세푸스의 증거를 통해서 볼 때) 증거가 있다. 이 주장에 따르면 본디오 빌라도는 17년간 유다와 사마리아의 총독으로 지낸 셈이다. 유대인들이 이방인들의 존재와 특히 그들이 자신들의 땅을 차지하고 있다는 사실을 경멸했던 당시 분위기를 고려하면, 빌라도가 17년 동안 한 곳에서 총독직을 수행했다는 것은 그의 후임자였던 파두스의 2년(튜다스의 학살)과 펠릭스의 8년(이집트에서 온 유대인을 따르던 추종자들의 학살)과 비교해봐도 그의 통치가 비교적 안정적이고 평화로웠다는 것을 의미한다. 빌라도가 17년 동안(최소한 11년 동안) 피식민지인들과 두 차례 정도의 유혈충돌만을 빚었다면 그의 통치가 다른 사람들의 통치에 비해 그리 나쁘지 않았으며 오히려 더 나았다고 생각할 수도 있다.

이는 (실제로 콥트 교회가 하려고 했던 것처럼) 빌라도의 명예를 회복시키려거나 그의 통치 방식을 칭송하려는 것이 아니다. 어쨌든 빌라도는 부패한 정치인이었으며 정의나 인권 같은 것은 신경도 쓰지 않았다는 데 의심의 여지가 없다. 문제는 빌라도가 나사렛 예수의 죽음에 대해 진짜로 관심을 갖고 있었는가 하는 것이고 그 대답은 긍정적이다.

예수의 죽음을 대하는 빌라도의 동기는 철저하게 정치적이었다. 빌라도는 유대인에게 가장 성스러운 절기였던 유월절 전날 밤, 이스라엘의 구원을 간절히 바랐던 유대인들로 가득한 예루살렘에서 자신의 정치 생명이 최고의 위기에 직면해 있다는 것을 즉각 깨달았다. 빌라도의 정치 파트너들—대제사장 가야바와 다른 제사장들—은 예수의 즉각적인 처형을 요구하고 있었지만, 성스러운 유월절에 그것도 예루살렘에서 공개적으로 처형을 하는 것이 과연 현명한 선택인가? 하나님의 통치를 말하긴 했지만, 일체 비폭력적이었던 예수를 사형에 처해야 하는 것이 옳은가? 이런 질문들로 인해 예수의 죽음을 결정하는 데 주저했던 빌라도의 태도는 정의와는 아무런 상관이 없는, 그야말로 순전히 정치적인 것이다. 빌라도는 대제사장 가야바와 그의 추종자들이 예수를 그토록 미워한 이유가 예수가 성자라고 해서 하나님의 심판에서 제외되지 않으며 오히려 죄를 더 짓고 있다고 비난했기 때문임을 잘 알고 있었다. 그렇기 때문에 빌라도는 많은 유대인들이 경멸하고 있던 제사장들의 부패에 대해 대놓고 비판했다는 것 말고는 예수를 사형에 처할 다른 이유를 발견할 수 없었기 때문에 이 인기 있는 설교자와 치유자를 대중 앞에서 그것도 유월절 전날에 처형하고 싶지 않았던 것이다. 영리한 정치가인 빌라도는 이런 어려운 문제를 피하고 싶었고 성급하게 결정내리고 싶지도 않았을 것이다.

빌라도는 자신을 이스라엘을 구원할 왕이라고 주장했다는 죄목으로 고발당한 예수에게 소명할 기회를 주려고 했다. 그러나 이런 빌라도의 제안을 예수는 거절했다. 결국 빌라도는 대제사장들의 요구를 수용해, "유대인들의 왕"이라고 자처해 나라를 소란케 했다는 죄목으로 예수에게 십자가형을 언도했다(마가복음 15:26; 마태복음 27:37; 누가복음 23:38; 요한복음 19:19). 그러나 빌라도는 자기 손을 씻으며 "나는 이 사람의 피와는 무관하다"라고 선언하며 그 책임을 대제사장들에게 돌렸다(마태복음 27:24). 이는 예수를 사형하도록 언도한 것은 자신의 결정이 아니며, 최소한 자기 혼자만의 결정이 아니었음을 보여주려는 정치적 계산에 의한 약삭빠른 행동이었다.

일부 비평가들이 주장하듯이 이는 빌라도의 실제에 가까운 모습이다. 가이사의 형상을 몰래 예루살렘에 들여오려고 하다가 대중들이 격렬하게 반항하자 한발짝 물러났던 것이 빌라도의 본모습이었다. 성전 헌금에 손을 대려는 자신을 대항해 군중들이 동요하자 비열한 속임수를 써 군중을 해산시켰던 사람이 빌라도였다. 대제사장의 조정에 따라 움직이다가 결국 그로 인해 총독직을 물러서야 했던 인물이 바로 빌라도였다. 이렇게 신약 복음서에 등장하는 빌라도와 다른 자료에서의 빌라도는 비평적으로 그리고 온전한 문맥에서 읽혀진다면 서로 일치한다.[8]

빌라도가 제대로 이해될 때—필로와 요세푸스의 저작들을 비평적으로 살핀다면—총독의 유월절 사면의 역사성을 거부하는 데 사용되는 반대들도 해명된다. 신약 복음서에 따르면 죄수를 사면하는 것이 빌라도의 유월절 관습이었다. "이제 명절이 되면 백성들이 요구하는 대로 죄수 한 사람을 놓아 주는 전례가 있더니"(마가복음 15:6; 마태복음 27:15; 요한복음 18:39). 일부 비평가들은 다른 자료들에는 빌라도가 유월절에 사면을 했었다는 언급이 없기 때문에 복음서를 신뢰할 수 없다고 주장한다. 이런 주장은 훌륭한 역사적 논증은커녕 편견이 있음을 보여주는 것일 뿐이다.

사복음서가 말하는 이런 빌라도의 관습에 대해, 유월절을 포함해 기회가 될 때마다 죄수들을 석방했다는 다른 자료들이 존재한다. 3세기 초에 기록된 유대인의 구전율법과 전승인 미쉬나는 "그들은" 유월절에 "자신들이 감옥에서 풀어줄 사람을 위해서 [유월절 어린 양을] 잡는다"라고 말한다(m. Pesahim 8:6). 여기서 "그들"의 정체가 유대 지도자들인지 로마 지도자인지는 명확하지는 않지만, 죄수 한 명을 석방하는 것이 유월절 절기에 참여하기 위한 것이라는 점은 분명하다. 한 파피루스(P. Flor 61, 주후 85년경)는 이집트의 로마총독의 말을 인용한다. '너는 태형을 당하는 것이 마땅하지만 나는 너를 군중에게 돌려보낸다." 소 플리니우스(2세기 초)는 자신의 편지에서 "그러나 이 사람들은 총독들이나 부관들에게 행한 자신들의 탄원에 따라서 석방되었다. 이 일은 힘이 있어야 해방도 가능하다는 사실을 보여주는 것이었다"라고 말한다(「편지들」 10. 31). 에베소에서 발굴된 한 비문은 사람들의 강력한 요청에 따라 아시아의 총독이 죄수를 석방시켰던 일을 말한다. 역사가 리비(1세기 초)는 죄수들의 팔다리를 묶었던 쇠사슬을 풀어주는 특별한 날에 대해서 이야기한다(「로마 역사」 5.13.8). 요세푸스는 알비누스 총독이 예루살렘 거주민들로부터 호의를 얻고자 공직에서 퇴임할 때(주후 64년), 살인을 제외한 다른 범죄자들을 모두 석방했다고 말한다(「유대 고대사」 20.215).

이런 기록들은 적어도 헤롯의 왕들과 마찬가지로 로마의 통치자들이 종종 죄수들을 석방시켰음을 보여준다(지중해 동부의 다른 통치자들도 마찬가지였다). 물론 이것은 군중들로부터 인기를 얻기 위한, 순전히 정치적으로 계산된 행위들이었다. 만일 빌라도가 유월절이나 다른 절기에 죄수들을 석방하지 않았다면, 아니 최소한 한 번도 그런 일이 일어난 적이 없다면, 빌라도가 예수를 풀어주려고 했다는 복음서 저자들의 주장은 금방 거짓으로 탄로날 것임을 보여주는 것이다. 그리고 이것은 초대교회로서는 매우 곤란한 일이 되었을 것이다. 신약의 사복음서 모두가 이 사건을 보도한다(요한복음은 공관복음서들에 상당히 의존했던 것 같다)는 것은 이 이야기가 역사적 사실이었다는 점을 보여주는 것이다.[9]

요세푸스는 신약 복음서의 이야기가 제시하는 사건의 순서, 혹은 예수의 죽음으로 끝나는 재판 이후에 관한 중요한 정보를 우리에게 제공한다. 복음서에 따르면 예수는 (1) 대제사장들에 의해서 체포되어, (2) 대제사장들과 유대 공의회(산헤드린)의 회원들의 심문을 받고, (3) 로마의 총독에게 넘겨져, (4) 총독의 심문을 받은 후에, (5) 사형선고를 받았다.

최근의 일부 급진적인 비평가들은 반유대적인 정서를 갖고 있던 복음서 저자들이 예수의 가르침과 죽음을 반유대 정서와 연관지으려고 이런 주장을 했다고 제안하면서 사건들의 순서에 의문을 제기했다. (어떤 학자는 예수가 폭동을 일으키려다가 체포되어 사형당했다고 했다.) 이런 의심은 근거가 희박할 뿐만 아니라 요세푸스가 이 사건의 순서를 동일하게 기록하고 있는 것만으로도 납득이 안 되는 주장이다.

요세푸스는 예수를 교사와 "놀라운 기적을 행한 인물"이라고 묘사한다(「유대 고대사」 18.63-64). 여기서 주목할 만한 것은 요세푸스가 "우리 가운데 주도적인 사람들"이 예수를 고발했고 그 결과 빌라도가 그에게 십자가형을 내렸다는 대목이다. 요세푸스의 글에서 "주도적인 사람들"은 대제사장들과 제사장들을 의미한다(「유대 고대사」 11.140-41; 18.121). 따라서 요세푸스가 제시하는 순서는 대체로 신약 복음서에 제시되는 것과 동일하다. 그러나 여기에는 그 이상의 의미가 있다.

요세푸스는 주후 62년에 예루살렘 도시와 성전의 멸망을 선포하기 시작했던 예수 벤 아나냐라는 예언자를 언급한다. 나사렛 예수와 예수 벤 아나냐 사이의 병행들은 매우 흥미롭다. 유대인들의 반역에 대한 요세푸스의 언급들 중 이와 관련된 부분들은 다음과 같다.

> 전쟁이 있기 4년 전에 모든 유대인들이 하나님의 장막을 세우는 관습이 있던 축제가 돌아왔을 때, 성전에 서 있던 미숙한 소작농인 예수 벤 아나냐가 갑자기 "동쪽의 소리, 서쪽의 소리, 사방의 바람소리, 예루살렘과 성소를 향한 소리, 신랑과 신부에게 주는 소리, 모든 사람들에게 주는 소리"라고 외치기 시작했다. 주도적인 사람들 일부가 이 불쾌한 연설에 화가 나서 그 남자를 붙잡아 채찍질을 했다. 그러나 그는 자신에게 매질하는 사람들에게 어떤 변명도 하지 않고 외치던 말만을 계속했다. 그래서 통치자들은 그를 로마의 총독에게 데려갔다. 그곳에서 예수 벤 아나냐는 뼈가 드러나도록 맞았지만 자비를 구하지도 울지도 않았다. 총독 알비누스가 예수 벤 아나냐에게 그가 누구이며 어디에서 왔는지, 왜 그런 말을 하는지 물었지만 그는 아무런 대답도 하지 않았다. 알비누스는 그가 미쳤다고 선언하고 그를 풀어주었다. 그는 특히 절기 때에 크게 외쳤다. 성벽에 서서 "이 도시와 사람들과 성전에 한 번 더 재앙이 임할 것이다"라고 외치는데, 한 돌이…그를 쳐서 죽였다(「유대 전쟁사」 6.300-309).

몇 년 전 나사렛의 예수가 당했던 동일한 재판 절차가 여기서도 발견된다. 나사렛 예수와 예수 벤 아나냐 두 사람 모두 예루살렘 성으로 들어갔고, 성전이 파괴될 것이라는 예레미야 7장의 예언을 선포했다. (나사렛 예수는 예레미야 7:11를, 예수 벤 아나냐는 예레미야 7:34을 암시했다.) 유대 지도자들(대제사장들)은 두 사람 모두를 체포했고, 두 사람 모두 지도자들의 심문을 받았다. 이후에 두 사람 모두 로마총독에게 넘겨져 계속해서 심문과 고문을 받았다. 결정적인 차이는 빌라도가 나사렛 예수에게 십자가형을 주는 데 반해, 알비누스는 예수 벤 아나냐를 미치광이로 생각해 풀어주었다는 것이다.

요세푸스가 말한 재판 과정과 신약 복음서에서 언급한 재판 순서 모두 역사적이며 신뢰할 만한 것이라고 생각할 수 있다.

신약 복음서도 예수가 로마 병사들에게 조롱을 받았다고 말한다.

군인들이 예수를 끌고 브라이도리온이라는 뜰 안으로 들어가서 온 군대를 모으고 예수에게 자색 옷을 입히고 가시관을 엮어 씌우고 경례하여 이르되, 유대인의 왕이여 평안할지어다 하고 갈대로 그의 머리를 치며 침을 뱉으며 꿇어 절하더라. 희롱을 다 한 후 자색 옷을 벗기고 도로 그의 옷을 입히고 십자가에 못 박으려고 끌고 나가니라(마가복음 15:16-20).

"유대인의 왕"이라는 조롱은 필로의 저작, 즉 아그리파 왕이 알렉산드리아를 방문해서 그곳 사람들이 가라바스라는 이름의 미치광이를 붙잡아 조롱하던 사건에 대한 기록에서도 발견된다.

가난한 동료를 체육관으로 몰아넣고 모든 사람이 볼 수 있도록 그를 높이 세우고 머리에 왕관을 대신해 넓게 뻗은 비블로스 가지를 씌우고, 왕의 겉

옷을 대신하여 넝마를 입히고, 길거리에 버려진 파피루스 조각을 홀을 대신해 그의 손에 들려주었다. 광대놀이에서처럼 휘장을 두르고 조롱하자 여러 개의 막대기를 어깨에 짊어진 청년들이 경호원 흉내를 내면서 양 옆에 섰다. 그러면 다른 사람들이 그에게 접근해 어떤 이들은 인사를 드리는 척하고 어떤 이들은 자비를 구하는 척하고 또 어떤 이들은 대사를 상담하는 척했다. 그때 군중들은 시리아 사람들이 "주"라는 의미로 사용하는 마리(아람어, "나의 주")라는 말로 그에게 환호했다(「플라쿠스를 반박함」 36-39).

또 다른 자료들도 이와 유사한 사건을 언급한다. 디어 카시우스는 로마병사들로 하여금 황제들이 통치하던 지역들을 방문해 전 황제들을 조롱하게 했다가 비극적인 최후를 맞은 비텔리우스(주후 69년)의 굴욕을 언급한다(「로마사」 64.20-21). 트라야누스의 통치 말기에 발생했던 유대인의 반역을 언급하면서 황제 하드리아누스와 유대인 사자의 대화를 기록한 단편에서도(주후 115-117년), 왕을 자칭했던 자들에 대한 조롱이 언급된다. "파울루스가 말하기를, 그를 왜 데리고 왔는가? 그를 조롱하라고? 그러자 테온은 자신들에게 그를 끌고 다니면서 조롱하라고 명령한 황제 루푸스의 칙령을 읽었다"(P.Louvre 68.1.1-7). 플루타르코스(주후 100년경)는 로마의 시민권을 주장했던 죄수를 해적들이 조롱했던 이야기를 전해준다. 해적들은 죄수에게 옷을 입히고("그의 어깨에 헐렁한 외투를 둘러주었고") 경의를 표하고(그들의 무릎을 꿇기도 하고), 마지막으로 그에게 갑판 위의 판자를 걷게 했다(「폼페이우스」 24.7-8).[10]

요세푸스, 필로, 고대 말기의 다른 자료들에 대한 공정하고 신중한 연구는 신약 복음서가 본디오 빌라도와 같은 역사적 인물들의 행동에 대해 기록한 이야기들이 역사적 근거가 있으며 신뢰할 만하다는 사실을 보여준다. 신약 복음서의 이야기를 빌라도를 옹호하거나 유대 대제사장들을 비난하기 위해 신학적으로 각색한 혹은 기독교를 변호하기 위해 억지로 만든 허구로 여길 만한 결정적 이유는 없다. 신약 복음서의 이야기들은 1세기 팔레스틴에 관한 중요한 정보를 우리에게 제공해주는 신뢰할 만한 자료다.

본디오 빌라도의 비문

건물 복원에 관한 빌라도의 공표 비문이 가이사랴 해안에 있는 고대 극장에서 출토되었다.

라틴어	번역
[NAUTI]S TIBERIEVM	[수부들]의 티베리움을
[PON]TIVS PIIATVS	[본]디오 빌라도가,
[PRAEF]ECTVS IVDA[EA]E	유[대 땅]의 [장]관으로서
[REF]E[CIT]	[복원]시키다

Geza Alfody, "Pontius Pilatus und das Tiberieum von Caesarea Maritima," *Studia Classica Israelica* 18 (1999): 85-108.

안나스와 가야바에 대한 요세푸스의 언급

구레뇨는 아겔라오의 재산을 처분했다.…대제사장 요아살이 파벌 싸움으로 힘을 잃게 되자, 구레뇨는 그를 제사장에서 해임시키고 셋의 아들 안나스를 대제사장으로 삼았다(「유대 고대사」 18.26).

[가이사]는 안니우스 루푸스의 후임으로 발레리우스 그라투스를 유대인들의 총독으로 임명했다. 그라투스는 안나스를 대제사장에서 몰아내고 피아비의 아들 이스마엘을 대제사장으로 세웠다. 오래지 않아서 그라투스는 이스마엘도 제거하고 그를 대신하여 안나스의 아들 엘리에셀을 대제사장으로 임명했다. 1년 후 그라투스는 엘리에셀도 제거하고 대제사장직을 가미스의 아들 시몬에게 주었다. 시몬도 제사장으로 1년도 채 있지 못했으며 가야바라고도 불리는 요셉이 제사장직을 이었다. 이후로 그라투스는 유대 땅에서 11년 동안 살다가 총독을 그만두고 로마로 돌아갔다. 그의 후계자로 온 사람이 본디오 빌라도였다(「유대 고대사」 18.33-35).

유대 땅에 도착한 비텔리우스는 유대인들이 유월절이라고 불리는 전통 절기를 보내고 있던 예루살렘으로 올라갔다. 비텔리우스는 열렬한 환영을 받으며 시민들에게 농산물에 부과하는 모든 세금을 면제해주고 제사장들의 옷과 장식품들을 제사장의 관리하에 성전에서 보관할 수 있게 해달라는 요구에 동의했다. 그것은 원래 로마의 관리하에 있었다.…비텔리우스는 그 예복을 다루는 우리의 율법을 따랐고 수비대장에게 그 옷이 어디에 보관되어 있는지, 어느 때 그 옷을 사용해야 되는지 같은 질문을 하면서 참견하지 말도록 명령했다. 그가 이 민족에게 그와 같은 호의를 베푼 후에, 가야바라고 하는 대제사장 요셉을 대제사장직에서 해임시키고 그 대신에 안나스 대제사장의 아들 요나단을 임명했다(「유대 고대사」 18.90-91, 95).

베스도가 죽었다는 소식을 듣고 가이사는 알비누스를 유대 총독으로 파견했다. 왕은 요셉을 대제사장직에서 끌어내렸고 이 직책을 안나누스라는 안나스의 아들에게 넘겼다. 장로 안나스는 매우 운이 좋았다. 왜냐하면, 그에게 다섯 명의 아들이 있었는데, 자신이 오랫동안 그 직책을 누린 후에 그의 아들이 모두 하나님의 대제사장이 되었기 때문이다. 이 같은 일은 다른 대제사장에게는 결코 일어나지 않았다(「유대 고대사」 20.197-98).

예루살렘 성전 경고

1935년에 예루살렘의 구(舊) 시가지의 성벽 밖에서 발견된 높이 15센티미터의 석회암 조각에는 이방인들에게 성전에 가까이 오지 말라는 경고문이 담겨 있었다. 동일한 비문의 완벽한 판이 터키의 이스탄불 고고학 박물관에 소장되어 있다. 비문은 다음과 같다.

> 모든 이방인은
> 성전 주위의 칸막이와 벽 안으로
> 들어올 수 없다.
> 잡히는 자는 누구나

죽음으로
책임을 져야 한다.

이것은 요세푸스가 자신의 책에서 언급했던 그 경고문일 것이다. "[성전 뜰을 나누는 벽] 위에 같은 간격으로 기둥들이 세워져 있는데, '이방인은 그 성전 내로 들어갈 수 없다'는 규례가 그리스어와 로마어로 기록되어 있었다"(「유대 전쟁사」 5.193-94).

시대착오적이며 과장된 주장들

잃어버린 기독교들

최근에 "잃어버린 기독교'들'"과 복음서들에 관한 이야기가 유행하고 있다.[1] 댄 브라운의 『다빈치 코드』의 가공 인물 중 한 명은 여든 개의 복음서들이 1세기에 존재했다는 말도 안 되는 이야기를 한다. 이런 완벽한 오해는 학자들이 2세기에 만들어진 문서들의 기록 시기를 1세기로 억지로 설정하면서 더 악화되었다. 즉 시작부터 서로 완전히 다른 여러 기독교들이 존재했으며, 각각의 기독교들은 동등한 가치, 동등한 고대성, 동등한 권위를 가지고 있었음이 "입증되었다"고 말이다. 이 어처구니없는 주장은 새로운 형태의 기독교인에 대해 관용적이고 개방적이어야 한다는 요청에 의해 많은 사람들에게 수용되고 있다. 이것이 옳은 일인가?

　3, 4장에서 우리는 2세기 저작―적어도 2세기 말의 연대를 지지하는―들의 기록 연대를 그보다 초기로 잡으려고 할 때 발생하는 문제들을 살펴보았고, 그 결과 정경 이외의 문서들이 1세기에 집필되었을 가능성이 전혀 없다는 사실을 알았다.

그러나 이 문서들이 얼마나 초기의 저작일 수 있는가에 대한 질문과는 상관없이, 많은 "기독교들"이 존재했지만 그중에 하나의 기독교—결국 "정통"이라는 이름으로 등장한—가 다른 기독교들을 압도하고 유일한 기독교가 되었다는 주장이 일부 학자들에 의해 여전히 제기되고 있다. 이런 접근 방식에는 심각한 결함이 있으며 나아가 이는 이들의 주장이 시대착오적이며 과장된 것임을 반영한다.

초기 기독교의 기원과 신념들

예수는 주후 30년 혹은 33년 유월절 전날 죽었다.[2] 이로써 세례 요한과 예수와 그의 제자들에 의해 시작되었던 운동은 종결되었다. 그를 따랐던 많은 사람들은 그 제자들 중 한 명이 말했듯이 "이 사람이 이스라엘을 속량할 자라고 바랐노라"라며 실망했다(누가복음 24:21). 그러나 이런 실망은 얼마 가지 않았다.

기독교 신앙은 빈 무덤과 부활한 예수의 나타나심과 함께 일요일, 즉 첫 번째 부활절에 다시 시작되었다. 이와 관련해 신약 복음서 가운데 마가복음은 그 처음 상황을 다음과 같이 말한다.

> 안식일이 지나매, 막달라 마리아와 야고보의 어머니 마리아와 살로메가 가서 예수께 바르기 위하여 향료를 사두었다가 안식 후 첫날 매우 일찍이 해 돋을 때에 그 무덤으로 가며 서로 말하되, 누가 우리를 위하여 무덤 문에서 돌을 굴려 주리요 하더니, 눈을 들어본즉 벌써 돌이 굴려져 있는데 그 돌이

심히 크더라. 무덤에 들어가서 흰 옷을 입은 한 청년이 우편에 앉은 것을 보고 놀라매, 청년이 이르되 놀라지 말라. 너희가 십자가에 못 박히신 나사렛 예수를 찾는구나. 그가 살아나셨고 여기 계시지 아니하니라. 보라. 그를 두었던 곳이니라. 가서 제자들과 베드로에게 이르기를, 예수께서 너희보다 먼저 갈릴리로 가시나니 전에 너희에게 말씀하신 대로 너희가 거기서 뵈오리라 하라 하는지라. 여자들이 몹시 놀라 떨며 나와 무덤에서 도망하고 무서워하여 아무에게 아무 말도 하지 못하더라(마가복음 16:1-8).

대부분의 성경들은 9-20절까지의 구절들(마가복음의 "긴 종결부"로 알려진)이 가장 오래된 사본들에서 발견되지 않기 때문에 보통 괄호로 처리하거나 각주를 달아 부연 설명을 한다. 학자들은 이 구절들이 마가복음이 출판된 지 2, 3세기가 지난 후에 추가된 것으로 생각한다. 원래 마가복음은 8절에서 끝나지 않고 예수가 여인들에게 나타남과 제자들에게 나타났던 사건이 기술된 적어도 한 개 이상의 단락(마태에게 알려졌던 것 같은)을 포함하고 있었던 것 같다. 그러나 마가복음의 원래 종결부가 어떻게 되었는지 지금은 알 길이 없다.

마태복음과 누가복음은 마가의 이야기를 따른다. 마가복음의 종결부와 관련해 생각해보자. 마태는 말한다.

안식일이 다 지나고 안식 후 첫날이 되려는 새벽에 막달라 마리아와 다른 마리아가 무덤을 보려고 갔더니, 그 여자들이 무서움과 큰 기쁨으로 빨리 무덤을 떠나 제자들에게 알리려고 달음질할새. 예수께서 그들을 만나 이르시되 평안하냐 하시거늘 여자들이 나아가 그 발을 붙잡고 경배하니. 이에 예수께서 이르시되 무서워하지 말라. 가서 내 형제들에게 갈릴리로 가라 하라. 거기서 나를 보리라 하시니라(마태복음 28:1, 8-10).

열한 제자가 갈릴리에 가서 예수께서 지시하신 산에 이르러 예수를 뵈옵고 경배하나 아직도 의심하는 사람들이 있더라. 예수께서 나아와 말씀하여 이르시되, 하늘과 땅의 모든 권세를 내게 주셨으니 그러므로 너희는 가서 모든 민족을 제자로 삼아 아버지와 아들과 성령의 이름으로 세례를 베풀고, 내가 너희에게 분부한 모든 것을 가르쳐 지키게 하라. 볼지어다. 내가 세상 끝날까지 너희와 항상 함께 있으리라 하시니라(마태복음 28:16-20).

누가는 이를 다음과 같이 전한다.

무덤에서 돌아가 이 모든 것을 열한 사도와 다른 모든 이에게 알리니(이 여자들은 막달라 마리아와 요안나와 야고보의 모친 마리아라 또 그들과 함께 한 다른 여자들도 이것을 사도들에게 알리니라). 사도들은 그들의 말이 허탄한 듯이 들려 믿지 아니하나(누가복음 24:9-11).[3]

그 날에 그들 중 둘이 예루살렘에서 이십오 리 되는 엠마오라 하는 마을로 가면서 이 모든 된 일을 서로 이야기하더라. 그들이 서로 이야기하며 문의할 때에 예수께서 가까이 이르러 그들과 동행하시나 그들의 눈이 가리어져서 그인 줄 알아보지 못하거늘. 예수께서 이르시되 너희가 길 가면서 서로 주고받고 하는 이야기가 무엇이냐 하시니, 두 사람이 슬픈 빛을 띠고 머물러 서더라. 그 한 사람인 글로바라 하는 자가 대답하여 이르되, 당신이 예루살렘에 체류

하면서도 요즘 거기서 된 일을 혼자만 알지 못하느냐. 이르시되 무슨 일이냐. 이르되 나사렛 예수의 일이니 그는 하나님과 모든 백성 앞에서 말과 일에 능하신 예언자이거늘 우리 대제사장들과 관리들이 사형 판결에 넘겨주어 십자가에 못 박았느니라. 우리는 이 사람이 이스라엘을 속량할 자라고 바랐노라. 이뿐 아니라 이 일이 일어난 지가 사흘째요, 게다가 우리 중에 어떤 여자들이 우리로 놀라게 했으니 이는 그들이 새벽에 무덤에 갔다가 그의 시체는 보지 못하고 와서 그가 살아나셨다 하는 천사들의 나타남을 보았다 함이라.

우리와 함께 한 자 중에 두어 사람이 무덤에 가 과연 여자들이 말한 바와 같음을 보았으나 예수는 보지 못했느니라 하거늘, 이르시되 미련하고 예언자들이 말한 모든 것을 마음에 더디 믿는 자들이여, 그리스도가 이런 고난을 받고 자기의 영광에 들어가야 할 것이 아니냐 하시고, 이에 모세와 모든 예언자의 글로 시작하여 모든 성경에 쓴 바 자기에 관한 것을 자세히 설명하시니라.

그들이 가는 마을에 가까이 가매, 예수는 더 가려 하는 것 같이 하시니 그들이 강권하여 이르되 우리와 함께 유하사이다. 때가 저물어가고 날이 이미 기울었나이다 하니, 이에 그들과 함께 유하러 들어가시니라. 그들과 함께 음식 잡수실 때에 떡을 가지사 축사하시고 떼어 그들에게 주시니 그들의 눈이 밝아져 그인 줄 알아보더니, 예수는 그들에게 보이지 아니하시는지라. 그들이 서로 말하되, 길에서 우리에게 말씀하시고 우리에게 성경을 풀어 주실 때에 우리 속에서 마음이 뜨겁지 아니하더냐 하고, 곧 그때로 일어나 예루살렘에 돌아가 보니 열한 제자 및 그들과 함께 한 자들이 모여 있어 말하기를 주께서 과연 살아나시고 시몬에게 보이셨다 하는지라. 두 사람도 길에서 된 일과 예수께서 떡을 떼심으로 자기들에게 알려지신 것을 말하더라(누가복음 24:13-35).

요한복음은 이렇게 전한다.

안식 후 첫날 일찍이 아직 어두울 때에, 막달라 마리아가 무덤에 와서 돌이 무덤에서 옮겨진 것을 보고 시몬 베드로와 예수께서 사랑하시던 그 다른 제자에게 달려가서 말하되, 사람들이 주님을 무덤에서 가져다가 어디 두었는지 우리가 알지 못하겠다 하니, 베드로와 그 다른 제자가 나가서 무덤으로 갈새 둘이 같이 달음질하더니, 그 다른 제자가 베드로보다 더 빨리 달려가서 먼저 무덤에 이르러 구부려 세마포 놓인 것을 보았으나 들어가지는 아니했더니, 시몬 베드로는 따라와서 무덤에 들어가 보니 세마포가 놓였고 또 머리를 쌌던 수건은 세마포와 함께 놓이지 않고 딴 곳에 쌌던 대로 놓여 있더라. 그 때에야 무덤에 먼저 갔던 그 다른 제자도 들어가 보고 믿더라. (그들은 성경에 그가 죽은 자 가운데서 다시 살아나야 하리라 하신 말씀을 아직 알지 못하더라.) 이에 두 제자가 자기들의 집으로 돌아가니라.

  마리아는 무덤 밖에 서서 울고 있더니 울면서 구부려 무덤 안을 들여다보니, 흰 옷 입은 두 천사가 예수의 시체 뉘었던 곳에 하나는 머리 편에, 하나는 발 편에 앉았더라. 천사들이 이르되, 여자여 어찌하여 우느냐. 이르되 사람들이 내 주님을 옮겨다가 어디 두었는지 내가 알지 못함이니이다. 이 말을 하고 뒤로 돌이켜 예수께서 서 계신 것을 보았으나 예수이신 줄은 알지 못하더라. 예수께서 이르시되, 여자여 어찌하여 울며 누구를 찾느냐 하시니, 마리아는 그가 동산지기인 줄 알고 이르되, 주여 당신이 옮겼거든 어디 두었는지 내게 이르소서. 그리하면 내가 가져가리이다. 예수께서 마리아야 하시거늘, 마리아가 돌이켜 히브리말로 랍오니 하니 (이는 선생님이라는 말이라.) 예수께서 이르시되, 나를 붙들지 말라. 내가 아직 아버지께로 올라가지 아니했노라. 너는 내 형제들에게 가서 이르되 내가 내 아버지 곧 너희 아버지, 내 하나님 곧 너희 하나님께로 올라간다 하라 하시니, 막달라 마리아가 가서 제자들에게 내가 주를 보았다 하고 또 주께서 자기에게 이렇게 말씀하셨다 이르니라(요한복음 20:1-18).

이 복음서들의 내러티브는 매우 흥미롭지만, 그것은 단순히 막달라 마리아와 다른 여인들에게 부활 소식이 먼저 전해진 것 때문만은 아니다. 본문을 자세히 살펴보자. 먼저 마가복음에 따르면, 막달라 마리아, 야고보의 모친 마리아, 살로메는 예수의 무덤에 가서 무덤이 비어 있음을 발견한다. 그들은 자신들에게 나사렛 예수가 부활했으며 이를 베드로에게 보고하라고 말하는 한 신비로운 사람을 만난다. 그리고 이 이야기는 갑작스럽게 중단된다. 그 다음 마태복음에 따르면, 막달라 마리아와 "다른 마리아"(마가복음에서 언급된 야고보의 어머니일 것이다)가 그 무덤에 간다. 그들은 마태가 "주의 천사"라고 부른 한 신비로운 인물과 만나 마가복음에서 언급된 것과 본질적으로 동일한 이야기를 듣는다. 그러나 마태복음의 내러티브는 중단되지 않고 "그의 발을 붙잡고 그를 예배했던" 여인들에게 예수가 나타나심에 대해 계속해서 묘사한다. 부활하신 예수는 천사의 메시지를 반복하고 나중에 모든 사도들을 만나 사람들을 제자로 삼도록 위임한다.

누가복음에는 새롭고 흥미로운 사항들이 발견된다. 세 번째로 누가복음에 따르면, 막달라 마리아, 요안나, 야고보의 어머니 마리아, "그들과 함께 한 다른 여인들"이 무덤을 방문해 무덤이 비어 있다는 것을 발견하고 눈부신 옷을 입고 있는 두 사람을 만나 사도들에게 예수가 부활했다는 사실을 전하라는 명령을 받는다. 그러나 사도들은 이 보고를 믿지 않고 무시한다. 누가는 계속해서 엠마오 마을로 가는 두 사람에 관한 흥미로운 이야기를 전한다. 두 사람 중 한 명은 글로바라 불리는 사람이었다. 그들은 부활하신 예수를 만났고 나중에 "주가 정말 부활하셨으며 시몬(베드로, 즉 게바)에게 나타나셨다"라고 두 남자에게 말하는 열한 명의 사도들(가룟 유다를 뺀 사도 모두)과 합류한다.[4] 누가복음은 계속해서 제자들에게 행한 예수의 고별사를 언급하는데 이 고별사는 약간 다른 형태로 사도행전 1장에서 반복된다.

마지막으로 요한복음은 이와는 또 다른 정보를 제공한다. 요한복음에 따르면, 막달라 마리아는 일요일 이른 아침에 무덤에 간다. 다른 여인들에 대한 언급은 없다. 그녀는 돌이 굴려져 있는 것과 무덤이 비어 있는 것을 발견하고 시몬 베드로와 다른 제자("사랑받는 제자")에게 알린다. 두 제자는 곧장 무덤으로 달려갔고 마리아가 전했던 상황을 눈으로 확인한다. 이후에 관한 요한의 내러티브는 요점이 명확하지 않다. 여전히 예수의 시체가 없어졌다고 생각하며 무덤 안으로 들어간 막달라 마리아는 그곳에서 부활하신 예수를 만난다. 예수는 마태의 말(마태복음 28:9)을 연상시키는 "나를 붙잡지 말라"라는 말을 그녀에게 한다. 마리아는 제자들에게 돌아가 "내가 주를 보았다"고 말한다.

이 각각의 세부 사항들은 우리를 혼란스럽게 하지만, 거기에는 다음과 같은 일관성 있는 개요가 존재한다. (1) 여인들—그 가운데 막달라 마리아가 가장 두드러진다—이 맨 처음 빈 무덤을 발견한다. (2) 막달라 마리아는 맨 처음으로 부활하신 예수를 본 것 같다. (3) 베드로(게바, 즉 시몬)가 부활하신 예수를 본다. (4) 열한 제자들과 최소 한두 명의 다른 제자들도 부활한 예수를 본다.

제자들이 전했던 예수의 부활은 그 예수 운동을 기독교 신앙으로 변화시켰다. 새로운 신앙의 초기 단계에 그들은 기독교인이라는 정체성을 가지고 있었고,[5] 부활을 믿지 않는 기독교나 이것 외에 다른 곳에 중심을 두는 기독교 집단 같은 것은 존재하지 않았다.

예수의 부활은 그의 제자들에게 힘을 주고, 이들의 선교관을 새롭게 하고, 이들을 갱신시켰다. 예수의 부활은 제자들로 하여금 예수 자신과 그의 사역을 새롭게 이해하도록 만드는 중요한 계기를 마련했다. 부활로 인해 예수의 제자들은 첫째, 예수의 높아진 지위(주, 구속자, 메시아, 인자) 둘째, 그의 죽음의 구속적 의미, 이 두 가지 중요한 결론을 확신하게 되었다. 이스라엘의 성경(구약)도 예수의 부활과 관련해 연구되었다.

우리는 이런 발전을 신약의 다른 문서들에서도 발견하지만 여기서는 일부 사람들이 말하는 바울의 예수 이해가 기독교 신앙이 예수의 원래 제자들의 이해와 현격한 차이가 있다는 주장에 초점을 맞추기로 한다. 이와 관련한 중요한 구절이 주후 50년대 초에 기록된 그리스의 고린도에 살고 있는 기독교인들에게 바울이 보낸 서신 중에 있다.

> 내가 받은 것을 먼저 너희에게 전했노니, 이는 성경대로 그리스도께서 우리 죄를 위하여 죽으시고 장사 지낸 바 되셨다가, 성경대로 사흘 만에 다시 살아나사 게바에게 보이시고 후에 열두 제자에게와 그 후에 오백여 형제에게 일시에 보이셨나니, 그중에 지금까지 대다수는 살아 있고 어떤 사람은 잠들었으며, 그 후에 야고보에게 보이셨으며 그 후에 모든 사도에게와 맨 나중에 만삭되지 못하여 난 자 같은 내게도 보이셨느니라(고린도전서 15:3-8).

바울이 "받은" 전승이 정경 복음서의 보고와 정확하게 일치하지는 않지만 둘 사이에는 분명 중요한 일치가 있다.[6] 바울에 따르면, 부활한 예수는 게바(시몬 베드로)에게, 그 후에 열두 사도에게 나타났다. 바울이 사용한 "열두 제자"는 열한 명의 사도들(가룟 유다를 제외한)을 뜻하는 상징적인 의미이거나 가룟 유다의 사도직을 계승한 맛디아를 포함한(사도행전 1:23-26) 실제 제자들의 숫자를 말한다(후자일 가능성이 높다). 바울은 지금 복음서의 보고들과 부합하는 "공식적인" 전승을 추가하고 있는 것이다.

바울은 계속해서 예수가 500여 명의 제자들에게 시간적 제약을 넘어서 "일시에" 나타났다고 말한다. 그 후에 부활한 예수는 야고보와 예수의 형제 야고보—이것은 야고보(와 그의 형제들)가 기독교 공동체의 지도자가 되는 계기가 되었을 것이다—와 "모든 사도"에게도 나타났다. 여기서 바울이 말한 모든 사도란 열두 사도 외에 바나바(사도행전 14:14; 고린도전서 9:5-6; 갈라디아서 2:9), 안드로니고, 유니아와 잘 알려지지 않은 사람들(로마서 16:7)을 포함한다.[7] 그리고 마지막으로 바울은 예수가 자신에게 나타났다고 말한다.

바울의 목록에는 여인들이 빠져있다. 막달라 마리아나 다른 어떤 마리아도 언급되지 않고 있다. 그 이유는 무엇인까? 여인들이 빈 무덤을 가장 먼저 발견하고 부활하신 예수를 만난 첫 번째 사람들이었다는 사실을 바울은 알지 못했던 것일까? 놀랍게도 그랬던 것 같다. 어떤 학자들은 고린도전서 15장에 나타난 바울이 받은 전승이 기독교를 변호하기 위해 편집되고 축약된 "공식적인 증인 목록"이었다고 설명한다. 이 목록에는 초대교회의 가장 중요한 인물로 오직 베드로와 열두 사도들(열한 명의 사도에 추가된 맛디아), 예수의 형제 야고보 이름이 언급될 뿐이다. 여인들은 아마도 "오백여" 명에 포함되거나 "모든 사도"에도 포함되었을 것이다.[8] 사도의 기본 자격이 부활하신 예수를 만난 사람이어야 했던 것을 고려하면 말이다(그렇다고 부활하신 예수를 본 사람들이 모두 사도가 될 수 있는 것은 아니다).

바울의 증언은 초기에 속한 것으로 매우 중요하다. 소아시아(오늘날 터키)에 있는 갈라디아 교회에 보낸 서신에 따르면, 바울은 예수가 부활한 지 2, 3년 후에 회심했던 것 같다.[9] 그리고 3년 정도 지난 뒤에 베드로를 만나러 예루살렘으로 갔고(갈라디아서 1:18) 그 기간에 예수의 형제 야고보를 만났다. 14년 후에 바울은 바나바와 디도와 함께 예루살렘으로 돌아와(갈라디아서 2:1) 예루살렘 교회 지도자들 앞에서 그의 기독교 신앙에 대해 다음과 같이 이야기한다.

> 내가 이방인들 가운데서 전파하는 복음을 그들에게 제시하되 (유력한 자들에게 사사로이 한 것은) 내가 달음질하는 것이나 달음질한 것이 헛되지 않게 하려 함이라(갈라디아서 2:2).

> 유력하다는 이들 중에 (본래 어떤 이들이든지 내게 상관이 없으며 하나님은 사람을 외모로 취하지 아니하시나니) 저 유력한 이들은 내게 의무를 더하여 준 것이 없고 도리어 그들은 내가 무할례자에게 복음 전함을 맡은 것이 베드로가 할례자에게 맡음과 같은 것을 보았고, (베드로에게 역사하사 그를 할례자의 사도로 삼으신 이가 또한 내게 역사하사 나를 이방인의 사도로 삼으셨느니라) 기둥같이 여겨지는 야고보와 게바[베드로]와 요한도 내게 주신 은혜를 알므로 나와 바나바에게 친교의 악수를 했으니 우리는 이방인에게로 그들은 할례자에게로 가게 하려 함이라. 다만 우리에게 가난한 자들을 기억하도록 부탁했으니 이것은 나도 본래부터 힘써 행하여 왔노라(갈라디아서 2:6-10).

이 문맥은 기독교에 대한 바울의 이해가 이방인들에게 유대의 율법을 지키도록 요구하지 않았음을 분명하게 보여준다. 예루살렘 교회의 지도자들이 이에 동의했다(갈라디아서 2:3)는 것은 매우 중요한 대목이다. 바울에 따르면, 자신의 기독교에 대한 이해는 ("기둥이라는 명성을 받은") 예수의 제자들과 사도 베드로와 일치했다.[10] 바울은 예루살렘 교회의 지도자들에 의해 장려되고 더 오래된 유대 기독교에 대항해 새로운 기독교를 발전시킨 것이 아니었다.[11] 교회의 중심된 이들이 바울에게 주었던 단 한 가지 충고는 바울 자신도 이미 행하고 있던 "가난한 자들을 기억하라"는 것이었다. 기독교 복음에 대한 바울의 이해와 이를 선포할 수 있는 사도적 권위는 예루살렘 교회의 지도자들에 의해 승인된 것이었다.

요점은 기독교 신앙의 핵심 메시지에 대한 중대한 차이가 초기에 있었다는 어떤 증거도 존재하지 않는다는 것이다. 바울과 베드로 모두 예수의 죽음과 부활, 그리고 오직 믿음으로만 구원을 받을 수 있다고 동일하게 말하고 있음을 다음 구절에서 확인할 수 있다.

바울의 서신들은 이렇게 말한다.

> 형제들아, 내가 너희에게 전한 복음을 너희에게 알게 하노니 이는 너희가 받은 것이요. 또 그 가운데 선 것이라. 너희가 만일 내가 전한 그 말을 굳게 지키고 헛되이 믿지 아니했으면, 그로 말미암아 구원을 받으리라. 내가 받은 것을 먼저 너희에게 전했노니, 이는 성경대로 그리스도께서 우리 죄를 위하여 죽으시고 장사 지낸 바 되셨다가, 성경대로 사흘 만에 다시 살아나사 게바에게 보이시고 후에 열두 제자에게와 그 후에 오백여 형제에게 일시에 보이셨나니(고린도전서 15:1-5).

예수 그리스도의 종 바울은 사도로 부르심을 받아 하나님의 복음을 위하여 택정함을 입었으니, 이 복음은 하나님이 예언자들을 통하여 그의 아들에 관하여 성경에 미리 약속하신 것이라. 그의 아들에 관하여 말하면, 육신으로는 다윗의 혈통에서 나셨고 성결의 영으로는 죽은 자들 가운데서 부활하사 능력으로 하나님의 아들로 선포되셨으니, 곧 우리 주 예수 그리스도시니라(로마서 1:1-4).

내가 복음을 부끄러워하지 아니하노니, 이 복음은 모든 믿는 자에게 구원을 주시는 하나님의 능력이 됨이라. 먼저는 유대인에게요 그리고 헬라인에게로다(로마서 1:16).

네가 네 입으로 예수를 주로 시인하며, 하나님께서 그를 죽은 자 가운데서 살리신 것을 네 마음에 믿으면 구원을 받으리라. 사람이 마음으로 믿어 의에 이르고 입으로 시인하여 구원에 이르느니라(로마서 10:9-10).

베드로와 연관된 전승들은 이렇게 말한다.

이스라엘 사람들아, 이 말을 들으라. 너희도 아는 바와 같이 하나님께서 나사렛 예수로 큰 권능과 기사와 표적을 너희 가운데서 베푸사 너희 앞에서 그를 증언하셨느니라. 그가 하나님께서 정하신 뜻과 미리 아신 대로 내준 바 되었거늘, 너희가 법 없는 자들의 손을 빌려 못 박아 죽였으나 하나님께서 그를 살리셨으니…이 예수를 하나님이 살리신지라. 우리가 다 이 일에 증인이로다.…너희가 회개하여 각각 예수 그리스도의 이름으로 세례를 받고 죄 사함을 받으라(사도행전 2:22-24, 32, 38).

우리 주 예수 그리스도의 아버지 하나님을 찬송하리로다. 그의 많으신 긍휼대로 예수 그리스도를 죽은 자 가운데서 부활하게 하심으로 말미암아 우리를 거듭나게 하사, 산 소망이 있게 하시며 썩지 않고 더럽지 않고 쇠하지 아니하는 유업을 잇게 하시나니, 곧 너희를 위하여 하늘에 간직하신 것이라. 너희는 말세에 나타내기로 예비하신 구원을 얻기 위하여 믿음으로 말미암아 하나님의 능력으로 보호하심을 받았느니라(베드로전서 1:3-5).

그리스도께서도 단번에 죄를 위하여 죽으사 의인으로서 불의한 자를 대신하셨으니, 이는 우리를 하나님 앞으로 인도하려 하심이라. 육체로는 죽임을 당하시고 영으로는 살리심을 받으셨으니(베드로전서 3:18).

기독교 신앙은 대속적인 구원을 뜻하는 예수의 죽음과 예언의 성취로 해석되는 예수의 부활로 시작되었다. 이 교리에 대해 당시 교회에 불일치 같은 것은 일체 없었다. 예수를 믿고 제자들로 인정되었던 사람들이라면 모두 이 본질적인 신념들을 굳건하게 믿었다. 이를 다르게 해석하는 여러 "기독교들" 같은 것은 존재하지 않았다. 1세기에 기록된 복음서들, 즉 신약 복음서들(마태복음, 마가복음, 누가복음, 요한복음)은 비어 있는 예수의 무덤과 부활한 예수가 제자들에게 나타났던 사건들을 한목소리로 증거한다. 예수의 부활과 그 구속의 권세는 베드로와 바울이 강력하게 증거하는 기독교의 가르침과 선교 활동의 핵심 진리로 자리 잡았다. 부활절 이후의 기독교 운동의 첫 세대 중에서 이것 아닌 다른 무언가를 가르쳤다는 증거는 전혀 없다.

이 단락을 끝내기 전에 예수를 지칭하는 데 사용했던 칭호들을 고려할 필요가 있을 것 같다. 스물일곱 개의 신약 문서 가운데 스물여섯 문서에서 예수를 부르는 데 그리스도(메시아), 즉 하나님에 의해 또는 하나님의 영에 의해 기름부음을 받은 자를 의미하는 이 단어를 사용한다(이사야 61:1 비교). 예수를 이런 식으로 언급하고 있지 않는 신약의 유일한 문서는 매우 짧은 서신인 요한삼서뿐이다. 신약의 스물일곱 개의 문서 가운데 열아홉 개는 예수를 "주 예수"라고 부른다. 그 수는 예수와 관련해 단순히 "주"라고 말하는 문서들을 포함한다면 더 늘어난다. 그리고 그중 열두 개의 문서는 예수를 "인자"라고 부른다. 여기에 예수가 "그 아들"이라고 불리는 예들을 포함한다면, 그 문서들의 수는 훨씬 많아진다. 이 칭호들 모두 바울의 서신과 유대 기독교적 문서들인 야고보서, 베드로전후서, 유다서, 히브리서, 요한복음, 요한서신 등의 신약 문서 등에 등장한다.

예수는 또한 다음과 같은 초기 기독교 문서들 속에서 구세주로 광범위하게 고백된다. 누가복음-사도행전(누가복음 2:11; 사도행전 5:31; 13:23), 바울서신(빌립보서 3:20; 에베소서 5:23), 베드로서신(베드로후서 1:1, 11; 2:20; 3:18), 요한 문헌(요한복음 4:42; 요한일서 4:14), 유다서신(유다서 25절) 등. 구세주와 동일한 의미를 갖고 있는 '구원하다'라는 동사를 여기에 포함시키면 그 목록은 더 많아진다(마태복음 1:21; 히브리서 7:25; 9:28).

십자가에서의 예수의 죽음은 유대인들과 비유대인들 모두에게 구속적인 가치를 갖는다는 것, 즉 십자가에서 예수는 모든 인류가 지불해야 할 죄의 대가를 대신 지불해 죽었다는 것이 기독교 최초의 교사들과 저자들의 한결같은 가르침이다. 신약의 모든 책들이 이 주제를 언급하고 있지는 않지만, 대부분의 신약성경은 예수의 구속적 죽음에 대한 다른 이해를 갖고 있지 않았다.

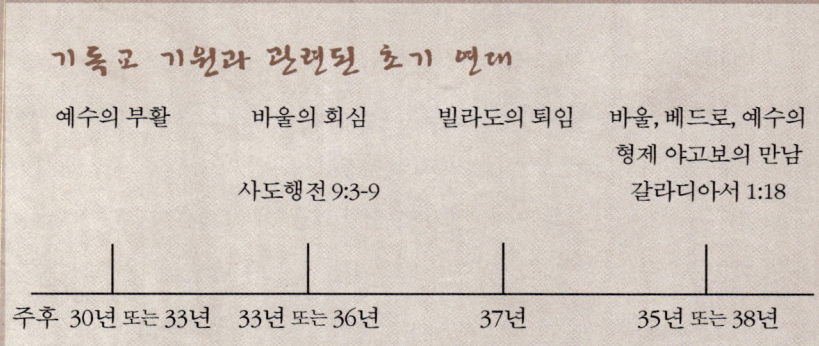

기독교 신앙의 핵심은 1세기에 저술된 여러 기독교 문서들 가운데서 발견된다. 그중 많은 문서들이 예수가 죽고 부활한 지 20-30년 안에 저술된 것들이다. 그것만이 아니다. 초기 기독교의 신념과 핵심 가치들은 예수가 부활하기 이전부터 가르쳐졌으며, 첫 세대 신자들의 부활절과 오순절 경험을 배경으로 발아하기 시작했다.[12] 1세기 중반에―예수와 그의 활동에 대한 다른 관점들이나 그의 제자가 된다는 것에 대한 다른 이해들을 견지하는―몇 개의 "기독교들"이 존재했다는 주장은 그 차이를 크게 과장하거나 증거를 잘못 해석했기 때문에 생긴 것이다. 물론 예수의 초기 제자들 사이에 차이점들이 없지는 않았다. 그러나 그 차이가 소위 말하는 "잃어버린 기독교들"의 존재를 반증하는 것은 아니다. 이제부터 이 문제를 살펴보도록 하자.

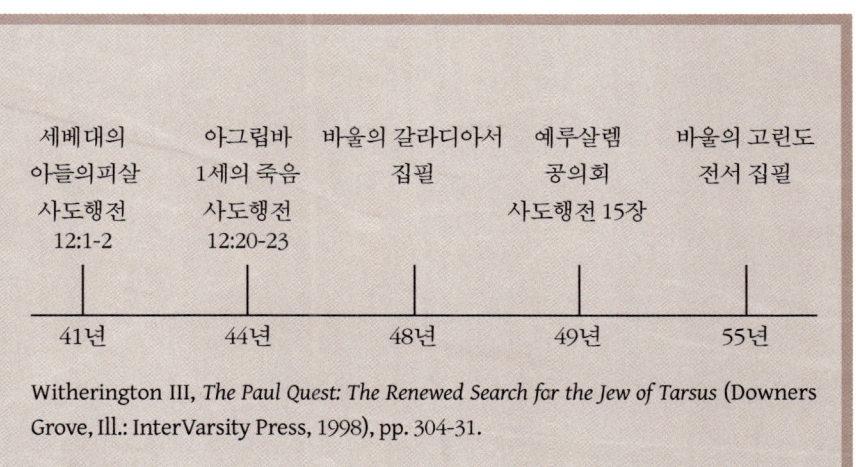

Witherington III, *The Paul Quest: The Renewed Search for the Jew of Tarsus* (Downers Grove, Ill.: InterVarsity Press, 1998), pp. 304-31.

초기 기독교의 통일성과 다양성

기독교의 첫 세대가 예수―이스라엘의 메시아이자 하나님의 아들인―가 인류의 죄를 위해 십자가에서 죽었다가 삼 일 만에 부활했다는 핵심 신념에 있어서는 한 목소리를 냈지만, 모세의 율법을 유대인들이나 이방인들에게 적용하는 것이 타당한지에 대해서는 약간의 의견차를 보였다. 이 어려운 문제는 쉽게 해결되지 않았고 결국 교회의 지속적인 분열로 인해 교회 안에서 유대인이 감소하는 결과를 가져왔다.

신약성경은 이런 교회의 치부를 드러내는 데 주저하지 않는다. 기독교의 통일성을 기술하는 데 심혈을 기울이는 복음서 저자 누가조차 교회의 첫 세대 안에 있던 차이를 사도행전에서 거침없이 드러내고 있다. 그러나 그 차이란 것이 예수에 관한 것은 아니었다. 제자들은 누구도 예외 없이 예수를 이스라엘의 메시아, 하나님의 아들, 세상의 구세주로 고백했다. 교회에 있던 차이는 비유대인들(이방인들)이 메시아의 구원을 받으려면 유대교로 회심, 즉 개종해야 하는가 하는 문제에 관한 것이었다.

비유대인을 선교의 대상으로 삼았던 바울로 인해 발생한 이 문제는 사도행전에 고스란히 묘사되고 있으며 바울 자신의 서신들에서도 잘 드러나 있다.

이 문제에 관한 사도행전의 첫 번째 보고는 사마리아 지역으로 기독교 운동을 확장하는 것에 대한 언급에서 발견된다. 여기서 사도가 아닌, 집사 빌립이 사마리아 사람들에게 메시아 예수를 전파해 많은 사람들이 예수를 믿고 세례를 받는다(사도행전 8:1-13). "이제 예루살렘에 있는 사도들이 사마리아도 하나님의 말씀을 받았다 함을 듣고 베드로와 요한을 보내매 그들이 내려가서 그들을 위하여 성령 받기를 기도하니"(사도행전 8:14-15). 누가복음에서 성령을 받는 것은 회심의 진정성을 확증하는 표시다.

이는 두 장 뒤의 로마 백부장 고넬료의 회심 이야기에 다시 나온다. 베드로는 로마 장교 고넬료에게 기독교 메시지를 전한다. "우리는 그가 행하신 모든 일에 증인이라…하나님이 그를 사흘 만에 다시 살리사…그에 대하여 모든 예언자도 증언하되, 그를 믿는 사람들이 다 그의 이름을 힘입어 죄 사함을 받는다 하였느니라"(사도행전 10:39-40, 43). 고넬료와 식구들에게 베드로가 이 말을 할 때에 "성령이 말씀 듣는 모든 사람에게 내려"왔다(44절). 베드로와 마찬가지로 유대 신자들도 "심지어 이방인들에게도 성령 부어 주심으로 말미암아 놀란"다(45절). 그래서 베드로는 이 새로운 회심자에게 세례를 준다(47-48절).

이제 사도행전은 사마리아 사람들(유대인들이 이방인과 마찬가지로 여겼던)과 이방인들에게 기독교가 전파되는 과정을 보여준다. 이 과정에서 예루살렘에서 파송된 대표자들은 그들의 회심 과정과 결과들을 자세히 관찰하고 확증한다. 많은 유대 신자들은 이 이방인 회심자들이 유대교의 율법을 수용(개종자가 되는 것)하지 않으면 기독교 신자가 될 수 없다고 생각했기 때문이다. 물론, 누가는 이방인에 대한 바울의 선교 방식이 적법할 뿐 아니라 교회 지도자인 베드로를 따르는 것이었음을 보여준다.

교회는 이 복잡한 문제를 해결하기 위해 예루살렘에서 공의회를 열었다. 베드로를 위시한 여러 지도들은 "무할례자의 집에 들어가 그들과 함께 먹은 이유"를 물으며 비난하는 소리를 들어야 했다(사도행전 11:3). 이런 모습이 현대인에게는 낯선 것이지만 모세의 율법을 심각하게 받아들였던 1세기 유대인들에게는 매우 중요한 문제였다. 당시 유대인들은 이방인처럼 먹도록 강제하는 엄청난 압박을 받고 있었다. 주전 2세기의 경건한 유대인들(마카비의 순교자들)은 돼지고기를 먹지 않는다는 이유로 갖은 고문을 당하고 사형(마카비2서 6-7장)을 당하기도 했다. 유대인들에게 돼지고기를 먹으며 이방인들의 관습을 따르는 것은 유대 율법과 신앙을 저버리는 것이다.

따라서 예수 운동, 즉 이스라엘 회복운동의 지도자인 베드로가 이방인의 집에 들어가 이방인의 음식을 먹는다는 것은 있을 수 없는 일이었다. 이에 대해 베드로는 하나님의 성령이 예수를 믿은 이방인들을 어떻게 받아들였는지 알려주었다(사도행전 11:4-18). 그 대답은 언어로 분명하게 확언된 것은 아니었지만 그 의미는 명확했다. 즉, 하나님이 (유대교의 음식 규례를 따르지 않는) 이방인들과 함께 거하실 수 있다면 베드로와 다른 유대 신자들이 이방인과 함께 거하지 못할 이유가 없다는 것이다. 이 대답으로 유대 신자들은 자신들의 생각들을 수정해야만 했다.

사도행전은 얼마 후에 바울이 기독교 메시지를 다른 지역으로 전하라는 위임을 받았다고 보고한다. 사도행전 13-14장에서 누가는 바울의 유명한 첫 번째 선교여행을 자세하게 이야기한다. 비록 바울이 방문했던 모든 도시에서 회당을 가장 먼저 찾긴 했지만("유대인들에게 먼저"), 그들에게 거절당한 후에 그는 이방인들에게로 향했다("그 후에 그리스인들에게").[13] 바울은 이방인 회심자들에게 유대교 관습들을 수용하라고 요구하지 않았다. 이 문제로 인해 사도행전 15장의 언급된 예루살렘 공의회가 열리게 되었다.

> 그러나 어떤 사람들이 유대로부터 내려와서 형제들을 가르치되, 너희가 모세의 법대로 할례를 받지 아니하면 능히 구원을 받지 못하리라 하니, 바울 및 바나바와 그들 사이에 적지 아니한 다툼과 변론이 일어난지라. 형제들이 이 문제에 대하여 바울과 바나바와 및 그중의 몇 사람을 예루살렘에 있는 사도와 장로들에게 보내기로 작정하니라. 그들이 교회의 전송을 받고 베니게와 사마리아로 다니며 이방인들이 주께 돌아온 일을 말하여 형제들을 다 크게 기쁘게 하더라. 예루살렘에 이르러 교회와 사도와 장로들에게 영접을 받고 하나님이 자기들과 함께 계셔 행하신 모든 일을 말하매, 바리새파 중에 어떤 믿는 사람들이 일어나 말하되, 이방인에게 할례를 행하고 모세의 율법을 지키라 명하는 것이 마땅하다 하니라(사도행전 15:1-5).

오늘날 어떤 사람들은 여기에 나타난 바리새들인의 입장에 당혹스러워할지도 모르겠다. 그러나 이것은 당시 사람들에게는 당연한 것이었다.

이는 예수가 활동할 당시 바리새인들이 예수가 유대인들의 정결 의식과 안식일을 범하고 있었기 때문에 비난했던 것과 같은 맥락이다. 예수가 이스라엘의 메시아라면 경건한 유대인들이 목숨을 걸고 지켰던 모세의 율법을 성실하게 준수해야 했던 것처럼 말이다. 물론, 예수는 자신을 비난하는 사람들에게 환자가 의사를 필요로 한다는 것(이는 자신이 교제하는 사람들이 정말로 죄인들이었다는 점을 암시한다)과 사람을 더럽게 만드는 것은 입으로 들어가는 것이 아니라 마음에서 나오는 것이라고 반박한다(마가복음 2:15-16; 7:14-23). 그리고 예수는 안식일에 곡식을 추수해 먹은 것이 잘못이라면 왜 다윗은 자기 부하들에게 제사장들만 먹을 수 있는 성전 음식을, 그것도 안식일에 먹게 했는가, (하늘의 권위를 받았던) "인자"가 안식일의 주가 아닌가 라며 오히려 바리새인들에게 되묻는다(마가복음 2:23-28).

예수가 하나님의 아들이라 확증했던 부활죨 사건을 지지하는 이런 대답은 이후에 기독교에 가입했던 바리새인들을 만족시켰던 것 같다. 이는 그리 놀라운 일이 아니다. 왜냐하면, 바리새인은 부활 신앙을 믿고 있었기 때문이다(사도행전 23:6-8; 「유대 전쟁사」 2.163). 브활한 메시아는 바리새인들이 지속적으로 주목해왔던 것으로 이것은 이들이 모세 율법을 중요하게 여겼음을 의미하는 것이었다.[14] 그러면 율법을 준수하지 않고 기독교에 가담한 이방인들에게 율법은 무슨 의미가 있는 것인가? 예수가 죄인들과 함께 먹기는 했지만 그들도 할례는 받았고 뵨두리이긴 해도 최소한 모세의 율법 안에 머물러 있으려고 했다. 그러나 메시아 공동체에 들어오려고 하는 이방인들은 어떻게 해야 하는가?

사도행전 15장의 예루살렘 공의회가 제기한 문제는 기독교 교회를 최초로 분열시킨 이슈였다. 이 공의회에서 내려진 결정에 의해 바울과 그의 이방인 선교를 지지하는 사람들에 대한 오해가 풀리긴 했지만 문제가 완전히 해결된 것은 아니었으며 또 간단하게 해소될 수 있는 문제도 아니었다. 교회가 이 문제로 의견이 나뉘긴 했지만 그렇다고 해서 1세기에 여러 "기독교들"이 존재했다고 말할 수 있을 정도로 차이가 있었는가? 그렇지 않다.[15]

사도행전 11장은 이 문제를 지혜롭게 해결하는 모습을 보여준다. 거기서 베드로는 이방인들도 메시아 예수에 의해서 구원을 받을 수 있다고 말한다. 예수의 형제 야고보 또한 사도행전 15장에서 이방인들이 유대 개종자가 될 필요가 없다고 말한다. 그리고 하나님과 예수가 그의 아들됨을 믿는 이방인들은 자신들의 이교도적 행습들을 버려야 한다는 야고보의 권고가 받아들여져 문제가 일단락된다.

야고보의 권고 내용이 구약 율법과 같은 것이 아니었다는 점을 주목해야 한다(아브라함이나 그 이전의 노아, 그리고 모세 율법과의 관련 여부와 상관없이). 그 권고는 그저 회심한 이방인들이 이교적 방식들을 계속해서 행하지 말 것을 금지하는 것이었다.

> 그러므로 내 의견에는 이방인 중에서 하나님께로 돌아오는 자들을 괴롭게 하지 말고, 다만 우상의 더러운 것과 음행과 목매어 죽인 것과 피를 멀리하라고 편지하는 것이 옳으니, 이는 예로부터 각 성에서 모세를 전하는 자가 있어 안식일마다 회당에서 그 글을 읽음이라 하더라(사도행전 15:19-21).

여기서 중요한 세 가지 요점을 이해할 필요가 있다. 첫째, 야고보는 "우리(유대 신자들)는 이방인 중에서 하나님께로 돌아오는 자들", 즉 회개하고 메시아 예수를 믿는 자들을 괴롭게 하지 말아야 한다고 말한다. "괴롭게 하지 말라"는 의미는 이방인들이 메시아 신앙을 갖기 위해서 유대교 개종자가 되어야 한다고 강요하지 말아야 한다는 뜻이다. 이는 갈라디아서 2:11-14에서 이방인 신자들을 대하는 데 일관되게 행동하지 않아 위선적인 모습을 보였다고 베드로를 강하게 질타하는 바울의 입장이기도 하다.

둘째, 야고보는 이방인 신자들에게 이교도의 생활 방식과 종교적 관행들 중에서 우상숭배적이며 부도덕한 행동을 멀리하라고 말한다. 하나님께 돌아서는 것은 이교적인 행위를 버리는 것이라는 그 권고는 우상숭배와 음식에 관한 것이었다. "우상의 더러운 것과 음행과 목매어 죽인 것과 피를 멀리하라." 이것은 바울이 고린도 교회에서 같은 문제에 직면했을 때 보였던(고린도전서 8:7-13; 10:7-8, 14-28) 바울의 일관된 주장이다.

> 내가 너희에게 쓴 것은, 만일 어떤 형제라 일컫는 자가 음행하거나 탐욕을 부리거나 우상 숭배를 하거나 모욕하거나 술 취하거나 속여 빼앗거든 사귀지도 말고 그런 자와는 함께 먹지도 말라 함이라(고린도전서 5:11).

> 지식 있는 네가 우상의 집에 앉아 먹는 것을 누구든지 보면, 그 믿음이 약한 자들의 양심이 담력을 얻어 우상의 제물을 먹게 되지 않겠느냐. 그러면 네 지식으로 그 믿음이 약한 자가 멸망하나니(고린도전서 8:10-11).

> 그들 가운데 어떤 사람들과 같이 되지 말라.····그들 중의 어떤 사람들처럼 우리는 그들과 같이 음행하지 말자.····그런즉 내 사랑하는 자들아 우상 숭배하는 일을 피하라(고린도전서 10:7-8, 14).

이방인 신자들에게 "음행을" 금하라는 야고보의 요구에 바울은 다시 전적으로 동의한다.

하나님의 뜻은 이것이니 너희의 거룩함이라 곧 음란을 버리고(데살로니가전서 4:3).

내가 너희에게 쓴 편지에 음행하는 자들을 사귀지 말라 했거니와(고린도전서 5:9).

몸은 음란을 위하여 있지 않고(고린도전서 6:13).

음행을 피하라. 사람이 범하는 죄마다 몸 밖에 있거니와 음행하는 자는 자기 몸에 죄를 범하느니라(고린도전서 6:18).

우리는 그들과 같이 음행하지 말자(고린도전서 10:8).

바울은 이미 자신의 여러 서신에서 야고보가 공의회에서 내린 우상숭배, 성적인 문제, 음식 등에 대해 금지할 것을 가르치고 있었다.

셋째로, 야고보는 "예로부터" "모세(의 율법)"가 "각 성에서" 선포되었으며 "모든 안식일에 회당에서 읽혀"진다고 말한다. 야고보가 여기서 의미하는 것은 하나님께로 돌아서 메시아를 믿는 이방인들이 우상숭배와 부도덕성(성전 창기)과 같은, 이교도의 관습들이 잘못된 것이라는 것을 이미 알고 있었다는 것이다. 그들이 유대의 회당에 정기적으로 나가지는 않았더라도, 율법의 기본적인 사항들에 대해서는 알고 있었고 이는 이런 행동을 금지하는 것에 크게 거부감을 느끼지 않았다는 뜻이기도 하다.

요약하면, 초대교회 안에 있던 차이는 이방인들에게 율법을 어떻게 적용할 것인지에 관한 문제였던 것이다. 이방인들이 유대교 율법을 준수하라는 요청을 받았는가? 그렇다면 율법을 어느 정도까지 준수하라는 요청을 받았는가?[16] 이 문제에서 야고보와 바울은 본질적으로 동일한 입장이었다. 이방인들은 반드시 모든 유대교 율법을 준수하거나 유대교로 개종해야 하는 것이 아니라 부도덕하고 우상숭배적인 이교도의 관행만을 중단하면 되는 것이었다.

언급되어야 할 또 한 가지 문제가 있다. 신약 학자들은 수 세기 동안 행위와 칭의(稱義)의 문제에 관한 야고보와 바울 사이의 차이를 갖고 씨름해왔다. 바울은 누구도 "율법의 행위"로는 의롭게 될 수 없다고 말한다(갈라디아서 2-3장; 로마서 4장). 이를 증명하기 위해 바울은 아브라함을 예로 든다.

> 사람이 의롭게 되는 것은 율법의 행위로 말미암음이 아니요, 예수 그리스도를 믿음으로 말미암는 줄 알므로 우리도 그리스도 예수를 믿나니, 이는 우리가 율법의 행위로써가 아니고 그리스도를 믿음으로써 의롭다 함을 얻으려 함이라. 율법의 행위로써는 의롭다 함을 얻을 육체가 없느니라(갈라디아서 2:16).

> 너희에게 성령을 주시고 너희 가운데서 능력을 행하시는 이의 일이 율법의 행위에서냐 혹은 듣고 믿음에서냐. 아브라함이 하나님을 믿으매 그것을 그에게 의로 정하셨다 함과 같으니라. 그런즉 믿음으로 말미암은 자들은 아브라함의 자손인 줄 알지어다(갈라디아서 3:5-7).

그러나 얼핏 보기에 야고보의 생각은 다른 것 같다.

> 아아 허탄한 사람아, 행함이 없는 믿음이 헛것인 줄을 알고자 하느냐. 우리 조상 아브라함이 그 아들 이삭을 제단에 바칠 때에 행함으로 의롭다 하심을 받은 것이 아니냐. 네가 보거니와 믿음이 그의 행함과 함께 일하고 행함으로 믿음이 온전하게 되었느니라. 이에 성경에 이른 바 아브라함이 하나님을 믿으니 이것을 의로 여기셨다는 말씀이 이루어졌고, 그는 하나님의 벗이라 칭함을 받았나니 이로 보건대 사람이 행함으로 의롭다 하심을 받고 믿음으로만은 아니니라(야고보서 2:20-24).

흥미로운 점은 바울이 자신의 주장을 정당화하기 위해 근거로 삼았던 창세기 본문에 야고보도 동일하게 호소하고 있다는 것이다. 바울에게 있어서, 창세기 15:6("아브라함이 하나님을 믿으니 그것을 그에게 의로 여기셨다")은 그의 주장을 입증하는 것이었다. 하나님은 자신에게 믿음으로 반응하는 사람들을 의롭다 여기신다. 아버지가 이방인이었던 아브라함은 하나님의 약속을 믿음으로 유대인들의 조상이 되었다. 바울에게 이 구절은 믿음과 행위, 의를 이해하는 신학 역할을 했다. 그러나 야고보에게, 성경은 "우리 조상 아브라함이 행위로 의롭게 되었으므로" 사람이 "행위로 의롭게 되며 믿음만으로는 아니다"라고 말한다.

종교개혁자 마르틴 루터(Martin Luther)가 야고보서를 "지푸라기 서신"이라고 폄하했을 정도로 바울과 야고보 사이의 이 차이는 굉장히 큰 문제였다. 어떤 이들은 이를 두고 전혀 다른 생각을 가진 여러 기독교들이 있었다는 증거라고 말하려고 한다. 그러나 이는 너무 단순한 생각이다.

야고보의 말은 하나님께 대한 믿음이 의롭고 긍휼을 행하지 않는다면 아무것도 아니라는 뜻이다. 이런 믿음이 도대체 무슨 의미가 있는가! 야고보는 쉐마의 첫 부분을 인용해 이렇게 말한다. "이스라엘아, 들으라. 우리 하나님 여호와는 오직 유일한 여호와이시니 너는 마음을 다하고 뜻을 다하고 힘을 다하여 네 하나님 여호와를 사랑하라"(신명기 6:4-5). 예수는 이를 하나님을 사랑하고 이웃을 자기 몸처럼 사랑해야 한다고 요약해 말한다(마가복음 12:28-31). 그리고 야고보는 이스라엘의 전통 신앙을 기꺼이 고백하면서 모세의 율법이 가르치고 예수가 했던 명령을 행하지 않는 사람들에 대해 경고하고 있는 것이다.

누군가 입을 옷이나 먹을 음식이 필요할 때 그저 "몸을 따뜻하게 하고 배를 채우시오"라고 말만 한다면 그런 신앙은 죽은 것이다. 야고보는 아브라함이 자기 아들 이삭을 기꺼이 바쳤던 이야기와 연관시키면서(창세기 22장) 창세기 15:6에 호소한다. 야고보의 요점은 아브라함의 신앙이 그의 행동 속에서 진실한 것으로 입증되었다는 것이다.

바울과 모순되는 것은 아무것도 없다. 바울은 예루살렘의 가난한 자들을 위한 기금을 모아(고린도전서 16:1-3; 갈라디아서 2:10), 야고보가 행위로 믿음을 입증해 보이라는 요청을 실천한 것이다. 바울도 믿음이 "선행"을 초래한다는 데 동의한다(에베소서 2:10). 이것이 바울이 "신앙의 복종"에 대해 이야기한 이유다(로마서 1:5; 16:26). 문제는 어떤 상황에 어디에 강조를 두느냐 하는 것이었다.

야고보서는 매우 이른 시기에 예수의 형제 야고보에 의해 저술된 서신으로 바울의 주장을 반박하기 위해 야고보의 이름을 빌려 후대에 기록한 문서가 아니다. 이는 야고보서 전문가들이 한결같이 주장하고 있는 바다.[17]

야고보서 2장에 나타난 가르침은 가난한 자들을 돌아보았고, 또 가지고 있던 재산을 함께 나누었던 초대교회의 관습과 규율과 온전히 일치한다(사도행전 2; 4-6장). 야고보서는 (유대) 신자들에게 선행으로 그들의 신앙이 살아 있다는 것을 입증하도록 촉구하는 목회적 기능을 수행한다. 야고보서는 선행과 '자기 의'가 메시아 예수의 구원 사역을 완성한다는 의미에서 그런 주장을 하는 것이 아니었다. 이것이 바울이 자신의 서신에서 계속해서 지적하는 바였다.

바울이 야고보서 이후에 기록한 자신의 서신들에서 말하고자 했던 것은 회심한 이방인들이 영적으로 더 성숙하고자 한다면 모세의 율법을 따라야 한다는 것이었다. 바울이 비난했던 것은 야고보의 가르침이 아니었다. 이처럼 각 서신들에서 발견하는 차이점은 바울과 야고보가 동일한 예수의 가르침을 각자 다른 상황에서 가르쳐야 했던 것에 기인한 것이다.[18]

신약 저작들 속에서 발견되는 차이와 불일치는 기독교 초기에 불일치하는 여러 "기독교들"이 존재했다는 증거가 아니라는 점을 한 번 더 강조한다. 일부 사람들은 여전히 현재의 신약성경은 기독교 신앙과 관련된 모든 문서를 대표하는 것이 아니라 다른 관점을 지지하는 문서들을 검열, 배제한 후에 만들어진 것이라고 주장한다. 그렇다면 기독교에 대한 다른 관점을 말하는 문서들이란 어떤 것인가? 앞서 우리는 도마복음, 베드로복음, 마리아복음 같은 문서들을 살펴보았다. 그러나 이 문서들 가운데 어떤 것도 2세기 중반 이전에 집필되었다는 증거는 찾지 못했다.

복음에 대한 다른 이해를 가진 "기독교들"이 있었다는 사실을 증명할 수 있는 유일한 방법은 2세기에 집필된 문서들이나 활동하던 교사들을 1세기 중반까지 그 시기를 앞당기는 것이다. 바트 어만이 자신의 책 『잃어버린 기독교의 비밀』(이제 역간)에서 했던 것이 그 일이다. 어만은 그 책에서 2세기에 활동했던 에비온과 그의 추종자들, 마르키온과 그의 추종자들, 그리고 영지주의자 등에 관해 논했다. 이 개인들과 집단들은 모두 주후 2세기에 출현했다. 에비온파는 예수를 믿긴 했지만 예수에 대한 몇몇 주장들과 유대 율법을 거부했던 유대 종파였다. 에비온파 복음서는 마태복음을 편집해 복음서 이야기와 일치시키려 했다. 주후 120년 이전에 나온 에비온파의 문서나 단편 같은 것은 존재하지 않는다. 마르키온파는 유대교적 색체가 강한 구약과 신약을 정경에서 제거하고자 했던 주후 2세기에 출현한 극단주의자들의 모임이었다. 마르키온은 바울의 서신만을 선호하고 다른 기독교 문서들은 배척했다. 교회는 이런 주장을 올바르게 거절했다. 영지주의는 3, 4장에서 살펴보았듯이, 주후 2세기까지 출현하지 않았으며 이들의 문서들은 2세기 중반 이후에나 저술되었다(특히 도마복

신약 복음서의 기록 연대

초기 연대	늦은 연대
마가복음(주후 55-60년)	마가복음(주후 65-70년)
마태복음(주후 60-65년)	마태복음(주후 75-80년)
누가복음(주후 60-65년)	누가복음(주후 75-80년)
요한복음(주후 85-90년)	요한복음(주후 90-95년)

신약 복음서의 연대는 아직도 논쟁중이다. 대부분의 학자들은 약간의 차이는 있지만 늦은 연대를 수용한다. 이른 연대를 선호하는 연구들에 대해서는 다음을 보라. John A. T. Robinson, *Redating the New Testament* (Philadelphia: Westminster, 1976); John W. Wenham, *Redating Matthew, Mark and Luke: A Fresh Assault on the Synoptic Problem* (Downers Grove, Ill.: InterVarsity Press, 1992).

음은 주후 175년 이전에는 절대로 기록되지 않았다).

결론적으로 말하자면, 바트 어만 같은 이들이 주장하는 "잃어버린 기독교들"이라는 가설적인 기독교는 1세기 중반에는 존재하지 않았다.

이들의 주장을 뒷받침할 만한 어떤 자료도 존재하지 않는다. 이들은 오직 자신들의 상상력과 빈약한 자료들을 사용해 무지한 독자들을 현혹하고 있는 것이다. 이 문제를 10장에서 조금 더 자세히 다뤄보자.

고대성의 증거

주후 2세기 초에 전성기를 누렸던 히에라폴리스(오늘날의 터키)의 감독인 파피아스는 「주의 말씀해설」이라고 불리는 5권짜리 책을 저술했다. 불행하게도, 이 저작의 단편들만이 (4세기의 위대한 교회사가 유세비우스와 같은) 후대 저자들의 책에 인용되어 남아 있을 뿐이다. 이 남아 있는 단편들 가운데 하나에서, 파피아스는 "장로들", 즉 예수의 사도들의 제자들을 만났다고 말한다.

> 내가 가는 도중에 장로들의 제자였던 사람과 우연히 마주쳤다. 나는 안드레 혹은 베드로, 혹은 빌립, 혹은 도마 혹은 야고보, 혹은 요한 혹은 마태 혹은 주의 제자들 중에 어떤 사람, 그리고 주의 제자들인 아리스티온과 장로 요한이 무엇이라고 말했는지에 대해 물었다. 나는 책들에서 얻은 정보가 생생하고 지속적인 목소리에서 나온 정보만큼 나에게 유익할 것이라고 생각하지 않았기 때문이다(유세비우스, 「교회사」 3.39.4).

J. B. Lightfoot, J. R. Harmer, M. W. Holmes, *The Apostolic Fathers*, 개정판(Grand Rapids: Baker, 1989), p. 314.

마가와 베드로에 대한 파피아스의 증언

교회 역사가 유세비우스는 베드로의 영향 아래에서 작성된 마가복음과 관련된 흥미로운 전승을 전한다.

> 그리고 그 장로는 이렇게 말하곤 했다. 베드로의 해석자였던 마가는 비록 순서대로는 아니지만 그리스도의 말씀이나 행위에 대해서 자신이 기억하는 모든 것을 정확하게 기록했다. 이는 마가가 주의 말씀을 직접 듣거나 직접 따르지는 않았지만, 말했듯이 주의 말씀을 순서대로 언급하려는 의도가 없던 베드로를 따랐기 때문이다. 마가는 자신이 들었던 것을 빼먹거나 그것들에 대한 거짓된 주장을 전혀 하지 않으려는 한 가지 관심으로 그 일을 행했다. 그는 자신이 기억하는 것을 기록하는 데 잘못을 하지 않았다(「교회사」 3.39.15).

J. B. Lightfoot, J. R. Harmer and M. W. Holmes, *The Apostolic Fathers*, 개정판(Grand Rapids: Baker, 1989), p. 316.

날조된 역사와 거짓된 발견

행간의 예수

댄 브라운의 『다빈치 코드』가 역사적 예수와 기독교의 기원에 관해 어처구니없는 주장으로 많은 독자들을 현혹하고 있을 때, 마이클 베이전트는 예수가 유대 산헤드린에 썼다는 편지를 들어 예수의 죽음이 짜여진 각본에 의한 것이라는 황당한 주장을 하는 『지저스 페이퍼』(이제 역간)라는 책을 출간했다.

더 황당한 것은 쓰레기 같은 이 책만이 아니라 최근에 더 많은 허접한 책들이 경쟁하듯이 출간되고 있다는 것이다. 왜 그런가? 합리주의적인 진리관에 반대해 진리는 주관적이며 개인적인 것이라는 이해가 팽배해 있는 우리 시대의 포스트모던적 사조 때문인지도 모르겠다. 아니면 한 평론가의 말대로 경박해진 현대 사회의 어떤 경향 때문인지도 모르겠다.

이 장에서 살펴볼 작가들과 그 책들은 일부 극단적인 학자들이 제안한 급진적 이론들로부터 영감을 얻었다. 이 이론들 중 어떤 것은 앞서 이미 살펴본 것들로, 통속적인 작가들은 이를 자신들의 상상력과 근거 없는 추측 등을 동원해 문학 작품으로 창작해냈다.

이번 장에서는 많은 사람들로 하여금 예수와 기독교의 기원에 관한 왜곡된 이미지와 역사 이해를 갖게 만든 저속한 역사 인식과 대표적인 거짓된 주장들을 살펴볼 것이다. 이 작가들 중 어떤 이는 고대 문서들을 암호로 가득 찬 신비한 자료로 취급하기도 한다. 또 어떤 사람은 전설, 속임수, 위조된 문서들을 사실로 받아들여 근거 없는 추측을 통해 엉뚱한 결론을 내리기도 한다. 또 적당한 고고학적 근거와 사변적인 생각을 조합하려는 사람도 있다. 이로 인해 오늘날 비전문가들이 혼란을 겪고 있으며, 도대체 무슨 일이 일어나고 있는지 궁금해하는 사람들이 늘고 있는 것은 전혀 놀랄 일이 아니다.

코드와 암호 해독

역사와 해석을 다루는 대부분의 책들은 증거, 즉 다른 사람들이 조사하고 평가할 수 있는 객관적인 증거를 토대로 논증하고 이를 바탕으로 결론을 도출해낸다. 그러나 이 장에서 다룰 책들은 이런 학문적 단계를 철저하게 무시한다. 일반적인 문서를 암호로 생각하는 신비한 직관력, 초자연적 지식과 기상천외한 음모론들은 그 어떤 객관적인 방식으로 평가하기 어려운 것들이다. 어떤 독자가 "나는 그렇게 생각하지 않습니다"라고 말하면 작가는 이렇게 말한다. "당신은 나 같은 통찰력이 없군요", "당신은 아직 뭘 모르고 있군요."

이를 작가이자 강사 바바라 티어링이 『기독교 교회의 쿰란 기원』,

『사해 사본의 수수께끼』, 『묵시록의 예수』, 『요한복음, 예수가 쓴 책』 등에서 도달한 놀랄 만한 결론들과 함께 살펴보자. 티어링은 자신의 책에서 다음과 같이 주장한다.

- 주전 7년 3월 1일 일요일, 예수는 쿰란에 멀지 않은 사해 근처의 미르드에서 태어났다.
- 예수는 열두 살 때 모친을 떠났다.
- 예수는 십대 때 알렉산드리아, 이집트로 여행했으며 거기서 불교의 영향을 받았다.
- 주후 15년 3월 25일 월요일, 예수는 스물한 살에 예루살렘에서 세례를 받았다.
- 주후 20년에 예수의 부친 요셉이 죽었다.
- 주후 29년 3월 1일, 자신의 서른다섯 번째 생일에 예수는 사역을 준비하기 시작한다. 세례 요한은 세례를 줄 예수의 권위를 취소한다.
- 주후 30년 6월 6일 화요일, 예수와 막달라 마리아는 정혼해 같은 해 9월 23일 토요일에 결혼한다. 시몬 마구스가 결혼을 집전한다. 이는 계약 결혼으로 실제로 구속력 있는 결혼은 주후 33년 3월 18일에 행해진다.
- 주후 33년 3월 20일 금요일, 예수는 시몬 마구스와 가룟 유다와 함께 십자가에 달린다. 그러나 예수는 마취당해 기절해 로마인들을 속여 살아 있는 채로 십자가에서 내려졌다(심하게 부상당했지만). 예수는 무덤에 몰래 들여온 특수한 약품을 이용해 깨어난다.
- 주후 36년 9월 15일 토요일, 예수는 본거지로 돌아온다.
- 주후 40년 2월 29일 월요일, 사울(바울)은 예수를 만나 로마황제 가이오 갈리굴라에게 무엇을 할 것인지 결정한다.

- 주후 45년 9월 3일, 예수는 안디옥에서 가르친다.
- 주후 50년 3월 17일 화요일, 예수는 빌립보에서 루디아와 다시 결혼한다.
- 주후 58년 3월 7일 화요일, 예수는 누가 그리고 바울과 데살로니가에 모여 최후의 만찬과 십자가형 25주년을 축하한다.

이것은 티어링이 발견해낸 일부일 뿐이다. 시드니 대학교의 한 신학부 전직강사는 이보다 훨씬 더 많은 것을 발견했다. 예수는 그의 아내들, 마리아와 루디아로부터 자녀들을 얻었다. 이 놀라운 "사실들"이 어떻게 발견되는가? 바바라에 의하면, 이런 사실들은 사해 근처에서 발견된 두루마리와 신약 저작들을 신중하게 읽으면 발견할 수 있는데 그것들은 모두 암호화되어 있어서 해독이 필요하다고 한다.[1]

티어링은 이 암호 속에서 놀라운 것들을 발견한다. 이 두루마리에 나오는 "의의 교사"는 세례 요한이며 "악한 제사장"—교사의 최대 라이벌—은 예수라고 한다. 시몬 마구스인 나사로를 살린 일(요한복음 11장)은 쿰란 공동체에서 출교되는 것에 대한 암호이며, 물을 포도주로 바꾼 일(요한복음 2장)은 전에는 이방인들의 공동체 입회 의식에서 물 세례만 허용되었는데 이제 그들이 빵과 포도주 식사에 참여할 수 있게 되었다는 의미다. 여기에는 심지어 "교황"과 "추기경" 등에 관한 암호도 발견된다. 하지만 티어링의 이런 결론에 동의하는 학자는 한 사람도 없다.[2] 누구도 신약성경, 사해 사본과 그 시기에 기록된 어떤 문헌을 보더라도 티어링이 발견했다는 그 암호들을 발견하지 못한다. 왜? 물론 아무것도 없기 때문이다.

그러나 이들의 암호 해독은 본문에만 국한되지 않는다. 최면술사 돌로레스 캐넌은 최면이 예수를 새롭게 발견할 수 있는 방법이라고 말한다. 『예수와 에세네파』에서 캐넌은 독자들에게 과거로 돌아가는 최면을 통해 최면에 걸린 사람의 전생에 관한 이야기를 들려준다. 그 사람은 전생에 에세네파의 일원이었으며 예수를 알고 있었다고 한다. 이제 어려운 고대 문자나 사본 연구로 고생을 할 필요가 없어졌다. 이런 방법을 통해 캐넌은 노스트라다무스의 예언, UFO 같은 것들에 대해 많이 알게 되었다고 말한다.

티어링과 캐넌의 책은 자신들의 주장이 철저한 조사와 학문적인 결과에 근거한다고 주장하는 요상한 책들 중 일부분이다. 그런 주장을 하는 대부분의 책들은 날조된 역사와 거짓된 발견물들을 제시할 뿐이다.

역사가 된 전설과 속임수들

최근에 대중들은 성배, 즉 예수와 제자들이 최후의 만찬에서 썼다는 술잔에 대한 여러 가설들에 둘러싸여 있다. 교회가 천 년 이상 아무런 관심도 두지 않았던 이 성배에 관해 1175년경 크레티엥 드 트루아라는 한 시인(1185년경 사망)이 『그라알 이야기』(을유문화사 역간)라는 시를 썼다. 9,000행 이상의 긴 시를 다 완성하지 못한 채 그는 죽었고, 로버트 드 보론과 볼프람 폰 에센바흐가 시를 완성했는데 이들의 문학적 노력들로 인해 성배의 전설이 역사에 등장했다. 또 앵글로 색슨 지역에서는 아더 왕과 원탁의 기사들 전설을 통해, 독일과 프랑스 같은 지역에서는 각각 지역 전설들을 통해 성배 이야기가 대중들에게 전해졌다.

이는 신화와 전설에 관한 이야기일 뿐 예수가 마셨다는 성배가 실제로 존재했다는 역사적 증거는 아니었다. 성지에서 순례자 사람들을 보호했다는 템플 기사단이 성배나 비밀 문서, 잃어버린 교회의 보물 등에 연관되었다는 증거는 없다. 물론 신화와 전설에 기반해 상상의 나래를 펼쳐나가려 한다면 역사적 증거는 아무런 의미가 없을 것이다. 거기에 진리를 감추려는 바티칸의 음모 같은 이야기만 채워진다면 매우 인기있는 역사 소설을 쓸 준비가 다 된 것이다.

이것이 마이클 베이전트, 리처드 레이, 헨리 링컨이 『성혈과 성배』(자음과모음 역간)에서 했던 것이다. 이 소설가들은 독자들에게 자신들이 신중하고 학문적인 연구를 바탕으로 다음과 같은 진리를 발견했다고 주장했다. 예수와 막달라 마리아는 연인이었고 자식들을 낳았는데, 이 자식들이 프랑스 남부에 도착해 귀족 가문과 결혼해서 프랑스의 메로빙거 가문을 세웠다. 템플 기사단과 1099년에 창립된 시온 수도원은 이 모든 것을 알고 있었고 이 비밀을 사수하며 예수와 마리아의 후손들을 보호해왔다. 시온 수도회의 위대한 스승들 중에는 레오나르도 다 빈치, 아이작 뉴턴, 빅토르 위고 같은 인물들이 있었다. 그러면 베이전트와 그 동료들은 이것을 어떻게 알게 되었는가? 그들은 프랑스의 국립도서관의 비블리오테크 나쇼날레에 감추어져 있던 수도원의 비밀 문서의 일부를 발견했으며, 또 어떤 역사가들도 인정하지 않는 르네 르 샤토와 관련된 삽화와 전설들 속에서 중요한 실마리를 발견했다고 한다.

그러나 이 모든 것이 속임수라는 것을 그들 스스로 알고 있었다. 베이전트는 『성혈과 성배』가 발행되기 얼마 전에 그것이 전부 가짜라는 사실을 알았지만 책을 출간하는 것을 그만두지 않았다. 베이전트가 소설로 대중화시킨 그 속임수는 1956년에 피에르 플랭타르와 그의 동료들이 존재하지도 않는 시온 수도원과 관련된 보물과 불어와 라틴어로 작성된 문서들을 르네 르 샤토에서 발견했다는 소문들과 함께 시작했다. 그 문서들은 비블리오테크 나쇼날레에 몰래 감추어져 있었다고 한다. (이 문서들의 이미지는 현재 인터넷을 통해 확인할 수 있다.) 그러나 그들은 프랑스 법원에서 플랭타르를 포함한 자신들이 속임수를 썼다고 인정했다. 결국, 플랭타르는 사기혐의로 징역을 치렀으며, 2000년에 죽었다. 이 사건의 전말을 프랑스 작가 장-뤽 쇼메이가 조사해 고고학자 빌 푸트남과 존 에드윈 우드와 함께 『르네-테-샤이오의 보물』이라는 제목으로 출간해 폭로했다.

그 사이 마이클 베이전트와 리처드 레이도 『사해 사본의 속임수』를 출판했는데, 이 책 역시 문제가 심각했으며 정확하지 않고 근거없는 소문과 추측들로 가득했다. 그 책에서 저자들은 주로 제4동굴에서 수천 개의 단편들로 발견된 사해 사본들이 감추어진 진리와는 아무런 관련없이 출간이 지연되고 있는 이유에 관해 의혹을 제기한다.

베이전트와 레이는 출간되지 않는 그 사본들에는 지금까지의 예수상과는 전혀 다른 사실들을 알려주는 정보가 있다고 주장했다. 그러나 그 책이 출간된 지 몇 달 후에 출간이 지연되었던 사본들이 책으로 출판되어 사해 사본 본문 전체—영어 번역뿐 아니라, 히브리어와 아람어로 된—를 접할 수 있게 되었는데, 그 결과 『사해 사본의 속임수』에서 제시한 의혹들이 사실이 아니었음이 드러났다.

마이클 베이전트와 리처드 레이가 대중에게 제공했던 것은 거짓된 역사였다. 그들은 소문과 전설, 거짓된 이야기들을 버무려 예수와 마리아 그리고 교회 역사를 동화로 만들었던 것이다. 불행하게도 이 책에 담긴 속임수들은 많은 사람들에게 읽혀져 많은 이들이 잘못된 이해를 갖게 만들었는데 그 가운데 마가렛 스타버드와 댄 브라운도 포함되어 있었다.

 인기 작가 마가렛 스타버드는 처음에는 이런 주장들을 믿지 않았지만, 곧 『성혈과 성배』의 전례를 따라서 예수와 마리아 사이의 애정 관계에 관한 주장을 수용해 사라라는 이름의 어린 소녀를 데리고 주후 42년에 골 지방(오늘날의 프랑스)의 해안에 도착한 막달라 마리아에 관한 또 다른 이야기를 만들어낸다. 사라는 히브리어로 "공주"를 의미하는데 스타버드는 이 작은 소녀가 예수의 딸이라는 의혹을 제기한다. 그리고 그녀는 이와 관련해 여러 책들을 썼다. 『향유 옥합을 가진 여인』, 『복음서 속의 여신』, 『타로 카드와 성배』, 『막달라 마리아의 잃어버린 유산』, 『기독교의 여성』, 『유배당한 신부 막달라 마리아』. 이 책들에서 스타버드는 인어 전설, 초기 기독교를 상징했던 물고기 이야기, 메로빙거 가의 전설, 게마트리아(숫자에서 의미를 찾는 일), "막달라"라는 말의 의미와 성경의 구절(예레미야애가 4:8)들을 혼합해 막달라 마리아가 예수의 자녀를 낳았고 이 아이와 함께 프랑스로 도망했다는, 약간의 학식을 갖춘 역사가라면 결코 신뢰할 수 없는 엉터리 해석을 내놓는다. 그러나 이와는 상관없이 그 책들은 매우 잘 팔려나갔고 스타버드는 여기저기 초청을 받아 연설을 하고 다녔다.

 마이클 베이전트와 리처드 레이―마가렛 스타버드는 영향을 덜 끼쳤다―의 저작이 누구보다 영향을 미친 사람은 댄 브라운이었다. 『다빈치 코드』는 『사해 사본의 속임수』와 『성혈과 성배』에서 제기된 결론을 거의 그대로 따른다(이것이 베이전트와 레이가 브라운을 저작권 위반으로 고소했던 이유다). 브라운이 신뢰하기 어려운 자료들을 차용하며 자신의 창작물에 추가한 부분이 있긴 하지만 말이다. 어찌되었든 댄 브라운의 책에는 말도 안 되는 오류들이 책 전반에 걸쳐 있다. 그것들 중 일부만을 검토해보도록 하자.

시온 수도원과 브라운이 복음으로 받아들인 르네 르 샤토의 속임수를 다시 조사할 필요는 없다. 하지만 밀라노의 산타 마리아 델레 그라지 수도원의 벽에 그려진 다빈치의 "최후의 만찬" 그림에 대해서는 몇 가지 언급할 필요가 있다. 브라운은 『다빈치 코드』에서 예수의 오른편에 있는 한 인물을 집중적으로 다루며 턱수염이 없고 머리카락을 길게 늘어뜨린 그 인물이 막달라 마리아라고 주장한다. 그러나 미술사가들은 그 인물이 요한복음에 나타나는 예수에게 사랑을 받았던 그 제자라고 말한다.

물론 미술사가들의 주장이 맞다. 르네상스 시대에는 젊은 남자들을 묘사할 때 수염이 없고 긴 머리를 한 것으로 그렸다. 이것을 레오나르도가 그린 "세례 요한"의 초상화에서도 발견할 수 있다. 또한 라파엘로의 "성 세바스티앙"의 초상화와 피에로 델라 프란체스카의 "성 율리아누스", 안드레아 델 베로치오의 "토비아스와 천사" 같은 여러 그림에서 발견할 수 있다.

르네상스 시대에 묘사했던 젊은 남자들이 현대인들에게는 젊은 여인들로 보일 수 있다. 그러나 이 시대의 미술을 연구했던 전문가들은 레오나르도의 "최후의 만찬" 그림에서 예수의 오른편에 있는 인물이 분명 사랑하는 제자라고 일관되게 주장한다.[3)]

시온 수도원이 현대에 만들어진 속임수이며 예수의 오른편에 있는 사람이 막달라 마리아가 아니라 사랑하는 제자 요한이라면, 예수와 마리아가 연인이었다는 생각은 도대체 어디서 나온 것일까? 예수와 마리아의 연애소설을 지지하는 듯한 고대의 자료는 정경이 아닌 빌립복음서와 마리아복음서다.

빌립복음은 나그함마디 장서의 사본 2에 콥트어로 남아 있다(1945년 발견). 빌립복음서는 주후 150년 정도의 이른 시기에 먼저 그리스어나 시리아어로 저술되었던 것 같다.

사본 2의 63쪽, 32-36행은 다음과 같이 말한다.

[…]의 동반자는 막달라의 마리아. […] […] 제자들보다 그녀를 더 […] […] 그녀의 […]에 입맞춤[…].

각각의 괄호는 분명하지 않은 본문인데 잃어버린 단어와 철자를 통해 복원하면 다음과 같이 읽힐 수 있다.

[구속자]의 동반자는 막달라의 마리아. [그러나 그리스도는] [모든] 제자들보다 그녀를 더 [사랑했고] [종종] 그녀의 […]에 입맞춤[하곤 했다].

마지막의 복구하지 못한 부분과 관련해 일부 학자들은 "입"이나 "입술"로의 복원을 제안한다. 이런 제안이 가능하긴 하지만, "머리"나 "뺨", "손" 같은 단어도 가능하다. 그러나 복원된 본문의 문맥은 낭만적인 사랑을 말하고 있지 않다. 예수와 그의 제자들의 시대에 입맞춤이란 존경을 의미했다. 예수가 잡히던 날 밤 유다가 예수에게 자연스럽게 입맞춤했다는 것을 기억하라. 빌립복음서에서 제시되고 있는 요점은 예수가 자신이 제자들에게 행했던 것보다 더 많은 존중과 경의를 마리아에게 했다는 것이다. 이것은 예수가 제자들에게 가르치지 않았던 것을 마리아에게 가르쳤을 수도 있다는 뜻으로, 이는 결국 이 2세기 문서들의 특징인, 마리아가 예수에 관한 새로운 진리를 가지고 있다는 주장과 일치한다. 빌립복음서의 저자는 예수와 마리아가 연인이었다는 것을 말하려는 것이 아니라 마리아를 제자들과 같은 수준이나 그 이상으로 높이고 싶었던 것이다.

동일한 점이 마리아복음서에서도 제시된다. 마리아복음서는 빌립복음서와 동일한 시대의 저작으로 세상과 예수와 그의 활동에 대해 유사하고 신비적이며 영지주의적 이해를 갖고 있다. 마리아복음서는 두 개의 작은 그리스어 단편과 하나의 큰 콥트어 단편으로 남아 있다. 막달라 마리아는 다른 제자들은 듣지 못한 가르침을 제자들에게 전해주도록 초청받는다.

> 베드로가 마리아에게 말한다, "자매여, 우리는 당신이 다른 여인들과는 달리 구속자의 많은 사랑을 받았다는 것을 알고 있소. 그러니 당신이 알고 있는 구속자의 말씀을 우리가 듣지 못한 것을 말해주시오"(6:1-2).

이후의 단락에서 마리아는 많은 영지주의 저작들의 경우와 유사한 개념들을 제자들에게 말한다. 그녀가 말을 마치자 베드로의 형제인 안드레는 마리아의 말을 믿지 못한다. 야고보는 예수가 그런 말을 했을 리가 없다고 말한다. 베드로가 이에 동의하며 마리아가 거짓말을 하고 있다고 말한다. 그러자 마리아가 울며 말한다.

> "구속자에 대해서 [당신은 내가 거짓말을 했다고 생각하는가]?" 레위가 베드로에게 말한다, "베드로, 당신은 항상 자신 안에 있는 진노를 발하고 있소. 그리고 이제 당신은 그녀에게 대적하면서 그 여인에게 의문을 제기하는구려. 구속자가 그녀를 귀중하게 여겼다면 당신은 무슨 자격으로 그녀를 경멸하는 거요? 그분은 그녀를 알고 계셨고 언제나 확실히 사랑하셨단 말이오"(10:5-10).

다시, 여기에서의 초점은 마리아가 예수의 연인이 아닌, 예수의 제자라는 자격과 관계된 것이다. 베드로는 마리아가 자신보다 예수의 말씀을 더 알고 있어 화가 났다. 여기서 "그녀를 알고 있었다"라는 표현은 성적인 의미를 뜻하지 않는다. 이것은 마리아가 온전한 지식을 소유했다는 영지주의적 의미로 이해되어야 한다. 즉 공동체의 가르침과 신학에서 위기에 직면해 있는 마리아의 권위를 변호하기 위해 마리아복음서가 집필된 것으로 사랑 이야기와는 아무런 관련이 없는 것이다.[4] 예수와 마리아 사이에 어떤 로맨스가 있었다는 증거는 사실상 아무것도 존재하지 않는다.

리처드 레이와 마이클 베이전트에서 유래한 레이 티빙(베이전트의 철자를 뒤섞어 만든) 경은 『다빈치 코드』에서 중요한 인물로 하버드 대학교의 로버트 랭든 교수로 하여금 성배의 참된 의미와 실마리들을 해결하도록 돕는다. 티빙은 잘못된 정보의 원천이다. 그는 콘스탄티누스 황제에 의해 기독교의 정경이 결정되었으며(주후 4세기), 기독교 학자들에게 압력을 행사해 인간 예수를 신으로 여기게 만들어 당시 존재하고 있던 80개의 복음서들을 없애버리도록 했다고 주장한다. 빌립복음서가 아람어로 쓰여졌으며, 두루마리로 되어 있는 콥트어 사본들을 "코덱스"라고 잘못 지칭하기도 하며, 1947년부터 발굴을 시작해 모두 11개의 동굴에서 발견된 사해 사본이 1950년대에 동굴 한 곳에서 발견되었다고도 한다. 티빙은 그 두루마리가 "진짜 성배"에 관해 말하고 있으며 예수의 "인간적인 면"에 대해 알려준다고 주장하는데, 특히 사해 사본이 기독교 문서를 전혀 포함하고 있지 않다는 부분은 그의 모든 이야기가 완전히 엉터리임을 보여주는 대목이다. 이런 주장이 완전히 잘못된 것임을 지적하는 많은 책들이 최근에 등장했으니 관심 있는 독자는 찾아 읽어보길 바란다.[5]

증거 부족이 문제가 아니다

『성혈과 성배』와 『사해 사본의 속임수』의 공동저자인 마이클 베이전트는 또 다른 놀라운 이야기를 『지저스 페이퍼』에서 제기한다. 성배를 다룬 이전 책들에서 자신이 막달라 마리아를 통해 예수가 자녀를 가졌다는 점을 입증했다고 믿은 베이전트는 『지저스 페이퍼』에서 자신이 신비주의에 관한 학위를 갖고 있으며 이 분야의 전문가라고 묘사하며 예수가 십자가형에서 살아나 자신의 신성을 부인하는 편지들을 썼다는 지금껏 누구도 들어보지 못한 주장을 했다.

베이전트의 최근 주장에는 다음과 같은 세 가지의 중요한 반박 요소들이 있다. 첫째, 베이전트는 자신과 리처드 레이와 헨리 링컨이 "예수가 주후 45년에 살아 있었다는 명백한 증거를 갖고 있는 문서"를 알고 있다는 성공회 신부 더글라스 바틀렛으로부터 편지를 받았다고 말한다. 그는 이 편지가 아베 베랑게 소니에르가 20세기 초에 발견해 그를 벼락부자로 만든 르네 르 샤토의 바로 그 보물이라고 말한다. 결국 이 대담한 저자들은 그가 1930년대에 옥스퍼드에 머무르고 있는 동안에 이 사본의 존재를 성당 참사회원인 알프레드 릴리로부터 듣고 그 연로한 신부를 다시 찾아간다. 릴리는 1890년대에 프랑스에서 이 사본을 보았지만 연로한 나머지 그 문서가 정확히 무엇을 말하고 있었는지 기억하지 못했다고 한다. 그 이후로 그 문서는 사라져 누구도 이를 확인할 수 없게 되었는데 베이전트는 바티칸이 르네 르 샤토의 아베에게 뇌물을 주었을 것이라고 의심한다.

이를 분명하게 짚어보자. 베이전트는 자신의 이야기가 사실이라고 주장한다. 즉 자신이 1980년대에 어느 노인으로부터 이 이야기를 들었는데,

이것은 1930년대에 그 노인과 1890년대에 그 문서를 보았다는 다른 노인 사이의 대화에서 나온 이야기라는 것이다. 그러나 그 문서는 오늘날 어느 누구도 볼 수 없다고 말한다. 이 이야기가 증거하는 바는 무엇인가? 이 이야기의 전개가 가진 빈약함과는 상관없이, 앞서 우리는 르네 르 샤토의 보물에 대한 전설이 속임수로 판명난 이미 끝난 이야기라는 것을 살펴본 바 있다. 수완 좋은 아베는 미사 판매를 통해 어느 정도 돈을 벌었고 나중에 붙잡혀서 징계를 받았다. 자신에게 돈을 지불했던 사람들의 명단과 지불 금액 등을 적은 그의 일기와 원장들(베이전트의 비밀스러운 문서와는 달리)이 지금도 존재한다. 여기에는 어떤 보물이나 신비, 잃어버린 비밀 문서 같은 것은 없다.

  베이전트가 제시한 두 번째 중요한 요소도 나을 게 없다. 르네 르 샤토 교회의 작품 "십자가의 여정"[6) 가운데 열네 번째 그림에 대한 자신의 해석에 근거해, 예수는 십자가에서 죽지 않았으며 본디오 빌라도의 도움으로 마취되어 서둘러 무덤에 안치되었고, 그 밤에 예수의 추종자들이 아무도 모르게 그를 무덤에서 꺼내 간호한 후 건강을 회복시켜서 이집트로 보냈다는 결론을 내린다.[7) 어떻게 그 사실을 알 수 있는가? 달이 그 답이다. 유대인의 매장 전통에 따르면 시체는 해가 지기 전, 즉 달이 뜨기 전에 무덤에 안치되어야 했다. 그런데 열네 번째 그림에 달이 그려져 있다. 베이전트는 이 그림을 근거로 자신의 이론을 추론한 것이다!

  이는 견강부회적인 해석일 뿐이다. 게다가, 예수의 처형을 명령했던 빌라도가 자신의 운명을 회피하기 위해 예수를 도우려는 계략을 세웠다는 게 가능한 이야기인가? 차라리 열네 번째 그림을 그렸던 화가가 신약 복음서를 제대로 이해하지 못했다고 보는 게 낫다. "저녁 때에 예수의 제자였던 요셉이라는 아리마대 출신의 부자가 왔다"(마태복음 27:57; 마가복음 15:42-43). 요셉이 미리 매장지를 준비해 빌라도에게 예수의 시체를 요구해 시체를 무덤에 안치했다는 이 이야기에서 "저녁 때"라는 말에 주목하라. 르네 르 샤토 교회에 있는 열네 번째 그림을 그린 예술가는 유대의 전통적인 매장 풍습에 무지해 (복음서에서 해질녘이 아니라 하루의 끝을 의미하는) "저녁"의 의미를 오해하고 무덤 안치가 만월(滿月)이 뜬 한밤중에 이루어진 것으로 묘사했을 것이다.

이것이 베이전트의 주장보다 훨씬 그럴듯한 설명이다. 또 하나, 그 열네 번째 그림에서 예수의 제자들은 그들의 스승이 무덤에 죽은 채로 매장되어 있기에 비통해하는 것으로 묘사되고 있는데, 그들의 스승이 죽지 않았다면 왜 그들이 비통해하고 있는 것으로 그려졌겠는가.

베이전트의 세 번째 중요한 요소는 그의 허황된 주장 중에서도 가장 논리가 빈약하기에 특별한 검증을 요구하지도 않는다. 베이전트는 바티칸이 공개되는 것을 두려워하는 문서들이 존재한다는 소문의 근거를 추적할 수 있었다고 주장한다. 그는 모호한 "거대한 유럽풍의 한 도시"에 사는 익명의 성경 유물 수집가를 만나는데, 그 수집가는 1961년 예루살렘에 있는 한 오래된 집의 지하실에서 발굴한 아람어 본문을 포함한 두 개의 파피루스를 갖고 있었다고 한다. 이들은 이 문서들과 함께 발견된 물건들을 통해 그 문서들이 주후 34년경의 것임을 어렵지 않게 알 수 있었다. 그 문서들은 편지들로 이루어져 있으며, 그리고 그 저자는 스스로를 "이스라엘 사람들의 메시아"와 동일시한다. 그 수집가가 보여주는 것을 꺼려하는 통에 어렵게 편지를 볼 수 있었던 베이전트는 이 편지의 저자가 예수였다고 추론한다. 유대 산헤드린에게 보내진 이 편지에서 저자는 자신이 하나님의 영을 가지긴 했지만 하나님임을 주장한 적은 없다고 말한다.

베이전트는 아람어를 읽을 수 없어(심지어 그 문자가 아람어인지도 몰라서) 이 문서가 무엇을 말하는지 알지 못했지만, 수집가가 자신에게 전해준 바를 순순히 믿는다. 베이전트는 그 수집가가 그 편지들을 두 명의 존경받는 이스라엘 고고학자들과 성경학자들인 이가엘 야딘과 나흐만 아비가드에게 보여주었고, 그들이 그 본문의 고대성과 진정성을 확인해주었다고 말한다. 그러나 불행하게도, 그들 중 한 명이 가톨릭 지도자들에게 편지의 존재를 누설해 수집가는 압력을 받아야 했다고 한다. 가톨릭 지도자들의 압박을 벗어나고자 그 수집가는 문서의 존재를 비밀로 부치기로 하고 자신도 당분간 그것에 대해 아무것도 말하지 않기로 약속했다고 베이전트는 말한다.

정리를 해보자. 베이전트는 예수가 십자가에서 죽은 척 위장하고 이집트로 도망한 후 예루살렘의 산헤드린에 자신이 신적인 존재가 아니며 하나님의 영을 받았던 다른 이들보다 더 나은 존재가 아님을 설명하는 아람어로 된 두 개의 편지를 썼다고 말한다. 우리는 아람어를 읽을 수 없는 베이전트와 아람어로 쓰여졌다는 편지들을 갖고 있는—이름과 사는 곳도 알 수 없는—한 수집가를 믿어야 한다. 또 설명이 불가능한 그 아람어 편지들의 고대성과 진정성을 입증했다는 두 명의 생존하지 않는 학자들도 신뢰해야 한다. (야딘은 1984년에 죽었고 아비가드는 1992에 죽었다.) 현존하는 유능한 전문가들이 이 문서들을 검증해보지도 못했으며, 그 편지들을 직접 보았다고 말하는 두 사람을 이제는 만날 수 없는데도 말이다.

이 부분에서 한 가지만 언급하기로 하자. 그것은 대부분의 고고학자들과 파피루스 전문가들이 그 어떤 파피루스도 2,000년 동안 땅속에 파묻힌 채로 남아 있을 수 없다고 말한다는 것이다. 현존하는 유일한 고대의 파피루스들은 사해 주변과 이집트의 사막과 같은 건조한 환경에서 발견된 것들이다.[8] 어떤 고대의 파피루스도 예루살렘 지역에서 발견된 적이 없다. 예루살렘에는 매년 비가 오기 때문에 땅이나 집 혹은 그 어떤 곳에서든 파피루스가 오랫동안 보존될 수 있는 환경이 못된다. 베이전트가 보았던 것이 무엇이었든지, 그것들은 예루살렘의 누군가의 집 지하에서 발견된 고대의 파피루스나 예수가 기록한 편지들은 아니었을 것이다.

벼랑 끝에 선 고고학

증거가 있다면 그건 좋은 것이다. 그러나 무엇에 좋은 것인가? 이것은 우리가 제임스 타보르가 자신의 최근 책 『예수 왕조』(현대문학 역간)에서 제안한 증거와 주장들을 신중하고 비평적으로 고려할 때 마음속에 계속해서 떠오르는 질문이다. 그의 주장들을 살펴보자.

타보르는 마이클 베이전트나 댄 브라운과는 다르다는 점을 먼저 언급할 필요가 있다. 타보르는 시카고 대학교에서 철학으로 박사학위를 받았고 현재 노스캐롤라이나 대학교의 교수로 일하고 있는 고도의 훈련을 받은 고고학자이자 성경학자다. 게다가 그의 책 『예수 왕조』에는 훌륭한 자료들이 많이 제시되어 있다. 성경과 기독교의 기원을 연구하려는 진지한 학생들에게 이 책은 나름 괜찮은 책이다. 그러나 이 책의 추론과 결론들이 얼마나 많은 오류들로 점철되어 있는지를 비전문가들은 알아차리지 못할 것이기에 솔직히 걱정스럽기도 하다.

타보르의 책과 관련해 첫 번째로 중요한 문제는 예수의 부친이 로마 병사(유대인으로 태어났던)였다는 제안이다. (타보르는 예수가 성령에 의해 임신되었다는 어떤 주장도 무시한다.) 타보르는 예수의 시체가 독일에 있는 어느 병사의 무덤에 있다고 생각한다. 그는 마가복음 7:24 "예수께서 일어나사 거기를 떠나 두로 지방으로 가서 한 집에 들어가 아무도 모르게 하시려 하나 숨길 수 없더라"에서 암시되었듯이, 예수가 (지중해 북쪽 해안에 위치한) 시돈 지역에서 이 남자의 집을 방문했을 것이라고 추측한다. 타보르는 이와 관련된 어떤 증거를 갖고 있는가?

주후 2세기 말에 켈수스라는 철학자는 기독교를 공격하는 논쟁적인 책을 저술했다. 이 작품은 기독교 성경학자인 오리게누스가 주후 3세기 중반에 저술한 「켈수스를 반박함」 속에 수없이 인용되어 전해지고 있다. 거기서 켈수스는 예수가 이집트에 머물면서 마술을 배웠고, 이스라엘로 돌아와서 기적으로 사람들을 현혹시키면서 자신을 하나님이라고 주장했다고 한다. 그러나 여기에 흥미로운 부분이 등장한다. 켈수스는 예수의 모친인 마리아가 판테라라는 로마 병사에 의해서 임신되었다고 말한다. 이것은 후대의 랍비문학(예를 들어, 주후 300년경에 만들어진 토세프타 같은 문서. Tosefta Hullin 2.22-24)에서 반복적으로 제기되는 중상모략이다. 타보르는 판테라가 예수 시대에 실제 로마 병사들이 사용했던 실제 이름이었다고 주장하며, 독일의 빙게르브루크에서 1859년 발견된 한 사람의 묘비에 쓰여있는 판테라라는 이름이 실제적으로 예수의 부친일 수 있다고 믿는다. 그 비문은 다음과 같다.

시돈 출신 티베리우스 율리우스 아브데스 판테라
62살, 40년간 복무한 병사

제1 궁수 보병대
여기에 잠들다.

타보르는 아브데스라는 이름이 "종"이라는 의미의 히브리어(아람어) 에베드의 라틴어 음역이라고 제안한다. 그 병사가 갈릴리에서 그리 멀지 않은 시돈 출신이었다는 사실은, 이 사람이 유대인이었고 마리아와 접촉할 수도 있었다는 의미다. 이를 바탕으로 타보르는 "판테라의 신비가 풀렸다"고 주장한다. 정말 그런가? 모든 문제가 풀렸다고 주장하기 전에, 우리는 비문의 판테라가 마리아가 살았던 마을 근처, 즉 주전 5년이나 6년에 마리아가 살았던 마을 근처에서 정말 살았는지, 또 그가 마리아와 관계를 가질 수 있는 어떤 계기가 있었는지를 먼저 물어야 한다. 타보르는 이러한 주장에 대한 증거를 보여줄 수 없어 학자들의 의심을 받아왔다.[9]

타보르는 일부 교부들이 판테라의 주장을 심각하게 받아들이지 않았다고 주장한다. 예를 들면, 「이단 반박」(78.7.5)에서 에피파니우스(주후 315-403년)는 요셉의 부친이 야곱 판테라였다고 제안하는데, 타보르는 이것이 그 전승의 역사성을 지지한다고 생각한다. 그렇지 않다면, 에피파니우스 같은 교부들이 그것을 매우 심각하게 여길 이유가 없다고 말이다. 하지만 에피파니우스와 후대의 기독교 저자들의 관심은 기독교를 향한 중상모략을 반박하는 데 있었을 뿐 그 주장의 역사성을 인정하는 것이 아니었다. 따라서 그들의 4세기(그리고 나중에) 반박은 켈수스가 제안한 판테라가 자신의 시대보다 더 이른 시대의 인물이라는 실제적인 증거가 되지 못한다.

예수의 친 아버지가 판테라였다는 주장은 예수가 "처녀"(그리스어, 파르테노스)에게서 태어났다는 기독교인들의 주장을 악용한 것이다. 예수의 임신은 처녀, 즉 파르테노스에 의한 임신이 아니라 판테라라는 이름의 남자에 의한 임신이라는 제안은 순전히 말장난 같은 것이다. 여기에는 개연성 높은 고고학적 증거 같은 것은 없고 그저 기독교에 대한 반감과 중상만이 있을 뿐이다.

타보르의 책과 관련해 두 번째 중요한 문제는 예수의 시체가 어디에 매장되어 있는지 알 수 있다는 주장이다. 물론, 타보르는 예수가 실제로 죽었으며 시체가 존재했다고 가정한다. 예수는 부활하지 않았다. 예수의 임신과 출산에서처럼 타보르에게 기적의 가능성은 전적으로 배제된다.

타보르에 따르면, 예수의 시체가 가족들에 의해 다른 곳에 다시 매장되었기 때문에 예수의 무덤이 비어 있다는 것이다. 그럴듯한 주장이다. 예수의 몸은 가족의 무덤이 아닌 범죄자의 무덤에 놓여 있었다. 그렇기 때문에 가족들이 원하면 지도자들은 그 시체를 옮기도록 했을 수도 있다. 그러나 당시 유대 매장법에 의하면 유대인들은 죽은 지 1년이 지나야 그 시체를 가족의 무덤에 다시 매장할 수 있었다. 따라서 예수의 시체가 그렇게 빨리 가족들에 의해 다른 무덤에 옮겨졌을 리는 없다. 오히려 그의 추종자들은 예수의 무덤이 빈 채로 발견되자 그의 시체를 누군가 다른 곳에 옮겼다고 생각하고 누가 그랬는지 몰라 크게 낙심했다(요한복음 20:13-15). 예수의 시체가 다른 곳에 옮겨져 안치되었다면 그의 가족과 그를 부양하고 있던 제자들은 예수의 시체를 옮긴 무덤을 알 수 있었을 것이다. 그러나 그들은 예수의 시체가 옮겨진 흔적을 전혀 발견하지 못했다. 두 번째 예수의 무덤 같은 것은 존재하지 않는다.

그럼에도 불구하고, 타보르는 예수의 시체가 다른 곳에 옮겨졌기 때문에 무덤이 비어 있었다고 확신하며, 예수의 무덤이 현재 어디에 매장되어있는지 알 수 있다고 주장한다. 그는 예수의 무덤이 갈릴리의 츠파트(사페드)의 북쪽에 있다고 말한다. 타보르는 이것을 어떻게 알게 되었는가? 그는 존경받는 랍비 이삭 벤 루리아라는 이름의 16세기 신비주의자가 전달한 전승 때문에 알게 되었다고 한다. 비밀결사(카발라)의 헌신자인 벤 루리아가 그에게 나사렛 예수의 무덤을 포함해 여러 유대 지혜자들과 성자들의 무덤 위치를 환상으로 보여주었다고 한다. 물론 이런 주장을 믿는 학자들은 아무도 없다.[10]

타보르는 16세기의 신비주의적인 비밀결사의 환상은 기꺼이 신뢰하면서 1세기 다소 출신의 사울의 환상에 대해서는 결코 신뢰하지 않는다. 사울은 예수가 메시아였다는 것을 믿지 않았으며 그가 죽은 자들(무덤)로부터 부활했다는 것을 부인했었다. 새로운 이단을 궤멸시키기 위해 엄청난 노력을 기울였던 그런 사울이 부활한 메시아를 만났다는 이야기를 우리는 알고 있다. 타보르가 벤 루리아의 환상을 연구하는 것 이상으로 사울의 환상을 연구하는 것이 현명한 일이 아니겠는가!

보편적 원칙을 찾아서

톰 하퍼가 자신의 책 『이교도 그리스도』에서 예수는 존재하지 않았다는 주장을 새로운 형태로 제시해 화제를 일으킨 적이 있다.[11] 이는 신중한 교수들—이념적·종교적·비종교적 입장을 가진—이라면 나사렛 예수가 실제로 1세기에 살았으며 유대총독 본디오 빌라도에 의해 십자가형을 받았다는 것을 의심하는 학자가 거의 없는 것과 비교하면 너무나 괴상한 주장이라고 말할 수밖에 없다. 예수가 역사적으로 존재했다는 증거—문학적·고고학적·정황적인—는 압도적이다. 그러나 하퍼는 말한다.

> 복음서의 예수는—산상수훈에서 기적까지, 헤롯으로부터의 도피에서 부활까지—수천 년 전에 있던 이집트의 「사자(死者)의 서(書)」와 같은 이집트 신비의식과 기타 제의들에서 비롯된 것이라고밖에 설명될 수 없다.[12]

그러니까 그의 말은 복음서 저자들이 이집트의 중요한 영적 주제를 갖고 결코 존재한 적이 없는 인물에 대한 유대적 알레고리로 변형시켰다는 것이다. 이런 식으로, 창작된 예수는 "이교도 그리스도"라고 불릴 수 있는 고대의 종교적 유산을 전한다. 한마디로 역사적 증거가 『이교도 그리스도』에서 얼마나 더 왜곡될 수 있는지 상상할 수 없을 정도다.

하퍼도 한때는 예수가 역사적 인물이었다고 믿긴 했다. 초기 책들에서 하퍼는 예수가 정말로 사람들을 치료했으며 죽은 자들 가운데서 부활했다고 믿었다. 그러나 그는 『이교도 그리스도』에서 이 모든 것을 부인한다. 그가 왜 변한 것일까? 자신의 책의 서문에 따르면, 그의 이런 전환은 비평적·역사적 작업(비록 "최소주의자", 즉 성경의 역사적 요소를 최소화하려는 사람들에 영향을 받았지만)과는 별로 관계가 없고 오히려 제럴드 매시와 알빈 보이드 쿤의 신지학적 관점들을 차용한 것과 관련이 있음을 알게 된다. 그러나 이들의 저작, 특히 고대 역사를 재구성하려는 것과 이집트 종교와 기독교 사이의 연속성을 추출해내려는 이런 시도에는 심각한 결함이 있다. 신중한 역사가라면 누구도 이들의 이론을 심각하게 여기지 않는다. 하퍼의 『이교도 그리스도』에 매료된 사람들이 주의해야 할 것은 이 문제가 개인적 취향과 기호의 문제가 아니라 이 주장이 믿을 만한가, 인정할 만한가 하는 문제라는 것이다.[13]

결론

우리는 이 장에서 나사렛 예수와 기독교의 역사―혹은 비역사―에 대한 요상한 주장들과 이론들을 검토했다. 이 날조된 역사와 속임수들에서 공통적으로 발견되는 것은 이들이 유능하고 훈련받은 역사가들이라면 누구도 받아들이지 않을 비정상적인 방법을 사용한다는 것이다. 전설, 소문, 위조 문서, 속임수, 추측 등은 역사적 진리를 발견하기 위한 올바른 방법이 아니다. 댄 브라운의 『다빈치 코드』, 베이전트의 『지저스 페이퍼』, 하퍼의 『이교도 그리스도』 같은 책들을 읽은 독자들에게 그 책들의 실체를 심각하게 재고해보라고 요청하면서 이 장을 마치고자 한다. 그 작가들과 그 책들의 주장은 확실한 증거에 근거한 것도 아니고 또, 학문적인 연구에 의해 검증된 기준에 미치지 못할 뿐 아니라 역사를 제대로 대하는 올바른 태도나 방법이 아니기 때문이다.

진정한 예수의 초상

예수의 삶의 목적

10장에서 우리는 날조된 역사와 거짓된 발견들의 최악의 사례들 가운데 일부를 조사했다. 비록 본서의 우선적인 목적이 극단적이며 날조된 학문의 오류와 왜곡들을 폭로하는 것이긴 하지만 이것만으로 나사렛 예수에 관한 책을 마무리하는 것은 좋은 방법이 아니라는 생각이 든다. 우리는 여기에서 적극적이고 긍정적인 교훈을 찾을 필요가 있다. 이 장에서 나는 그 각각의 적절한 상황과 문맥을 통해 예수와 그가 세운 운동에서 가장 중요한 요소들에 대한 연구 결과를 요약함으로 논의를 마무리하고자 한다.

이 마지막 장에서 나는 일곱 가지 중요한 주제들을 다룰 것이다. (1) 예수와 당대 유대교와의 관계, (2) 예수의 주장들, (3) 예수의 목적, (4) 예수의 죽음, (5) 예수의 부활과 기독교의 등장, (6) 신약 복음서의 본질, (7) 유대교의 일부로서의 기독교. 이 항목들은 앞에서 다룬 여러 문제들과 여러 차원에서 연관되어 있다. 그러나 이 개념들은 기독교 신앙을 고백하는 기독교인들조차도 제대로 이해하지 못하고 있는 중요한 문제다. 이것들을 제대로 이해하지 못한다면, 저속한 역사와 나쁜 신학들에 의해 순진한 독자들뿐 아니라 기독교인들도 속아 넘어가게 될 것이다.

예수와 당대 유대교와의 관계

예수를 유대교에 대항하는 자로 여기던 것이 오랫동안 유행했다. 기독교 신학자들은 예수가 당대 유대교가 외적인 데 사로잡혀서 은혜, 자비, 사랑 같은 종교의 본질적인 것에는 관심이 없던 율법주의적인("바리새적인") 태도를 비판했다고 주장했다. 대표적으로 "성전 정화 사건"으로 불리는 성전에서의 예수의 행동(마가복음 11:15-18)이 유대교의 희생제사 체계에 반대하는 것이었다는 것이다. 즉 종교는 의식이 아니라 마음의 문제라는 것을 예수는 의도했지만 그의 유대 동료들은 그렇지 않았다는 식으로 그 동안 이해되었다.

유대인이자 기독교인인 몇 명의 학자들은 이런 이해에 대해 정확한 비판을 가했다. 가장 영향력 있는 도전은 E. P. 샌더스에게서 나왔다.[1] 샌더스는 예수가 유대교를 반대했거나 외형과 의식의 종교라고 비판했다고 제안할 만한 증거가 없다고 주장한다. 그는 오히려 정반대였다고 주장하며 그 증거를 다음과 같이 제시한다.

예수는 유대교의 많은 관습들을 준수했다. 예수는 하나님의 유일성과 주권, 예루살렘 성전의 가치와 신성함, 성경의 권위, 이스라엘의 선택과 구속의 소망 같은 유대교의 중요한 신앙들을 거부하지 않았다.

더욱이 예수는 당시의 유대교 신앙과 관련되어 있던 관행들 중 많은 것을 준수했다(마태복음 6:1-18). 그는 금식했으며(마가복음 1:12-13) 정기적으로 기도했고 제자들에게 기도를 가르치기도 했다(마태복음 6:7-15; 누가복음 11:1-13; 22:39-46). 예수와 그의 제자들은 구제를 했으며 다른 이들에게 이를 행하도록 가르쳤다(누가복음 11:41; 12:33; 요한복음 13:29). 예수는 성전, 희생제물, 이스라엘의 절기를 따랐으며(마태복음 5:23-24; 마가복음 14:14) 유대인의 성경을 읽고 인용했고 성경을 권위 있는 책으로 여겼다(마가복음 10:19; 12:24-34; 누가복음 4:16-22; 10:25-28) 그는 회당에 정기적으로 참석해 예배했으며(누가복음 4:16), 예수의 교수법과 성경을 해석하는 방식은 많은 점에서 전통적인 유대교의 형식과 해석을 반영했다.[2]

이스라엘의 고대 도시인 예루살렘에 재앙이 임한다고 설교할 때 예수는 통곡했을 정도로 이스라엘을 사랑했고(누가복음 19:41-44) 그들이 구원받기를 간절히 바랐다. 그의 원래 제자들—그들 모두 유대인이었다—도 동일한 소망을 품었다.

예수는 토라(율법)의 권위를 수용했다. 예수가 반대했던 것은 율법에 대한 특정한 해석과 적용이었다. 소위 산상수훈의 대조법에서("너희는 그것이…라고 했던 것을 들었으나, 나는 너희에게…라고 말한다", 마태복음 5:21-48), 예수는 모세의 명령을 반대하지 않으며 다만 관습적인 율법의 해석과 적용에 도전한다. 즉 "그러나 나는 너희에게 말한다"라는 대조법은 계명 자체를 반대하는 것이 아니다. 예수는 살인이 잘못이라는 데 동의하지만 미움도 그에 못지않게 잘못이라고 주장함으로써 율법의 기계적인 적용을 넘어선다. 예수는 간음이 잘못이라는 데 동의하지만 이혼을 불러일으키는 정욕(종종 이혼과 재혼을 초래한)도 죄라고 강조한다. 그는 거짓된 맹세가 잘못이라는 데 동의하지만 당대의 맹세하는 관습에 대해서는 반대한다.

예수는 손해 배상을 반대하지 않지만("눈에는 눈으로") 이것을 보복의 구실로 삼는 것을 반대한다. 예수는 자신을 사랑해야 한다는 데 동의하지만 원수까지 사랑해야 한다고 덧붙인다.

예수는 자신의 권위가 하나님의 영으로부터 비롯된 것으로(마가복음 1:10; 누가복음 4:18) 율법의 권위와 동일하다고 믿었다. 그러나 예수는 토라의 권위를 훼손하지 않았다. 예수의 권위는 하나님 나라(통치)의 도래에 근거한 강한 인식과 하나님 나라가 초래할 변화들에 대해 새로운 방식으로 율법을 설명하며 적용했다.

예수의 혁명적인 해석은 전혀 새로운 것이 아니라 이스라엘의 예언자들이 오래전에 해왔던 방식과 정확히 일치했다. 예언자들과 마찬가지로 예수는 이스라엘의 전통적인 해석과 적용에 심각한 도전을 가했다. 이사야는 "여호와께서 브라심 산에서와 같이 일어나시며 기브온 골짜기에서와 같이 진노하사"라고 선언한다(이사야 28:21). 여기서 이스라엘의 하나님은 블레셋 사람들에 대한 다윗의 승리(사무엘하 5:17-21; 5:22-25; 역대상 14:13-16), 즉 이방의 위협에 직면해 승산이 전혀 없는 이스라엘에게 승리를 보증하고 있다. 그러나 이사야는 이 일이 그의 시대에 실제로 일어날 것이라는 어떤 보증도 얻지 못한다. 오히려 하나님이 이스라엘의 대적들에게 승리를 주실 것이라는 "비상"하며 "기이"한 일을 행하시는 하나님을 본다(이사야 28:21). 그럼에도 불구하고 예언자가 이렇게 선언할 수 있었던 것은 하나님이 모든 민족의 하나님이라는 것을 정확하게 인식했기 때문이다. 하나님은 이스라엘의 신만이 아니었다.

예수도 이스라엘의 거룩한 이야기를 같은 방식으로 해석했다. 나사렛에서 했던 설교에서(누가복음 4:16-30) 예수는 이사야 61:1-2, 즉 이스라엘을 위한 축복과 이스라엘의 대적들을 위한 심판을 약속하는 구절을 엘리야와 엘리사의 예를 들어 선언한다(누가복음 4:25-27). 예언자들이 이방인들을 돌보는 내용을 다루는 이 예로부터(열왕기상 17:1-16; 열왕기하 5:1-14), 예수는 그가 "기름부음 받은" 목적이 이스라엘뿐 아니라 소외되고 죄인된 모든 이들을 축복하는 것이었다고 선언했다. 이런 해석이 매우 대담한 것이었을 수도 있지만―많은 반대를 받았다는 의미에서―이는 분명 구약성경의 권위를 전제하고 있는 것이었다. 유대인의 성경에 대한 이러한 존중은 예수가 유대교를 어떻게 받아들였는지를 분명하게 보여준다.

예수의 주장들

예수가 자신에 대해 했던 주장들에 관한 문제보다 극심한 논쟁을 초래했던 문제는 없었다. 이 주제는 보통 예수의 자기 이해에 대한 문제로 지칭된다. 이 문제가 매우 논쟁적이었던 이유는 예수가 자기 자신에 대해 직접적으로 말한 것이 거의 없기 때문이다. 하지만 예수가 자신을 하나님의 특별한 대리자로 이해했다는 증거들은 많다.

예수는 자신을 예언자라고 주장했다. "예언자가 자기 고향과 자기 친척과 자기 집 외에서는 존경을 받지 못함이 없느니라"(마가복음 6:4). 이 전승은 초기 기독교인들이 예수의 친척들과 지인들이 그를 존중하지 않은 듯한 말씀을 고치지 않고 그냥 두었을 리가 없다는 측면에서 예수가 직접 한 말씀일 가능성이 높다고 비평학자들은 말한다. 대중들도 예수를 예언자로 여겼다. "더러는 예언자 중의 하나라 하나이다"(마가복음 8:28). "큰 예언자가 우리 가운데 일어나셨다"(누가복음 7:16). "이 사람이 예언자라면…" (누가복음 7:39). 특히 이 구절들은 초기 기독교인들이 예수를 구세주, 주, 인자로 고백했으며 예수를 그저 예언자로만 생각하지 않았다는 것을 보여주는 역사적인 전승이다. 물론, 예수는 예언을 했으며(마가복음 13:2) 다양한 사람들, 기관들, 집단들을 향해 예언자적 메시지를 전했다(마가복음 12:1-11; 14:58; 마태복음 11:20-24; 누가복음 10:13-15).

예수는 "랍비"라는 말을 여러 번 들었다(마가복음 9:5; 10:51; 11:21; 14:45). 비록 그의 추종자들이 예수가 당시의 다른 교사들과는 전혀 다른 권위를 가졌다고 확증했지만 분명 그는 랍비처럼 가르쳤다(마가복음 1:22, 27). 그의 추종자가 아니었던 자들도 예수를 "랍비"라고 불렀다(마가복음 5:35; 10:17; 12:14). 일부 학자들은 랍비라는 칭호가 주후 70년 이후에나 정착했다는 사실을 들어 복음서에 랍비라는 표현이 등장한 것은 복음서가 후대에 편집된 것임을 반영한다고 보았다. 그러나 복음서의 랍비라는 말은 후대에 공식적으로 사용되기 이전에 비공식적으로 사용된 1세기의 유대적 용례를 반영하는 것이다. 그러면 기독교인들은 자신들에 대해 비평적이었던 종교 교사들이 사용하던 칭호를 왜 예수에게 적용했을까? 그 이유는 복음서 전승이 원초적이며 사실적이기 때문이다. 호불호의 여부를 떠나 예수가 공생애 중에 랍비라고 불렸기 때문에 복음서는 예수를 "랍비"라 호칭한 것이다.

예수가 자기 자신을 제사장이라고 불렀거나 제자들이 그렇게 호칭하지는 않았지만, 예수는 제사장들이 수행했던 일을 행했다. 예수는 사람들을 "정결하다"고 했으며(마가복음 1:41; 마태복음 11:5; 누가복음 7:22), "용서받았다"고(마가복음 2:5; 누가복음 7:47-48) 선언하기도 했다. 또 대제사장들이 주관하는 성전 정책과 관습을 신랄하게 비판했는데 그중 가장 도발적인 것은 소위 성전 정화 사건이었다. 나중에 교회는 예수의 죽음과 하늘에서의 중보 역할을 히브리서에 나타나 있듯이 희생제사를 암시하는 제사장적 용어로 이해했다.

예수는 오랫동안 논쟁이 되었던 "인자"라는 칭호로 자신을 부르기도 했다. 여기서 이 논의를 자세히 살펴볼 수는 없고 이와 관련된 중요한 몇 가지 요소들만 잠깐 살펴보도록 하자. 예수는 다니엘 7장에 나오는 "인자"라는 호칭을 매우 선호했다. 예수는 자신을 나라와 권세와 능력을 부여받은 이 인물과 동일시했다. 이런 자기 칭호는 예수가 자신을 하나님의 대리자로 여겼음을 말한다. 예수는 자기 제자들에게 다음과 같이 단언했다. "내 아버지께서 나라를 내게 맡기신 것 같이 나도 너희에게 맡겨 너희로 내 나라에 있어 내 상에서 먹고 마시며 또는 보좌에 앉아 이스라엘 열두 지파를 다스리게 하려 하노라"(누가복음 22:29-30). 예수가 "영광" 중에 오실 때 영예로운 자리들을 달라고 제자들이 요청했던 것(마가복음 10:35-45)은 예수가 정말로 이스라엘을 회복시키고 하나님 나라를 세울 그 "인자"였다고 제자들도 생각했음을 단적으로 보여준다.

예수가 자신을 메시아로 여겼는가? 직접적으로 말하진 않지만, 전체적인 증거들은 예수가 자신을 분명 메시아라고 주장했었다는 것을 지지한다. 그의 제자들은 예수를 메시아로 고백했다(마가복음 8:29-30). 세례 요한이 예수에게 "오실 이"가 당신인가 물었을 때, 예수는 대답 대신에 이사야 35:5-6과 61:1-2을 들려주었다(마태복음 11:2-6; 누가복음 7:18-23). 최근에 발굴된 쿰란 두루마리에 근거하면 요한은 예수에게 그가 메시아인지 질문했던 것이다(4Q521). 이 두루마리는 이사야의 구절들을 인용하며 그 구절이 메시아의 사역임을 보여준다.[3] 다른 말로 하면, 세례 요한의 질문에 예수는 자신이 메시아의 사역을 행하고 있음을 통해서 자신이 오실 그분(메시아)이라고 답했던 것이다.

디매오의 눈먼 아들은 메시아를 칭하는 "다윗의 아들"이라는 호칭으로 예수를 영접했다(마가복음 10:47-48). 예수가 예루살렘에 입성할 때, 군중들은 다윗의 나라가 도래했다고 환호했다(마가복음 11:9-10). 예수도 다윗의 아들 솔로몬이 그랬던 것처럼(열왕기상 1:38-40; 스가랴 9:9), 당나귀를 탔다(마가복음 11:1-7). 또 예수는 성전 경내에서 권위자로 행세했다. 여기서 예수는 오직 대제사장이나 이스라엘의 왕만이 할 수 있는 행동을 했다. 일부 주석가들이 지적하듯이 시편 110:1을 인용해 자신을 다윗의 자손으로 말했던 것이다. 그러나 예수는 더 나아가 곧 올 메시아는 다윗보다 더 위대하다고 말한다. 대제사장이 예수에게 메시아인지를 묻자, 예수는 그렇다고 말한다(마가복음 14:61-62). 그리고 예수는 "유대인들의 왕"으로서 로마인들에 의해 십자가형을 당한다(마가복음 15:26, 32).

예수가 이스라엘의 메시아, 즉 그리스도였다는 초기 기독교인들 사이에 널리 퍼져 있던 이 믿음은 예수가 부활하셨다고 선포된 때로부터 시작된 것이 아니라 그의 공적 활동 기간에 이미 그렇게 이해되었다고 생각하는 것이 옳다. 예수가 활동하는 동안 메시아로 고백되거나 인정되지 않았다는데 부활절 이후에 제자들이 예수를 메시아라고 고백했다고 생각하는 것은 불가능하다. 유명한 2세기 랍비 아키바의 제자들이 순교한 자신들의 스승을 나중에 메시아라고 결코 부르지 않았듯이 말이다. 부활절 이후에 나온 예수는 메시아라는 선포는 예수가 부활절 이전에도 그런 식으로 이해되었다는 사실을 강하게 지지한다.

예수는 자신을 하나님의 아들이라고 여겼는가? 이 질문에 대한 답도 생각만큼 명쾌하지 않다. 다윗은 하나님의 "아들"이라고 불린다(사무엘하 7:14; 시편 2:7). 따라서 메시아는 어떤 의미에서 "하나님의 아들"이다. 역대기상 29:23은 솔로몬이 "주의 보좌에 앉아 있다"고 말하는데, 이것은 다윗의 자손이 하나님의 보좌에 등극할 것으로 확실히 기대되었다는 것을 뜻한다. 그리고 이런 개념은 점차 메시아가 하나님의 대리자로서 통치할 것이라는 뜻으로 발전했다.

가장 극적인 발언, 즉 하나님의 아들과 인자의 정체가 긴밀하게 연결되어 있음을 가장 잘 보여주는 대목은 가야바에 대한 예수의 대답에서 발견된다. 예수를 고소할 만한 증거를 발견하고자 대제사장이 묻는다. "네가 찬송 받을 이[하나님]의 아들 그리스도냐. 예수께서 이르시되 내가 그니라. 인자가 권능자[하나님]의 우편에 앉은 것과 하늘 구름을 타고 오는 것을 너희가 보리라"(마가복음 14:61-62). 이 대화가 예수에 대한 복음서 저자인 마가의 믿음을 보여주고 있기 때문에(마가복음 1:1), 일부 학자들은 이 내용의 진정성을 의심한다. 즉, 그들은 예수가 아니라 마가가 이 고백의 당사자라는 것이다. 또 그 대화가 있기 전에 도망을 친 제자들이 그 대화를 어떻게 알 수 있느냐고 문제를 제기하는 사람도 있다. 또 다른 이들은 하나님의 "오른편에 앉아" 있으면서(정지된 상태) "구름을 타고 오는"(동적인 상태) 모순된 예수의 모습을 지적하기도 한다.

그러나 이런 지적들은 설득력이 별로 없다. 역사가들이 말하듯이, 예수가 자신을 하나님의 아들이라고 여기지 않았다고 주장하는 것은 그러면 왜 그렇게 많은 사람들이 그를 따랐는지를 설명하지 못한다. 처음부터 기독교인들은 예수를 하나님의 아들로 믿었다. 한 위대한 교사가 사람들에게 언제나 그런 사람인 것처럼 보였다면 그를 위대한 교사로 여기지 못할 이유가 무엇인가? 제자들은 예수를 메시아와 하나님의 아들로 이해했으며 예수가 그것을 허용했기 때문에 초기의 기독교인들이 예수를 메시아와 하나님의 아들로 여겼던 것이다.

제자들이 도망쳤기 때문에 예수와 가야바의 대화를 듣지 못해 두 사람 사이에 어떤 이야기가 오고 갔는지 제자들이 알 수 없었다는 주장은 순진한 주장이다. 예수의 가르침을 열정적으로 추종하던 제자들이 그때에 어떤 일이 벌어졌으며, 또 예수가 유대 지도자들에게 어떤 죄목으로 정죄당했는지에 관해 나중에라도 어떤 이야기도 듣지 못했을 것이라고 생각하는 것은 맞지 않다. 상식적으로 그들이 이 일의 마지막과 관련된 이야기를 들었을 것은 당연하며 또 사형 판결도 공개적으로 행해졌을 것이기 때문이다. 자신이 이스라엘의 메시아라는 예수의 주장은 로마총독으로부터 "유대인의 왕"이라는 명패가 달린 십자가에서 처형당하게 된 근본적인 이유였다.

마지막으로, 예수가 하나님의 오른편에 앉아 있으면서 구름을 타고 온다는 것은 논리적 모순이기 때문에 그의 주장에 신빙성이 떨어진다는 주장도 설득력이 없다. 다니엘 7:9에 등장하는 옛적부터 계신 이(하나님)가 좌정하신 보좌에는 "불타는 바퀴"가 달려 있기 때문이다. 대제사장 가야바에게 충격적인 것은 예수가 대담하게 스스로를 메시아라고 주장했다는 것뿐만 아니라 자신이 하나님의 보좌에 앉을 것이라고 주장했다는 점이었다.[4] 예수의 이 대답은 메시아를 믿지 않은 로마에 대해서는 반역죄에 해당하는 것이었으며, 유대인들에게는 신성모독에 해당되는 것이었다.[5]

예수의 목적

예수의 목적이 무엇이었냐에 대한 질문도 예수의 주장들에 대한 질문과 밀접한 관계가 있다. "역사적 예수에 대한 옛 탐구"("19세기 탐구"라고 불린다)는 예수의 목적에 관해 의문을 제기함으로써 시작되었다. 헤르만 라이마루스(Hermann Reimarus)는 사후에 출간된 책에서 예수가 이스라엘의 정치적인 왕이 되려고 했다고 주장했다.[6] 이 도발적인 논제는 이후 복음서에 대한 새롭고 비평적 독법들로 인도했다. 알베르트 슈바이처(Albert Schweitzer)는 예수에 대한 옛 탐구의 이런 왜곡을 자신의 책 『역사적 예수 연구』(대한기독교서회 역간)에서 매우 날카롭게 평가했다.[7] 1920년대 들어, 복음서 자료의 상당수가 교회가 만든 것으로 예수의 것이 아니기 때문에 역사적 예수를 찾을 수 없다는 양식비평이 등장해 많은 학자들로 하여금 역사적 예수에 대한 탐구를 포기하게 만들었다. 그러나 역사적 예수와 "신앙의 그리스도" 사이의 연관성을 발견하려는 새로운 탐구가 1950년대에 시작되었고, "세 번째 탐구"가 1980년대에 등장해 지금까지 계속되고 있다.[8]

예수의 목적은 무엇이었는가? 이는 그가 공생애 내내 가르쳤던 하나님 나라(통치)와 밀접하게 관련되어 있다.

비록 논란의 여지가 있지만, 예수와 회개를 요구한 세례 요한의 가르침 사이에 연속성이 있다는 것, 그리고 이 회개의 요구가 하나님 나라의 도래를 위한 준비라는 것은 확실하다(마가복음 1:15; 6:12). 그리고 예수는 자신이 행한 기적들이 그 나라가 임하고 있다는 증거라고 선언했다. "내가 만일 하나님의 손을 힘입어 귀신을 쫓아낸다면 하나님의 나라가 이미 너희에게 임했느니라"(누가복음 11:20). 하나님을 믿으며 서로 사랑하라는(마가복음 11:22-25; 마태복음 6:14-15) 예수의 요청이 유대교와 구별되는 특별한 것은 아니지만, 하나님 나라의 문맥에서는 사뭇 다른 뉘앙스를 가진다. 예수는 제자들에게 섬김을 받으려는 당시의 유력한 자들이나 통치자들처럼 되지 말고 낮은 마음을 갖고 서로 섬기라고 했다(마가복음 10:35-45).

또 예수는 제자들에게 그들이 보좌에 앉아 이스라엘의 열두 지파를 심판할 것이라고 약속했는데(마태복음 19:28; 누가복음 22:28-30), 이 주장은 예수가 어떤 목적을 갖고 있었는지에 대한 분명한 통찰력을 제공한다. 물론 예수와 그의 제자들은 새로운 통치가 구축될 하나님의 때를 고대했다. 이 기대는, 악한 포도원 일꾼들 비유를 통해 본래의 지위를 잃어버린 예루살렘의 유대 지도자들을 통렬하게 비판했던 메시지와 일치한다(마가복음 12:1-11). "포도원", 즉 이스라엘이 "다른 사람들", 곧 예수의 제자들에게 주어질 것이다. 이것은 일부 기독교인과 유대 해석자들이 생각하듯이 이방인이나 기독교인들이 유대인들을 대체할 것이라는 의미는 아니다. 예수는 오직 하나님만이 아는 언젠가, 자신의 제자들이 새로운 국가를 이루어 열두 지파를 (정죄한다는 의미가 아니라 통치한다는 의미로) 심판하는 보좌에 앉게 될 것이라고 분명히 기대했다. 여기 "열두 지파"에 대한 언급은 예수가 온 이스라엘의 회복을 온전히 기대했다는 뜻으로 이는 이스라엘이 회개한다면 이스라엘이 회복될 것이라는 메시지다.

예수의 공적 활동에서 당시 사람들에게 가장 충격적이었던 것 중 하나는 예수가 "죄인들", 즉 토라를 충실하게 준수하지 않는 자들과 가깝게 지냈다는 것이었다(마태복음 9:10-13; 마가복음 2:15-17; 누가복음 15:1-2). 심지어 예수는 모세의 율법을 위반한 사람들까지 기꺼이 용서해야 한다고 말했다. 물론 그 용서는 회개와 믿음을 필요로 한다(마태복음 11:20-24; 12:39-42; 누가복음 7:47-50; 11:29-32; 13:1-5; 15:7).

예수의 거절은 그의 설교와 가르침에 새로운 요소를 도입하게 했다. 예수가 예루살렘에 입성하자 대제사장은 그를 환영하지 않았다(마가복음 11:1-11). 예수가 종교인들의 성전 정책과 전통을 비판했기 때문이다(마가복음 11:15-19). 그래서 제사장들은 예수를 미워했고 그가 무슨 권위로 그 같은 일을 행하고 있는지 질문했다(마가복음 11:27-33). 이러한 질문에 대한 답으로 악한 포도원 일꾼들 비유를 제시한 후에 예수는 많은 종교 당파의 사람들의 시기어린 도전에 직면한다(마가복음 12:13-34). 그러나 예수의 비판은 거기서 멈추지 않고 약한 자의 대명사인 과부의 재산을 탐하는 종교인들을 주의하라고 제자들에게 경고하는 데까지 나아갔다(마가복음 12:38-40). 그런 후 이런 경고를 생생하게 전달하기 위해 마지막 남은 동전 한 닢을 헌금한 과부의 실례를 들어 탐욕스런 성전 조직에 대한 자신의 견해를 드러냈다(마가복음 12:41-44).

성전을 떠나며 예수는 제자들에게 아름다운 성전이 있던 신성한 산과 아름다운 성전 건물이 모두 무너질 것이라고 예언했다(마가복음 13:1-2). 이스라엘의 회개(와 회복)를 기대했던 예수는 종교 지도자들의 반대가 더욱 거세지자 예루살렘과 성전에 임할 심판에 대해 더욱 분명하게 말하기 시작했다(누가복음 19:41-44; 21:20-24). 이 문맥 속에서 예수는 나중에 가야바와 공의회로부터 심문받을 때 자신에게 불리하게 사용될 다음과 같은 말을 했다. "우리가 그의 말을 들으니 손으로 지은 이 성전을 내가 헐고 손으로 짓지 아니한 다른 성전을 사흘 동안에 지으리라 하더라"(마가복음 14:58).

예수의 죽음

예수는 자신을 메시아라고 주장했기 때문에 처형당했다. 예수의 십자가에 걸어놓은 "유대인의 왕"라는 명패(마가복음 15:26)는 이에 대한 결정적 증거다.[9] 비록 예수가 자신이 메시아라고 직접 말을 하지는 않았더라도 메시아로서 행동했다는 여러 증거들을 우리는 앞서 살펴보았다.

예수의 십자가 처형은 예수가 메시아직을 실질적으로 주장했음을 뒷받침한다(마가복음 14:61-64). 메시아직을 주장하는 것 자체도 신성모독적인 것이었겠지만, 하나님의 보좌에 앉아 있다는 주장은 분명히 더 신성모독적이라고 여겨졌을 것이며 이를 근거로 대제사장과 그의 추종자들은 예수를 로마인들에게 넘겨주었을 것이다.

예수를 처형하려는 또 다른 이유는 예수가 성전을 비판했기 때문이다. 예수는 악한 포도원 일꾼들 비유에서 지배층 제사장들이 그들의 지위를 상실할 것임을 암시했을 뿐 아니라 그들로 인해서 성전이 파괴될 것이라고 예언했다. 그 제사장들이 그러한 수사(修辭)로 인해 격노했을 것이라는 점은 나사렛 예수가 죽은 지 30여 년 후에 예루살렘 주위에서 예레미야 7장에 근거한 재앙을 말했던 또 다른 예수, 즉 아나냐의 아들에게서 확인된다. (예수가 예레미야 7장에 근거해 성전을 비평했음을 기억하라.) 요세푸스에 따르면, 지배층 제사장들은 이 사람을 잡아 심문하고 때린 후에 그를 사형에 처하도록 로마총독에게 넘겼다. 총독은 그를 더 심문하고 때린 후에 그가 그저 미쳤을 뿐이라고 선언하고 석방했다(「유대 전쟁사」 6.300-309).

나사렛 예수는 바리새인들과 율법의 해석 문제로 다투었기 때문에 죽은 것이 아니다. 예수가 사랑, 자비, 용서를 가르쳤기 때문에 죽은 것도 아니다. 그가 "죄인들"의 친구였기 때문에 죽은 것도 아니다. 철학적인 사람이었기 때문에 죽은 것도 아니었다. 예수는 변화를 원하지 않는 정치적 조직을 사실상 위협했기 때문에 죽은 것이다. 예수 시대의 사람들은 예수로 인해 실제로 심각한 폭동이 일어날 수도 있다고 예견했다. (주로 대제사장과 종교인들이었던) 유대 지도자들은 로마총독이 법과 질서를 유지하는 데 책임이 있으며 골칫거리인 예수를 어떻게든 처리해야 한다고 압력을 가했다. 그러나 예수와 그를 따르는 사람들은 어떤 무력도 행사하지 않았으며, 그를 체포하는 데 별다른 저항도 받지 않았다. 예수의 십자가 처형 이후에 전쟁이나 반란 같은 것도 없었다.

초대교회

초대교회는 어떻게 시작됐는가? 이 질문은 복잡하거나 장황한 답을 필요로 하지 않는다. 초대교회는 부활한 예수가 수십 명, 수백 명의 제자들에게 일시에 나타났다는 교회의 확고한 믿음에서 시작했다. 초대교회는 처음부터 예수의 부활을 선포했다.[10] 부활과 동떨어진 특별한 정체성을 발전시킬 필요가 없었고 유지할 이유도 없었다. 예수의 가르침은 유대교를 반대하지 않았으므로, 예수가 죽었을 때 주로 유대인들로 구성되었던 제자들은 유대교(비유대인들의 전도같이 논쟁적인 문제와 개종하는 데 필요한 규범들을 따르지 않는 일)를 포기하거나 수정할 이유가 없었다.

하나님에 의해 부활한 예수는 제자들에게 하나님 나라에 대한 비전을 계속해서 선포하도록 명령했고 그 결과 교회가 등장했다는 것은 부인할 수 없는 사실이다. 교회는 예수의 죽음과 부활 이후 수십 년간에 걸쳐서 직면한 새로운 도전들을 해결하면서 교회의 특징들을 세워나갔다. 교회는 자신들의 주와 구세주가 돌아올 것을 믿었다. 그러면 예수가 다시 올 때까지 교회는 무엇을 해야 한단 말인가? 교회는 특별히 (자신들의 신앙의 뿌리인) 유대교와 점점 더 사이가 멀어지고 이교국가가 점점 더 거세지는 핍박을 가하는 상황 속에서 어떻게 살아야 하는가? 신약성경은 이러한 질문에 답하기 위해서 집필되었다.

복음서

복음서는 예수에 대한 신앙의 관점에서 기록되긴 했지만 신빙성이 있는 문서다. 신앙과 정직한 역사가 꼭 대립적인 것은 아니다. 복음서는 예수의 가르침에 역사적 진정성이 있음을 확증한다. (기독교인들이 신앙적인 이유로 복음서를 정경으로 받아들이지만 복음서가 결코 무오하거나 예수가 했다는 모든 말씀과 행위가 역사적 사실이라고 주장할 필요는 없다.) 복음서가 신화와 전설로 가득 차 있어서 믿을 수 없으며, 편견에 가득 차 있어서 예수가 실제로 무엇을 말했으며 무엇을 행했는지에 대한 정확한 지식을 알 수 없다는 주장은 부당하다. 이런 결론들은 너무 극단적이며 그 전제와 접근 방법은 잘못된 것이다. 예수 세미나조차 복음서의 상당 부분에 진정성이 있는 것으로 받아들인다. 예수 세미나가 대중들에게 예수에 대한 왜곡된 관점을 제시하기는 했지만, 이 세미나의 많은 회원들은 예수가 하나님 나라를 가르쳤으며 죄인들과 친구가 되었음은 분명하다고 결론을 내린다.

복음서가 우리에게 복음서 저자들의 관심(편집비평의 과제)과 전승을 전달한 초기 기독교인들에 대해 많은 것을 말하는 것(양식비평의 과제)이 사실이긴 하지만, 복음서 저자들의 가장 중요한 관심은 예수의 가르침과 삶을 전달하는 데 있었다. 그들에게 예수의 말씀과 삶은 규범적인 것이었다. 실제로 예수의 말씀이 성경(구약)과 동등한 것으로 여겨졌다는 초기의 증거는 많다. 이는 유대인의 입장에서 보면 매우 주목할 만한 사실이다.

초기 기독교인들이 예수의 말씀을 매우 중요하게 여겼다는 점에서 볼 때, 그들이 자의적으로 예수의 말씀을 만들었다고 보기는 어렵다. 사실상 초대교회가 직면한 도전과 문제들에 의해 예수의 말씀이 만들어졌다는 주장은 예수가 동일한 도전과 문제들(신약의 서신서에서 나타나는)에 대해 어디에서도 말하지 않는다는 점에 의해 배격된다. 초대교회 안에서 할례, 우상에게 바친 고기를 먹는 일, 성령의 은사, 유대인과 이방인의 관계, 교회 직분 자격 등의 문제에 대해 의견이 약간 갈랐던 것은 사실이다. 그러나 예수는 이런 문제들에 대해 어떤 언급도 하지 않는다. 따라서 우리는 복음서가 예수의 가르침, 생애, 죽음과 부활의 본질적 요소들을 공정하고 정확하게 보고했다고 결론 내릴 수 있다.

기독교 신앙과 유대 이야기

예수의 첫 제자들은 모두 유대인이었다. 기독교 교회는 주후 66-70년 이후까지 철저하게 유대적이었을 뿐 아니라 바르 코흐바 전쟁(주후 132-135년)이후 예루살렘에 있던 유대 교회가 종말을 고하고 이방인 감독이 유대인 감독을 승계할 때까지 현저히 유대적이었다. 에비온파(유대인 기독교인들)의 경우는 기독교 안에서 독립적 교파로 수 세기 동안 존재하기도 했다. 오늘날 유대교인과 기독교인 학자들에게 유대교와 기독교의 기원이라는 문제는 흥미로운 주제로 자리매김하고 있다.

기독교 기원 이야기는 유대인의 이야기다. 실제로, 많은 유대인 기독교인들(Messianic Jews)은 오늘날에도 기독교가 여전히 유대인들의 이야기로 남아 있다고 믿는다. 복음서의 선포—"예수가 부활했다!"—는 이 유대인들의 이야기의 일부였다. 기독교는 하나님이 아브라함과 다윗에게 하신 약속을 결국 성취했고 마침내 하나님 나라를 시작하셨다는 유대인 운동이었다. 이 새롭고 강력한 유대인 운동은 이방인들을 사로잡는 데까지 나아가 그들을 이스라엘의 메시아인 유대인들의 예수의 가르침을 따르게 했다. 이스라엘은 이제 "열방의 빛"이 되었으며(이사야 49:6) 그 영광에 참여하게 된 것이다(누가복음 2:32).

수차례의 진압과 전쟁을 통해 이스라엘을 패망시켰던 로마 제국(주후 66-135년)조차도 이스라엘의 성경과 아브라함의 하나님에 대한 믿음에 근거한 메시아 신앙에 의해 결국 전복되었다. 이 놀라운 이야기에 참여하도록 초청을 받은 이방인들은 유대 저자들과 운동가들을 결코 잊을 수 없었다.

역사적 예수 이야기는 극적이며 감동적이다. 이야기 자체는 오래되었지만 최근에 새로 등장한 극단적이며 최소주의적이며 수정주의적인 유별난 예수 이야기와는 질적으로 다르다. 고대 문서들에 대한 고고학적 발굴과 연구는 이 오래된 이야기를 해결해줄 실마리들을 앞으로 계속해서 제공할 것이다. 사실, 지금까지의 고고학적 발굴들도 복음서의 신빙성을 확증하고 황당한 주장들을 명백하게 논박해왔다.

부록 1

아그라파: 정경 밖의 예수의 말씀들

소위 아그라파(정경 밖의 예수 말씀들)는 요아킴 예레미아스가 쓴 책을 통해 대중적인 관심을 받았다.[1] 예레미아스는 수백 가지의 말씀들 중에서 "진정성이 매우 높은" 열여덟 개의 말씀들을 찾아냈다. 그러나 오트프리드 호피우스가 최근에 실행한 비평적 조사는 새로 발견되었다는 이 예수의 말씀들이 대부분 공관복음 전승이나 다른 신약 문서들의 말씀을 윤색한 이문 정도라고 주장한다.[2]

호피우스는 예레미아스가 새로 발견했다는 열여덟 개의 예수 말씀 가운데 절반인 아홉 개만이 실제 처음으로 발견된 예수의 말씀일 가능성이 있다고 한다. 그것들은 다음과 같다.

그렇다면 이것은 너희와 어떤 관계가 있느냐? 이는 너희가 여기 성전에 있기 때문이다. 그렇다면 너희는 정결하냐? 보지 못하는 너희 맹인들에게 화로다! 너희는 개들과 돼지들이 밤낮 누워 있는 곳에 부어지는 물에서 스스로 씻었고 창녀들과 피리 부는 처녀들도 남자들의 욕망을 불러일으키려고 기름을 바르고 목욕을 하며 치장하고 있지만, 그들의 안에는 전갈과 모든 악한 방식으로 가득 차 있다. 그러나 너희가 씻지 않는다고 말하는 나와 [나의 제자들]은 [하늘의 아버지]로부터 내려오는 살아 있고 깨끗한 물로 씻었다(P.Oxy 840.2).

너희가 발견되었듯이 너희도 데려가게 될 것이다(시리아어 「단계의 책」 3.3; 15.4; 24.2; 유스티누스, 「유대인 트리포와의 대화」 47.5: "내가 너희로부터 취하는 것이 무엇이든지 간에 그것들로 나는 너희를 판단할 것이다" 에스겔의 묵시록 4[?]).

그 나라는 자기 그물을 바다에 던진 현명한 어부와 같다. 그는 바다에서 작은 생선을 가득 건져 올렸고 그것들 가운데서 그는 크고 좋은 생선 한 마리를 발견했다. 그 지혜로운 어부는 모든 작은 생선을 바다에 버리고 미련없이 큰 생선을 선택했다(도마복음 8).

큰 것들을 구하면 하나님은 너희에게 작은 것을 더하여 주실 것이다(알렉산드리아의 클레멘트 「잡문지」 1.24.158; 오리게네스의 「시편 주석」 4.4; 「진술에 관하여」 2.2; 14.1; 유세비우스의 「시편 주석」 16.2).

승인된 금융업자들이 되라(오리게네스의 「욥기 주석」 19.7; 히에로니무스의 「서한집」 99.11.2; 클레멘트의 「설교집」 2.51; 3.50; 18.20).

같은 날 그는 안식일에 일하는 사람을 보았다. 그때 그는 그 사람에게 말했다. 자신이 무엇을 행하고 있는지를 아는 자는 행복하다. 그러나 그렇지 못한 자는 저주를 받으며 율법을 어기는 자가 될 것이다(코덱스 D, 누가복음 6:5).

나를 가까이하는 자는 불을 가까이하는 자다. 나를 멀리하는 자마다 그 나라로부터 멀어질 것이다(오리게네스의 「예레미야의 설교집」 20.3; 도마복음 82; 시편 88.8에 대한 「맹인 디두무스의 주석」).

결코 기뻐하지 말라. 너희 형제를 사랑으로 쳐다볼 때 구원하라(히브리인들의 복음 5; 에베소서 5:4에 대한 히에로니무스의 「에베소서 주석」 3).

[그가] [오늘은] 멀리 계시지만 내일은 [너희 가까이에] 계실 것이다(P.Oxy 1224.2).

첫 번째 다섯 개의 정경 밖의 예수의 말씀은 공관복음의 전승의 특징과 유사한데, 이는 그 본문을 보고 쓴 이문이거나 조합일 가능성이 크다. 예를 들면, 첫 번째 정경 밖의 예수 말씀은 마태복음 23:27-28에서 발견되는 화(禍) 본문(마태복음 7:6)과 요한복음의 생수 말씀(요한복음 4:10-12; 7:37)을 모델로 삼았던 것 같다. 두 번째 정경 밖의 예수 말씀은 마태복음 24:27, 40-41과 누가복음 17:24, 26-30, 34-35의 묵시적 경고를, "지혜로운 어부들"에 대한 세 번째 정경 밖의 예수 말씀은 마태복음 13:45-46, 47-48의 진주와 그물 비유들을, 네 번째 정경 밖의 예수 말씀은 마태복음 6:33과 그 병행 이문을, 다섯 번째 정경에 없는 예수 말씀은 데살로니가전서 5:21-22의 바울의 가르침에 근거한 것 같다. 그 말씀에 대해 알고 있던 오리게네스의 제자 알렉산드리아의 디오니시우스는 그 말씀을 예수에게서가 아니라 사도들에게서 빌려왔던 것 같다(유세비우스의 「교회사」 7.7.3). 호피우스는 이 정경 밖의 예수 말씀들이 "굉장히 특이하다"고 진정성을 의심한다.

그러나 호피우스는 마지막 네 개의 정경 밖의 예수 말씀을 예수가 정말로 했던 말씀이 아니라고 "거부해야 할 어떤 증거도 없다"고 믿는다. 이 정경 밖의 예수 말씀은 정경이나 위경들에서 비롯된 것이 아닐 뿐 아니라 팔레스틴과 유대적인 특징을 갖고 있다. 그러나 호피우스는 여섯 번째 정경 밖의 예수 말씀에는 신중한 자세를 보인다. 나는 일곱 번째 정경 밖의 예수 말씀도 의심스럽다고 생각한다. 이 말씀은 공관복음의 말씀(마가복음 9:49; 누가복음 12:49)과 정확히 일치할 뿐 아니라 다음과 같은 랍비의 말을 연상시킨다. "아키바, 자신을 너희와 구분하는 자는 자신을 인생과 구분하는 것이다"(바빌론 탈무드 Qiddushin 66b; 바빌론 탈무드 Zevahim 13a). 또 다른 병행이 그리스 문헌에서도 발견된다. "제우스와 가까운 자는 번개와 가까이 있는 것이다"(이솝). "제우스로부터 멀리, 번개로부터 멀리"(디오게니아누스). 따라서 정경 밖의 예수 말씀은 유명한 격언의 차용일 가능성이 더 높다. 여덟 번째 예수 말씀은 사랑의 명령과 무관한 것처럼 보이지만(마가복음 12:31), 아홉 번째 예수 말씀은 특별히 병행되는 게 없는 것 같다. 여덟 번째와 아홉 번째 예수 말씀 역시 예수의 평소 가르침과 일치한다. 아마도 이 말씀들은 진짜일 것이다. 그럼에도 이미 알려진 예수의 가르침에 새롭게 추가된 것은 거의 없다고 할 수 있다.

호피우스는 정경 밖의 예수 말씀을 검토하면서 일부 학자들이 정경 복음서와 별도로 존재하면서 공관복음서의 전승과 유사한 자료가 있다는 가정을 뒷받침할 증거를 거의 발견하지 못했다고 말한다. 호피우스는 예레미아스의 주장에 동조하며 다음과 같이 말한다. "네 개의 정경 복음서는 초대교회가 1세기 후반 예수의 말씀과 삶에 대해 알고 있던 거의 모든 것을 완벽하게 담고 있다."[3] 거기에 덧붙여 호피우스는 정경 밖의 예수 말씀은 초대교회가 예수의 말씀을 마음대로 고안해내지 않았다는 강력한 증거라고 결론을 내린다.

신약 복음서에서 묘사된 예수와는 전혀 다른 역사적 예수상을 묘사하기 위해 정경 밖의 예수 말씀을 사용할 필요가 없음은 분명하다. 나사렛 예수의 삶과 시대를 재구성하기 위한 연구에서 우리가 최우선으로 사용해야 할 자료는 교회가 정경으로 받아들인 신약성경의 사복음서다.

부록

유다복음서를 어떻게 생각해야 하는가?

2006년 4월 6일, 내셔널지오그래픽 소사이어티는 워싱턴 본사에서 기자회견을 열고 유다복음서의 발굴, 복원 과정과 번역문을 전 세계 언론사에 전달했다. 그 이야기는 주요 신문들의 헤드라인과 텔레비전 뉴스와 프로그램을 장식했고 관련 다큐멘터리가 내셔널지오그래픽 채널을 통해 몇 차례 방송되었다.

유다복음서란 무엇인가? 이 문서가 전 세계에 화제가 된 이유는 무엇이며 사람들은 유다복음서를 어떻게 생각해야 하는가?

유다복음서의 발굴

지금까지는 소수의 전문가들만이 1970년대 말(1978년경으로 측정됨)에 이집트의 한 동굴 속에서 발견된 파피루스와 가죽 코덱스(고대의 책)를 연구할 수 있었다. 콥트어[1]로 쓰여진 이 사본은 이후 5년간 이집트 골동품 시장을 배회했다. 클레어몬트 대학원대학교의 제임스 로빈슨의 전임자였으며 나그함마디 사본들과 유사한 문서들에 대한 연구로 유명한 콥트어 전문가 스티븐 엠멜(Stephen Emmel)은 제네바에서 이 사본을 처음 접했다. 엠멜은 예수와 대화하는 유다를 언급하는 단편을 포함해 모두 네 개의 단편들을 자세히 조사한 후 이 사본이 위조품이 아닌 4세기경에 만들어진 문서라고 결론을 내렸다.

그 사본을 팔려고 했던 사람은 자신이 원하는 가격을 받을 수 없자 그 사본을 미국의 뉴욕 롱아일랜드의 안전한 은행금고에 보관했다. 한 미술가는 고대 문서에 치명적인 훼손을 입힐 습기로부터 사본을 보호하려고 사본을 냉동실에 보관했는데 불행하게도 이 방법은 오히려 파피루스를 심각하게 손상시켰다.

다행히 스위스의 메세나 재단이 그 사본을 구입해 내셔널지오그래픽 소사이어티의 도움을 받아 복구했다. 하지만 실제로는 마흔 장 이상을 복원하지 못하고 전체의 85%만이 부분적으로 복원되었다.

내셔널지오그래픽 소사이어티는 이 사본의 연대와 진정성을 확증하고자 방사성탄소 연대측정법, 잉크 분석 등 다양한 기술 등을 통해 사본의 연대가 주후 220-340년의 것임을 밝혀냈다. (엠멜은 조금 더 후대라고 생각한다.)

2005년에 내셔널지오그래픽은 유다복음서 번역을 위해 콥트어 학자 로돌프 카세르(Rodolphe Kasser), 그레고르 부르스트(Gregor Wurst)와 바트 어만, 스티븐 엠멜, 마빈 마이어, 일레인 페이젤스(Elaine Pagels), 도널드 시니어(Donald Senior)와 나를 포함한 성경학자들을 소집했다.[2] 이 번역에 참여했던 학자들은 병석에 있던 로돌프 카세르를 제외하고 발표회에 나와서 각자의 의견을 제시했다.

유다복음서의 출간

유다복음서는 로돌프 카세르, 마빈 마이어, 그레고르 부르스트의 번역으로 내셔널지오그래픽에 의해서 책으로 출간되었다.[3] 이 책은 다른 영지주의 본문들과 유다복음서와 초기 기독교 문서들과의 관계를 설명하는 바트 어만의 글 등 짧은 논문들을 여럿 포함하고 있다.

유다복음서는 차코스 코덱스의 33-58쪽에서뿐 아니라 세 개의 다른 저작들에서도 발견된다. 유다복음서의 1-9쪽은 베드로가 빌립에게 보내는 편지에 보존되어 있는데, 이는 나그함마디 사본 8의 두 번째 단편과 거의 동일한 본문이다. 10-32쪽은 야고보의 첫 번째 묵시록이라는 제목이 붙은 나그함마디의 사본 5의 세 번째 야고보의 책에 있고, 59-66쪽은 알로게네스("이방인")라는 인물이 등장하는 제목이 없는 저작에 보존되어 있다. (이 문서는 알로게네스라는 이름이 붙어 있는 나그함마디 사본 11의 세 번째 단편과는 아무런 연관도 없는 것 같다.) 그리고 최근에 이 네 단편들과는 별개인 한 개의 단편이 발견되었는데 유다복음서의 108쪽인 것 같다. 따라서 우리는 차코스 코덱스의 마흔두 쪽에 해당하는 본문이 이 사본에 빠져 있음을 추론할 수 있다.

유다복음서의 내용

유다복음서는 다음과 같은 말 "이것은 예수가 가롯 유다와 대화할 때 말한 계시의 비밀 이야기다"(33쪽, 13행)로 시작해서 "유다복음서"라는 말로 끝난다(58쪽, 28-29행).[4] 이 구절들은 그 동안의 뜨거운 논쟁이 잘 보여주듯이 매우 곤혹스러운 부분이다.

이 문서에서 가롯 유다는 예수의 제자 중 가장 뛰어난 제자로 간주된다. 유다만이 예수의 가장 심오한 가르침과 계시를 받는다. 다른 제자들은 예수에게 그들의 기도와 희생제사, 예수가 어디에서 왔으며 어디로 가는지 제대로 알지 못한다고 책망당한다. 유다를 제외하고 예수 앞에서 설 수 있는 사람은 아무도 없었다(35쪽, 8-9행). 유다는 예수에게 다음과 같이 말한다. "나는 당신이 누구인지, 어디에서 왔는지 알고 있습니다. 당신은 바르벨로의 불멸의 세계로부터 왔습니다. 나는 당신을 보내신 분의 이름을 언급할 자격조차 없습니다"(35쪽, 15-21행). 이 고백 이후에 예수는 유다에게 은밀한 가르침을 전수한다.

유다가 구름 가운데로 들어가도록(변화되도록?) 초대받은 이 은밀한 가르침에서 예수는 놀라운 가르침을 전한다. "너는 그들 모두를 능가할 것이다. 왜냐하면 너는 네 주위에 있는 남자를 희생제사로 드려야 하기 때문이다"(56쪽, 18-20행). 즉, 다른 제자들이 열등한 예배와 활동으로 시간을 낭비하는 반면에(유대교 방식으로 동물을 제물로 바치며) 유다는 참된 의미의 희생제사, 즉 구원을 가져올 희생제사를 수행한다. 유다는 예수의 육체를 희생제물로 삼아 예수가 그의 임무를 마칠 수 있도록 한다. 이런 식으로 유다는 다른 제자보다 뛰어난 제자가 된다.

이 이야기는 대제사장들에게 예수를 넘겨주는 것으로 마무리된다.

> 대제사장들이 중얼거렸다. 왜냐하면 [예수가] 기도하기 위해 방으로 들어갔기 때문이다. 그러나 몇몇 율법학자들은 예수가 기도하고 있는 동안 그를 붙잡기 위해 예의 주시하고 있었다. 왜냐하면 예수를 예언자로 생각하고

있는 백성들이 두려웠기 때문이다. 그들은 유다에게 다가가 말했다. 너는 여기서 무엇을 하고 있느냐? 너는 예수의 제자다. 유다는 그들이 원하는 대로 그들에게 대답했다. 그리고 유다는 약간의 돈을 받고 예수를 그들에게 넘겨주었다(58쪽, 9-26행).[5]

여기에 심문과 처형, 부활 같은 것은 없다. 유다의 순종과 그러한 순종이 예수가 자신의 구속적 사역을 완성할 수 있도록 도왔던 방식에만 관심을 두고 있다. 즉 유다는 악당에서 영웅으로, 반역자에서 성자가 되었다.

유다복음서의 의미

주후 180년 이레나이우스는 한 집단이 형제 아벨을 살해한 가인부터 예수를 적대자들에게 팔아넘긴 유다까지 성경에 등장하는 모든 악당들을 영웅으로 만들고 있다고 비난하면서 그들을 가인 족속이라고 맹렬히 비난한다.

다른 이들은 가인이 하늘로부터 권세를 얻었다고 다시 선언하며, 에서, 고라, 소돔인 같은 사람들이 그들과 연관되어 있다고 말한다. 그들은 자신들이 창조주의 심판을 받았지만 누구도 상처를 입지 않았다고 덧붙여 말한다. 왜냐하면 소피아는 그들에게서 자신의 것을 가져오는 습관이 있기 때문이다. 그들은 반역자 유다가 이것들에 철저하게 익숙해 있었고 유다만이 다른 사람들이 알지 못하는 진리를 알고 있었기에 배반이라는 신비를 이루었고 그로 인해서 그가 땅과 하늘의 모든 것들을 혼동에 빠뜨렸다고 주장한다. 그들은 이런 식으로 자신들이 유다복음서라고 명명한 거짓된 역사를 만든다(「이단 논박」 1.31.1).

다른 말로 하면, 이 가인 족속들은 구약의 악당들과 동일시된다. 그들은 이 세상의 신은 빛의 하나님과는 다르게 악하다고 믿는다. 따라서 이 세상의 신이 미워하고 파괴하려는 이들—가인, 에서, 소돔 사람 같은 이들이 그랬듯이—은 반드시 선한 사람들, 즉 빛의 하나님 편에 있는 사람들이어야 한다는 것이다.

유다복음은 2세기의 기독교가 다양한 모습으로 존재했다는 주장을 적극 지지한다. 여기에서 우리는 셋 계열의 영지주의, 즉 주후 66-70년과 115-117년의 처절한 전쟁의 여파로 등장한 유대 비관주의에 뿌리를 두고 있는 영지주의의 초기 모델을 본다.[6]

유다복음서가 독립된 자료라는, 즉 유다와 예수의 관계에 대한 지식을 보충한다는 주장은 얼토당토 않는 말이다. 일부 대중적인 작가들은 "참된 이야기"에 대한 허황된 이야기를 계속 만들어내겠지만 그것은 말 그대로 허튼소리일 뿐이다. 전통적인 기독교인이 아닌 제임스 로빈슨조차도 유다복음서가 역사적인 유다를 이해하는 데 가치가 전혀 없다고 주장한다.[7]

로마 가톨릭 신학자 도널드 시니어도 유다복음서가 기독교 신학이나 복음서 이야기에 어떤 충격도 주지 않는다고 주장한다.

그나마 유다복음서에서 흥미롭게 살펴볼 수 있는 것은 요한복음에서 예수가 유다에게 했던 "네가 하려는 일을 속히 하라"라는 다른 제자들은 이해하지 못했던 말을 발견한다는 것이다(요한복음 13:27).

이것이 흥미로운 이유는 예수가 다른 제자들은 이해하지 못하는 말을 특정 제자에게 했던 두 가지 실례가 있기 때문이다. 그 실례란 예루살렘에 입성하기 위해 나귀와 다락방을 준비하라고 했던 일을 말한다(마가복음 11장과 14장). 요한복음 13장이 예수가 특정 제자에게만 말했던 또 다른 예라고 생각하는 학자들도 있다. 여기서 예수는 유다에게 개인적인 과제, 그날 밤 이후 예수의 안전과 관련된 일을 마무리하라고 말한다. 예수를 대제사장들에게 넘겨줄 무장한 일행과 동행한 유다의 등장은 분명 배반을 의미하는 것이다.

우리는 유다복음서를 소유함으로 이 주제를 조금 더 발전시킬 수 있게 되었다. 즉 비역사적이고 순전히 상상력을 발휘해 만든 예수에 관해서 말이다. 예수는 유다와 사적인 협약을 맺고 유다에게 자신을 자신의 적대자들에게 팔아넘기도록 했다. 이는 유다의 배반이 아니라 예수가 그렇게 되기를 바랐던 것이다. 이것이 유다복음서가 말하는 바다.

물론, 예수가 유다와 어떤 협약을 맺었든지(요한은 이 협약의 증인이다) 예수는 유다에게 자신을 대제사장들에게 넘기라고 말한 적이 없다. 유다복음서는 유다가 왜 예수를 배반했는지는 말하지 않고, 어떻게 그 일을 했는지에 관한 새로운 실마리를 우리에게 제공할 뿐이다.[8]

신약 밖의 그리고 신약보다 후대의 문서들은 신약을 이해하는 데 중요한 정보를 제공하기도 한다. 베일에 가려 있는 이 제자를 이해하는 데 유다복음서가 일부 신학자나 역사가들에게 약간의 도움을 줄 수 있을지는 모르지만, 유다가 실제로 행했거나 예수가 실제로 그 제자에게 개인적인 가르침을 주었는지에 관해서는 어떤 정보도 얻을 수 없다.[9]

어휘 해설

Q	마태복음과 누가복음에 공통적으로 나타나지만 마가복음에서는 발견되지 않는 가설적인 말씀 자료
가현설	예수가 단지 몸을 가진 것처럼 보였다고 주장해 초대교회에서 이단으로 간주된 주장
견유철학	당대의 사회적 가치를 거절했던 디오게네스가 창시한 고대 철학
공관복음서	마태복음, 마가복음, 누가복음
기독론	예수의 생애, 죽음, 부활에 관한 신학적 연구와 교리
나그함마디	1945년에 발견된 이집트의 한 마을에서 발견된 주후 350-380년경에 쓰여진 영지주의 복음서를 포함해 13개의 가죽 장정 문서들
도마복음서	예수가 도마와 다른 제자들에게 전한 비밀("감추어진") 가르침들을 기록했다고 알려진 문서
로기아	예수가 행한 말씀 선집
메시아 사상	이스라엘을 회복하기 위해 다윗의 "기름부음 받은" 후손이 도래할 것이라는 소망을 담은 사상
목회서신	신약 편지들 중 디모데전후서와 디도서
사본(코덱스)	양피지나 파피루스로 만들어진 고대의 문서
사해 사본	1947-1956년 사해 근처 동굴들에서 발견된 고대 유대 문서들
삼중적 전승	마태복음, 마가복음, 누가복음의 공통 자료
성경무오성	성경의 원본에 일체의 오류가 없다는 신념

아그라파	신약에 "기록되지 않은" 예수의 독립적인 말씀들
에비온파	율법의 지위를 강화하고 예수의 신적 본질을 약화시키는 경향이 있는 고대의 유대 기독교
에세네파	자신들을 참된 이스라엘로 여기며 유대교와 유대 방식을 고수했던 고대 유대교의 한 종파
영지주의	비밀스러운 지식(그노시스)을 아는 선택된 사람들만 이 세상을 벗어나 구원을 받는다고 주장하는 밀교
예수 세미나	역사적·문헌적 연구를 통해 역사적 예수의 실체를 재구성하려는 신약학자들의 연구 모임
옥시린쿠스	그리스어로 기록된 구약과 신약 문서와 위경 문서들을 포함한 수천 개의 파피루스와 단편들이 발견되었던 이집트의 한 지역
외경	성경으로 받아들여지지 않은 신약 시대의 문서들
요한 문헌	사도 요한과 연관된 요한복음, 요한서신(1-3서), 요한계시록 등의 신약 문서들
정경	교회가 성경으로 받아들인 권위 있는 문서들
정경 밖의 복음서	예수의 이야기들 혹은 말씀들과 관련된 신약 이외의 문서들
정경 복음서	신약의 사복음서(마태복음, 마가복음, 누가복음, 요한복음)
종말론	최종적인 혹은 마지막 일들에 대한 연구

약 어

다음의 약어는 주에서 사용되었다.

AB	Anchor Bible
ABD	Anchor Bible Dictionary
ABRL	Anchor Bible Reference Library
AGJU	Arbeiten zm Geschichte des antiken Judentums und des Urchristentums
ANRW	Aufstieg und Niedergang der nömischen Welt
BA	Biblical Archaeologist
BBR	Bulletin for Biblical Research
BETL	Bibliotheca ephemeridum theologicarum lovaniensium
Bib	Biblica
BJRL	Bulletin of the John Rylands University Library of Manchester
BZNW	Beihefte zm Zeitschrift für die Neutestamentliche Wissenschaft
CBQ	Catholic Biblical Quarterly
CRINT	Compendia rerum iudaicarum ad novum testamentum
CSR	Christian Scholar's Review
CTM	Concordia Theological Monthly
DSD	Dead Sea Discoveries
ExpT	Expository Times
GNS	Good News Studies
HTS	Harvard Theological Studies
JBL	Journal of Biblical Literature
JETS	Journal of the Evangelical Theological Society
JR	Journal of Religion
JSHJ	Journal for the Study of the Historical Jesus
JSNTSup	Journal for the Study of the New Testament Supplement Series
JTS	Journal of Theological Studies
MTS	Marburger theologische Studien

Neot	*Neotestamentica*
NHC	Nag Hammadi Codices
NHS	Nag Hammadi Studies
NICNT	New International Commentary on the New Testament
NIGTC	New International Greet Testament Commentary
NovT	*Novum Testamentum*
NovTSup	*Supplement to Novum Testamentum*
NTAbh	Neutestamentliche Abhandlungen
NTS	New Testament Studies
NTTS	New Testament Tools and Studies
SBLRBS	SBL Resources for Biblical Study
SBLSBS	SBL Sources for Biblical Study
SBLSP	Society of Biblical Literature Seminar Papers
SecCent	*Second Century*
SFSHJ	South Florida Studies in the History of Judaism
SNTSMS	Society for New Testament Studies Monograph Series
SPB	Studia postbiblica
TLZ	*Theologische Literaturzeitung*
TSAJ	Texte und Studien zum antiken Judentum
TU	Texte und Untersuchungen
VC	*Vigiliae christianae*
VCSup	Supplements to Vigiliae christianae
WUNT	Wissenschaftliche Untersuchungen zum Neuen Testament
YJS	Yale Judaica series
ZNW	*Zeitschrift für die neutestamentliche Wissenschaft*

주

1장 잘못된 신앙과 엉뚱한 의심

1) Robert W. Funk, *Honest to Jesus* (San Francisco: HarperCollins, 1996), pp. 4-5. 펑크의 책은 존 로빈슨의 책 *Honest to God* (London: SCM Press, 1963)을 떠올리게 한다.
2) James M. Robinson, "Theological Failure," in *The Craft of Religious Studies*, ed. Jon R. Stone (New York: SI. Martins, 1998), pp. 117, 121, 145; 재판 in James M. Robinson, *The Sayings Gospel Q*, BETL 189 (Leuven: Peeters and Leuven University Press, 2005), pp. 3, 7, 31. 생략은 저자가 한 것이다.
3) James M. Robinson, *The Gospel of Jesus* (San Francisco: HarperCollins, 2005).
4) Robert M. Price, *Deconstructing Jesus* (Amherst, NY: Prometheus Books, 2000); *The Incredible Shrinking Son of Man* (Amherst, N.Y.: Prometheus Books, 2003).
5) Bart D. Ehrman, *Misquoting Jesus: The Story Behind Who Changed the Bible and Why* (San Francisco: HarperSanFrancisco, 2005), pp. 5,11, 12. pp. 210-12. 『성경 왜곡의 역사』(청림 역간). 학술적인 자료를 위해서는 Bart D. Ehrman, *The Orthodox Corruption of Scripture* (New York: Oxford University Press, 1993)를 참고하라.
6) 신약 사본의 증거에 대한 바트 어만의 해석에 대한 비평은 J. Ed Komoszewski, M. James Sawyer, Daniel B. Wallace, *Reinventing Jesus* (Grand Rapids: Kregel, 2006)를 보라.
7) Funk, *Honest to Jesus*, p. 304.
8) 초기 기독교인의 증거의 중요성에 대한 권위 있는 평가에 대해서는 Richard J. Bauckham, *Jesus and the Eyewitnesses* (Grand Rapids: Eerdmans, 2006)를 보라. 『예수와 그의 증인들』(새물결플러스 근간).

2장 출발과 접근 방법에서의 오류

1) Robert W. Funk and Roy W. Hoover, eds., *The Five Gospels: The Search for the Authentic Words of Jesus* (Sonoma: Polebridge; New York: Macmillan, 1993); Robert W. Funk, ed., *The Acts of Jesus: What Did Jesus Really Do?* (San Francisco: HarperCollins, 1998). 이 세미나는 다음과 같은 방식으로 예수의 말씀에 색을 입혀 언론의 주목을 끌었다. 붉은색=예수가 진짜로 했던 말, 분홍색=예수가 했을 것 같은 말, 회색=예수가 했을 것 같지 않은 말, 검정색=예수가 확실히 하지 않은 말.

2) Robert W. Funk and Hoover, *Five Gospels*, p. 27; John Dominic Crossan, *Jesus: A Revolutionary Biography* (San Francisco: HarperCollins, 1994), p. 25; Robert W. Funk, *Honest to Jesus* (San Francisco: HarperCollins, 1996), p. 158; Pieter F. Craffert and Pieter J. J. Botha, "Why Jesus Could Walk on the Sea But He Could Not Read and Write," *Neot* 39 (2005): 5-35.

3) Craig A. Evans, "Context, Family and Formation," in *The Cambridge Companion to Jesus*, Cambridge Companions to Religion, ed. Markus Bockmuehl (Cambridge: Cambridge University Press, 2001), pp. 11-24; Paul Foster, "Educating Jesus: The Search for a Plausible Context," *JSHJ* 4 (2006): 7-33. 포스터의 연구는 매우 탁월한 전문성을 보여주는 글이다.

4) 대부분의 성경은 이 구절이 요한복음의 원래 부분이 아니었다고 인정한다. 예를 들면, 요한복음 7:53 앞에서 NIV는 "가장 이른 그리고 가장 믿을 만한 사본들과 다른 고대의 증거들에는 요한복음 7:53-8:11이 없다"고 말하며, NASB는 "요한복음 7:53-8:11이 대부분의 오래된 사본들에서 발견되지 않는다"라고 말한다.

5) William V. Harris, *Ancient Literacy* (Cambridge, Mass.: Harvard University Press, 1989)는 문맹률이 매우 높았다는 결론을 내리며, Alan R. Millard, *Reading and Writing in the Time of Jesus* (New York: New York University Press, 2000)는 문맹률이 특히 유대 사람들 가운데 더 낮았다는 결론을 내린다.

6) "랍비"의 예는 마가복음 9:5; 11:21; 14:45. "랍부니"의 예는 마가복음 10:51; 요한복음 20:16. "교사"의 예는 마태복음 8:19; 9:11; 12:38; 마가복음 4:38; 5:35; 9:17; 10:17, 20; 12:14, 19, 32; 누가복음 19:39; 요한복음 1:38; 3:2. "제자들"의 예는 마가

복음 2:15, 16, 18, 23; 3:7, 9; 4:34; 5:31; 누가복음 6:20; 10:23; 12:22; 14:26, 27(마태복음에서의 모든 병행 구절들)을 보라.

7) R. T. France, *Jesus and the Old Testament* (London: Tyndale, 1971), pp. 259-63. 더 최근의 연구 자료는 Bruce D. Chilton, Craig A. Evans, "Jesus and Israel's Scriptures," in *Studying the Historical Jesus*, NTTS 19, ed. B. D. Chilton and C. A. Evans (Leiden: Brill, 1994), pp. 281-335을 보라.

8) 예수는 예언서 중 호세아서, 요엘서, 아모스서, 요나서, 미가서, 스바냐서, 스가랴서, 말라기서. 오바댜서, 나훔서, 하박국서, 학개서 등은 언급하지 않았고 성문서 중에는 시편, 잠언, 욥기, 다니엘서, 역대기. 아가, 룻기, 애가, 전도서, 에스더서, 에스라서, 느헤미야서는 언급하지 않았다.

9) Craig A. Evans, "The Scriptures of Jesus and His Earliest Followers," in *The Canon Debate*, ed. Lee Martin McDonald and James A. Sanders (Peabody, Mass.: Hendrickson, 2002), pp. 185-95.

10) 쿰란과 사해 지역의 성경 이외의 두루마리에서 신명기는 22번, 이사야서는 35번, 시편은 31번 인용된다. James C. VanderKam, "Authoritative literature in the Dead Sea Scrolls," *DSD* 5 (1998): 382-402; James C. VanderKam, "Question of Canon Viewed through the Dead Sea Scrolls," in *The Canon Debate*, ed. Lee Martin McDonald and James A. Sanders (Peabody, Mass.: Hendrickson, 2002), pp. 91-109.

11) Burton L. Mack, "The Kingdom Sayings in Mark," *Forum* 3 (1987): 3-47; James R. Butts, "Probing the Poll: Jesus Seminar Results on the Kingdom Sayings," *Forum* 3 (1987): 98-128. 버튼 맥은 "예수에게 하나님 나라는 종말론적인 것도 묵시적 현상도 아니었다"라고 주장한다(p. 112). 이는 종말론과 하나님 나라에 대한 엄청난 오해에 근거한 것이다. "하나님 나라"를 히브리어와 아람어 자료들과 무관하게 해석하려는 맥의 시도는 특히 그렇다.

12) Marcus J. Borg, *Conflict, Holiness, and Politics in the Teachings of Jesus* (1984; reprint, Harrisburg, Penn.: Trinity Press International, 1998); Marcus J. Borg, "A Temperate Case for a Non-Eschatological Jesus," *Forum* 2 (1986): 81-102; John

Dominic Crossan, *The Historical Jesus: The Life of a Mediterranean Jewish Peasant* (San Francisco: HarperCollins, 1991).

13) 예수 세미나의 종말론과 "하나님 나라"에 대한 심각한 오해에 대해서는 다음 책을 보라. Bruce Chilton, "The Kingdom of God in Recent Discussion," in *Studying the Historical Jesus*, NTTS 19, ed. Bruce D. Chilton and Craig A. Evans (Leiden: Brill, 1994), pp. 255-80.

14) 예수 세미나는 여기서도 오해를 한다. 이 세미나는 "인자"(그리스어로 '호 휘오스 투 안트로푸')를, 대상을 명료화하는 의미만을 가진 "아담의 아들"로 번역할 뿐만 아니라 역사적 예수가 다니엘 7장을 암시하고 있었다는 점을 부인한다. 예수가 "인자"를 "그 사람의 아들"(the Son of Man)이라고 일관되게 언급한 것은 그가 특정한 인물을 염두에 두고 있다는 것을 말한다. 이에 적합한 유일한 인물은 다니엘 7장의 인물이라는 것을 인정할 때 예수의 가르침과 사역에서 많은 중요한 특징들이 이해가 된다.

15) Craig A. Evans, "Authenticity Criteria in Life of Jesus Research," *CSR* 19 (1989): 6-13; John P. Meier, *A Marginal Jew: Rethinking the Historical Jesus*, ABRL (New York: Doubleday, 1991), 1:167-95.

16) 오래전에 역사적 예수에 대한 박사 과정 세미나에서 나는 진정성을 가늠하는 "이중 비유사성"의 역사적 타당성에 의문을 제기했다. 당시 세미나를 인도했던 제임스 로빈슨은 그 기준이 유대 혹은 기독교 집단들에서 비롯되었을 말씀들을 배제하는 데 필요하다고 응답했다. 나는 이 주장에 대해 여전히 당혹감을 느낀다. 이 주장은 나의 (내가 전공했던) 역사 연구와 완전히 상반되기 때문이다. 나는 역사적 예수 연구에 관여했던 많은 학자들이 신학과 성경만을 연구했지 역사를 연구하지 않았다는 것을 깨달았다. 역사적 예수 학자들은 역사가가 전혀 아니었다. 이 훈련의 결핍은 그들의 이상한 전제, 방법, 결론 속에서 명확하게 나타난다. 나는 모든 신약학자들이 적절한 역사적 방법들을 수행했더라면 이 책을 쓸 필요 없었을 것이라고 단언한다.

3장 기이한 문서들 I

1) 신약 해석을 위한 정경 외적 자료들의 사용에 관해서는 다음을 보라. Craig A. Evans, *Ancient Texts for New Testament Studies* (Peabody, Mass.: Hendrickson, 2005); Darrell L. Bock and Gregory J. Herrick, *Jesus in Context* (Grand Rapids: Baker Academic, 2005). 신약 해석에 대한 사해 사본의 기여에 대해서는 다음을 보라. John J. Collins and Craig A. Evans, eds., *Christian Beginnings and the Dead Sea Scrolls*, Acadia Studies in Bible and Theology (Grand Rapids: Baker Academic, 2006).

2) 정경적 자료들과 정경 외적 자료들의 연대 문제에 관해서는 다음을 보라. Donald Harman Akenson, *Saint Paul* (Oxford: Oxford University Press, 2000), pp. 89-94; Phillip Jenkins, *Hidden Gospels: How the Search for Jesus Lost Its Way* (New York: Oxford University Press, 2001), pp. 90-106.

3) 무디 스미스(Moddy Smith)는 "나는 정경에나 가능했던 학문적 허용의 수준을 의심스러운 위경 복음서에 적용해 내용이 기존의 복음서와 다르면서도 기록 연대는 비슷하고 적극적으로 받아들이는 최근의 경향에 대해 비판하는 것이 필요한 일이라고 생각한다"고 했다("The Problem of John and the Synoptics in light of the Relation Between Apocryphal and Canonical Gospels," in *John and the Synoptics*, BETL 101, ed. Adelbert Denaux [Leuven: Peeters and Leuven University Press, 1992], p. 151).

4) Robert W. Funk, Roy W. Hoover and the Jesus Seminar, *The Five Gospels: The Search for the Authentic Words of Jesus* (New York: Macmillan, 1993).

5) John Dominic Crossan, *The Historical Jesus: The Life of a Mediterranean Jewish Peasant* (San Francisco: HarperCollins, 1991); John P. Meier, *A Marginal Jew: Rethinking the Historical Jesus*, ABRL (New York: Doubleday, 1991). 마이어의 본서는 총 네 권으로 기획된 시리즈 중 1권이다. 1권은 자료들과 역사적 문맥을 다루고, 2, 3권은 예수의 삶과 사역을 다룬다. 4권은 최근 출간되었고 5권은 아직 출간되지 않았다. 크로산은 조금 더 대중적인 책을 저술했다. *Jesus: A Revolutionary Biography* (San Francisco: HarperCollins, 1994).

6) Meier, *Marginal Jew*, pp. 140-41 (완전한 평가는 pp. 112-66에 있다).

7) Helmut Koester, *Introduction to the New Testament* (New York: de Gruyter, 1982), 2:13; Helmut Koester, *Ancient Christian Gospels* (Philadelphia: Trinity Press International, 1990). 쾨스터는 정경 이외의 자료들 중 일부가 기독교의 기원에까지 도달할 수 있는 전승들을 실제로 포함하고 있다고 믿는다.

8) 도마복음에 대한 초대교부들의 언급에 대해서는 다음을 보라. 히폴리투스의 「이단들에 대하여」 5.7.20; 오리게네스, 「누가복음 1.5.13-14의 설교집」; 히에로니무스의 「마태복음 주석」; 암브로시우스의 「누가복음 강해」 1.2.10.

9) 도마복음 21 ("그들은 그들의 존재 속에서 옷을 벗을 것이다"); 구속자의 대화 ("생명의 외투들"); 마니교의 찬양집 54.19-30 ("그들은 그들의 옷처럼 나를 입었다").

10) Gilles Quispel, "the Gospel of Thomas and the New Testament," *VC* II (1957) 189-207; Helmut Koester, "Q and Its Relatives," in *Gospel Origins & Christian Beginnings*, ed. James E. Goehring et at. (Sonoma, Calif.: Polebridge, 1990), pp. 49-63; R. D. Cameron, "The Gospel of Thomas: A Forschungsbericht and Analysis," *ANRW* 2.25.6 (1988): 4195-251. 스티븐 데이비스(Stevan L. Davies)는 도마복음이 "예수의 가르침에 대해 우리가 가질 수 있는 최상의 자료일 것"이라는 놀라운 주장을 한다("Thomas: The Fourth Synoptic Gospel," *EA* 46 [1983]: 9; Stevan L. Davies, *The Gospel of Thomas and Christian Wisdom* [New York: Seabury, 1983]. 데이비스는 [도마복음의] 상당수 말씀이 가진 영지주의적 지향성을 너무 성급하게 거부한다. 도마복음이 영지주의 문서들 가운데서 발견되었다는 이유만으로 학자들이 도마복음이 영지주의적이라고 결론을 내렸다고 판단하는 것은 옳지 않다. 그러나 대부분의 학자들 사이에서 도마복음이 얼마나 영지주의적인가에 대해서는 논란의 여지가 있지만 도마복음의 최종 형태가 영지주의적이라는 점을 인정한다).

11) Craig A. Evans, Robert L. Webb, Richard A. Wiebe, *Nag Hammadi Texts and the Bible*, NTTS 18 (Leiden: Brill, 1993), pp. 88-144. 도마복음이 신약 저작에 의존한다고 생각하는 학자들은 다음의 학자들을 포함한다. Craig L. Blomberg, "Tradition and Redaction in the Parables of the Gospel of Thomas," in *The Jesus Tradition Outside the Gospels*, Gospel Perspectives 5, ed. David Wenham (Sheffield: JSOT

Press, 1984), pp. 177-205; Raymond E. Brown, "the Gospel of Thomas and St John's Gospel," *NTS* 9 (1962-1963): 155-77; Boudewijn Dehandschutter, "Recent Research on the Gospel of Thomas," in *The Four Gospels*, 1992: Frans Neirynch Festschrift, *BETL* 100, ed. Frans van Segbroeck et al. (Leuven: Peeters, 1992), pp. 2257-62.

12) Robert M. Grant, *The Secret Sayings of Jesus* (Garden City, NY: Doubleday, 1960), p. 113; Bertil E. Gartner, *The Theology of the Gospel According to Thomas* (New York: Harper, 1961), pp. 26-27, 34, 42-43. 다음의 책들도 유사한 결론들에 도달한다. Harvey K. McArthur, "The Dependence of the Gospel of Thomas on the Synoptics." *ExpTim* 71 (1959-1960): 286-87; William R. Schaedel, "Parables in the Gospel of Thomas," *CTM* 43 (1972) 548-60; Klyne R. Snodgrass, "The Gospel of Thomas: A Secondary Gospel," *SecCent* 7 (1989-1990): 19-38; Christopher M. Tuckett, "Thomas and the Synoptics," *NovT* 30 (1988): 132-57, 특히. p. 157; Meier, *Marginal Jew*, pp. 130-39. 찰스 칼스턴에 따르면, "도마복음의 많은 독법들과 부차적인 문학을 연구하며 보낸 상당한 기간은…도마복음의 비유 자료가 공관복음과 완전히 무관하다는 점을 내게 확신시키지 못했다"라고 고백한다(*The Parables of the Triple Tradition* [Philadelphia: Fortress, 1975], p. xiii).

13) John Dominic Crossan, "The Parable of the Wicked Husbandmen," *JBL* 90 (1971): 451-65; *Historical Jesus*, pp. 351-52.

14) Boudewijn Dehandschutter, "La parabole des vignerons homicides (Me., XII, 1-12) et l'évangile selon Thomas," in *L'Évangile selon Marc: Tradition et rédaction*, BETL 34, ed. Maurits Sabbe (Leuven: Peeters, 1974), pp. 203-19; Jean-Marie Sevrin, "Un groupement de trois paraboles, contre les richesses dans l'Évangile selon Thomas. EvTh 63,64,65" in *Le paraboles évangéliques: Perspectives nouvelles*, ed. Jean Delorme (Paris: Cerf, 1989), pp. 425-39, 특히 pp. 433-34.

15) Henri-Charles Puech, "The Gospel of Thomas," in *The New Testament Apocrypha*, ed. Edgar Hennecke and Wilhelm Schneemelcher (London: SCM Press; Philadelphia: Westminster, 1963), 1:278-307; John Dominic Crossan, *Four*

Other Gospels (Sonoma, Calif.: Polebridge, 1992), pp. 9-11; Stephen J. Patterson, *The Gospel of Thomas and Jesus* (Sonoma, Calif.: Polebridge, 1993), pp. 118-20; Patterson "Understanding the Gospel of Thomas Today," in *The Fifth Gospel*, ed. Stephen J. Patterson, James M. Robinson, and Hans Gebhard Bethge (Valley Forge, Penn.: Trinity Press International, 2000), pp. 37-40.

16) Davies, *Gospel of Thomas*, pp. 146-47; Crossan, *Historical Jesus*, 427-30; Patterson, *Gospel of Thomas and Jesus*, 118-20; Patterson, "Understanding the Gospel of Thomas Today," pp. 40-45. 도마복음의 그리스어 단편들(P.Oxy. 1, 654, 655)을 편집했던 사람들은 원래 그리스어 본문의 연대를 주후 140년(크로산, 패터슨 등이 주장한 연대)이라고 제안한다.

17) Crossan, *Four Other Gospels*, pp. 11-18.

18) 「디아테사론」("사복음서들을 통해"라는 의미의 그리스어)은 다섯 번째 복음서의 일부 자료를 추가하여 신약 복음서를 혼합한 것이다. Samuel Hemphill, *The Diatessaron of Tatian* (London: Hodder &1 Stoughton, 1888); William L. Petersen, *Tatian's Diatessaron*, VCSup 25 (Leiden: Brill, 1994); William L. Petersen, "Tatians Diatessaron," in *Ancient Christian Gospels*, by Helmut Koester (Philadelphia: Trinity Press International, 1990), pp. 403-30. 피터슨의 논문은 매우 유용한 개관을 제공한다. 포괄적인 연구에서 길 키스펠은 그리스어 신약 복음서과 비교할 때, 도마복음과 타티아누스의 「디아테사론」이 상당수의 본문상의 이문들을 공유한다는 점을 관찰했다. 도마복음 말씀의 절반 정도가 최소한 한 가지 이상의 이문에 관한 증거를 제공한다. Gilles Quispel, *Tatian and the Gospel of Thomas* (Leiden: Brill, 1975). 순교자 유스티누스(100-165년경)의 제자인 타티아누스(120-185년경)는 172년과 185년 사이에 시리아에서 시리아어로 「디아테사론」을 저술했다. 「디아테사론」은 마태복음에 크게 의존하며 순교자 유스티누스가 만든 공관복음서의 초기 대조본의 영향을 받았던 것 같다.

19) Nicholas Perrin, *Thomas and Tatian*, Academia Biblica 5 (Atlanta: Society of Biblical literature, 2002); and Nicholas Perrin, "NHC II,2 and the Oxyrhynchus Fragments (P.Oxy 1, 654, 655): Overlooked Evidence for a Syriac *Gospel of*

Thomas," VC 58 (2004): 138-51.
20) 2, 3, 4세기에 회람되었던 몇 가지 위경 저작들은 (1세기 말에 활약했던) 로마의 클레멘트의 저술로 간주되었다. 이들 중에는 「사도헌장」, 「클레멘트의 설교집」, 「클레멘트의 승인」, 「클레멘트의 묵시록」 등의 저작들이 있다. 「클레멘트의 승인」은 3세기 전반에 그리스어로 저술된 것으로 비록 그리스어판은 없어졌지만 라틴어판과 시리아어판은 남아있다.
21) 도마복음 54의 팔복에 대한 크로산의 분석에 대해서는 다음을 보라. Crossan, *Four Other Gospels*, p. 19 (pp. 18-19). Patterson, *Gospel of Thomas and Jesus*, pp. 42-44. 크로산과 패터슨의 자료비평적, 주석적 논증들은 시리아 역본의 증거적 관점에서 보면 설득력이 없다.
22) James M. Robinson, "LOGOI SOPHON: On the Gattung of Q," in *Trajectories Through Early Christianity*, by James M. Robinson and Helmut Koester (Philadelphia: Fortress, 1971), pp. 71-113; James M. Robinson, "On Bridging the Gulf from Q to the Gospel of Thomas (or vice versa)," in *Nag Hammadi, Gnosticism, and Early Christianity*, ed. Charles W. Hedrick and Robert Hodgson Jr. (Peabody, Mass.: Hendrickson, 1986), pp. 127-55; Davies, *Gospel of Thomas*, p. 145; Patterson, *Gospel of Thomas and Jesus*, pp. 113-18.

4장 기이한 문서들 II
1) 이 복음서의 단편은 발견된 지 5년이 지나 출판되었다. Urban Bouriant, "Fragments du Texte grec du livre d'Enoch et de quelques écrits attribués à Saint Pierre," in *Mémoires publiés par les membres de la Mission archéologique française au Caire* 9.1 (Paris: libraire de la Société asiatique, 1892), pp. 137-42. 이 문서의 교정된 판본은 J. Armitage Robinson and Montague Rhodes James, *The Gospel According to Peter, and The Revelation of Peter* (London: C. J. Clay, 1892); Hans von Schubert, *The Gospel of St. Peter* (Edinburgh: T & T Clark, 1893)에서 발견할 수 있다.

2) 새로 발견된 복음서 단편이 공관복음서에 의존한다고 주장하는 이들은 다음과 같다. Henry Barclay Swete, *Euangelion kata Petron: The Akhmim Fragment of the Apocryphal Gospel of St. Peter* (New York: Macmillan, 1893), pp. xiii-xx과 J. 아미티지 로빈슨은 "저자는 우리의 사복음서 저자들을 명백히 알고 있으며…번갈아 가면서 그 자료들을 사용한다"고 말한다(*The Gospel According to Peter*, pp. 32-33). 퍼시벌 가드너-스미스는 이 단편이 공관복음서와는 무관하다고 주장한다. "The Gospel of Peter," *JTS* 27 (1925-1926): 255-71; "The Date of the Gospel of Peter," *JTS* 27 (1925-1926): 401-7.

3) 베드로복음서의 일부일 수도 있는 옥시린쿠스 단편 P.Oxy. 2949 (vol. 41)의 재구성에 대해서는 다음을 보라. Revel A. Coles, "Fragments of an Apocryphal Gospel (7)," in *The Oxyrhynchus Papyri*, Vol. 41, ed. Gerald M. Browne et al. (London: Egypt Exploration Society, 1972), pp. 15-16 (+ pl. II). P.Oxy. 2949의 기록 연대는 빠르게는 2세기 말까지로 추정할 수 있다. 둘째 단편, P.Oxy. 4009의 기록 연대도 2세기로 추정된다. Dieter Luhrmann and P. J. Parsons, "4009. Gospel of Peter," in *The Oxyrhynchus Papyri*, vol. 60, ed. Peter J. Parsons et al. (London: Egypt Exploration Society, 1993), pp. 1-5 (+ pl. I).

4) 베드로복음서의 고대성에 대한 최근의 학문적 지지에 관해서는 다음을 보라. Helmut Koester, *Introduction to the New Testament* (New York: de Gruyter, 1982), 2:163; Ron D. Cameron, ed. *The Other Gospels: Non-Canonical Gospel Texts* (Philadelphia: Westminster Press, 1982), p. 78. 쾨스터의 다른 제자인 벤자민 A. 존슨(Benjamin A. Johnson)은 베드로의 빈 무덤 전승이 정경 복음서가 아니라 더 오래된 전승에 근거한 것이라고 주장한다[*The Empty Tomb Tradition in The Gospel of Peter*, Ph.D. 논문 (Cambridge, Mass.: Harvard University Press, 1966)].

5) 존 도미닉 크로산은 다음과 같이 말한다. "베드로복음은 수난과 부활 내러티브의 알려진 단일한 자료를 담고 있다. 이 문서는 나중에 정경이 된 마가복음, 마태복음, 누가복음, 요한복음 안에 흘러들어가 있다"고 말한다(*The Cross That Spoke* [San Francisco: Harper & Row, 1988], p. 404).

6) 아크미른복음 단편(혹은 베드로복음)의 단락 구분은 일치하지 않다. 한 학자는 이

저술을 14 단락들(혹은 장들)로 나누었고 또 다른 학자는 그것을 60개의 구절로 나눈다.

7) 아크미른복음 단편(베드로복음)이 후대에 작성되었고 이차적인 특징을 갖고 있음에 대해서는 다음을 보라. T. W. Manson, "The Life of Jesus: A Study of the Available Materials," *BJRL* 27 (1942-1943): 323-37; C. H. Dodd, "A New Gospel," in *New Testament Studies*, by C. H. Dodd (Manchester, U. K.: Manchester University Press, 1953), pp. 12-52; Edouard Massaux, *The Influence of the Gospel of Saint Matthew on Christian Literature Before Saint Irenaeus*, NGS 5.1-3, ed. Arthur J. Bellinzoni (Macon: Mercer University Press, 1990-1993),2.202-14. 도드는 (자신이 베드로복음이라고 인정한) 아크미른복음 단편이 "네 가지 정경 복음서에 의존하지만, 다른 독립적 전승에는 의존하지 않는 것 같다"는 결론을 내린다(p. 46). 아크미른복음 단편에 있는 무덤에 있던 보초 전승의 이차적 본질에 대해서는 다음을 보라. Susan E. Schaeffer, "The Guard at the Tomb (Gos. Pet. 8:28-11:49 and Matt 27:62-66; 28:2-4, 11-16): A Case of Intertextuality?" in *Society of Biblical Literature 1991 Seminar Papers*, SBLSP 30, ed. Eugene H. Lovering (Atlanta: Scholars, 1991), pp. 499-507; Massaux, *Influence of the Gospel of Saint Matthew*, 2.202-4.

8) 아크미른복음 단편은 부활한 예수의 머리가 하늘에 이르렀고 예수의 십자가도 무덤을 떠날 때 매우 커져 있었다고 말한다. 이것들은 초기 전승이 아니라 후대의 전승이다. 예수의 큰 키에 대해서는 다음을 보라. 헤르마스의 목자 83.1 ("탑 만큼 키가 큰 남자"). 헤르마스의 목자는 주후 110년과 140년 사이에 저술되었다. 제4에스라서(즉, 제2에스드라서 12)에 대한 2세기 중반의 추가 부분은 "인자"를 "다른 어떤 것보다 더 큰 키"를 소유하고 있는 것으로 묘사한다(2:4347). 아크미른복음 단편의 하늘에 닿은 예수의 머리에 대한 묘사는 이 전승들에 근거한 후대의 작품이다. 천사들을 동반한 부활한 예수와 함께 무덤을 떠나는 십자가에 대한 묘사는 2세기 중반에 저작된 그리스어로 쓰여진 두 개의 에디오피아어 전승과 병행하는 것 같다. 사도들의 편지 16에 따르면, 예수는 제자들에게 "나는 산산히 흩어지는 태양처럼 나올 것이다. 그러므로 나는 그 영광에 있어서 일곱 배나 더 밝게 빛날 것이며 내 앞에 퍼져나가는 나의 십자가의 영광 중에 구름 날개를 타고

산 자와 죽은 자들을 심판하러 세상으로 내려갈 것이다"라고 말한다. (O. K. Elliott, *The Apocryphal New Testament* [Oxford: Oxford University Press, 1993], p. 566). 일부 이문과 함께 이 전승은 베드로의 에티오피아 묵시록 I에서 다음과 같이 반복된다. "나는 나의 십자가와 함께 해보다 일곱 배나 더 밝게 빛을 내면서 나의 모든 거룩한 자들, 천사들과 함께 위엄 가운데 갈 것이다"(p. 600).

9) 아크미른복음 단편의 후대성과 이차적 특징에 대한 더 많은 지적에 대해서는 다음을 보라. Jerry W. McCant, "Gospel of Peter: Docetism Reconsidered," *NTS* 30 (1984): 258-73; David F. Wright, "Apocryphal Gospels: The 'Unknown Gospel' (Pap. Egerton 2) and the Gospel of Peter," in *The Jesus Tradition Outside the Gospels*, Gospel Perspectives 5, ed. David Wenham (Sheffield: JSOT Press, 1984), pp. 207-32, esp. 221-27; Raymond E. Brown, "The Gospel of Peter and Canonical Gospel Priority," *NTS* 33 (1987): 321-43; Joel B. Green, "The Gospel of Peter: Source for a Pre-Canonical Passion Narrative?" *ZNW* 78 (1987): 293-301; Frans Neirynck, "The Apocryphal Gospels and the Gospel of Mark," in *The New Testament in Early Christianity*, BETL 86, ed. Jean-Marie Sevrin (Leuven: Peeters, 1989), pp. 123-75; Susan E. Schaeffer, *The Gospel of Peter, the Canonical Gospels, and Oral Tradition*, Ph.D. dissertation (New York: Union Theological Seminary, 1991); John P. Meier, *A Marginal Jew: Rethinking the Historical Jesus*, ABRL (New York: Doubleday, 1991), pp. 117-18; Charles L. Quarles, "The Gospel of Peter: Does It Contain a Precanonical Resurrection Narrative?" in *The Resurrection of Jesus: John Dominic Crossan and N. T. Wright in Dialogue*, ed. Robert B. Stewart (Minneapolis: Fortress, 2006), pp. 106-20; D. Moody Smith, "The Problem of John and the Synoptics in light of the Relation Between Apocryphal and Canonical Gospels," in *John and the Synoptics*, BETL 101, ed. Adelbert Denaux (Leuven: Peeters and Leuven University Press, 1992), p. 150.

10) 아크미른복음 단편 4.10은 "예수가 고통이 없는 듯 조용히 있었다"라고 말한다. 이것은 예수가 고통을 느끼지 못했다는 말이 아니라 그 경험이 실제로 고통스러웠지만 침묵했다는 의미다. 일부 사람들은 십자가에서의 절규―"나의 권세여,

[나의] 권세여, 당신이 나를 버렸나이다!"(5.19)—도 가현설적인 것으로 여긴다. 그러나 이 구절은 그리스어 개정판 가운데 하나가 "하나님" 대신에 "힘"("권세")이라고 읽는 시편 22:1의 이문 형태로부터 영향을 받은 것이다. 이 이슈에 대한 더 자세한 논의를 위해서는 맥칸트의 "Gospel of Peter"를 보라. 실제로 아크미른복음 단편이 가현설적이라는 근거는 거의 없다.

11) Paul Foster, "Are There Any Early Fragments of the So-Called Gospel of Peter?" *NTS* 52 (2006): 1-28. 포스터는 작은 그리스어 단편들 P.Oxy. 2949, P.Oxy. 4009, P.Vindob. G 2325가 세라피온 감독이 언급한 베드로복음에서 나왔다는 주장을 확신하기 어렵다고 말한다. 포스터는 증거를 해석하는 데 사용된 순환논리, 즉 9세기의 아크미른복음 단편이 우선 베드로복음이라고 가정하고 3세기 초 파피루스는 아크미른복음 단편이 정확히 베드로복음이라는 가정을 다시 확증하는 식의 논리를 아크미른복음 단편을 기초로 재구성한 것이라고 정확하게 비판한다.

12) 파피루스 에거튼 2의 런던 단편들의 그리스어 본문에 관해서는 다음 자료들을 보라. H. Idris Bell and T. C. Skeat, *Fragments of an Unknown Gospel and Other Early Christian Papyri* (London: British Museum, 1935), pp. 8-15, 26; H. Idris Bell and T. C. Skeat, *The New Gospel Fragments* (London: British Museum, 1951), pp. 29-33.

13) 에거튼복음이 초기 저작이며 신약 복음서와 무관하다는 주장들에 대해서는 다음을 보라. John Dominic Crossan, *Four Other Gospels* (Sonoma, Calif.: Polebridge, 1992), p. 183. Helmut Koester, *Ancient Christian Gospels* (Philadelphia: Trinity Press International, 1990), p. 207; Joachim Jeremias, "Papyrus Egerton 2" in *The New Testament Apocrypha*, ed. Edgar Hennecke and Wilhem Schneemelcher (London: SCM Press; Philadelphia: Westminster, 1963), 1:96; Koester, *Ancient Christian Gospels*, p. 215. 크로산은 마가복음이 실제로 "파피루스 [에거튼] 2에 직접적으로 의존한다"라고 주장한다(*Four Other Gospels*, p. 86).

14) 이 번역은 Montague R. James, *The Apocryphal New Testament* (Oxford: Clarendon, 1953), p. 63에서 취한 것이다. 도마의 유년기복음은 2세기 말의 이른 시기에 기록된 것 같다. D. Oscar Cullmann, "Infancy Gospels," in *The New*

Testament Apocrypha, ed. Edgar Hennecke and Wilhelm Schneemelcher (Philadelphia: Westminster, 1963), 1:419. 도마의 유년기복음은 나그함마디에서 완전한 형태로, 그리고 옥시린쿠스에서 세 개의 단편으로 발견된 도마복음과는 전혀 다른 별개의 사본이다. J. K. Elliott, *A Synopsis of the Apocryphal Nativity and Infancy Narratives*, NTTS 34 (Leiden: Brill, 2006).

15) 마리아복음서는 라일란즈 파피루스 463 (그리스어, 1938년 출간), 베를린 영지주의 파피루스 8052,1 (콥트어, 1955년 출간), P.Oxy. 3525 (그리스어, 1983년 출간)에 보존되어 있다. 베를린의 영지주의 파피루스(Berolinensis Gnosticus)는 1896년에 발견되었다. 마리아복음서를 제외하고 이 사본은 요한외경, 예수 그리스도의 지혜와 베드로행전을 포함하고 있다. Walter C. Till, *Die gnostischen Schriften des koptischen Papyrus Berolinensis* 8502, TU 60 (Berlin: Akademie, 1955; 개정판, ed. Hans-Martin Schenke, 1972). George W. MacRae and Robert McL. Wilson, "The Gospel according to Mary. BG 1:7.1-19.5," in *Nag Hammadi Codices* V 2-5; VI with Pap. Berol. 8502, I and 4, NHS II, ed. Douglas M. Parrott (Leiden: Brill, 1979), pp. 453-71. P.Rylands 463에 대해서는 다음을 보라. Colin H. Roberts, *Catalogue of the Greek Papyri in the John Rylands Library* (Manchester: Manchester University Press, 1938), 3:18-23. P.Oxy. 3525에 대해서는 다음을 보라. *Oxyrinchus Papyri*, vol. 50 (London: Egypt Exploration Society, 1983), pp. 12-14. 그리스어와 콥트어 단편들의 영어 번역들에 대해서는 다음을 보라. Henri-Charles Puech, "The Gospel of Mary," in *The New Testament Apocrypha*, ed. Edgar Hennecke and Wilhelm Schneemelcher (London: SCM Press; Philadelphia: Westminster, 1963), 1:392-95; Karen L. King, "The Gospel of Mary," in *The Complete Gospels*, ed. Robert J. Miller (Sonoma, Calif.: Polebridge, 1992), pp. 355-60.

16) Richard Atwood, *Mary Magdalene in The New Testament Gospels and Early Tradition* (New York: Peter Lang, 1993); Esther A. de Boer, *Mary Magdalene* (Harrisburg, Penn.: Trinity Press International, 1997), pp. 74-117; Ann Graham Brock, *Mary Magdalene, the First Apostle*, HTS 51 (Cambridge, Mass.: Harvard University Press, 2003); Karen L. King, *The Gospel of Mary of Magdala* (Sonoma,

Calif.: Polebridge, 2003); Holly E. Hearon, *The Mary Magdalene Tradition* (Collegeville, Minn.: liturgical Press, 2004); Marvin W. Meyer, with Esther A. de Boer, *The Gospels of Mary* (San Francisco: HarperCollins, 2004); Bruce Chilton, *Mary Magdalene* (New York: Doubleday, 2005).

17) 마리아복음의 영지주의적 경향은 2세기 중반보다 더 이른 연대를 제안하지 않는다. 그럼에도 불구하고 학자들은 마리아복음 혹은 그 전승의 연대를 1세기로 삼으려는 시도를 한다. 마리아복음의 배후에 있는 전승의 초기 연대는 다음과 같은 주장에 암시되어 있다. "독자는 마리아의 가르침이 이상하다는 안드레의 지적에 대체로 동의할 것이다. 그러나 1, 2세기에 마리아의 가르침은 예수의 가르침에 대한 기독교 논쟁들 속에 포함되어 있었음이 분명하다"(King, *Gospel of Mary*, p. 351). 그러나 막달라 마리아의 가르침이 1세기와 같이 이른 시기에 "기독교 논쟁들 속에 포함되어 있었음이 분명하다"는 증거는 어디에도 없다. 특히 목회서신이 1세기의 저작이라면 교회에서 여인들의 역할에 대한 논쟁은 1세기에 분명히 발생했을 것이다. 그러나 마리아복음의 이런 시각은 이 저작이 후대에 쓰여졌음을 반영한다. 한스-요세프 클라우크(Hans-Josef Klauck)는 다음과 같이 말한다. "그 내용은 2세기 후반에 쓰여졌음을 지적한다. 일부 학자가 제안한 100-150년 사이에 기록되었을 거라는 주장은 믿기 어렵다"(*Apocryphal Gospels* [London and New York: T & T Clark International, 2003], p. 160).

18) Morton Smith, *Clement of Alexandria and a Secret Gospel of Mark* (Cambridge, Mass.: Harvard University Press, 1973); Morton Smith, *The Secret Gospel: The Discovery and Interpretation of the Secret Gospel According to Mark* (New York: Harper & Row, 1973); F. F. Bruce, *The Secret Gospel of Mark*, Ethel M. Wood Lecture (London: Athlone, 1974); Marvin W. Meyer, *Secret Gospels: Essays on Thomas and the Secret Gospel of Mark* (Harrisburg, Penn.: Trinity Press International, 2003); Scott G. Brown, *Mark's Other Gospel: Rethinking Morton Smith's Controversial Discovery* (Waterloo, Ont.: Canadian Corporation for the Studies in Religion, 2005). 모튼 스미스에 대한 탁월한 비평은 Quentin Quesnell, "The Mar Saba Clementine: A Question of Evidence," *CBQ* 37 (1975): 48-67에서 언급되었다. 케스넬의 정밀한

검토는 「클레멘트의 편지」의 진정성에 대한 곤란한 질문을 많이 제기한다.
19) Charles W. Hedrick, "Secret Mark: New Photographs, New Witnesses," *The Fourth R* 13, no. 5 (2000): 3-16. 헨드릭은 그 사진들이 「클레멘트의 편지」의 진정성을 지지하는 증거를 제공한다고 생각했다. 최근 그것들은 정반대의 결과를 초래했다.
20) 마가의 비밀복음에 대한 인용과 논의를 포함하고 있는 「클레멘트의 편지」가 가짜라는 유력한 증거에 대해서는 다음을 보라. Stephen C. Carlson, *The Gospel Hoax: Morton Smith's Invention of Secret Mark* (Waco, Tex.: Baylor University Press, 2005). 스코트 브라운은 자신의 논문 "The Question of Motive in the Case Against Morton Smith," *JBL* 125 (2006): 351-83에서 칼슨의 제안들에 의혹을 제기한다. 동기에 대해서는 아직 불확실한 답을 얻지 못하고 있다. 그러나 몇 가지 다른 단편적인 정황에 대한 증거와 필적에 관한 증거에는 의심의 여지가 없다.
21) Phillip Jenkins, *Hidden Gospels' How the Search for Jesus Lost Its Way* (New York: Oxford University Press, 2001), pp. 105-6.

5장 생경한 문맥

1) Craig A. Evans, *Life of Jesus Research: An Annotated Bibliography*, NTTS 24 (Leiden: Brill, 1996), pp 278-300; Robert E. Van Voorst, *Jesus Outside the New Testament, Studying the Historical Jesus* (Grand Rapids: Eerdmans, 2000).
2) 현대성서학자들의 예수에 대한 다양한 묘사에 대해서는 다음 책들을 보라. Claude G. Montefiore, *Some Elements of the Religious Teaching of Jesus* (London: Macmillan, 1910); Joseph Klausner, *Jesus of Nazareth*, 3nd (1925; reprint, London and New York: Macmillan, 1952); Asher Finkel, *The Pharisees and the Teacher of Nazareth* (1964; reprint, Leiden: Brill, 1974); Geza Vermes, *Jesus the Jew* (London: Collins, 1973); Geza Vermes, *Jesus in His Jewish Context* (London: SCM Press, 2003); Morton Smith, *Jesus the Magician* (San Francisco: Harper & Row, 1978); Hyam Maccoby, *Jesus the Pharisee* (London: SCM Press, 2003).

3) John Dominic Crossan, *In Parables: The Challenge of the Historical Jesus* (San Francisco: Harper & Row, 1985), p. 77. 크로산은 "예수의 격언과 비유 사용은 전통적인 히브리 지혜보다 선불교에 가깝다는 점이 강조되어야 한다"고 말한다. 그러나 이는 매우 잘못된 주장이다. 예수의 가르침과 비유 사용은 히브리 성경 자체에서 그 자료와 문체의 상당수를 얻었던 초기 랍비들의 경우와 더 밀접하다. 예수와 랍비들의 격언과 비유 사이의 유사성들에 대해서는 다음을 보라. Craig A. Evans, *Jesus and His Contemporaries*, AGJU 25 (Leiden: Brill, 1995), pp. 251-97. 예수와 부처 사이의 간략한 비교를 위해서는 다음을 보라. Marcus Borg, *Jesus and Buddha* (Berkeley, Calif.: Ulysses Press, 1997).

4) John Dominic Crossan, *The Historical Jesus: The Life of a Mediterranean Jewish Peasant* (San Francisco: HarperCollins, 1991), p. 421.

5) 견유학자들의 복장과 행동에 대해서는 다음을 보라. 에픽테투스 3.22.50; 루키아누스의 「페레그리노스」 15; 디오게네스 라에르티우스의 「탁월한 철학자들의 생애」 6.13; 「위 디오게네스」 30.3. 이 인용은 에픽테투스에서 가져온 것이다.

6) 자연을 따라 살았던 견유학자에 대해서는 다음을 보라. 율리아누스의 「연설」 6.193D.

7) 견유학자의 무례함에 대해서는 다음을 보라. 키케로의 「의무에 대하여」 1.128; 디오게네스 라에르티우스의 「탁월한 철학자들의 생애」 6.69; 에픽테투스의 「담화」 2.20.10

8) 세네카, *Moral Epistles* 91.19.

9) 견유학자 가설이 모호하다고 여기는 학자들의 연구에 관해서는 다음을 보라. David E. Aune, "Jesus and Cynics in First-century Palestine: Some Critical Considerations," in *Hillel and Jesus*, ed. James H. Charlesworth and Loren L. Johns (Minneapolis: Fortress, 1997), pp. 176-92; Hans Dieter Betz, "Jesus and the Cynics: Survey and Analysis of a Hypothesis," *JR* 74 (1994): 453-75; Christopher M. Tuckett, "A Cynic Q?," *Bib* 70 (1989): 349-76; Christopher M. Tuckett, *Q and the History of Early Christianity* (Edinburgh: T & T Clark, 1996), pp. 368-91; Ben Witherington III, *Jesus the Sage* (Minneapolis: Fortress, 1994), pp. 123-43.

10) 예수와 견유학자들 사이의 유사점들에 관해서는 다음을 보라. F. Gerald Downing, *Christ and the Cynics*, JSOT Manuals 4 (Sheffield: JSOT Press, 1988).
11) 구약 율법에 의하면 돼지는 유대인들이 먹지 말아야 하는 부정한 짐승이었다.
12) 예수 시대의 갈릴리와 세포리스의 유대적 특징에 관해서는 다음을 보라. James F. Strange, "First Century Galilee from Archaeology and from the Texts," in *Archaeology and the Galilee*, ed. Douglas R. Edwards and C. Thomas McCollough (Atlanta: Scholars Press, 1997), pp. 39-48; Mark A. Chancey, *The Myth of a Gentile Galilee*, SNTSMS 118 (Cambridge: Cambridge University Press, 2002); Mark A. Chancey, *Greco-Roman Culture and the Galilee of Jesus*, SNTSMS 134 (Cambridge: Cambridge University Press, 2005).
13) 유대인의 반역과 이들의 유대교 율법과 생활방식을 향한 헌신에 관해서는 다음을 보라. Martin Hengel, *The Zealots: Investigations into the Jewish Freedom Movement in the Period from Herod I until 70 A.D.* (Edinburgh: T &1 T Clark, 1989).
14) 안식일에 대한 랍비들의 가르침에 대해서는 다음을 보라. J. Z. Lauterbach, *Mekilta de-Rabbi Ishmael* (Philadelphia: Jewish Publication Society, 1933), 3:198.

6장 뼈대만 남은 어록

1) John Dominic Crossan, *In Fragments: The Aphorisms of Jesus* (San Francisco: Harper & Row, 1983); John Dominic Crossan, *In Parables: The Challenge of the Historical Jesus* (New York: Harper & Row, 1973); 예수 세미나의 대표작은 다음 책이다. Robert W. Funk and Roy W. Hoover, eds., *The Five Gospels: The Search for the Authentic Words of Jesus* (Sonoma, Calif.: Polebridge, 1993).
2) 예수의 말씀이 많은 것들을 의미한다는 가정에 대허 일부 학자들은 예수 말씀의 다중가치적(혹은 다의적) 차원에 대해서 이야기한다. 그들은 원래 한 가지 의미가 있었던 것이 아니라, 거의 무한한 정도의 의미가 있다고 말한다. 이것은 예수와 그의 동시대인들의 세계에서 행해진 가르침과 의사소통의 실체가 아니라 현대적인 (포스트모던적) 이론이다.

3) E. P. Sanders, *Jesus and Judaism* (London: SCM Press, 1985). p. 11.

4) Birger Gerhardsson, *Memory and Manuscript: Oral Tradition and Written Transmission in Rabbinic Judaism and Early Christianity*, Biblical Resource Series (1961; reprint, Grand Rapids: Eerdmans, 1998); "Narrative Meshalim in the Synoptic Gospels," *NTS* 34 (1988): 339-63; "If We Do Not Cut the Parables Out of Their Frames," *NTS* 37 (1991): 321-35; "Illuminating the Kingdom: Narrative Meshalim in the Synoptic Gospels," in *Jesus and the Oral Gospel Tradition*, JSNTSup 64, ed. Henry Wansbrough (Sheffield: JSOT Press, 1991), pp. 266-309; and Rainer Riesner, "Jesus as Preacher and Teacher," in *Jesus and the Oral Gospel Tradition*, ed. Henry Wansbrough (Sheffield: JSOT Press, 1991), pp. 185-210. Shemaryahu Talman, "Oral Tradition and Written Transmission, or the Heard and the Seen Word in Judaism of the Second Temple Period," in *Jesus and the Oral Gospel Tradition*, ed. Henry Wansbrough (Sheffield: JSOT Press, 1991), pp. 121-58, p. 158에서 인용. "모순적이며 배타적"이라는 인용은 베르너 켈버의 *The Oral and Written Gospel* (Philadelphia: Fortress, 1983)에서 취한 것이다. 켈버는 구전 전승에 대해 심각한 오해를 하고 있다. Larry W. Hurtado, "Greco-Roman Textuality and the Gospel of Mark: A Critical Evaluation of Werner Kelber's The Oral and the Written Gospel," *BBR* 7 (1997): 91-106.

5) 악한 포도원 일꾼들 비유가 예수의 것이 아니며 마가복음 12장의 원래 문맥이 아니라는 주장에 관해서는 다음을 보라. Charles E. Carlston, *The Parables of the Triple Tradition* (Philadelphia: Fortress, 1975), pp. 178-90.

6) Bernard Brandon Scott, *Hear Then the Parable* (Minneapolis: Fortress, 1989), pp. 252-53.

7) Bruce J. Malina and Richard L. Rohrbaugh, *Social-Science Commentary on the Synoptic Gospels* (Minneapolis: Fortress, 1992), p. 255.

8) Funk and Hoover, *Five Gospels*, p. 101.

9) Crossan, *Parables*, p. 96. 크로산은 이 비유에 대한 몇 가지 해석들을 제시하지만 모두 설득력이 떨어진다.

10) Carlston, *Parables of the Triple Tradition*, p. 185.
11) Carlston, *Parables of the Triple Tradition*, pp. 183-84.

7장 축소된 기적 행위

1) Colin Brown, *Miracles and the Critical Mind* (Grand Rapids: Eerdmans, 1984)를 보라.
2) Robert W. Funk, ed., *The Acts of Jesus: What Did Jesus Really Do?* (San Francisco: HarperCollins, 1998). p. 34. "예수가 말수가 적은 현자와 다르게 묘사된 이야기들은 역사적이지 않을 가능성이 높다."
3) E. P. Sanders, *Jesus and Judaism* (London: SCM Press, 1985), pp. 157-73. 샌더스의 논의 중 내가 동의할 수 없는 주장들이 있다. 그러나 나는 그의 다음과 같은 추론은 기본적으로 옳다고 생각한다. "예수가 자신에게 치유의 능력이 있다는 것을 알았으며 이는 군중과 특별한 제자들의 관심을 끌어내기에 충분했으며 가난한 자들과 힘없는 사람들에게 그 나라를 약속함으로써 갈릴리의 가난한 자들에 대한 그의 치유를 보충했다고 보는 것이 맞다"(p. 164). 샌더스는 "기적"이 발생하는 원인이나 예수가 기적을 어떻게 수행했는가에 대한 철학적·과학적 논의에 대해서는 관심이 없다.
4) 예수의 사역에서 기적들을 전제하는 Q 자료상의 예수의 말씀들: 마태복음 11:2-6 = 누가복음 7:18-23; 마태복음 10:8 = 누가복음 10:9; 마태복음 11:21-23 = 누가복음 10:13-15; 마태복음 13:16-17 = 누가복음 10:23-24; 마태복음 12:43-45 = 누가복음 11:24-26을 보라.
5) Anton Vögtle, "The Miracles of Jesus Against Their Contemporary Background," in *Jesus in His Time*, ed. Hans Jürgen Schultz (Philadelphia: Fortress, 1971), pp. 96-105. Colin Brown, "Synoptic Miracle Stories: A Jewish Religious and Social Setting," *Forum* 2, no. 4 (1986): 55-76.
6) 예수의 기적 이야기의 역사성을 지지하는 최근의 연구들에 대해서는 다음을 보라. David Wenham and Craig Blomberg, eds., *The Miracles of Jesus*, Gospel Perspectives 6 (Sheffield: JSOT Press, 1986); Graham H. Twelftree, *Jesus the*

Exorcist (1993; reprint, Peabody, Mass.: Hendrickson, 1993); *Jesus the Miracle Worker* (Downers Grove, Ill.: InterVarsity Press, 1999); Barry Blackburn, "The Miracles of Jesus," in *Studying the Historical Jesus*, NTTS 19, ed. Bruce Chilton and Craig A. Evans (Leiden: Brill, 1994), pp. 353-94.

7) 축사와 치유와 하나님의 통치의 선언와의 연관에 대한 최근의 연구들에 대해서는 다음을 보라. Craig A. Evans, "Defeating Satan and liberating Israel: Jesus and Daniel's Visions," *JSHJ* 1 (2003): 161-70; "Inaugurating the Kingdom of God and Defeating the Kingdom of Satan," *BBR* 15 (2005): 49-75.

8) 4Q521에 대한 연구서로는 다음을 보라. John J. Collins, "The Works of the Messiah," *DSD* 1 (1995): 98-112; Craig A. Evans, "Jesus and the Dead Sea Scrolls," in *Eschatology, Messianism, and the Dead Sea Scrolls*, Studies in the Death Sea Scrolls and Related Literature 1, ed. Craig A. Evans and Peter W. Flint (Grand Rapids: Eerdmans, 1997), pp. 91-100. pp. 96-97; "The New Quest for Jesus and the New Research on the Dead Sea Scrolls," in *Jesus, Mark, and Q*, JSNTSup 214, ed. Michael Labahn and Andreas Schmidt (Sheffield, U.K.: Sheffield Academic Press, 2001), pp. 16-83, pp. 171-73.

9) 예수의 행위와 예언의 성취에 대한 더 많은 논의를 위해서는 다음을 보라. Ben F. Meyer, "Appointed Deed, Appointed Doer: Jesus and the Scriptures," in *Authenticating the Activities of Jesus*, NTTS 28/2, ed. Bruce Chilton and Craig A. Evans (Leiden: Brill, 1999), pp. 155-76. 마이어는 "예수는 자신의 공생애가 종말론적 약속들의 성취로 읽혀져야 한다고 말하고 있는 것이다"라고 말한다(p. 159).

10) 예수 시대에 솔로몬 왕은 치유자와 퇴마사로 간주되었다. 솔로몬의 거짓 유언(주후 1세기 말에 저작된)은 솔로몬이 악령을 쫓아내는 전설적인 이야기를 배경으로 한 것이다.

11) Hans Dieter Betz, ed., *The Greek Magical Papyri in Translation, Including the Demotic Spells*, 2nd ed. (Chicago: University of Chicago Press, 1992), 1:96.

8장 요세푸스를 오용함

1) Henry St. J. Thackeray, *Josephus* (New York: Jewish Institute of Religion Press, 1929); Shaye J. D. Cohen, *Josephus in Galilee and Rome*, Columbia Studies in the Classical Tradition 8 (Leiden: Brill, 1979); Tessa Rajak, *Josephus* (Philadelphia: Fortress, 1984); Louis H. Feldman, *Josephus and Modern Scholarship* (New York: de Gruyter, 1984); Bruce D. Chilton, *The Temple of Jesus: His Sacrificial Program Within a Cultural History of Sacrifice* (University Park: Penn State Press, 1992), pp. 69-87; Steve Mason, *Josephus and the New Testament* (Peabody, Mass.: Hendrickson, 1992); Clean L. Rogers Jr., *The Topical Josephus* (Grand Rapids: Zondervan, 1992); Louis H. Feldman, *The Importance of Jerusalem as Viewed by Josephus* (Ramat Gan, Israel: Bar-Han University, 1998).

2) Charles H. H. Scobie, *John the Baptist* (Philadelphia: Fortress, 1964); Walter Wink, *John the Baptist in the Gospel Tradition*, SNTSMS 7 (Cambridge: Cambridge University Press, 1968); Robert L. Webb, *John the Baptizer and Prophet*, JSNTSup 62 (Sheffield: JSOT Press, 1991); Carl R. Kazmierski, *John the Baptist* (Collegeville, Minn.: liturgical Press, 1996); Joan E. Taylor, *The Immerser-John the Baptist Within Second Temple Judaism*, Studying the Historical Jesus (Grand Rapids: Eerdmans, 1997).

3) 4Q416 단편. 2, 4번째 단 5행; 4Q524 단편 15-22, 2행 등의 다른 사해 사본들도 참고하라.

4) Arnold H. M. Jones, *The Herods of Judaea* (Oxford: Clarendon Press, 1938), pp. 176-83; Harold W. Hoehner, *Herod Antipas*, SNTSMS 17 (Cambridge: Cambridge University Press, 1972).

5) 복음서가 빌라도를 부정확하게 묘사한다는 논제에 대해서는 다음을 보라. John Dominic Crossan, *The Historical Jesus* (San Francisco: HarperCollins, 1991), pp. 373-83; *Who Killed Jesus? Exposing the Roots of Anti-Semitism in the Gospel Story of the Death of Jesus* (San Francisco: HarperCollins, 1995), pp. 147-59.

6) 알렉산드리아의 필로에 대해서는 다음을 보라. David T. Runia, *Philo in Early*

Christian Literature, CRINT 3.3 (Minneapolis: Fortress, 1993); Peder Borgen, *Philo of Alexandria*, NovTSup 86 (Leiden: Brill, 1997); Francesca Calabi, *The Language and the Law of God: Interpretation and Politics in Philo of Alexandria*, SFSHT 188 (Atlanta: Scholars Press, 1998); Maren Niehoff, *Philo on Jewish Identity and Culture*, TSAJ 86 (Tübingen: Mohr Siebeck, 2001).

7) James S. McLaren, *Power and Politics in Palestine: The Jews and the Governing of Their Land* 100 BC-AD 70, JSNTSup 63 (Sheffield: JSOT Press, 1991), pp. 81-87; Raymond E. Brown, *The Death of the Messiah*, ABRL (New York: Doubleday, 1994), 698-705; Helen K. Bond, *Pontius Pilate in History and Interpretation*, SNTSMS 100 (Cambridge: Cambridge University Press, 1998), pp. 24-93. 레이먼드 브라운은 빌라도와 유대 식민지인들과 관련된 여섯 가지 사건들을 간략하게 제공한다.

8) 빌라도에 대한 신약 복음서의 묘사와 일관된 빌라도의 행위에 대해서는 다음을 보라. Brian C. McGing, "Pontius Pilate and the Sources," *CBQ* 53 (1991): 416-38; Brown, *Death of the Messiah*, p. 704. 레이먼드 브라운은 빌라도에 대한 복음서의 묘사가 특히 표준들의 부대조건과 관련해 빌라도에 대한 일반적인 정보와 일치한다고 결론 내린다. 다음 자료도 보라. Bond, *Pontius Pilate*, pp. 119, 205.

9) Charles B. Chaval, "The Releasing of a Prisoner on the Eve of Passover in Ancient Jerusalem," *JBL* 60 (1941): 273-78; Robert L. Merritt, "Jesus Barabbas and the Paschal Pardon," *JBL* 104 (1985): 57-68. 본드는 "빌라도나 다른 총독들은 정치적인 목적으로 비교적 가벼운 범죄자들을 소요가 일어날 수 있는 절기, 특히 유월절에 종종 석방했을 것이다"라고 평가한다(*Pontius Pilate*, p. 199). 죄수 석방에 대한 학술적 입장들에 대한 간략한 요약들에 대해서는 다음을 보라. Bond, *Pontius Pilate*, pp. 199-200; McLaren, *Power and Politics*, p. 93 n. 2.

10) 고대에 정죄 받은 자에 대한 조롱에 관해서는 다음을 보라. Brown, *Death of the Messiah*, pp. 873-77.

9장 시대착오적이며 과장된 주장들

1) 여러 "기독교들"의 존재에 관한 바트 어만의 책들은 다음과 같다. *Lost Christianities* (New York: Oxford University Press, 2003); *Lost Scriptures: Books That Did Not Make It into the New Testament* (New York: Oxford University Press, 2003); *The New Testament and Other Early Christian Writings*, 2판. (New York: Oxford University Press, 2004).

2) 대부분의 역사가들은 주후 30년(약 4월 7일)이나 33년(약 4월 3일) 가운데 하나라고 추측한다. 예수가 언제 죽었는가에 대한 심도 깊은 논의에 대해서는 다음을 보라. Harold W. Hoehner, *Chronological Aspects of the Life of Christ* (Grand Rapids: Zondervan, 1977), pp. 65-93; Jack Finegan, *Ancient World and Problems of Chronology in the Bible*, 개정판 (Peabody, Mass.: Hendrickson, 1998), pp. 353-69.

3) 누가복음 24:12 "그러나 베드로는 일어나 무덤에 달려가서 구부려 들여다 보니 세마포만 보이는지라. 그 된 일을 놀랍게 여기며 집으로 돌아가니라." 이 구절은 가장 오래된 그리스어 본문들에서 발견된다(그러나 그것은 일부 사본들에서는 생략되어 있다). 학자들은 그것이 요한복음 20:3-10의 영감을 받은 누가가 추가한 것이라고 생각한다.

4) 예수는 시몬에게 "반석"이라는 이름을 주었다(마가복음 3:16; 마태복음 16:18). 그리스어로 그 이름은 페트로스(베드로)이지만, 아람어로는 케파(게바[Cephas])이다.

5) 첫 번째 기독교인들은 처음부터 "기독교인들"이라고 불리지 않았다. 처음에 그들은 단순히 메시아 예수의 제자들 혹은 신자들이었으며 그들의 운동("종파")은 이사야 40:3("주의 길을 예비하라")을 암시하는 듯한 "그 도(道)"라고 불렸다(사도행전 9:2; 19:9, 23; 24:14, 22). 몇 년 후에야 안디옥에서 예수를 믿는 자들은 "기독교인들" 혹은 메시아파라고 불리기 시작했다(사도행전 11:26).

6) 부활한 예수를 보았던 증인들의 목록에 대해서는 다음을 보라. Gordon D. Fee, *The First Epistle to the Corinthians*, NICNT (Grand Rapids: Eerdmans, 1987), pp. 728-34.

7) 요한복음 7:5에 따르면, 예수의 형제들은 그를 믿지 않았다. 가족과의 관계를 보여주는 마가복음 3:20-35과 마가복음 6:1-6에서 고향 나사렛에서 환영받지 못한 일은 이런 예수와 그의 사역에 대한 믿음과 지지가 처음에는 보편적이지 않았음

을 반영하는 것이다. 야고보는 사도행전에서 그저 한 사람의 신앙인이 아니라 교회의 지도자로 등장한다(사도행전 12:17; 15:13). 학자들은 부활한 예수가 야고보(그리고 그의 형제 유다)에게도 나타난 것은 야고보의 회심을 이끌었을 것이라고 추측한다.

8) 그리스어 신약 성경, 그리스어 사본, 초기 그리스 교부들의 전문가들은 로마서 16:7의 유니아(유니아스가 아니다)가 여성이라고 믿는다. 이 구절은 다음과 같다. "내 친척이요 나와 함께 갇혔던 안드로니고와 유니아에게 문안하라. 저희는 사도에게 유명히 여김을 받고 또한 나보다 먼저 그리스도 안에 있는 자라." 그러나 불행하게도, 일부 번역들은 이 구절이 남자들만 고려하는 것처럼 번역한다. 2, 3세기에 유니아라는 이름은 언제나 여성의 이름이었다. 로마서 16:7에서 유니아스라는 남성형 읽기는 정당성이 떨어진다(RSV에서처럼). 따라서, 적어도 사도들 가운데 한 사람은 여성이었을 것이다. 이 이슈에 대한 더 자세한 것은 다음을 보라. Eldon Jay Epp, *Junia: The First Woman Apostle* (Minneapolis: Fortress Press, 2005).

9) 바울의 기독교로의 개종 시기에 관해서는 다음을 보라. Jack Finegan, *Handbook of Biblical Chronology* (Peabody, Mass.: Hendrickson, 1998), pp. 395-96; Bo Reicke, *The New Testament Era: The World of the Bible from 500 B.C. to AD. 100* (Philadelphia: Fortress, 1968), p. 191.

10) 예루살렘의 초대교회의 "기둥들"의 역할은 급속히 확장되는 기독교 공동체의 새로운 발전을 시험하고 입증하는 것이었다. 예를 들면 다음과 같이 말이다. "이제 예루살렘에 있는 사도들이 사마리아도 하나님의 말씀을 받았다 함을 듣고 베드로와 요한을 보내매"(사도행전 8:14). 사도행전 10-11장에서 베드로는 로마의 백부장과 그의 가족의 회심을 증언하고 사마리아 사람들뿐 아니라 이방인들도 구원받을 수 있음을 공적으로 확증해준다.

11) 바울의 기독교 메시지에 대한 이해가 예수가 첫 제자들에게 행한 가르침과 매우 달랐다는 주장은 James D. Tabor, *The Jesus Dynasty* (New York and London: Simon & Schuster, 2006), pp. 259-71에서 최근에 다시 등장했다. 타보르는 예루살렘 기독교 공동체의 기둥들과의 교제에 관해 부정직하고 불성실했다고 제안한다는 점에서 바울을 공평하게 다루지 않는다. 바울은 자신의 서신, 특히 갈라디아서

같은 공적인 서신에서 그의 입장을 매우 명확하게 말한다. 바울은 이에 관해 아무것도 감추지 않는다.

12) 부활절 이전의 예수의 가르침과 부활절 이후의 기독교 신학의 연속성에 관해서는 다음을 보라. James D. G. Dunn, *Jesus Remembered*, Christianity in the Making 1 (Grand Rapids: Eerdmans, 2003), 『예수와 기독교의 기원』(새물결플러스 역간) 특히, pp. 110-54. 던은 예수의 가르침과 행동을 기억하고 수집하는 과정이 예수가 살아 있는 동안에 시작했다고 결론을 내린다. 이런 활동은 일부 비평가들이 가정하듯이, 부활이 일어난 지 몇 년 후에 나타난 것이 아니다. 던은 마태와 누가가 사용한 말씀 자료 Q가 예수의 죽음과 부활을 강조하지 않는 이유는 Q가 십자가에서의 죽음 이전의 예수의 가르침을 담고 있기 때문이라고 정확하게 주장한다. James D. G. Dunn, *A New Perspective on Jesus*, Acadia Studies in Bible and Theology (Grand Rapids: Baker Academic, 2005), p. 121. "Q는 예수의 사역 동안에 이미 구두(口頭)로 회람되었듯이 예수 전승 안에 이미 흔적을 남겼고 영향을 끼쳤다."

13) 바울은 자신의 서신들에서 자신이 첫째는 유대인에게, 그런 후에 그리스인들에게 복음을 전한다고 말한다(로마서 1:16). 우리는 이것의 실례를 사도행전에서 발견한다. 바울은 도시에 들어갈 때마다 가장 먼저 회당에서 복음을 전한다. 그리고 회당에서 환영받지 못한 이후에야 이방인들에게 설교한다. 바울의 이런 전도 방식은 이렇게 반복되었다.

14) Anthony J. Saldarini, *Pharisees, Scribes and Sadducees in Palestinian Society* (Wilmington: Glazier, 1988); Steve Mason, *Flavius Josephus on the Pharisees*, SPB 39 (Leiden: Brill, 1991); Stephen Westerholm, "Pharisees," in *Dictionary of Jesus and the Gospels*, ed. Joel B. Green, Scot McKnight, I. Howard Marshall (Downers Grove, Ill.: InterVarsity Press, 1992), pp. 609-14.

15) 최근 학계에서 "기독교들"과 "유대교들"이라는 말이 유행하고 있다. 이것은 일종의 다문화주의의 반영인 것 같다. 이 말의 정당성 문제와는 별도로, 나는 이것이 어떤 신념과 관행에 의해 고착된 체계 내에서 일반적으로 발생하는 다양성의 실체에 대한 반동에서 비롯되었다고 생각한다. 비록 모든 유대인들이나 기독교인

들이 동일한 방식으로 생각하고 관행을 실행하지는 않았겠지만, 이것을 근거로 유대교들, 기독교들이라고 말하는 것은 정당하지 않다. 문제는 그것이 기독교적이냐 아니냐 하는 것이다. 본질을 잃어버린 것이라면(혹은 그것의 많은 부분이 없어진 것이라면) 그것은 기독교가 아니다. 그러나 핵심에 있어 동일하다면 그것은 기독교라 할 수 있다. 기독교 신학자들과 교회 역사가들은 이것에 대해서, 특히 "기독교 제의들"과 관련해 많은 고찰을 해왔다.

16) 비유대인들로 구성된 교회 회중들의 모세 율법이 어떤 역할을 하는가에 대해서는 다음을 보라. Markus N. A. Bockmuehl, *Jewish Law in Gentile Churches* (Edinburgh: T & T Clark, 2000).

17) 야고보서의 진정성과 고대성에 대해서는 다음을 보라. Peter H. Davids, *The Epistle of James*, NIGTC (Grand Rapids: Eerdmans, 1982); Luke Timothy Johnson, *The Letter of James*, AB 37A (Garden City, NY: Doubleday, 1995); William F. Brosend II, *James and Jude*, New Cambridge Bible Commentary (New York: Cambridge University Press, 2004).

18) 바울과 야고보와 베드로와의 관계에 관해서는 다음을 보라. Bruce Chilton and Craig A. Evans, eds., *James the Just and Christian Origins*, NovTSup 98 (Leiden: Brill, 1999); Bruce Chilton and Craig A. Evans, eds., *The Missions of James, Peter, and Paul*, NovTSup 115 (Leiden: Brill, 2004).

10장 날조된 역사와 거짓된 발견

1) 티어링은 자신의 해석 방법론을 두루마리들의 일부(예언서와 시편에 대한 주석과 같이)와 신약의 일부 구절들에서 발견되는 페세르 해석 모델에 근거한다고 주장한다. 페세르는 "해결책" 혹은 "의미"를 뜻하는 아람어(히브리에서도 동일하게 사용된다)로 매우 주관적인 알레고리적 해석 방법을 말한다. 티어링은 이 방법을 숨겨진 의미가 있다고 생각할 이유가 전혀 없는 두루마리와 신약 문서에 적용한다.

2) 대부분의 학자들은 티어링의 저작이 학문적이지 않다고 무시한다. 그러나 한 학자가 그녀의 저작에 대해 정확한 비평을 행했다. N. T. Wright, *Who Was Jesus?*

(Grand Rapids: Eerdmans, 1992), pp. 19-36. *James the Just in the Habakkuk Pesher* (1986)와 다른 저작들에서, 예수의 형제 야고보가 쿰란의 의의 교사라고 주장했던 로버트 아이젠만(Robert Eisenman)에 대해서 간단히 언급할 필요가 있다. 그는 사해 사본이 기독교 저술과 기독교 인물들을 지칭한다는 또 다른 주장을 한다. 그러나 실제로 아이젠만을 따르는 사람은 없다. 티어링의 관점과 비교할 때 아이젠만의 관점에 특별한 게 없기 때문이다.

3) 알라바마의 버밍엄 미술관의 유럽 예술 전문가인 지닌 오그로디(Jeannine O'Grody)는 2006년 6월 2일 할리팩스의 노바 스코티아 미술 화랑에서 "다빈치 코드와 르네상스 미술"에 대한 강연을 했다. 그녀는 "긴 머리카락과 수염이 없는 것은 르네상스 미술가들이 젊은 청년을 묘사하는 방식이며 예수의 오른편에 있는 인물이 막달라 마리아가 아니라 예수의 사랑하는 젊은 제자였다"고 말했다. 오그로디는 댄 브라운이 미술에 대해 매우 큰 오류를 범하고 있기 때문에 자신은 브라운이 교회사에 관해 말했던 많은 부분도 정확한 것인지 의심스럽다고 첨언했다.

4) 예수의 제자로서의 막달라 마리아의 역할에 대해서는 다음을 보라. Karen L. King, *The Gospel of Mary of Magdala* (Santa Rose, Calif.: Polebridge, 2003), pp. 55-56.

5) Richard Abanes, *The Truth Behind the Da Vinci Code* (Eugene, Ore.: Harvest House, 2004); Darrell L. Bock, *Breaking the Da Vinci Code* (Nashville: Thomas Nelson, 2004); Carl E. Olson, *The Da Vinci Hoax* (San Francisco: Ignatius Press, 2004); Ben Witherington III, *The Gospel Code* (Downers Grove, Ill.: InterVarsity Press, 2004). 그 밖에도 많은 책들이 있다.

6) 예루살렘 십자가의 여정(빌라도의 법정에서 성묘교회에 이르는-옮긴이)에는 열네 개의 지점들이 있다. 이것은 중세에 수립된 전통인 것으로 그 지점들은 후대의 전승들뿐 아니라 복음서의 세부 사항들에 근거해 빌라도의 재판정에서 십자가와 무덤에 이르는 예수의 발자취를 묘사한다. 이 지점들은 비아 돌로로사(수난의 길)를 따라서 예루살렘에 표시되어 있으며 르네 르 샤토 교회와 같은 여러 교회들의 벽화와 돌조각에 묘사되어 있다.

7) 이집트로 도망한 예수의 가족에 대한 마태복음의 이야기는 오랜 기간 관심을

받았다. 베이전트의 『지저스 페이퍼』외에도 예수가 이집트에서 행했을 일의 추측하면서 흡혈귀의 명성을 다룬 앤 라이스의 Christ the Lord (New York: Alfred Knopf, 2005)도 있다.

8) 기술적인 면에서 몇 가지 예외가 있다. 그리스, 이탈리아(폼페이와 헤르쿨라네움)와 다른 지역들에서 파피루스가 탄화된 형태로 발견되기도 했다. 이 파피루스들은 강렬한 열기에 노출되지 않았더라면 분명히 분해되어 사라졌을 것이다.

9) 비문을 연구했던 학자들은 판테라가 주전 5년이나 6년의 마리아나 다른 누군가를 임신시킬 정도로 나이가 차지 않았다고 생각한다. 학자들에 의하면 판테라는 주전 10-12년 이후에 태어났을 가능성이 높다.

10) 예수의 무덤에 대한 비판에 대해서는 다음 책의 부록을 보라. Ben Witherington III, *What Have They Done with Jesus?* (San Francisco: HarperSanFrancisco, 2006).

11) Tom Harpur, *The Pagan Christ* (Toronto: Thomas Allen, 2004).

12) Harpur, *Pagan Christ*, p. 10. 하퍼가 여기서 주장한 것은 대부분 진실과는 거리가 멀다.

13) 하퍼의 책에 대한 철저한 비평에 관해서는 다음을 보라. Stanley E. Porter and Stephen J. Bedard, *Unmasking the Pagan Christ* (Toronto: Clements, 2006).

11장 진정한 예수의 초상

1) 유대교의 문맥에서 예수에 대한 새로운 조망에 대해서는 다음을 보라. E. P. Sanders, *Jesus and Judaism* (Philadelphia: Fortress, 1985). 1세기 유대교에 대한 기독교의 오해에 대한 더 광범위한 비평에 대해서는 다음을 보라. Sanders, *Paul and Palestinian Judaism* (Philadelphia: Fortress, 1977).

2) 예수와 회당에 대해서는 다음을 보라. Bruce Chilton, *A Galilean Rabbi and His Bible*, GNS 8 (Wilmington, Del.: Michael Glazier, 1984).

3) 4Q521의 본문과 의미에 대해서는 다음을 보라. John J. Collins, "The Works of the Messiah," *DSD* 1 (1994): 98-112.

4) 기독교 전승에서 하나님과 함께 그의 보좌에 앉아 있는 예수는 요한계시록 3:21

에서 분명하게 표현된다. "이기는 그에게는 내가 내 보좌에 함께 앉게 하여 주기를 내가 이기고 아버지 보좌에 함께 앉은 것과 같이 하리라."

5) 하나님의 이름을 속되게 말하는 것에 대한 미쉬나 소논문 산헤드린 6-7과 헛되거나 외설적인 문맥 속에서 사형에 해당하는 신성모독이 어떤 것이냐는 기술적인 논의는 확정되지 않았다. 비록 예수가 하나님의 이름을 말했다 하더라도("너희는 야웨의 오른편에 앉아 계신 인자를 볼 것이다") 그 자체가 산헤드린 6-7의 신성모독에 해당하는가는 명확하지 않다. 그러나 1세기에 신성모독이라는 단어는 미쉬나가 허용하는 것보다 매우 광범위하게 적용되었다. 이 주제에 대해서는 다음을 보라. Darrell L. Bock, *Blasphemy and Exaltation in Judaism and the Final Examination of Jesus* (1998; reprint, Grand Rapids: Baker, 2000).

6) 라이마루스의 영역된 저작들은 다음을 보라. Charles H. Talbert, ed., *Reimarus* (Philadelphia: Fortress, 1970).

7) 역사적 예수에 대한 18세기의 "옛 탐구"에 관한 고전적 개괄에 관해서는 다음을 보라. Albert Schweitzer, *The Quest of the Historical Jesus* (London: Black, 1910).

8) 역사적 예수의 세 번째 연구에 대해서는 다음을 보라. N. T. Wright, *Who Was Jesus?* (Grand Rapids: Eerdmans, 1992); Ben Witherington III, *The Jesus Quest* (Downers Grove, Ill.: InterVarsity Press, 1995).

9) 대부분의 학자들은 명패를 역사적인 사실로 받아들인다. 학자들은 기독교인들이 푯말을 고안해냈다면 그 내용은 달랐을 것이라고 설득력 있는 주장을 한다. 기독교인들은 예수를 "유대인들의 왕"이라고 여기지 않았다. 그들은 그를 교회의 주, 세상의 구속자, 인자, 그리고 메시아로 보았다.

10) 예수의 부활에 대해서는 다음을 보라. N. T. Wright, *The Resurrection of the Son of God*, Christian Origins and the Question of God 3 (Minneapolis: Fortress Press, 2003); Dale C. Allison Jr., *Resurrecting Jesus* (New York: T & T Clark, 2005).

부록 1 아그라파

1) Joachim Jeremias, *The Unknown Sayings of Jesus*, 2nd ed. (London: SPCK, 1964)

『새로 발견된 예수의 말씀들』(요나 역간); Wilhelm Schneemelcher, ed., *New Testament Apocrypha*, 개정판 (Louisville: Westminster/John Knox, 1991), 1:88-91; J. K. Elliott, *The Apocryphal New Testament* (Oxford: Clarendon Press, 1993), pp. 26-30; William D. Stroker, *Extracanonical Sayings of Jesus*, SBLRBS 18 (Atlanta: Scholars, 1989); "Agrapha," *ABD* I (1992): 92-95; Marvin W. Meyer, *The Unknown Sayings of Jesus* (San Francisco: HarperCollins, 1998). *Extracanonical Sayings*에서 스트로커는 266개의 예수 어록을 제공한다. 마이어는 200개의 어록들을 제시하며 간결하지만 매우 유용한 주석을 제공한다.

2) Jeremias, *Unknown Sayings*, p. 44; Otfried Hofius, "Unknown Sayings of Jesus," in *The Gospel and the Gospels*, ed. Peter Stuhlmacher (Grand Rapids: Eerdmans, 1991), pp. 336-60.

3) 정경 밖의 예수 말씀이 갖는 제한적 가치에 대해서는 다음을 보라. Hofius, "Unknown Sayings of Jesus," p. 357; Robert H. Stein, "A Critique of Purportedly Authentic Agrapha," *JETS* 18 (1975): 29-35.

부록 2 유다복음서를 어떻게 생각해야 하는가?

1) 콥트어는 알렉산더가 주전 4세기에 중동지역을 정복한 이후에 그리스어 알파벳을 차용하게 되었던 이집트어다(몇 개의 추가적 철자들과 함께). 나그함마디 문서들이 콥트어로 쓰여졌다.

2) 이 사본(지금은 차코스 코덱스라고 불린다)에 대한 복잡하고 흥미진진한 역사는 *The Lost Gospel* (Washington, D.C.: National Geographic Society, 2006)에서 허브 크로스니에 의해 기술되어 있다. 이 이야기는 앤드류 콕번의 "The Judas Gospel," *National Geographic* 209, no. 9 (2006): 78-95에서도 대서특필되었다.

3) Rodolphe Kasser, Marvin Meyer, Gregor Wurst, *The Gospel of Judas*, (Washington, D.C.: National Geographic Society, 2006). 콥트어 본문의 영역본과 사진들은 내셔널 지오그래픽의 웹사이트<www.nationalgeographic.com/lostgospel>에서 구할 수 있다.

4) 복음이라는 말은 유앙겔리온이라는 그리스어이다. 우리는 이 분명한 본문이 신약 복음서와 신약 밖의 복음서들처럼 "유다에 의한 복음서"가 아니라 "유다복음서"라고 읽는다는 것을 주목해야 했다. 왜냐하면 유다복음서의 저자는 이 문서가 유다에 대한 것임을 암시하고 있기 때문이다.
5) 이 번역은 카세르와 마이어, 부르스트의 번역에 근거한 것이다.
6) 이 흥미로운 가설에 대한 상세한 논의를 위해서는 다음을 보라. Carl B. Smith II, *No Longer Jew: The Search for Gnostic Origins* (Peabody, Mass.: Hendrickson, 2004).
7) James M. Robinson, *From the Nag Hammadi Codices to Mary Gospel and the Gospel of Judas*, Institute for Antiquity and Christianity Occasional Papers 48 (Claremont, Calif.: Institute for Antiquity and Christianity, 2006).
8) 유다가 왜 예수를 유대 지도자들에게 넘겨주었는지 그 동기는 명확하지 않다. 마태복음과 요한복음이 말하듯 탐욕 때문일 수도 있고 누가복음과 요한복음이 말하듯 사탄이 부추겼기 때문일 수도 있다. 이것들 중 어느 것이 더 직접적인 이유였는지 알 수 없다. 신약은 유다의 종말에 대해 두 가지 이야기를 제공한다("유다가 피의 밭을 구입한 후 목을 매어 자살했다"라고 말하는 마태복음 27:3-10과 "유다가 그 밭을 산 후 배가 터져 죽었다"라고 말하는 사도행전 1:15-20).
9) "유다복음서"라는 기사에서 나의 의견이라고 게재되었던 것에 대해 나는 이 자리에서 몇 가지를 정정하고자 한다. 그 기사에서 기자 앤드류 콕번은 유다복음서에 대한 나의 평가를 다음과 같이 요약한다. "이 이야기는 아무런 의미가 없는 허구다"(91쪽). 그렇지 않다. 그것은 아무런 의미가 없는 허구는 아니다. 유다복음서는 예수의 삶과 사역을 매우 다르게 이해했던 2세기의 신비주의자들과 영지주의자들에게는 큰 의미가 있다. 또한 콕번은 친절하게 나의 주장을 다음과 같이 요약한다. "유다복음서에는 역사적으로 믿을 만한 것이 아무것도 없다"(91쪽). 콕번은 나의 주장을 잘못 이해했다. 내가 말하고자 했던 것은 유다가 중요한 제자였으며 예수가 그에게 어떤 개인적인 임무를 주었다고 말하는 유다복음서는 순전히 상상력이 풍부한 사람이 만들었다는 것이었다. 이것이 요한복음 13장이 암시하는 의미다. 우리가 유다복음서의 이야기들이 완전한 허구라고 판단하더라도 그 문서는 우리에게 그럴 가능성도 있음을 생각하게 해준다.

추천 도서

Allison, Dale c., Jr. *Resurrecting Jesus: The Earliest Christian Tradition and Its Interpreters*. London and New York: T &: T Clark, 2005.

Bauckham, Richard. *Jesus and the Eyewitnesses: The Gospels as Eyewitness Testimony*. Grand Rapids: Eerdmans, 2006. 『예수와 그의 목격자들』(새물결플러스 역간 예정).

Bock, Darrell L. *Jesus According to Scripture: Restoring the Portrait from the Gospels*. Grand Rapids: Baker Academic, 2002.

Chilton, Bruce, and Craig A. Evans. *Jesus in Context: Temple, Purity, and Restoration*. AGJU 39. Leiden: Brill, 1997.

Chilton, Bruce, and J. Ian H. McDonald. *Jesus and the Ethics of the Kingdom*. London: SPCK; Grand Rapids: Eerdmans, 1987.

Collins, John J., and Craig A. Evans, eds. *Christian Beginnings and the Dead Sea Scrolls*. Acadia Studies in Bible and Theology. Grand Rapids: Baker Academic, 2006.

Dunn, James D. G. *Jesus Remembered*. Christianity in the Making 1. Grand Rapids: Eerdmans, 2003. 『예수와 기독교의 기원』(새물결플러스 역간).

Evans, Craig A. *Jesus and His Contemporaries: Comparative Studies*. AGJU 25. Leiden: Brill, 1995.

_____. *Jesus and the Ossuaries: What Jewish Burial Practices Reveal About the Beginning of Christianity*. Waco, Tex.: Baylor University Press, 2003.

Green, Joel B., Scot McKnight and I. Howard Marshall, eds. *Dictionary of Jesus and the Gospels*. Downers Grove, Ill.: InterVarsity Press, 1992 『예수 복음서

사전』(요단 역간).

Komoszewski, J. Ed, M. James Sawyer and Daniel B. Wallace. *Reinventing Jesus.* Grand Rapids: Kregel, 2006.

Stein, Robert H. *Jesus the Messiah: A Survey of the Life of Christ.* Downers Grove, Ill.: InterVarsity Press, 1996. 『메시아 예수』(IVP 역간).

_____. *The Method and Message of Jesus' Teachings.* 개정판 Louisville: Westminster John Knox, 1994. 『예수님께서는 무엇을 어떻게 가르치셨는가』(여수룬 역간).

_____. *Studying the Synoptic Gospels: Origin and Interpretation.* Grand Rapids: Baker, 2001. 『공관복음서 문제』(솔로몬 역간).

Wilkins, Michael J., and J. P. Moreland, eds. *Jesus Under Fire: Modern Scholarship Reinvents the Historical Jesus.* Grand Rapids: Zondervan, 1995.

Witherington, Ben, III. *The Christology of Jesus.* Minneapolis: Fortress, 1990.

_____. *The Jesus Quest: The Third Search for the Jew of Nazareth.* 2nd ed. Downers Grove, Ill.: InterVarsity Press, 1997.

_____. *What Have They Done with Jesus?* San Francisco: HarperSanFrancisco, 2006.

Wright, N. T. *The Challenge of Jesus: Rediscovering Who Jesus Was and Is.* Downers Grove, Ill.: InterVarsity Press, 1999. 『지저스 코드』(성서유니온 역간).

_____. *Jesus and the Victory of God.* Christian Origins and the Question of God 2. London: SPCK; Minneapolis: Fortress, 1996. 『예수와 하나님의 승리』(크리스챤다이제스트 역간).

_____. *The Resurrection of the Son of God.* Christian Origins and the Question of God 3. Minneapolis: Fortress Press, 2003. 『하나님의 아들의 부활』(크리스챤 다이제스트 역간).

만들어진 예수
누가 예수를 왜곡하는가

Copyright ⓒ 새물결플러스 2011

1쇄 발행	2011년 1월 17일
6쇄 발행	2017년 6월 12일
지 은 이	크레이그 에반스
옮 긴 이	성기문
펴 낸 이	김요한
펴 낸 곳	새물결플러스
편 집	왕희광·정인철·최율리·박규준·노재현·한바울·유진·신준호 신안나·정혜인·김태윤
디 자 인	송미현·이지훈·이재희·김민영
마 케 팅	임성배·박성민
총 무	김명화·최혜영
아카데미	유영성·최경환·이윤범
홈페이지	www.hwpbooks.com
이 메 일	hwpbooks@hwpbooks.com
출판등록	2008년 8월 21일 제2008-24호
주 소	(우) 07214 서울특별시 영등포구 양평로 11, 4층(당산동 5가)
전 화	02) 2652-3161
팩 스	02) 2652-3191

ISBN 978-89-94752-01-3   03230

책값은 뒤표지에 있습니다.